LA
RÉFORME SOCIALE
EN FRANCE

DÉDUITE

DE L'OBSERVATION COMPARÉE DES PEUPLES EUROPÉENS

PAR

M. F. LE PLAY

Ancien Sénateur, ancien Conseiller d'État, Inspecteur général des mines
Commissaire général aux Expositions universelles de Paris et de Londres
Auteur des *Ouvriers européens*

CINQUIÈME ÉDITION, CORRIGÉE ET REFONDUE

> Je passai ma jeunesse à voyager... J'avais
> toujours un extrême désir d'apprendre à dis-
> tinguer le vrai d'avec le faux, pour voir
> clair en mes actions et marcher avec assu-
> rance en cette vie.
> (DESCARTES, *Discours de la Méthode*.)

TOME PREMIER

TOURS
ALFRED MAME ET FILS, LIBRAIRES-ÉDITEURS

PARIS, DENTU, LIBRAIRE
PALAIS-ROYAL, 19, GALERIE D'ORLÉANS

1874

LA

RÉFORME SOCIALE

EN FRANCE

—

I

AVERTISSEMENT

DE LA PREMIÈRE ÉDITION

(1864)

Le moment est venu, pour la France, de substituer aux luttes stériles, suscitées par les vices de l'ancien régime et par l'erreur des révolutions, une entente féconde fondée sur l'observation méthodique des faits sociaux. C'est sous l'influence de cette pensée que j'ai conçu en 1848 le plan de cet ouvrage.

Après avoir étudié pendant trente ans, puis décrit, avec le concours de mes amis, dans deux ouvrages spéciaux[1], la vie privée et les principales institutions des peuples européens, j'ai entrepris d'indiquer celles qui conviennent le mieux à mon pays. En renvoyant pour les détails à ces deux ouvrages, et en exposant sommairement les faits, j'ai pu faire entrer une matière étendue dans un cadre relativement restreint. Cependant, cet exposé dépasse encore

---

[1] *Les Ouvriers européens* et *les Ouvriers des deux mondes*. (Voir, à la fin de l'ouvrage, les Documents annexés A et B.)

les proportions qui conviennent à la plupart des lecteurs : j'ai donc classé les matières dans un ordre tel que chacun puisse trouver le sujet qui l'intéresse, sans être obligé de parcourir l'ouvrage entier.

L'*Introduction* oppose les *faits* aux *idées préconçues :* elle montre à ceux qui désirent de nouvelles révolutions, comme à ceux qui repoussent toute réforme, que leurs opinions favorites sont loin d'être des axiomes ; elle prouve, par conséquent, que nul n'est autorisé à condamner, sans examen, les opinions que justifie la Méthode d'observation.

La *Conclusion* offre un précis sommaire des *conditions de la Réforme en* 1864 à ceux qui, s'inquiétant peu de la Doctrine ou de la Méthode, veulent, avant tout, connaître les résultats qu'on en déduit.

Le corps de l'ouvrage expose les preuves de ces opinions et de ces résultats. Il forme sept chapitres, dont le sujet est indiqué par les titres : *Religion, Propriété, Famille, Travail, Association, Rapports privés, Gouvernement.*

L'ouvrage entier est subdivisé en soixante-huit paragraphes désignés par autant de numéros d'ordre. Chacun d'eux peut être lu indépendamment des autres, et traite séparément l'une des questions essentielles à la réforme sociale. Cependant la plupart de ces questions ont entre elles une connexion intime ; et elles n'acquièrent la clarté désirable que lorsqu'on les rapproche des développements donnés dans un autre paragraphe. Quand ce cas se présente, j'offre au lecteur le moyen de combler la lacune, tout en évitant les répétitions inutiles : à cet effet, je reproduis entre parenthèses, à titre de renvoi, le numéro du paragraphe auquel il convient de se reporter.

La *Table* des matières placée à la suite de cet Avertissement définit les paragraphes, à la fois par le numéro d'ordre, par l'idée maîtresse, et par les détails principaux. Le lecteur, en parcourant d'abord cette table, découvrira aisément quelque passage qui lui permettra de juger promptement l'ensemble de l'œuvre.

POST-SCRIPTUM DE 1867

Les amis inconnus, sur le concours desquels j'avais compté (8, V) en publiant la première édition, ne m'ont point fait défaut. Ils m'ont tout d'abord adressé par centaines leurs adhésions au plan de l'ouvrage et aux principes justifiés par une expérience personnelle. La plupart de ces personnes occupent une situation éminente dans ces professions usuelles (32, II à IV) que je considère de plus en plus comme la véritable école de la science sociale (8, III). Je n'ai pas cru pouvoir mieux leur témoigner ma reconnaissance qu'en favorisant, par le bas prix de l'ouvrage, la propagande qu'elles veulent exercer [2].

Quelques personnes m'ont adressé des observations judicieuses sur la forme de l'ouvrage, ou sur certaines conclusions qu'elles croient justes, mais prématurées. J'ai fait, suivant leurs conseils, les corrections qui pouvaient donner plus de précision aux

[2] Voir, à la fin de l'ouvrage, le Document K.

idées : j'ai, au contraire, maintenu les conclusions.
Un auteur écrivant, à titre privé, sous sa responsabilité personnelle, n'est pas tenu, comme l'homme
d'État, de s'arrêter devant les résistances de l'opinion ;
il a même le devoir de réagir contre elles, lorsqu'il
croit être en possession de la vérité. Cette tâche
d'ailleurs est plus facile aujourd'hui qu'elle ne l'était
en 1855, lorsque je publiai pour la première fois le
précis des conclusions de la Réforme sociale (8, V) ;
et, à cet égard, je dois remercier tous les organes de
la presse, pour les sentiments libéraux dont ils se
sont inspirés en faisant la critique de mon ouvrage.
Cette unanimité est, en France, un fait nouveau et
un heureux symptôme : car la censure la plus nuisible est celle que l'opinion égarée oppose à la propagation des idées utiles. La réforme, que nous
n'avons pu accomplir depuis 1789, deviendra facile,
si les partis qui nous divisent tolèrent enfin qu'un
auteur s'écarte de leurs doctrines, et exprime librement sa pensée.

Plusieurs écrivains français ou étrangers ont bien
voulu déclarer que cet ouvrage, modifié dans quelques
détails accessoires, pourrait devenir le programme
des pères de famille de tous les partis. Quel que soit
le jugement définitif du public, je ne dois rien négliger pour arriver, de près ou de loin, à un but aussi
désirable ; je prie donc les personnes qui partageraient
l'avis de ces écrivains, de m'adresser le texte précis
des corrections qu'elles proposent. Je soumettrai ce
texte au système d'enquête qui m'a permis déjà de
vérifier mes conclusions (8, I) ; je tiendrai compte du

résultat dans une prochaine édition; et, quand j'en aurai reçu l'autorisation expresse, je citerai les auteurs de ces amendements.

POST-SCRIPTUM DE 1874

En France, parfois aussi à l'étranger, l'opinion publique méconnaît, sur une multitude de points, les vérités de la science sociale. En général, je ne réfute qu'une fois chaque erreur, mais j'y fais souvent allusion. Je me trouve donc obligé, pour ne point trop choquer mon lecteur, de me référer à cette réfutation par des renvois dont les signes sont indiqués après la Table. Sur les demandes réitérées qui m'ont été faites, j'ai dû, dans cette 5ᵉ édition, indiquer plus précisément le passage de chaque ancien paragraphe auquel se rapporte chaque renvoi. J'ai pourvu à cette demande en établissant de nouvelles subdivisions auxquelles s'applique maintenant le nom de paragraphe. J'ai changé en conséquence le nom des anciennes divisions supérieures. En résumé, l'ouvrage comprend encore aujourd'hui: l'*Introduction*, 7 *Livres* et la *Conclusion*; mais il est divisé en 69 *Chapitres* et en 760 *Paragraphes*.

Ce long travail d'ordre a parfois entraîné la refonte des chapitres: il a été accompli avec la collaboration incessante de mon ami M. Alexis Delaire, ancien élève de l'École polytechnique: je ne saurais trop honorer ce modeste concours inspiré par le dévouement au bien public.

La révolution du 4 septembre 1870, les désastres de la guerre, le démembrement du territoire, et la révolte de Paris contre le légitime pouvoir de l'Assemblée nationale ont soumis à une terrible vérification cet ouvrage écrit en 1864, sous un régime qui ne m'offrait que les apparences de la prospérité, mais qui éblouissait tous les esprits. Ces catastrophes ont mis en complète lumière les vices que j'ai signalés dans notre constitution sociale ; elles ont justifié le plan de réforme fondé sur l'évidence de ces vices ; elles ont rallié beaucoup d'hommes éclairés à l'exécution de ce plan et diminué l'aveuglement des classes dirigeantes qui le repoussaient. D'un autre côté, en désorganisant de nouveau la Souveraineté (67, XVI) et en confiant l'œuvre du salut à un pouvoir collectif dont l'impuissance est attestée à la fois par nos révolutions et par celle des États-Unis d'Amérique (69, III), mes concitoyens ont accru les difficultés qui nous faisaient obstacle en 1864. Ce fait nouveau a laissé intactes les anciennes conclusions de 1864 ; mais il a rendu nécessaire le 69ᵉ chapitre, qui a pour titre : *L'Épilogue en 1874.*

PRÉFACE

DE LA QUATRIÈME ÉDITION

(1872)

Le succès croissant de la *Réforme sociale* m'impose l'obligation de compléter, par une Préface, l'Avertissement qui avait été joint aux trois premières éditions. J'ai toujours cité, dans le cours de cet ouvrage, les personnes qui ont contribué à ce succès (8, V et VI, et 50, V). J'ai indiqué en première ligne celles qui doivent être nommées par excellence les *Autorités sociales*. Ces personnes ne m'ont pas seulement révélé pendant trente années les pratiques et les doctrines qui auraient pu conjurer nos désastres : elles m'enseignent journellement le moyen de les réparer. J'ai donc le devoir de les signaler, dès le début de cet écrit, à la gratitude et aux espérances de mes concitoyens.

Les Autorités sociales sont établies dans toutes les contrées, et partout elles jouissent de l'estime publique. Elles sont vouées principalement à l'agricul-

ture et aux autres arts usuels (32, II). Elles appartiennent à toutes les classes, aux paysans comme aux
grands propriétaires. Toutes se reconnaissent à une
aptitude saisissante : dans le cercle de leur influence,
elles résolvent sûrement le grand problème, qui consiste à faire régner la paix publique sans le secours de
la force. Pour atteindre ce but, elles emploient toutes
les mêmes moyens : elles donnent le bon exemple à
leur localité, en inspirant à leurs serviteurs, à leurs
ouvriers et à leurs voisins le respect et l'affection.

Quand elles agissent en toute liberté, elles créent
des sociétés stables et prospères; mais quand elles
sont paralysées par les gouvernants et les constitutions
écrites, elles ne peuvent plus conjurer ni les révolutions ni la décadence. Les Autorités sociales opèrent,
en effet, comme les grands réformateurs de tous les
temps : elles ne manifestent guère la vérité que par
leur pratique. Elles répondent à peu près uniformé-
ment à des questions spéciales bien posées; mais elles
signalent, en même temps, l'impossibilité d'en déduire
des préceptes généraux et des codes. Elles concluent
toujours en disant qu'on gouverne les peuples par les
Coutumes beaucoup plus que par les lois écrites.

J'ai aperçu ces vérités dès le début de mes voyages,
et dès lors ma mission a été tracée. J'ai constamment
parcouru les régions comprises entre les steppes de
la Haute-Asie et les rivages de l'Atlantique, pour visiter les établissements des Autorités sociales : j'ai
personnellement observé leur pratique; je leur ai posé
les questions, et j'ai recueilli leurs réponses.

Je ne me dissimule pas qu'il y a une apparence de

présomption dans l'œuvre qui a transformé ces réponses en un livre. J'ai, en effet, pendant mes voyages, constaté mille fois qu'il est impossible de peindre complétement, par un texte, des pratiques et des doctrines qui offrent une foule de nuances délicates. Mais j'ai compris, en même temps, qu'il ne fallait pas m'arrêter devant cette difficulté. L'abus qu'on peut faire d'une vérité mal exprimée est moins dangereux que l'incessante application des erreurs qui nous sont imposées par la contrainte des lois, depuis la funeste époque de la Terreur.

J'ai d'ailleurs constaté que les trois éditions précédentes de la *Réforme sociale* ont en partie obvié à l'inconvénient que je pouvais redouter. Beaucoup d'esprits droits ont aperçu clairement les moyens de certitude; et ils ont été directement chercher la vérité aux sources mêmes où j'ai puisé (8, V). Éclairés par la pratique des Autorités sociales, ils ont compris comme moi que la réforme se trouvera, non dans de nouvelles lois écrites, mais dans l'abolition de celles qui empêchent le libre retour à la Coutume.

La pratique et la doctrine mises en lumière par ces travaux sont justifiées, non-seulement par le succès du présent ouvrage, mais aussi par l'adhésion expresse d'une foule d'hommes que je n'avais pas rencontrés dans le cours de mes voyages. Au moment où je publiais l'Avertissement de la troisième édition, ces adhésions se comptaient par centaines; depuis nos dernières catastrophes, elles m'arrivent par milliers.

Ces communications m'apportent souvent la consolation et l'espoir au milieu des maux actuels de la

patrie. Les plus précieuses viennent des étrangers, qui
sont loin de considérer nos désastres comme un gage
de prospérité pour l'Europe, ou même pour nos vain-
queurs. Ces vraies Autorités sociales, guidées par
l'Évangile, n'opposent encore qu'une faible digue aux
ravages produits par les appétits déchaînés et par les
abus de la force. Cependant elles sauveront l'Occident,
si elles sont recherchées par l'Enquête (64, VI) et
mises à leur vrai rang par l'opinion publique. Mes
correspondants étrangers n'oublient pas que la France
fut deux fois dans le passé [1] le modèle des nations. Ils
sont convaincus que notre ruine complète serait, pour
toute l'Europe, un malheur irréparable. Ils s'intéressent à notre salut, et ils en ont donné la preuve en venant récemment distribuer de généreux secours à nos
populations ruinées par la guerre. Ils nous rappellent
amicalement les vérités que nous leur avons enseignées
au temps de Condé, de saint Vincent de Paul et de
Descartes. Ils espèrent que la méthode de ce dernier,
appliquée à l'examen de nos malheurs récents, guidera
bientôt les hommes d'État, qui, loin de nous guérir,
continuent à nous refuser les vrais remèdes. Ils se persuadent qu'après de si dures épreuves nous ne per-
sisterons pas dans le fol orgueil et dans les funestes
erreurs qui nous ont perdus. Quelques-uns, plus con-
fiants encore, se plaisent à nous indiquer les germes de
réforme que fécondera *l'élasticité* de l'esprit français [2].

---

[1] *L'Organisation du travail*, §§ 15 et 17. === [2] *L'Union de la
Paix sociale*, n° 5; lettres de lord Denbigh, pair d'Angleterre, et
de lord Robert Montagu, membre de la Chambre des communes.
(Note de 1873.)

J'ai d'abord entendu, avec un certain étonnement,
cette expression qui s'applique rarement, chez nous,
à l'ordre immatériel. Cependant elle est fréquemment
employée, dans le sens que je viens d'indiquer, par
mes correspondants les plus perspicaces. Je la trouve
notamment dans la pensée de neuf personnes qui ont
vécu parmi nous, qui habitent des contrées fort éloignées les unes des autres, qui appartiennent aux deux
sexes et qui s'expriment en cinq langues différentes.
Or, plus je réfléchis à cet accord singulier, plus je
m'assure qu'il se fonde sur une qualité qui nous distingue réellement des autres peuples.

Cette qualité, il est vrai, est fort affaiblie sous le
poids des erreurs qui s'accumulent parmi nous. L'a-
bus incessant d'une dizaine de mots[3], qu'on ne définit
pas, plonge nos esprits dans un état honteux d'inertie.
Les orateurs de nos cinq cent mille cabarets et les
journalistes qui les endoctrinent, exploitent à l'aide de
ces mots les vagues aspirations des classes ignorantes,
dégradées ou souffrantes. Le premier venu acquiert
ainsi le pouvoir de propager l'erreur : il n'a plus,
en effet, qu'à prononcer certains mots; et il n'est
plus tenu de créer péniblement ces sophismes que
J.-J. Rousseau, en présence d'esprits moins abusés,
étayait avec art sur des raisonnements faux et des faits
controuvés. Quant aux classes honnêtes et éclairées,
elles tentent rarement de ramener ces mêmes mots à
leur sens vrai, et l'emploi qu'elles en font vient encore aggraver le mal. L'intervention de quelques

[3] Liberté, égalité, fraternité, démocratie, aristocratie, progrès, civilisation, science, esprit moderne, etc. (62, XI.)

écrivains éminents suffirait pour discréditer cette littérature révolutionnaire, et elle arrêterait les gens de bien sur la pente dangereuse où ils glissent. Elle rendrait promptement à l'esprit français l'aptitude sur laquelle nos amis se plaisent à compter.

Lorsqu'on nous aura débarrassés de cette phraséologie abrutissante, nous reprendrons possession de nos forces intellectuelles. Nous serons en mesure de procéder à d'autres réformes non moins nécessaires. Nous combattrons surtout trois fléaux : le scepticisme prêché dans notre langue, par les encyclopédistes, avec la collaboration de Frédéric II et la faveur des souverains allemands[4]; les honteuses erreurs propagées par une littérature allemande contemporaine[5]; enfin les habitudes de violence créées par les gouvernements de Louis XIV et de la Terreur.

Pour accomplir ces trois réformes préalables, nous aurons pour guides les conseils de nos propres Autorités sociales et de nos amis de l'étranger. Cet enseignement, fondé sur l'expérience, ne m'a point été épargné depuis deux années, et je puis le résumer ici en termes sommaires.

Dans toute société prospère, chacun observe des devoirs de subordination fixés par la tradition du genre humain. Le fils obéit au père, la femme au mari, le serviteur au maître, l'ouvrier au patron, le soldat à l'officier, le citoyen à l'autorité civile; tous d'ailleurs se soumettent aux prescriptions de la loi divine.

---

4 *La Réforme sociale*, 9, VIII; *l'Organisation du travail*, § 17, note 15; *la Paix sociale*, introduction, § 11, note 5. == 5 *L'Organisation du travail*, § 39.

Les règles de l'obéissance, établies par la loi ou la Coutume, obligent absolument le subordonné, alors même que le chef ne fait pas tout son devoir. Dans tous les cas, la désobéissance est châtiée (28, IV).

Le respect dû au principe d'autorité ne permet pas de fixer par la loi[6], avec la même précision, les cas dans lesquels on doit punir les chefs qui manquent à leur devoir. C'est par ce motif que le supérieur qui abuse est plus coupable et plus dangereux pour l'ordre public[7] que l'inférieur qui résiste. Le premier, enorgueilli par le pouvoir, se dégrade plus aisément que le second, contenu par la loi pénale. Heureusement on peut, dans les bonnes constitutions, conjurer le mal par des moyens plus efficaces que les lois écrites. Le désordre que n'atteint pas la loi est réprimé, selon la Coutume, par l'intervention des Autorités sociales,

[6] Joseph de Maistre, après avoir mentionné un acte qui, commis par des rois chrétiens, serait considéré comme abominable, ajoute : « Et cependant je doute qu'il fût possible de le leur défendre par « une loi fondamentale écrite, sans amener des maux plus grands « que ceux qu'on aurait voulu prévenir. » (*Essai sur le principe générateur des constitutions politiques*. Paris, 1814; 1 vol. in-8°; p. 6.) ══ [7] Un pêcheur, de famille patriarcale, de la mer d'Azof, m'a exprimé cette opinion par l'énergique proverbe : *C'est par la tête que pourrit le poisson*. Les Autorités sociales se soumettent toujours aux pouvoirs civils ou religieux, lors même qu'ils sont indignes; mais elles souffrent beaucoup de cette indignité, en ce qui touche le bon ordre du foyer et de l'atelier. Il en a été autrement pour les grands écrivains tels que J. Balmès et J. de Maistre, qui ont le mieux démontré le devoir d'obéissance; mais qui n'ont eu à diriger ni une famille ni des ouvriers. Ces écrivains ont été peu exposés aux abus de l'autorité, et ils n'en ont guère indiqué les inconvénients. C'est par ce motif que leurs écrits m'ont fourni, sur la réforme de mon pays, moins de lumières que la conversation des Autorités sociales.

dans la vie publique comme dans la vie privée.
Lorsque cette répression a fait défaut, lorsque les
vices du souverain ont pu s'étaler cyniquement, avec
la participation des classes dirigeantes, la décadence
s'est toujours manifestée [8].

Quand ce mal survient chez un grand peuple, le
remède se trouve dans le renouvellement traditionnel
plutôt que dans le changement brusque du pouvoir.
Dans ces circonstances, la patience des gouvernés
fait plus pour la réforme que la révolte contre les gouvernants. C'est ce que démontre l'ère de décadence
inaugurée en 1661. Le siècle de corruptions royales
qui a précédé 1789 a été moins funeste à la France
que le siècle de révolutions populaires qui lui a succédé. Revenue à ses institutions traditionnelles, la
France souffrirait encore sous l'autorité de souverains
qui oseraient de nouveau les violer. Toutefois, dans
ce cas même, elle n'accumulerait pas, durant un
nouveau siècle de mauvaises mœurs, la somme de
hontes qu'une ville égarée lui a fait subir du 18 mars
au 28 mai 1871.

Quand elle aura relevé la statue du Respect, quand

---

[8] L'exemple le plus frappant de cette vérité est la partie de
notre histoire comprise entre 1661 et 1715, entre le commencement et la fin du règne personnel de Louis XIV. On vit alors
l'adultère érigé près du trône en institution publique, et les plus
hautes familles vivre sous le même toit que les concubines et les
bâtards légitimés. Ces attentats contre la tradition chrétienne
amenèrent bientôt leurs conséquences naturelles : jamais une
société modèle ne fut plus rapidement remplacée par une société
corrompue. (*L'Organisation du travail*, § 17, et *l'Union de la Paix
sociale*, n° 2, chap. Iᵉʳ.)

elle se soumettra à la raison, à la foi et à la Coutume,
enfin quand elle obéira à ses autorités légitimes, la
France ne sera pas sauvée : mais elle rentrera dans
les voies du salut. Elle pourra dès lors restaurer les
pratiques et les doctrines exposées dans le présent
ouvrage, d'après l'exemple des Autorités sociales de
tous les pays.

AVERTISSEMENT DES ÉDITEURS

SUR L'ŒUVRE DE M. F. LE PLAY

(1872)

Au moment où nous éditons pour la première fois cet ouvrage, dans les conditions exceptionnelles[1] adoptées pour les autres écrits de M. Le Play, nous croyons utile d'indiquer les motifs qui nous attachent à l'œuvre, vraiment européenne, qu'il poursuit avec tant de labeur et de dévouement.

Dès le début de notre carrière commerciale, nous avons compris la nécessité de développer nos ateliers dans les conditions qui pouvaient le mieux faire régner l'harmonie entre notre famille et celles qui lui sont attachées. Sous ce rapport, nous sommes restés soumis à certains usages qui tombent en désuétude dans beaucoup d'ateliers français ou étrangers.

Or, en lisant les écrits de M. Le Play, nous fûmes tout d'abord frappés de deux faits principaux. En premier lieu, les Autorités sociales, dont l'auteur a

---

[1] *L'Organisation du travail* (Avertissement). L'Auteur et les Éditeurs se sont interdit tout prélèvement sur les ventes ; et ils se concerteront sans relâche pour les établir au moindre prix.

recueilli avec tant de soin la pratique et la doctrine, ont conservé dans leurs ateliers toutes les coutumes qui ont eu, pour nous et pour nos ouvriers, les plus heureux résultats. Nous avons naturellement trouvé dans cette circonstance un motif d'attachement à notre tradition. En second lieu, ces mêmes Autorités gardent avec de grands avantages plusieurs autres coutumes qui n'auraient pas été moins bienfaisantes pour nous, si elles nous avaient été plus tôt connues. Ainsi, par exemple, nous constatons avec regret que les capitaux immobilisés dans la ville de Tours pour l'extension de nos ateliers, eussent produit dans la banlieue de meilleurs résultats pour nos ouvriers. Nous aurions pu, en effet, tout en leur assurant la même somme de salaires, les aider à conquérir les avantages matériels et moraux que donne partout la propriété du foyer domestique, lié à de petites dépendances rurales[2]. Nous avons dû conclure, de notre propre expérience, que la connaissance de ces coutumes, pratiquées en partie par notre maison, serait fort utile à une foule de manufacturiers qui les ignorent complétement et qui s'engagent, en conséquence, dans des voies fausses ou dangereuses.

Nous n'avons pas été moins frappés de l'accueil fait aux livres de M. Le Play. Ces livres n'offraient pas l'attrait de l'amusement ou de la curiosité, le luxe des images ou les autres conditions habituelles des succès de librairie; ils ne s'aidaient même pas des ressources

---

[2] *L'Organisation du travail*, §§ 22 à 24.

de la publicité. Ils pénétraient cependant, avec un succès toujours croissant, parmi les classes éclairées, et spécialement parmi les personnes qui nous sont unies par les liens de l'amitié.

L'accueil bienveillant fait à ces livres par les divers organes de la presse française a été pour nous un autre symptôme significatif. La pratique des Autorités sociales préposées à la direction des arts usuels est fondée, en partie, sur les innovations matérielles que nos contemporains admirent; mais elle repose surtout sur la conservation des vérités morales et des principes traditionnels qu'ils oublient de plus en plus. Or les livres de M. Le Play ont surtout pour but de décrire cette pratique : ils contrarient donc généralement le mouvement habituel de l'opinion. Dès lors, la sympathie, ou tout au moins la tolérance de la presse, nous sont apparues comme les signes précurseurs d'une prochaine réforme.

Enfin nous avons beaucoup remarqué l'impression que ces mêmes livres ont produite hors de notre pays. A l'étranger, où l'on se méfie d'ordinaire de nos productions politiques, où l'on nous reproche les théories abstraites, arbitraires, déclamatoires et parfois perverses, les ouvrages de M. Le Play ont tout d'abord excité de l'étonnement et une sorte d'incrédulité. On semblait se demander si ce méthodique et respectueux observateur des saines coutumes était bien du pays qui, un certain jour, a prétendu déraciner toutes ces coutumes et les jeter au vent.

Pour nous en tenir aux témoignages les plus ré-

cents, un savant professeur de l'Université de Tubin-
gen, M. le docteur Schæffle, dans un article de la
Revue trimestrielle allemande, a exprimé ainsi sa
surprise de ce qu'en ouvrant la *Réforme sociale* il n'y
trouvait « pas des théories enfantines, mal digérées,
« prétendant improviser le bonheur de l'humanité, la
« transformation de la société..., des mots vides, des
« phrases brillantes..., un plan de réforme bâclé en
« une heure, » mais bien, tout au contraire, « le ré-
« sultat mûri d'une foule d'études de détail, fondées
« sur l'expérience et les faits, » aussi opposées « à l'esprit
« de réaction qu'à l'esprit de révolution. » M. Schæffle,
abordant les opinions propres aux Autorités sociales,
fait honneur à M. Le Play de la manière dont il expose
leur doctrine, de l'érudition abondante et sûre qu'il
apporte à l'appui de ses propositions. Il se montre
particulièrement touché de la partie relative à la famille. « Il est rare, dit-il en terminant, de rencontrer
« un écrivain adonné aux questions sociales qui soit
« à la fois le partisan de l'industrie et d'une religion
« positive, l'adversaire de la phraséologie sceptique
« et de la corruption intellectuelle, le défenseur des
« forces morales, et enfin le partisan de la méthode
« expérimentale dans la critique du matérialisme mo-
« derne; il est plus rare encore de trouver un auteur
« chez lequel ces sages principes soient le résultat de
« trente années d'étude. »

En Angleterre, la doctrine des Autorités sociales a
reporté les esprits aux souvenirs du siècle dernier.
Les écrivains qui s'y sont occupés des œuvres de

M. Le Play ont vu en lui un autre Montesquieu venant leur expliquer encore une fois le sens de leurs
institutions politiques. Aussi ne sont-ils pas frappés
de ce que ses idées ont d'original au point de vue de
la pensée française. Mais ce qui paraît avoir singulièrement excité leur attention, c'est un certain
rapprochement que leur ont fait faire les derniers
malheurs de la France. A cet égard, un article très-
remarquable a été publié dans le *Saturday Review*,
du 3 juin 1871.

« Devant le spectacle inouï que nous offre la nation
« française, on se demande si quelqu'un a pu prévoir
« et prédire l'étrange et triste chute de ce grand peu-
« ple, tombant au moment où il semblait jouir, dans
« l'ordre matériel, d'une prospérité exceptionnelle.
« Nous ne parlons pas d'une de ces prédictions ha-
« bituelles aux moralistes et aux prédicateurs; nous
« signalons un ouvrage rationnel et sérieux où les
« causes de la chute soudaine d'une des premières
« nations du monde, alors qu'elles étaient encore
« dissimulées sous des apparences de force et de suc-
« cès, auraient été découvertes et démontrées dis-
« tinctement par un esprit calme et pénétrant, que
« l'imagination ne guidait pas... Il y a un ouvrage
« qui répond à notre question; c'est la *Réforme so-*
« *ciale*, publiée par M. Le Play dès 1864... »

Après avoir fortement constaté le caractère et la
valeur scientifique de M. Le Play, ses longs travaux,
ses voyages, sa vie d'observation, les résultats puissants auxquels il est parvenu, l'écrivain anglais
montre M. Le Play tournant vers l'état de la France

son esprit de comparaison et de critique, et il ajoute :
« Cette longue étude de la société française le con-
« duisit à condamner vivement la situation de son
« pays; il exposa d'une manière claire et nette les
« motifs de cette condamnation, et il exprima pour
« l'avenir les plus sérieuses inquiétudes. Appréciant
« à leur juste valeur les théories abstraites et les
« remèdes héroïques auxquels l'opinion, en France,
« se confie volontiers, il ne pouvait espérer de guéri-
« son que dans une réaction morale, énergique et in-
« cessante. »

L'auteur de l'article revient ailleurs sur la même
idée : « En 1864, dit-il, dans un moment de grande
« prospérité, alors que personne ne songeait au dan-
« ger, M. Le Play entreprit d'indiquer à ses conci-
« toyens les périls auxquels la société française était
« exposée. Ces périls n'étaient pas du genre de ceux
« sur lesquels les ennemis du système impérial ai-
« maient à s'appesantir... Les maux sur lesquels
« M. Le Play insistait sont ceux qui attaquent les ca-
« ractères et les idées; ce sont les coutumes vicieuses
« gouvernant les classes élevées aussi bien que les
« classes inférieures, pervertissant leur esprit, affai-
« blissant leurs facultés et leurs forces. »

Et ailleurs : « Selon M. Le Play, aucun change-
« ment de gouvernement, aucune violente révolution
« ne peut délivrer la France des deux maux qui l'af-
« fectent principalement, maux qui ne sauraient être
« guéris que par une amélioration lente, profonde,
« continue, dans le caractère, les opinions et les cou-
« tumes du corps social tout entier. »

A*

Ailleurs encore : « M. Le Play ne pense pas que ces
« maux puissent être attribués exclusivement à cer-
« taines formes de gouvernement ou à des consti-
« tutions défectueuses; il leur découvre d'autres
« causes, plus profondes; et ces causes, presque
« invisibles, mais puissantes et toujours agissantes,
« il les constate et les signale à l'aide des lumières
« que lui fournissent l'examen attentif des faits et la
« comparaison de la société française avec les condi-
« tions sociales et les usages d'autres nations. » L'auteur de l'article énumère, à ce propos, quelques-unes
des idées fausses dont M. Le Play voudrait guérir ses
compatriotes : c'est tour à tour la confiance exagérée
que l'on fonde sur les progrès des sciences et ceux de
l'industrie ; l'erreur où l'on est que de pareils progrès
puissent tenir lieu d'un bon état moral, qu'ils puissent
même survivre à la perte de la moralité publique;
c'est encore l'ignorance où l'on est, en France, des
vraies traditions historiques du pays. Il signale plusieurs conséquences funestes de ces erreurs, notamment les chimériques entreprises de réaction contre
des abus, des antagonismes de classes qui n'ont pas
existé; l'oubli ou l'abandon des principes et des institutions les plus salutaires, qui assurent ailleurs le
bien-être et la liberté des populations.

Il faudrait reproduire tout l'article du *Saturday
Review*, si l'on voulait donner une idée complète des
formes variées par lesquelles l'écrivain anglais exprime son étonnement de trouver, en M. Le Play, un
auteur qui avait si sûrement analysé et averti la société française. L'article se termine ainsi : « Si nous

« avions étudié ce livre il y a sept ans, nous aurions sans
« doute été frappés de la grande perspicacité dont
« M. Le Play fait preuve en indiquant si clairement
« la plupart des plaies et des faiblesses de la France.
« Nous aurions compris, notamment, que les mariages
« tardifs et stériles, le partage forcé des héritages,
« l'éducation vicieuse de la jeunesse, les idées fausses
« sur le régime du travail, pouvaient, à la longue,
« amener une catastrophe. Mais nous aurions sup-
« posé qu'il n'avait pas suffisamment aperçu certaines
« influences qui, à son insu, faisaient contre-poids
« et conservaient à la France sa force et sa vigueur,
« malgré les vices évidents de son état social[3]... »

C'est en France où M. Le Play poursuit, depuis
1855, avec tant de mesure et de force, son cours d'hygiène sociale, que les impressions du public devraient
être particulièrement étudiées. Malgré leurs défauts
trop connus, les journaux n'ont pas manqué de donner des preuves d'intelligence et d'attention; et l'on
pourrait citer plus d'un témoignage de cette clair-
voyance, jadis si éveillée, qui n'a pas entièrement

[3] Ces lignes étaient sous presse quand le *Saturday Review*, du
23 décembre 1871, publiait un nouvel éloge de l'œuvre entière
de M. Le Play. L'écrivain anglais admire surtout le courage avec
lequel l'Auteur combat les erreurs de ses concitoyens, et rappelle
ceux-ci à l'observation du Décalogue. Selon lui, M. Le Play a été
bien inspiré en attribuant la décadence de son pays à la violation
de la triple loi du respect dû « à Dieu, source de toute autorité;
« au Père, son délégué dans la famille; à la Femme, lien d'a-
« mour entre tous les membres de la communauté ». L'écrivain
conclut en recommandant l'étude des ouvrages de M. Le Play à
« ceux qui ont charge du bien-être de l'Angleterre ».

abandonné la presse française. Mais, pour ne pas donner trop d'étendue à cet Avertissement, nous rappellerons seulement ce qu'ont écrit, sur l'œuvre de M. Le Play, deux hommes bien diversement éminents, M. Sainte-Beuve et M. de Montalembert.

Le grand et vif critique, l'esprit qui, des hauteurs presque mystiques de Joseph Delorme, était arrivé aux négations froides du matérialisme moderne, Sainte-Beuve a consacré à l'appréciation de la *Réforme sociale,* dès la première édition, en 1864, deux articles, depuis insérés dans les *Nouveaux Lundis* (tome IX, p. 61-201). Sensible surtout à ce qu'il y a d'original et de fortement individuel dans le caractère de l'homme qui a su découvrir et publier la doctrine des Autorités sociales, M. Sainte-Beuve n'a relevé que certains traits de l'homme et de la doctrine, que les côtés par lesquels elle s'approche ou s'écarte des procédés et des fins de la révolution.

Et d'abord voici pour l'homme : « Esprit exact, « sévère, pénétrant, exigeant avec lui-même, il ne « négligea rien de ce qui pouvait perfectionner son « enseignement et faire avancer la science d'applica- « tion à laquelle il s'était voué. Au lieu de s'en tenir « aux livres et aux procédés en usage dans son pays, « il voyagea et le fit avec ordre, méthode, en tenant « note et registre de chaque observation, sans rien « laisser d'inexploré ou d'étudié à demi. On prendra « idée de la masse de notions précises ainsi amassées « par lui et passées ensuite au creuset, pour ainsi « dire, de son rigoureux esprit, en sachant que, de-

« puis 1829 jusqu'en 1853, c'est-à-dire pendant vingt-
« quatre ans, il fit un voyage de six mois chaque
« année, et un voyage d'étude, non une tournée
« de plaisir. L'hiver à Paris, il faisait son cours de
« métallurgie, et l'été venu, il partait pour aller véri-
« fier sur les lieux les procédés d'exploitation et d'éla-
« boration en usage dans les divers pays. A cette fin,
« il visita une fois le Danemark, une fois la Suède et
« la Norwége, trois fois la Russie, six fois l'Angle-
« terre, deux fois l'Espagne, trois fois l'Italie, une
« fois la Moravie, la Hongrie, la Turquie d'Europe;
« il fit un grand voyage dans la Carinthie, dans le
« Tyrol; il visita ou traversa nombre de fois l'Alle-
« magne : bref, la Scandinavie exceptée, il a visité
« à peu près trois fois, en moyenne, chaque partie de
« l'Europe. Des missions spéciales qui lui furent con-
« fiées par les gouvernements, par des souverains ou
« par de très-puissants particuliers, le mirent à même
« de faire des observations comparées, approfondies,
« depuis la Belgique jusqu'aux confins de l'Europe
« et de l'Asie; pas une forge importante ne lui a
« échappé; il a eu à en diriger lui-même; il a eu dans
« les usines de l'Oural jusqu'à 45,000 individus
« sous ses ordres, une véritable armée d'ouvriers.
« L'un de ces hommes rares, chez qui la conscience
« en tout est un besoin de première nécessité... »

M. Sainte-Beuve quitte bientôt l'ingénieur et le
métallurgiste pour étudier l'observateur de la vie
morale et sociale, et ce qui frappe tout d'abord le
sagace critique, c'est la donnée première sur laquelle
M. Le Play édifiera plus tard son *Organisation du*

travail. Cela se passe aux mines du Hartz, dans le Hanovre, et il n'échappe pas à M. Sainte-Beuve que cette honnête et forte condition « où l'ouvrier a la « propriété de son habitation, où la mère de famille « n'est pas obligée d'aller travailler chez les autres, « où elle siége et trône, en quelque sorte, au foyer « domestique, où elle est souverainement respectée, « où les vertus naissent, s'entretiennent, se graduent « d'elles-mêmes autour d'elle... » que cette honnête et forte condition, assurée à l'ouvrier, par la Coutume, est le fait qui détermina légitimement la direction des recherches sociales de M. Le Play. De là les trente-six monographies des *Ouvriers européens,* qui ont obtenu, en 1856, le prix de statistique à l'Académie des sciences de Paris ; de là les monographies des *Ouvriers des deux mondes,* continuées par la *Société d'Économie sociale,* sous la direction de M. Le Play. Ce fut cette constatation réitérée de la Coutume qui fit faire à l'auteur des *Ouvriers européens* cette prodigieuse découverte, à savoir, qu'en science sociale il n'y avait rien à inventer.

Mais si tout a été établi par la Coutume chez les peuples prospères, tout aussi dans notre société est à dégager de faits nouveaux qui, sans rien fonder eux-mêmes, ont tout interrompu, troublé ou perverti. Comment restaurer dans notre pays, sans violence, par les seules forces de la raison, les lois naturelles à l'ordre européen ? La réponse à cette grande et vitale question fut faite par la *Réforme sociale,* dont la première édition parut en 1864.

Devant cette œuvre, qui l'étonne plus qu'elle ne

l'édifie, M. Sainte-Beuve s'écrie que M. Le Play est
« un Bonald rajeuni, progressif et scientifique »,
manière ingénieuse d'exprimer tout à la fois ce qu'il
approuve et ce qui lui déplaît dans les idées de l'auteur. Ce qui lui plaît, c'est la méthode, l'observation,
la sévère déduction des faits, l'esprit rigoureusement
scientifique, puissamment rationnel, et par là M. Le
Play lui paraît moderne; mais l'auteur lui paraît aussi,
sans qu'il puisse le désapprouver, trop incliner par
ses conclusions, si légitimes, si autorisées qu'elles
soient, vers les institutions du passé, de la féodalité,
du moyen âge. M. Sainte-Beuve finit par se réconcilier
avec lui-même, en laissant l'artiste l'emporter en lui
sur le soi-disant libre penseur. A propos du droit de
tester, contre lequel il a tous les préjugés de Mirabeau
et de la révolution, il loue M. Le Play pour avoir
tenté de relever parmi nous la famille, l'autorité dans
la famille, « la statue du Respect. » Au sujet de la doctrine sur la tolérance, M. Sainte-Beuve, tout à fait
gagné par les citations qu'il fait du livre de M. Le
Play, admire sans réserve, et dit : « Je ne sais pas de
« plus belle page de moralité sociale à méditer. »

M. de Montalembert est attiré par ce qui repousse
M. Sainte-Beuve et tenu en méfiance par ce qui l'attire; ce sont les tendances vers le passé qui le préviennent favorablement; c'est la méthode scientifique
d'observation qui le met en quelque suspicion. Ce qu'il
faudrait à M. de Montalembert, c'est le procédé des
principes *à priori*, des affirmations dogmatiques, à la
manière de Joseph de Maistre ou de Bonald; il a peur

de ce qui rappelle l'allure des Locke, des Condillac et de
ces maîtres de la science exacte, pour qui n'existent pas
le monde des invisibles et la nature intime des choses,
interiora rerum. Mais, comme il est avant tout préoc-
cupé de politique, de droit, et que son esprit est fami-
liarisé avec toutes ces choses du monde social, mieux
que M. Sainte-Beuve il comprend dès l'abord la
grande, la décisive importance de la découverte de
cette doctrine des Autorités sociales, attestant partout,
dans l'Europe chrétienne, l'existence d'un même droit
coutumier, identique au fond sinon dans toutes ses
formes. Il comprend qu'il y a là, dans cette doctrine,
une notion nécessaire, définitive, pour notre société
égarée à la recherche de principes absolus, tournant
dans la pratique contre eux-mêmes et surtout contre
l'existence de tout ordre moral. Si des travaux personnels déjà engagés, puis une longue et douloureuse
maladie n'étaient pas venus arrêter M. de Montalembert, il est presque certain que la doctrine des Autorités sociales aurait eu en lui un de ces prosélytes à
l'éloquence enflammée, à la pensée ingénieuse et forte
qui assurent le succès des idées nouvelles. Qu'on en
juge.

Le 10 octobre 1864, il écrit à M. A. Cochin :

« Je lis le livre de Le Play, et j'en suis émerveillé...
« Il n'a pas paru de livre plus important et plus inté-
« ressant depuis le grand ouvrage de Tocqueville sur
« la démocratie ; et Le Play a le mérite d'avoir bien
« plus de courage que Tocqueville, qui n'a jamais
« osé braver un préjugé puissant... Il faut que vous
« lui rendiez pleine justice, et que nous adoptions son

« livre comme notre programme, sans nous arrêter
« aux dissentiments de détail, qui pourront être assez
« nombreux. »

Plus d'une année se passe ; de cruelles préoccupations viennent distraire M. de Montalembert. Toutefois, dès le 8 janvier 1866 une lettre de la Roche-en-
Brény nous le montre reprenant l'étude de l'œuvre de
M. Le Play :

« Sachez, » écrit-il à un ami, « que je vis depuis plus
« d'un mois en communication intime avec Le Play.
« En revenant de mon voyage en Espagne, je me suis
« mis à relire la *Réforme sociale*... Aujourd'hui je la
« lis, je l'annote, je m'en imbibe goutte à goutte, à
« raison de quatre pages par jour ; je suis arrivé ainsi
« à la fin du premier volume, où j'ose croire que rien
« ne m'a échappé ; et, cette lecture achevée, je n'hé-
« site pas à dire que Le Play a fait le livre le plus
« original, le plus utile, le plus courageux et, sous
« tous les rapports, le plus fort de ce siècle. Il a,
« non pas plus d'éloquence que l'illustre Tocqueville,
« mais beaucoup plus de perspicacité pratique et sur-
« tout de courage moral. Oui, ce que j'admire surtout
« en lui, c'est le courage qui lui a permis de lutter à
« visage découvert contre la plupart des préjugés do-
« minants de son temps et de son pays, comme il l'a
« fait très-spécialement dans son excellent chapitre
« sur l'enseignement, et partout où il confesse si net-
« tement la chute originelle de l'homme, cette doc-
« trine qui répugne si profondément à l'orgueil ser-
« vile de nos contemporains. C'est par là, encore plus
« que par sa prodigieuse science des faits et son rare

« talent d'exposition, c'est par la noble indépendance
« de son esprit et de son cœur, qu'il sera vraiment
« grand dans l'histoire intellectuelle du XIXᵉ siècle. »

Nous arrêtons là ces citations, témoignages de l'intelligence de notre temps pour l'œuvre à coup sûr la
plus utile qui ait pu survenir en notre pays après tant
d'erreurs et de désastres. Edmond Burke, Joseph de
Maistre et Bonald nous avaient avertis; mais ils ont été
des protestations plus que des enseignements. Pour
que nos esprits fussent convaincus, il fallait qu'un
homme, sorti lui-même du mouvement et des travaux
modernes, se levât et fît entendre, non pas le langage
d'un dogmatisme hautain, mais les simples et sévères
leçons de l'expérience, interrogée, méthodiquement
étudiée dans les faits. C'est ainsi que M. Le Play a pu
dire, avec plus de raison encore que de modestie, qu'il
a produit non ses propres idées, mais bien la doctrine
des Autorités sociales, c'est-à-dire des notabilités qui
conservent autour d'elles la paix publique, fondée sur
le travail, le respect et l'affection. Ce qui, dans cet
enseignement, appartient en propre à M. Le Play,
c'est le soin extraordinaire, l'ardeur constante, le courage intrépide, qu'il a su mettre à le développer progressivement au milieu d'une société où se dressent
contre lui les préjugés, les habitudes d'esprit, les intérêts de certaines classes et de certains partis dominants. C'est ainsi qu'il a exposé successivement, dans
les *Ouvriers européens,* la constatation des faits sociaux, et déjà les premiers linéaments des conclusions
à tirer des faits; dans la *Réforme sociale,* l'en-

semble des déductions à tirer des faits observés, comprenant toutes les conditions nécessaires de l'ordre moral, politique, économique et civil ; dans l'*Organisation du travail*, l'application de la doctrine des Autorités sociales au grand problème économique, qui était resté insoluble, dans les termes où la révolution l'a posé ; dans l'*Organisation de la famille,* les lois salutaires de l'atelier se complétant elles-mêmes et s'affermissant par le seul régime où la famille puisse réunir toutes les garanties qui font d'elle, dans le corps social, la source immanente de la moralité, de l'autorité, de l'activité prospère et libre. Il restait peut-être encore à trouver, pour cette œuvre, une forme élémentaire qui permît de la vulgariser, si scientifique qu'elle soit ; c'était là une tâche qui devait tenter le prosélytisme d'un disciple intelligent ; mais l'infatigable dévouement de l'auteur a déjà pris les devants, et c'est lui qui a commencé, dans la *Paix sociale*, à exposer la doctrine déduite des principes.

Maintenant, est-il nécessaire d'ajouter que les ruines de la patrie doivent être relevées ; que cette reconstruction est urgente ; qu'elle s'impose à nous comme une suprême nécessité ; que les matériaux du nouvel édifice ne sont pas dans ces maximes et ces pratiques qui, depuis plus de quatre-vingts ans, dégradent notre patrie ; qu'ils sont seulement dans la loi morale où les nations civilisées, pour qui nous sommes désormais un scandale, ont trouvé jusqu'ici la prospérité ; que ces salutaires doctrines de l'expérience, recueillies par M. Le Play, reproduites par lui

sous les formes les plus diverses, doivent être propagées par les gens de bien de toute origine et de toute
condition ?

Les revers de la patrie obligent chaque citoyen à
s'associer, autant qu'il dépend de lui, à cette œuvre
de salut. Pour notre part, nous ne croyons pas pouvoir
faire mieux que d'offrir au public une édition complète
des ouvrages de notre bien-aimé maître. Puissent les
libraires français et étrangers, et tous les organes de
la publicité, seconder une entreprise qui, au milieu
des erreurs dominantes et des passions déchaînées,
intéresse l'Occident tout entier !

TABLE DES MATIÈRES

CONTENUES DANS LES TROIS TOMES

SUIVIE

DE DEUX INDEX ALPHABÉTIQUES

DONNANT

LE PREMIER, LA DÉFINITION DES MOTS EMPLOYÉS AVEC UN SENS SPÉCIAL ;
LE SECOND, LA LISTE DES AUTEURS CITÉS DANS CET OUVRAGE

INTRODUCTION

LES IDÉES PRÉCONÇUES ET LES FAITS, TOUCHANT LA DISTINCTION
DU BIEN ET DU MAL

I. L'éloge ou la critique de la France. — II. La réforme et la révolution. — III. Les deux fléaux du moment : antagonisme et instabilité. — IV. Objet de l'Introduction : réfutation des faux axiomes sociaux.

I   B

LIVRE PREMIER

LA RELIGION

LIVRE DEUXIÈME

LA PROPRIÉTÉ

LIVRE TROISIÈME

LA FAMILLE

LIVRE QUATRIÈME

LE TRAVAIL.

LIVRE CINQUIÈME

L'ASSOCIATION

ou

L'UNION DANS LE TRAVAIL ET LA VERTU

LIVRE SEPTIÈME

LE GOUVERNEMENT

—

PREMIÈRE PARTIE

LE CHOIX DES MODÈLES

LIVRE SEPTIÈME

LE GOUVERNEMENT

—

DEUXIÈME PARTIE

LA CORRUPTION ET LA RÉFORME EN FRANCE

CONCLUSION

LES CONDITIONS DE LA RÉFORME EN 1864

L'ÉPILOGUE EN 1874

DOCUMENTS ANNEXÉS

INDEX DES MOTS

EMPLOYÉS AVEC UN SENS SPÉCIAL

A

ABSENTÉISME. — Habitude vicieuse du Propriétaire qui ne réside pas sur l'Atelier de travail où il puise ses moyens d'existence. 34, XXI.

ABUS DES MOTS. — Forme de Corruption qui propage l'Erreur, même sans l'apparence d'une démonstration, par le seul énoncé d'un mot détourné de son sens légitime. 62, XI.

AGE MUR (L') ET LA VIEILLESSE, — préposés à la garde du Bien, au sein des Sociétés modèles. 27, IV et IX.

ALLIANCE DES TRAVAUX DE L'ATELIER ET DES INDUSTRIES DOMESTIQUES. — La troisième pratique de la Coutume des ateliers. 50, VIII.

ANNUAIRE DE LA PAIX SOCIALE. — Projet d'une publication périodique pour le personnel de l'Union, vouée aux études comparées sur la constitution des Sociétés de toutes sortes, définies par le lieu et l'époque. 69, V.

ANTAGONISME SOCIAL. — Sentiments habituels à l'état de Souffrance, signalés surtout par les débats entre les Maîtres et les Serviteurs. 1, III et 62, I.

ARISTOCRATIE. — Portion de l'autorité publique, interposée entre le gouvernement communal du peuple et le gouvernement central du monarque, exercée par les sages désignés par la nature des rapports sociaux ou par le choix du peuple. 67, XVI.

ARTS LIBÉRAUX. — Professions relatives au Gouvernement, à la religion, à la justice, à la guerre, à la médecine, à la culture ou à l'enseignement des facultés de l'ordre immatériel, et en général aux travaux ayant pour objet principal les besoins moraux. 32, V à VII.

ARTS USUELS. — Professions ayant pour objet la production, ou l'extraction, les élaborations successives, le transport et la vente des objets matériels. 32, II à IV.

ATELIER DE TRAVAIL. — Lieu où s'exécutent les opérations caractéristiques de chaque profession usuelle où libérale. 31, II.

AUTORITÉS SOCIALES. — Individus qui montrent une grande tendance vers le Bien, chez toutes les races, dans toutes les conditions et sous tous les régimes sociaux; qui, par l'exemple de leurs Foyers et de leurs Ateliers, comme par la scrupuleuse pratique de la Loi morale, conquièrent l'affection et le respect de tous ceux qui les entourent. 64, VI. .

B

BIEN (LE). — Ensemble des actes et des doctrines conformes à la Loi morale. 64, IX et X.

BORDIERS. — Le meilleur type de l'Ouvrier rural. Familles fécondes; attachées en permanence à un grand Propriétaire rural, réunissant les caractères du salarié et du tenancier; aptes à recruter par leurs meilleurs rejetons, sous le patronage du Maître, les Classes supérieures de la société. 34, XIX.

BUREAUCRATIE. — Organisation vicieuse de Gouvernement, conférant la réalité du pouvoir à des agents qui n'offrent point aux Gouvernés les garanties de la responsabilité personnelle. 63, I.

C

CHASSE. — L'un des trois moyens d'existence des Sauvages. Son influence s'efface chez les Sédentaires à mesure que s'accroît la surface défrichée. 31, I.

CITOYENS COMMUNAUX. — Individus qui interviennent dans le gouvernement de la commune. Chez les Sociétés modèles, ils remplissent la double condition de payer leur part des taxes locales, d'être attachés à la commune par la propriété foncière. 54, II; 58, III; 65, XXIII.

CLASSE DIRIGEANTE. — Ensemble des personnes qui, par eurs doctrines ou leurs actes, donnent l'impulsion à une Société. Cette direction est sur-

tout imprimée aux races de Sédentaires : chez les peuples modèles par les Propriétaires ruraux, chez les peuples corrompus par les Lettrés. 50, XVII; 51, XIII.

CLASSE INFÉRIEURE. — Ensemble des personnes qui emploient exclusivement dans leur propre intérêt, ou dans celui de leurs familles, le temps et les ressources dont elles disposent. 50, XVII.

. CLASSE SUPÉRIEURE. — Ensemble des personnes qui emploient surtout leur temps et leurs ressources dans l'intérêt de la Classe inférieure et du public. 50, XVII.

CLASSES SOCIALES. — Groupes de familles entre lesquelles une distinction est établie par les Institutions et les Mœurs. 48, IV; 50, XVII.

COACTION GOUVERNEMENTALE. — Caractère distinctif du gouvernement des races, réputées contraintes, chez lesquelles les Institutions confèrent aux pouvoirs publics la conservation de l'ordre moral. 8, X.

COACTION PATERNELLE. — Caractère distinctif des races, réputées libres et prospères, chez lesquelles les Institutions et les Mœurs confèrent aux pères de famille la conservation de l'ordre moral. 8, X.

COMMUNAUTÉS. — Associations dont les membres exercent en commun, en tout ou en partie, les industries agricoles, manufacturières ou commerciales, et en général les travaux ayant le gain pour objet. 41, III.

CONSERVATION FORCÉE. — L'un des trois régimes de succession, dans lequel le Foyer et l'Atelier de famille se transmettent intégralement, indépendamment de la volonté du Propriétaire. 18, III.

CONSTITUTION SOCIALE. — Ordre établi dans toutes les branches d'activité d'une race d'hommes, par la nature des lieux, par les Coutumes et les Lois écrites, par les Mœurs et les idées dominantes. 52, VI.

CONTRAINTE (régime de). — Nommé plus convenablement COACTION GOUVERNEMENTALE. 8, X.

CORPORATIONS. — Associations dont les membres se livrent en commun à des travaux où l'intérêt intellectuel et moral domine l'intérêt matériel et financier. 41, III.

CORRUPTION. — Etat d'une Société où la Classe dirigeante a abandonné la pratique de la Loi morale et la Coutume des Sociétés modèles. 1, II ; 53, II.

COUTUME. — Ensemble des habitudes traditionnelles qui constituent les fondements de l'existence matérielle et de la vie morale d'une Société ; que les individus doivent pratiquer, comme les Lois écrites, sous peine d'y être contraints par la Force publique. 52, III.

COUTUME DES ATELIERS. — Ensemble des six pratiques qui, chez toutes les races, conservent l'affection réciproque entre le Patron et les Ouvriers, en conjurant toute éclosion de l'Antagonisme social. 50, V. — Voir : Permanence des ENGAGEMENTS ; ENTENTE complète touchant le Salaire ; ALLIANCE des travaux de l'Atelier et des industries domestiques ; habitudes d'EPARGNE ; UNION indissoluble de la famille et du Foyer ; respect de la FEMME.

CROYANCES RELIGIEUSES. —

L'un des symptômes de la Prospérité. 9, I.

CUEILLETTE. — L'un des trois moyens d'existence des Sauvages. 31, I.

CULTURE INTELLECTUELLE (LA). — L'un des trois écueils de la PROSPÉRITÉ. 2, II ; 9, VIII ; 62, V ; 64, II.

D

DÉCADENCE. — Etat d'une Société où se propage la Corruption. Elle a généralement pour cause l'abus de la Richesse, de la Culture intellectuelle et de la Puissance développées, à une époque antérieure, par la pratique de la Loi morale. 31, VI ; 53, II ; 62, V.

DÉCADENCE FATALE. — Erreur qui consiste à croire que chaque race d'hommes, après avoir acquis un maximum de Prospérité, est, par la force même des choses et nonobstant tout effort, condamnée à déchoir ou à périr. 4, II.

DÉCALOGUE ÉTERNEL. — Réunion des dix préceptes de la Loi suprême, révélés par Dieu au premier homme, dont la pratique ou l'abandon ont toujours entraîné pour les Sociétés la Prospérité ou la Souffrance. 3, III ; 47, XII ; 62, I.

DÉCLARATION DES DROITS. — Les deux documents révolutionnaires, auxquels on se réfère habituellement au sujet des prétendus principes de 1789. 64, III.

DÉMOCRATIE. — Organisation de l'autorité publique dans une petite Société, où les familles sont tellement rapprochées et soumises à la Loi morale que le peuple assemblé peut, en maintenant la paix, régler souverainement ses intérêts communs. Dans les Sociétés plus étendues, cette organisation se réduit nécessairement à la gestion des intérêts spéciaux de chaque commune. 67, XVI.

DOMAINE AGGLOMÉRÉ, — avec Foyer central ; le meilleur type d'Atelier rural. 34, VI. — Voir pour le plus mauvais type : VILLAGE à banlieue morcelée.

DOMESTIQUES. — Personnes spécialement attachées au service des Foyers. 29, VI.

DROIT DES GENS. — Coutumes et Lois écrites suggérées par l'application de la Loi morale aux rapports mutuels des nations. 51, VI à IX ; 67, XI et XXII.

E

EDUCATION. — Partie de l'Instruction puisée par chacun dans la pratique de la vie, l'exercice de la profession et l'observation des faits sociaux. 32, II et III ; 47, III.

EGALITÉ. — Mot dont le sens légitime est parfois lié à la notion de justice, mais dont on abuse pour masquer la grande loi d'Inégalité, établie par la nature, développée par l'usage du libre-arbitre, indispensable au bon ordre des Sociétés. 48, II et XIII ; 62, XI.

EMIGRATION. — Coutume propre aux races fécondes qui habitent un territoire complétement défriché : elle attire dans les pays étrangers où la population manque, et dans les colonies où le sol reste inculte, les individus qui ne peuvent s'établir convenablement au lieu natal. L'émigration est PERMANENTE, quand elle a lieu sans retour ; MOMENTANÉE, quand l'émigrant revient avec une fortune faite ; PÉRIODIQUE, quand l'émigrant revient chaque année, après avoir accompli au loin certains travaux temporaires. 30, III ; 39, VI.

ENFANCE (L') ET LA JEUNESSE, — considérées dans les Sociétés modèles comme les agents naturels du Mal et comme l'objet d'une continuelle correction. 28, III et IV ; 64, III.

ENGAGEMENTS (les trois sortes d') — entre les Patrons et les Ouvriers ; correspondant à trois sortes de Constitutions selon qu'ils sont PERMANENTS FORCÉS, PERMANENTS VOLONTAIRES, essentiellement MOMENTANÉS. 50, V.

ENGAGEMENTS (PERMANENCE DES). — La première pratique de la Coutume des ateliers. 33, V ; 50, VI.

ENQUÊTES (MÉTHODE DES). — Le vrai moyen de Réforme, consistant à rechercher, par une étude directe, la Coutume nationale des temps de Prospérité ou la pratique actuelle des Sociétés modèles. 64, VI et VII.

ENSEIGNEMENT SCOLAIRE. — Partie de l'Instruction donnée par la doctrine et la pratique des écoles. 47, III.

ENTENTE COMPLÈTE TOUCHANT LE SALAIRE. — La seconde pratique de la Coutume des ateliers. 50, XII.

EPARGNE (habitudes d'), — assurant la dignité de la famille et l'établissement de ses rejetons. La quatrième pratique de la Coutume des ateliers. 50, VII, IX et XI.

ERREUR. — Ensemble des actes et des idées qui, plus que le vice, ont amené la Souffrance actuelle de la France. 64, I.

F

FABRIQUE COLLECTIVE. — L'une des quatre organisations de la grande Industrie manufacturière. Organisation dans laquelle le Patron centralise le commerce de produits fabriqués au Foyer domestique des Ouvriers. 37, IX à XI.

FAITS SOCIAUX (observation des). — Le vrai fondement de la science des Sociétés. 7, I.

FAMILLE (LA) et ses trois types : — la FAMILLE PATRIARCALE, où domine l'esprit de tradition ; la FAMILLE INSTABLE, où domine l'esprit de nouveauté ; la FAMILLE SOUCHE, qui concilie ce qu'il y a de légitime dans les deux tendances. 24, III à V.

FATALISME (l'esprit de). — Commun en France dans les jugements portés sur le Progrès et la Décadence des Sociétés. 4, I et II.

FEMME (respect de la). — La sixième pratique de la Coutume des ateliers. 50, VIII.

FÉODALITÉ. — Le régime qui assure le mieux le bien-être de la Classe inférieure. Il a pour caractères : la dépendance réciproque du Patron et de l'Ouvrier ; les devoirs d'assistance du patron ; l'usufruit perpétuel du Foyer et de l'Atelier, assuré à la famille de l'Ouvrier. 6, VII ; 25, I ; 49, I ; 65, VI.

FORCE PUBLIQUE. — Moyen de Gouvernement qui contraint au besoin les individus à obéir à la Coutume et aux Lois écrites, à se soumettre aux arrêts de la justice et à respecter la Paix sociale. 67, VIII.

FOYER. — Habitation : possédée traditionnellement par la Famille, patriarcale et la Famille-souche ; prise en location ou licitée périodiquement par la Famille instable. 25, I.

FOYER (UNION INDISSOLUBLE DE LA FAMILLE ET DU). — La cinquième pratique de la Coutume des ateliers. 25, I à III ; 50, VI.

FRUGALITÉ. — L'un des symptômes de la Prospérité. 33, III ; 51, XII ; 62, II.

G

GOUVERNANTS. — Agents chargés d'exercer l'autorité publique ; opposés souvent, dans l'analyse des faits sociaux, aux Gouvernés ou particuliers. 40, XIV ; 63, XXI ; 67, IX ; 68, II ; 69, III.

GOUVERNEMENT. — Partie de l'activité sociale, spécialement exercée par les agents chargés de pourvoir aux intérêts publics. Trois sortes de gouvernements correspondant aux trois subdivisions du territoire d'une grande nation : la DÉMOCRATIE à la COMMUNE ; l'ARISTOCRATIE à la PROVINCE ; la MONARCHIE à l'ETAT. 52, VI et 67, XVI.

GOUVERNÉS OU PARTICULIERS. — Partie de la population qui subit l'action des Gouvernants. 52, I ; 63, XI ; 68, III ; 69, IV.

H

HARMONIE SOCIALE. — Sentiments habituels à l'état de Prospérité, signalés surtout par le bon accord entre les Maîtres et les Serviteurs. Chez les Sociétés modèles, elle se concilie avec le contraste des caractères dans le Foyer, avec l'émulation dans l'Atelier, avec la concurrence entre les Foyers et les Ateliers. 51, II et IV.

HIÉRARCHIE SOCIALE. — Répartition de l'influence, des fonctions et du pouvoir entre les membres d'une Société. Chez les Sociétés modèles, elle s'accorde avec la répartition de la Richesse, du talent, de la prévoyance et de la vertu. 48, XIII ; 51, XIII et 67, XVI.

HOMMES DIVINS. — Nom donné par Platon aux Autorités sociales. 64, VI.

I

IMITATION DES MODÈLES. — L'un des deux moyens de Réforme. 7, II ; 53, VIII.

IMPRÉVOYANCE. — L'un des défauts caractéristiques de la Classe inférieure. 48, IV..

INDUSTRIE. — Ensemble des procédés de travail qui constituent un art usuel. Ces procédés forment neuf groupes principaux : la cueillette, la chasse, la pêche, les mines, les forêts, le pâturage, l'agriculture, la manufacture et le commerce. 31, I.

INDUSTRIE MANUFACTURIÈRE (LA GRANDE). — Les quatre organisations. — Voir USINES et FABRIQUES COLLECTIVES. 37, III.

INÉGALITÉ. — L'un des caractères dominants des Sociétés modèles ; dérivant nécessairement des diversités qui existent dans les lieux, les aptitudes individuelles, les sexes, les âges, les emplois du libre arbitre, les traditions de famille et les besoins sociaux. 48, III à XIII.

INSTABILITÉ. — Etat de Souffrance qui se manifeste surtout au sein des familles par le changement brusque des conditions, parfois même par la privation momentanée des moyens de subsistance. 1, III ; 20, VII ; 25, X.

INSTITUTIONS. — Ensemble des Coutumes ou des Lois écrites qui règlent les rapports mutuels des individus dans la vie privée et la vie publique. 52, VI.

INSTRUCTION. — Acquisition de connaissances propres à chaque individu, comprenant l'Education et l'Enseignement scolaire. 47, III.

INTESTAT (SUCCESSION AB). — Mode d'héritage réglé en l'absence du testament : sous les régimes de Contrainte par la Loi écrite ; sous les régimes de Liberté par la Coutume. 22, II et III ; 54, VI.

INTOLÉRANCE DU BIEN. — Genre nouveau de Corruption introduit en France par les lettrés et développé par les Révolutions. 62, VIII.

INTOLÉRANCE DU MAL. — Règles spéciales de conduite assurant le règne du Bien chez les petites nations frugales et simples ; abandonnées en partie, dans l'intérêt de la Paix sociale, chez les grandes nations riches et lettrées. 62, IV et V.

J

JEUNESSE (LA) ET L'ENFANCE — considérées dans les Sociétés modèles comme les agents naturels du Mal et comme l'objet d'une continuelle correction. 28 III et IV ; 64, III.

L

LÉGISTES. — Personnes ayant pour profession exclusive la codification des Coutumes, la confection et l'enseignement des Lois écrites. 6, VIII ; 8, III ; 18, II ; 22, VI.

LETTRÉS. — Personnes ayant pour profession exclusive de produire des œuvres littéraires ou d'en propager la connaissance. 8, III ; 40, VII ; 62, V ; 64, II.

LIBERTÉ. — Mot qui exprime l'emploi de certaines facultés légitimes, mais dont on abuse souvent pour louer des idées ou des actes condamnés par la Loi morale. 48, XIV.

LIBERTÉ (régime de). — Nommé plus convenablement co-ACTION PATERNELLE. 8, X.

LOI MORALE. — Les prescriptions du Décalogue, avec les interprétations établies, chez les divers peuples, par la religion, la Coutume et les Lois écrites. 3, III.

LOI SUPRÊME (LA). — Les commandements de Dieu, coordonnés, depuis les premiers âges, dans le Décalogue éternel. 3, III ; 47, XII ; 62, I.

LOIS ÉCRITES. — Prescriptions imposées au peuple par le pouvoir souverain, soit pour établir une pratique nouvelle, soit pour fixer ou modifier une Coutume. 52, V.

M

MAGISTRATS DE PAIX. — Propriétaires ruraux résidant sur leur domaine, chargés de la petite justice locale. 57, IV ; 66, X.

MAITRES. — Nom générique des personnes qui dirigent les Foyers ou les Ateliers. 6, VI ; 29, VI.

MAL (LE). — Le contraire du Bien.

MÉTHODE (LA). — Ensemble des règles suivies pour l'étude et la Réforme des Sociétés. 7, I.

MODÈLES (LES). — Les Socié-

tés qui prospèrent et vivent en paix, en pratiquant la Loi morale et en évitant les vices que font toujours surgir la Richesse, la Culture intellectuelle et la Puissance. 8, VII et VIII ; 53, V et VI.

MŒURS. — Ensemble des habitudes qui se reproduisent dans une Société, sans lier légalement les individus comme le fait la Coutume. 53, IV.

MONARCHIE. — Pouvoir du chef préposé au Gouvernement de toute Société. Chez les Modèles, ce chef se distingue par deux caractères principaux : par une qualité, la pratique de la vertu ; par un devoir, la suprême garde de la paix publique. 67, XVI et XVII.

MONOGRAPHIES DE FAMILLES. — Genre spécial d'études fournissant le plus sûr moyen de découvrir les Sociétés modèles et de réformer les Sociétés corrompues. 7, III.

MOYEN AGE. — Considéré comme l'époque qui a le mieux garanti, par les rapports sociaux, l'existence des populations imprévoyantes, et, en général, de la Classe inférieure. 6, IV à VI.

N

NATIONALITÉS (LE FAUX PRINCIPE DES). — Erreur de certains peuples conquérants qui s'appuient sur la similitude des langages pour violer les règles du Droit des gens. 51, VII.

NATIONS (LES PETITES), — frugales et simples, signalées comme les meilleurs Modèles contemporains. 51, VIII ; 53, V ; 62, II.

NATURALISME. — Fausse doctrine propagée par certains Lettrès allemands, et réfutée par le texte même de ses adeptes. 9, V.

NOBLESSE NATURELLE — des grands Propriétaires ruraux, résidant sur leur domaine, pratiquant la Loi morale et soumis à des devoirs exceptionnels. 34, XVIII ; 54, XIII ; 60, VI.

NOMADES. — Peuples à demeures mobiles, Pasteurs ou Sauvages. 31, I ; 54, XII ; 67, XVI.

O

OBSERVATION DES FAITS SOCIAUX. — Vrai moyen de certitude pour l'étude et la Réforme des Sociétés. 7, I.

OUVRIERS. — Personnes exécutant les travaux manuels des arts usuels, comme domestiques, journaliers, tâcherons, tenanciers, propriétaires-ouvriers ou propriétaires. 7, III ; Documents A et B.

P

PAIX SOCIALE. — L'un des symptômes de la Prospérité. État de Société dont le principal caractère est l'absence de toute force armée. 8, VII et VIII.

PAROISSE A FOYERS ÉPARS. — Le type supérieur de communes rurales, la meilleure Patrie de la vertu chez les Sédentaires. 65, XXIV.

PARTAGE FORCÉ. — Droit à l'héritage des parents, attribué également à tous les enfants, en vertu de la naissance, indépendamment de tout devoir accompli. 18, III.

PASTEURS. — Peuples nomades, vivant sur les Steppes du produit de leurs troupeaux. 31, I ; 54, XII.

PATRIE DE LA VERTU (LA MEILLEURE). — La PAROISSE à foyers épars chez les Sédentaires ; et surtout la STEPPE chez les Pasteurs nomades. 54, XII ; 65, XXIV.

PATRONAGE. — Organisation du travail dans laquelle les Patrons et les Ouvriers respectent la Coutume des ateliers. Partout les Ouvriers y restent attachés, tant que les Patrons en remplissent les charges. 50, V.

PATRONS. — Personnes qui dirigent les Ateliers en observant les six pratiques de la Coutume. 50, V.

PAUPÉRISME. — Condition spéciale à certains groupes d'Ouvriers de l'Occident, et sans précédents dans l'histoire. Elle a pour caractères principaux le manque de sécurité, la désorganisation de la famille et le retour périodique du dénûment. 49, III.

PROGRÈS (LE). — Expression détournée de son sens légitime pour affirmer l'existence d'une loi fatale, en vertu de laquelle l'humanité se perfectionnerait sans cesse, quel que soit l'emploi du libre arbitre. 4, I.

PROPRIÉTAIRES. — Personnes possédant les biens dits immeubles, c'est-à-dire les Foyers et les Ateliers. 16, IV.

PROSPÉRITÉ (LA). — État d'une Société qui, en pratiquant la Loi morale, conserve l'Harmonie, le bien-être et la sécurité. 8, VII et VIII.

PROSPÉRITÉ (les symptômes de la). — La Paix sociale, les Croyances religieuses, la Frugalité, la Simplicité des idées. 9, I ; 54, XII.

PROSPÉRITÉ (les trois écueils de la).—La Richesse, la Culture

intellectuelle et la Puissance.
31, VI; 53, II; 62, V; 64, II.

PUISSANCE (LA). — L'un des
trois écueils de la Prospérité.
53, II; 62, V.

R

RÉFORME. — Mouvement im-
primé à une Société souffrante
par quelques hommes voués au
Bien, qui combattent la Corruption émanant des Classes dirigeantes, en provoquant le retour
à la Coutume nationale des
temps de Prospérité et l'imitation de la Coutume actuelle
des Sociétés modèles. 1, II; 53,
II; 64, VI.

RÉFORME (LA) en 1864. —
Rôle à remplir, en France, par
les Gouvernants et les particuliers. 68, II et III.

RÉSIDENCE sur le domaine. —
L'un des principaux devoirs des
grands Propriétaires fonciers.
34, XVIII; 54, XIII; 66, X.

RÉVOLUTION. — Nom donné
en France, depuis 1789, à onze
changements brusques qui ont
été opérés par la violence, sous
prétexte de Réforme; mais qui
ont toujours augmenté la Corruption et la Souffrance. 1, II;
64, III; 69, I.

RICHESSE (LA). — L'un des
trois écueils de la prospérité. 31,
VI; 53, II; 62, V.

S

SALAIRE. — Rétribution accordée à l'Ouvrier en échange
de son travail. Chez les Sociétés
modèles, elle comprend deux
parties : l'une (le salaire proprement dit) proportionnelle
aux efforts de l'ouvrier; l'autre
(les SUBVENTIONS) proportionnelle aux besoins de sa famille.
50, V à XIII.

SALUT (LE) EN 1874. — Rôle
à remplir, en France, par les
gouvernants et les particuliers.
69, III et IV.

SAUVAGES. — Peuples no-
mades, vivant de la chasse, de
la pêche et de la cueillette. 31, I.

SCEPTICISME. — Mot employé
dans cet ouvrage pour exprimer
la négation ou le doute, en matière de religion. 9, II et III;
14, III.

SCIENCE (LA). — Mot souvent
détourné de son sens légitime
pour affirmer une Erreur, savoir : que les savants modernes
remplacent utilement, par leurs
découvertes, les vérités traditionnelles du genre humain.
3, I et 9, V.

SÉDENTAIRES. — Peuples à
demeures fixes, attachés au sol
par l'agriculture et la plupart
des Arts usuels. 31, I.

SERVITEURS. — Nom géné-
rique des personnes qui suivent
la direction des Maîtres dans
les Foyers et les Ateliers. 6,
VI; 29, VI.

SIMPLICITÉ DES IDÉES. — L'un
des symptômes de la Prospérité
51, XII; 62, II.

SOCIÉTÉ. — Groupe de familles
vivant sous un même Gou-
vernement. 52, VI.

SOCIÉTÉS MODÈLES. — Voir :
MODÈLES.

SOUFFRANCE. — Etat d'une
Société qui, en abandonnant la
Loi morale, perd l'Harmonie, le
bien-être et la sécurité. 53, II.

SOUVERAINETÉ. — Composée
partout de trois éléments : la
Monarchie, l'Aristocratie et la
Démocratie. 67, XVI.

STABILITÉ. — Condition heureuse qui se manifeste surtout
au sein des familles par la con-

INDEX DES AUTEURS

CITÉS DANS CET OUVRAGE

C

de l'). — Prix sur le mérite social des ateliers. 26, XVI ; 50, XVI ; 68, II.

F

FALLOUX (comte de).—Exemple d'harmonie sociale dans l'Anjou. 34, XXIV.

FAUCHÉ-PRUNELLE. — L'enseignement scolaire au moyen âge. 47, VIII.

FÉLIX (le R. P.). — Dignité sociale du père de famille. — 27, II.

FLATTEURS DU PEUPLE (les). — Exagération sur le principe exclusif de la souveraineté populaire. 61, IV. — Abus des mots. 62, XI.

FONTENAY (R. de). — Infériorité intellectuelle et sociale de l'âge mûr et de la vieillesse. 27, X.

FRÉDÉRIC II. — Sur la langue française. 9, VIII. — Propagation du scepticisme. 9, VIII.

FRESNEAU. — Correspondance sur l'Union de la paix sociale ; Document K.

G

GAULDRÉE-BOILEAU. — Fécondité des Franco-Canadiens. 39, III.

GAUTRELET. — Associé aux études qui démontrent l'action spoliatrice du Code civil sur les familles de petits propriétaires ; Document C.

GEORGE III. — Secondé par Edmund Burke et Samuel Johnson, cité comme promoteur de la réforme morale de l'Angleterre. 34, XXV ; 63, IX.

GERMAIN. — La commune de Montpellier au moyen âge. 6, IV.

GIGOT (ALBERT). — Répression de la séduction. 26, XV.

GIRARDIN (E. de). — Courage devant les violences populaires. 62, XVI.

GLADSTONE. — Sur les fonctionnaires publics. 63, XV.

GOLDSMITH. — Supériorité du mariage sur le célibat. 8, III.

GUÉRARD. — Harmonie sociale au moyen âge. 6, IV.

GUIZOT. — Le schisme et la régénération de l'Eglise. 15, II. — Sur le développement de l'esprit humain. 64, II.

H

HALLER (de). — Sur l'esprit d'intolérance de Voltaire. 8, X.

HANAUER (l'abbé). — L'Alsace au moyen âge. 6, IV.

HERVEY-SAINT-DENYS (marquis d'). — Le rôle social de la femme chez les Chinois ; Document D.

HILAIRE (SAINT). — Tolérance de l'Eglise primitive. 8, X.

HOMÈRE. — Grandeur morale des pasteurs de la Grande-steppe. 8, X.

HOWEL (JOHN). — Exemple d'intolérance en Angleterre au XVIIe siècle. 11, V.

HUC (l'abbé). — Vertus des races de l'Asie centrale. 8, X ; 51, XII ; 62, VII.

I

INNOCENT III (le pape). — Corruption de l'Eglise au moyen âge. 14, I.

ISOARD (Mgr). — L'affaiblissement de l'esprit chrétien en France. 13, I. — La prédica-

OBSERVATION PRÉLIMINAIRE

LES RENVOIS INTERCALÉS DANS LE TEXTE

Les questions complexes qui se rattachent à *la Réforme sociale* ont été exposées selon le plan qui a paru le plus méthodique. L'ordre adopté ne saurait convenir aux dispositions d'esprit de tous les lecteurs. En conséquence, on a signalé par de fréquents renvois, entre parenthèses, la connexion qui existe entre certaines idées que le plan a classées dans des chapitres différents.

Tous les lecteurs n'ont pas à faire usage de ces renvois.

Ceux qui lisent l'ouvrage du commencement à la fin ne doivent pas s'interrompre pour retrouver en arrière un détail déjà connu, ou pour chercher en avant une explication prématurée.

Au contraire, ceux qui ne s'occupent que du sujet traité dans un Chapitre peuvent se reporter avec profit aux divers aspects du même sujet, présentés dans d'autres subdivisions. Ces passages à consulter sont signalés par les renvois.

SUBDIVISIONS DE L'OUVRAGE

Les 69 chapitres, désignés par la suite des chiffres arabes 1 à 69, se subdivisent en paragraphes, numérotés en chiffres romains. Les 10 documents annexés sont placés sous les lettres A à K. Dans chaque Chapitre ou Document, les notes portent une série de numéros commençant par l'unité.

Contrairement à l'usage habituel, on a désigné les Chapitres par l'unique série de chiffres 1 à 69, bien que ces Chapitres soient répartis entre l'Introduction, la Conclusion et sept Livres. Ce système offre un avantage : il permet de réduire à deux chiffres la mention de tous les passages, dans la table des matières et dans les renvois.

Les chiffres et les lettres, intercalés entre parenthèses dans le texte, signalent les rapprochements qui peuvent être faits d'une subdivision à l'autre. Ainsi, par exemple :

(5)   renvoie au 5e Chapitre.
(14, IV)   —   au IVe paragraphe du 14e Chapitre.
(19, n. 2)   —   à la 2e note du 19e Chapitre.
(VI)   —   au VIe paragraphe du Chapitre où le renvoi est placé
(n. 8)   —   à la 8e note du Chapitre où le renvoi est placé.
(C)   —   au Document C des Documents annexés.

INTRODUCTION

LES IDÉES PRÉCONÇUES

ET LES FAITS

TOUCHANT LA DISTINCTION DU BIEN ET DU MAL

> Ce qui a le plus contribué à rendre les Romains
> les maîtres du monde, c'est qu'ayant combattu
> successivement contre tous les peuples, ils ont
> toujours renoncé à leurs usages sitôt qu'ils en ont
> trouvé de meilleurs.
>
> (MONTESQUIEU, *Grandeur des Romains*, ch. I.)

1

SOMMAIRE

DE L'INTRODUCTION

LES IDÉES PRÉCONÇUES

ET LES FAITS

CHAPITRE 1er

L'URGENCE DE LA RÉFORME EST SIGNALÉE EN FRANCE PAR L'ANTA-GONISME ET L'INSTABILITÉ QUI AGITENT LE CORPS SOCIAL

I. On pourrait écrire sur la France deux livres également vrais qui sembleraient, au premier aperçu, conduire à des conclusions opposées. L'un décrirait les qualités par lesquelles notre nation l'emporte sur ses émules; il expliquerait pourquoi, malgré ses erreurs et ses fautes, notre pays a jusqu'à présent conservé en Europe une situation éminente. L'autre, énumérant les vices de notre constitution sociale, ferait comprendre comment ces causes de supériorité sont paralysées par les révolutions qui ont pris chez nous un caractère périodique.

Il importe de considérer les sujets d'éloges dans les circonstances difficiles où la France a surtout besoin de prendre confiance en elle-même; mais il est plus utile d'insister sur la critique quand reviennent, comme aujourd'hui [1], le calme et la sécurité. Le principal devoir des bons citoyens est de signaler les maux dont nous souffrons, et de réagir contre une imprudente quiétude, afin d'arrêter le pays sur la pente où il glisse depuis deux siècles. C'est le but que je me suis proposé en publiant cet ouvrage.

II. Je dois justifier d'abord le mot *Réforme* placé en tête de ce livre; car ce mot est antipathique à ceux qui, découragés par les théories stériles et les essais infructueux des derniers temps, bornent leurs vœux à la conservation du *statu quo*. Il répugne également à cette partie du public qui, ne connaissant point les peuples étrangers, attribue à la France une supériorité imaginaire.

On a souvent employé le mot *réforme* dans le même sens que le mot *révolution*, pour désigner un remède violent et temporaire appliqué à un mal accidentel; je l'emploie, au contraire, suivant une de ses acceptions usuelles, pour indiquer une amélioration lente et régulière. L'observation enseigne que la corruption tend incessamment à envahir les sociétés sous l'impulsion de mauvaises tendances qui se reproduisent sans cesse au sein de l'humanité (4, II). L'histoire apprend même

---

[1] Le lecteur n'oubliera pas que ce passage a été écrit en 1864. (Note de 1873.)

que ce péril augmente, précisément aux époques
où un heureux concours de circonstances amène
un développement exceptionnel de richesse et de
puissance (31, VI). Il est donc nécessaire qu'à ces
fréquents retours vers le mal, les sociétés opposent un esprit permanent d'amélioration.

III. Parmi les désordres sociaux que la réforme
doit combattre, et dont on aperçoit tout d'abord
le danger sans recourir aux détails présentés dans
le cours de cet ouvrage, j'en citerai deux qui jusqu'à présent ne s'étaient point réunis en France
avec des caractères aussi graves. Ces vices existaient à peine sous les derniers Valois, au moment où éclatèrent nos guerres de religion : ils
étaient encore peu répandus au xviiᵉ siècle; ils
ne prirent tout leur accroissement qu'à la suite du
règne de Louis XIV. On ne les rencontre plus
chez certains peuples, chez les Anglais par
exemple, qui, après en avoir cruellement souffert autrefois, nous disputent aujourd'hui la prééminence.

Le vice le plus redoutable, parce qu'il est le
précurseur habituel de la ruine des empires, est
l'antagonisme qui divise notre société en plusieurs
camps ennemis. La lutte dont je parle n'est pas
celle qui s'est souvent élevée parmi les grandes
individualités et les classes dirigeantes. Elle n'a-
gite pas seulement, comme autrefois, de loin en

loin l'État ou la province; elle sévit en permanence dans la commune, dans l'atelier et dans la famille. Beaucoup de personnes qui seraient en situation de se charger du gouvernement local (52, IX), refusent de remplir ce devoir sous une souveraineté qui n'a pas leur sympathie. Loin d'inculquer le respect de l'autorité à leurs subordonnés, elles les associent à leurs passions et à leurs rancunes, au risque d'ébranler l'ordre social. Les patrons et les ouvriers, attachés aux mêmes entreprises agricoles ou manufacturières, perdent le sentiment de la solidarité qui devrait les unir : ils croient avoir des intérêts opposés, et ils s'affranchissent de leurs devoirs mutuels d'affection et d'assistance. Enfin les jeunes générations, rebelles à l'autorité des parents et des vieillards, enfreignent de plus en plus les salutaires prescriptions de la coutume (52, III).

Toutes ces tendances offrent de grands dangers. En se propageant davantage, elles détruiraient l'esprit national, ce précieux héritage que nous devons au génie de nos pères.

Le second vice dont nous souffrons est l'instabilité des hommes et des choses, symptôme encore plus apparent de la maladie des nations. Personne n'ignore les calamités que ce vice déchaîne de loin en loin dans la vie politique ; mais on n'aperçoit point assez ceux qu'il introduit chaque jour dans la vie privée, et notamment dans les régimes de la propriété, de la famille et du travail. Cette instabilité est un grave sujet d'inquiétude ; car elle s'est développée chez nous pendant les deux derniers siècles, justement à l'époque où, chez les Anglais nos émules, les situations privées et les pouvoirs publics devenaient, à chaque nouvelle génération, plus fermes et plus stables.

Tandis qu'autrefois la France trouvait dans le jeu régulier de ses institutions le moyen de se relever des plus grands désastres, elle ne réussit point aujourd'hui, même au milieu de la prospérité, à se garantir des révolutions. La paix publique, qui fut, durant tant de siècles, à peu près indépendante de la personne du souverain, a dû, depuis 1789, être deux fois rétablie par l'intervention momentanée d'un dictateur.

Les Français ne savent plus ni repousser les abus par la force de la tradition, ni s'y soustraire par d'intelligentes réformes. Dans leur attitude devant l'autorité, ils ne connaissent, pour ainsi dire, plus de milieu entre la soumission passive et la révolte. Ils ont rejeté les anciennes habitudes de respect et d'indépendance, dont s'honorent plus que jamais leurs rivaux ; et ils semblent avoir perdu toute initiative en détruisant les coutumes et les mœurs que ces derniers conservent avec prédilection. C'est en vain qu'ils cherchent à fonder sur les ruines du passé un régime qui rallie

tous les hommes de bien : chaque constitution
nouvelle soulève invariablement les mêmes haines
et les mêmes attaques ; et tous ces efforts ont
abouti à changer violemment, dix [2] fois depuis
trois quarts de siècle, le principe de la constitution ou le personnel du gouvernement.

IV. Cet antagonisme et cette instabilité désorganisent sans relâche les existences privées et les
pouvoirs publics. A mesure que le mal grandit,
les bons citoyens comprennent mieux l'urgence
de la réforme et le besoin de demander au patriotisme la force nécessaire pour échapper aux préjugés dominants.

Toutefois, avant d'indiquer comment l'observation comparée des peuples européens secondera
cette heureuse réaction, il est opportun d'examiner quelques idées préconçues qui, présentées
comme des axiomes, tendent à décourager ces
tentatives de réforme, ou à les égarer dans une
mauvaise voie. Je ne prétends point les réfuter,
dans cette Introduction, par un appel direct à la
raison et à la justice (8, VI), avant d'avoir exposé
les faits qui font l'objet de cet ouvrage. Je tiens
seulement à établir que ces prétendus axiomes
n'ont pas l'évidence qu'on leur attribue, et qu'ils
ne sauraient en conséquence autoriser personne

2. Depuis la révolution du 4 septembre 1870, ce nombre s'élève
à onze. (Note de 1873.)

à repousser sans examen les résultats de la méthode d'observation.

CHAPITRE 2

LE MAL ACTUEL EST SURTOUT DANS LES DÉSORDRES MORAUX QUI SÉVISSENT MALGRÉ LE PROGRÈS MATÉRIEL

I. Certains esprits se persuadent que les désordres sociaux signalés au chapitre précédent sont compensés par la prospérité matérielle qui apparaît parmi nous avec tant d'éclat. Quelques-uns pensent même que le progrès des sciences et des arts, auquel est due cette prospérité, remédiera non-seulement à ces désordres, mais encore aux autres maux qui s'offrent avec non moins d'évidence à nos yeux. Cependant la réflexion conduit bientôt à une conclusion différente.

Les progrès récents de la science et de l'art donnent naturellement lieu à cette méprise, et ils sont bien propres à dissimuler les périls de notre organisation sociale. Un concours inouï de circonstances a accumulé, pendant les cent dernières années, de mémorables découvertes : la machine à vapeur; les machines peignant, filant et tissant les matières textiles; les machines à façonner le bois, le cuir et les métaux; les machines servant à labourer le sol, à récolter et à mettre en œuvre les produits agricoles ; l'emploi de la houille en métallurgie ; le bateau à vapeur, le chemin de fer, le télégraphe électrique, la photographie et les nombreuses innovations qui découlent de ces inventions premières. Ces découvertes ont modifié les procédés de l'agriculture, de l'industrie et du commerce. En réduisant dans une proportion inespérée les frais de production, et en augmentant la demande de bras, elles ont singulièrement accru les moyens de bien-être des populations. D'un autre côté, on a acquis une connaissance plus approfondie des faits matériels, et l'on s'est mieux rendu compte des lois générales qui les régissent. Enfin le domaine des sciences physiques s'est considérablement agrandi, et il a fourni de nouvelles forces à l'esprit humain.

Ces conquêtes, qui soumettent les agents physiques à l'empire de l'homme, sont assurément pour lui la source d'une gloire légitime ; mais le bienfait en a été balancé par les atteintes portées à l'ordre moral. Les nations riches et puissantes de l'Occident se sont distinguées entre toutes par leur participation à cette gloire. Ce sont elles aussi qui ont le plus à souffrir maintenant des maux qui en résultent.

II. Les enseignements de l'histoire et l'observation des sociétés contemporaines réfutent la doctrine qui considère le perfectionnement des mœurs

comme intimement uni à celui de la science et de
l'art. J'aurai même l'occasion de constater, dans
le cours de cet ouvrage, que le progrès matériel,
est habituellement le prélude de la décadence morale. Le développement de l'art et du travail a
pour conséquence immédiate un accroissement
de richesse (31, VI), qui, lui-même, engendre
bientôt la corruption s'il n'a pour contre-poids
une pratique plus assidue de la loi morale. L'expérience s'accorde ici avec d'admirables préceptes[1] pour établir que l'accumulation de la richesse en des mains indignes, et une application
trop exclusive aux intérêts matériels sont des
causes certaines d'affaiblissement. Je prouverai
aussi que les changements apportés, par les progrès de la science et de l'art, dans la situation des
personnes et des choses, exercent souvent une
réaction funeste sur les rapports sociaux. C'est
ainsi, par exemple, qu'en Angleterre, la multiplication des manufactures soumet aujourd'hui les
patrons, et surtout les ouvriers, à des calamités
qui jusque-là n'avaient pesé sur aucun peuple
(49, III à V).

Enfin, l'importance même attachée de notre
temps aux découvertes scientifiques et aux applications qu'en tirent les arts usuels, a fait perdre
de vue les avantages obtenus par la culture des

---

[1] Sur l'indignité des mauvais riches. (Saint Matthieu, XIX, 24.)

vérités morales, et les catastrophes qui ont invariablement suivi l'oubli de ces mêmes vérités. Un peuple grandit moins en perfectionnant la production des objets nécessaires à ses besoins, qu'en s'efforçant de régler ses appétits et de contenir ses passions. Les développements de l'activité physique sont toujours bornés par l'étendue des territoires, par la force des bras et par la quantité des matières à ouvrer; tandis que l'essor des facultés de l'âme et le champ des jouissances morales sont véritablement sans limites. Les succès des hommes qui, des derniers rangs de la société, s'élèvent jusqu'aux rangs supérieurs, sont dus à l'empire que ces hommes prennent sur eux-mêmes encore plus qu'à la connaissance des vraies lois de la science et des meilleures méthodes de travail. Les revers de ceux qui traversent la vie en sens inverse résultent moins de l'ignorance de ces lois et de ces méthodes que de l'oubli des principes et de l'invasion des vices émanant de l'oisiveté et de la richesse. Si donc les classes dirigeantes de l'un des peuples placés à la tête des Européens se préoccupaient avant tout de donner l'exemple de la vertu (50, VII); si elles inculquaient à chaque citoyen soumis à leur autorité le sentiment de ses devoirs envers Dieu, la famille et la patrie; si seulement elles parvenaient à détruire chez leurs subordonnés l'ivrognerie et les autres vices grossiers, elles auraient plus fait pour la puissance de leur pays que si elles en avaient doublé la richesse par le travail, ou le territoire par la conquête. Elles provoqueraient d'ailleurs ces améliorations en stimulant chez les classes inférieures le goût du travail et de l'épargne, plus sûrement qu'en cherchant à accroître leur bien-être matériel (50, XIII).

Les sciences physiques, qui ont révélé tant de vérités utiles, deviennent moins fortifiantes pour l'esprit à mesure que les sociétés perdent l'amour du bien; et il s'en faut de beaucoup que leur influence sociale grandisse comme le nombre de ces vérités. Les savants ne peuvent exceller aujourd'hui, dans des connaissances si complexes, qu'en se renfermant dans une spécialité restreinte. Il se produit, par conséquent, dans l'emploi de leurs facultés un phénomène analogue à celui qui résulte, pour les artisans, de l'extrême division du travail manufacturier. L'homme se rapetisse sous certains rapports, pendant que le savant grandit, surtout si une préoccupation soutenue pour la pratique du bien ne met pas son esprit hors des atteintes de l'orgueil. C'est ainsi qu'une application trop absolue aux sciences physiques, loin de guérir les maux provenant du désordre moral, peut quelquefois les aggraver. Les fausses doctrines, qui troublent maintenant la paix sociale, ont été propagées aussi souvent par cette classe de savants que par les lettrés qui recherchent les nouveautés et s'inspirent exclusivement de leur propre raison.

III. Assurément, la culture des vérités morales n'est pas exempte de difficultés, et elle a été la source de fréquents abus. Partout et dans tous les temps, on a dû réunir la pratique de la loi morale à celle des religions. Chez certaines races patriarcales, l'ordre social s'est toujours maintenu sans effort quand les fonctions du magistrat et du prêtre ont été exercées par le père de famille. Il en a été autrement dans les empires riches et puissants. Ces mêmes fonctions ont dû être attribuées séparément à des corps de gouvernants et de clercs. Or, en ce qui touche le soin des âmes confiées à leurs soins, les clergés ont parfois perdu le dévouement. Oubliant leurs devoirs, ils sont devenus des agents de corruption ou d'antagonisme, et ils ont poussé les sociétés à leur ruine. Mais ce genre de désordre ne doit pas être reproché aux seuls membres du clergé : il se retrouve chez les gouvernants qui, plus souvent encore, ont amené par leurs vices la décadence des peuples. La propension à l'égoïsme et à la tyrannie est si prononcée chez les hommes, qu'il y a toujours eu peu d'autorités strictement soumises à leur devoir. L'autorité paternelle, que Dieu a pourvue, avec une libéralité merveilleuse, d'amour et de dévouement, a elle-même ses défaillances. Celui qui ne tiendra pas compte de ces infirmités organiques de la nature humaine, sera toujours conduit, en traitant les questions sociales, à des conclusions erronées. En effet, selon mes observations réitérées, ceux qui s'égarent le plus dans ces questions, s'attachent à l'idée de la perfection originelle[2]. Ils se persuadent que la valeur morale de l'homme augmente en proportion des conquêtes qu'il fait dans l'ordre matériel et intellectuel.

Au reste, le maniement des hommes et la pratique de la vie suffisent, chez les esprits droits, pour dissiper cette erreur sur laquelle j'insisterai plus loin (4, I); il n'est donc point à craindre qu'elle devienne le principal obstacle à la réforme. Une erreur plus dangereuse vient de ceux qui, admettant l'existence du vice originel et la prépondérance de l'ordre moral sur l'ordre matériel, cherchent le progrès, non dans une meilleure pratique, mais dans le renouvellement des doctrines.

[2] Plus je recherche la cause de nos révolutions et des maux qu'elles entraînent, plus je la trouve dans les sophismes qui ont infecté notre nation à la fin du xviiiᵉ siècle. Le plus dangereux de ces sophismes a été répandu par J.-J. Rousseau. L'auteur l'a résumé lui-même dans les termes suivants: « Le principe fondamental « de toute morale, sur lequel j'ai raisonné dans tous mes écrits..., « est que l'homme est un être naturellement bon, aimant la jus- « tice et l'ordre; qu'il n'y a point de perversité originelle dans le « cœur humain, et que les premiers mouvements de la nature sont « toujours droits. » (J.-J. Rousseau, *Lettre à Christophe de Beaumont, archevêque de Paris.*) — (Note de 1872.)

CHAPITRE 3

LA RÉFORME DES MŒURS N'EST POINT SUBORDONNÉE A L'INVENTION
DE NOUVELLES DOCTRINES; CAR L'ESPRIT D'INNOVATION EST AUSSI
STÉRILE DANS L'ORDRE MORAL QU'IL EST FÉCOND DANS L'ORDRE
MATÉRIEL

I. Les utiles nouveautés introduites de nos jours
dans l'ordre matériel ont conduit des esprits ardents ou inattentifs à penser que de pareils succès
pouvaient être obtenus dans l'ordre moral. A une
époque où des lois physiques plus vraies et plus
complètes remplacent, avec une autorité irrésistible, les lois admises depuis le temps d'Aristote,
quelques-uns se croient en mesure d'affirmer
qu'une révolution analogue doit s'accomplir dans
les lois morales.

Cette assimilation est une des erreurs de notre
époque; et il est d'abord facile de constater qu'elle
n'est nullement justifiée par les faits.

II. Les travaux qui se rattachent aux sciences
physiques convergent tous vers certaines vérités
nouvelles que le public adopte avec déférence, et
qu'il applique bientôt à ses besoins. Les innovations qui se font jour dans le domaine des sciences
morales restent, au contraire, entièrement stériles; et elles sont, après une courte période d'a-
gitation ou de scandale, condamnées à l'oubli.

Tous les peuples civilisés tirent avantage des inventions faites dans les sciences physiques; et sous cette influence ils développent le champ de l'intelligence, les ressources de l'industrie, le bien-être des populations. Mais, malgré de persévérantes recherches, je n'ai pu découvrir en Europe une société qui ait mis en pratique une seule des doctrines nouvelles à l'aide desquelles on prétend réformer les mœurs. Et si les efforts tentés dans cette voie amènent quelque résultat, c'est toujours un affaiblissement des forces productives, et une recrudescence de l'antagonisme social. Telle a été, par exemple, en France et en Allemagne, la conséquence des nouveautés propagées pendant la période qui a précédé les révolutions de 1848.

III. On s'explique ces contrastes, quand on considère les différences radicales qui existent entre les sciences physiques et la morale.

Le monde physique comprend une multitude d'éléments primordiaux qui se groupent selon des combinaisons nombreuses. Ces combinaisons se modifient elles-mêmes à l'infini sous l'influence des forces vitales; et tous ces phénomènes se produisent dans une étendue à laquelle l'imagination ne peut assigner aucune limite. Ainsi, les savants voués à l'étude des espèces vivantes de plantes et d'animaux, comptent déjà celles-ci par centaines

de mille ; et chaque jour ils complètent leurs cata-
logues et leurs classifications. Les physiciens et
les chimistes multiplient sans cesse les phénomènes qui font l'objet de leurs études ; enfin les
astronomes ont devant eux un champ encore plus
vaste. On ne saurait donc, dans cet ordre de
faits, fixer de bornes ni à l'observation ni aux
conséquences utiles qu'on en peut tirer.

Les sciences morales, au contraire, n'ont à
vrai dire qu'un seul objet, l'étude de l'àme et
de ses rapports avec Dieu et avec l'humanité.
Chacun peut donc trouver en lui-même ses
moyens d'instruction dans les sentiments qui se
développent aux diverses époques de la vie. On
comprend qu'un sujet si simple ne comporte
qu'un petit nombre de vérités, dont la connaissance a pu être révélée, dès l'origine de l'humanité, à quelques esprits supérieurs. C'est pourquoi les innombrables penseurs qui, chez toutes
les races, ont recommencé l'analyse des vertus et
des vices, n'ont eu rien à ajouter au Décalogue
de Moïse et à la sublime interprétation qu'en a
donnée Jésus-Christ.

IV. On remarque des différences encore plus
tranchées dans les circonstances qui, depuis les
premiers âges, accompagnent la diffusion des
deux ordres de vérités. Les peuples se décident
difficilement à réagir contre leurs passions et

leurs appétits; et ils se refusent souvent à pratiquer les vérités morales, alors même que les avantages en sont démontrés par les succès d'autrui. Ils sont enclins, au contraire, à tirer utilité des phénomènes physiques, sans avoir aucune notion des lois scientifiques qui les régissent.

Ainsi, par exemple, l'art de fondre les minerais d'argent n'est, au fond, que l'application de certaines lois fort délicates qui, découvertes de nos jours par la chimie, restaient jusqu'alors inconnues des savants. Cependant, lorsqu'on observe les scories de la fusion de ces minerais, maintenant obtenues sur les côtes de Murcie, en Espagne, on est tout étonné de constater que ces scories ne témoignent pas d'une pratique plus savante que celles qui ont été produites dans les mêmes lieux, il y a trente siècles, par les Phéniciens. Dans l'ordre matériel, l'homme adopte donc volontiers la pratique utile, alors même qu'elle n'est pas fondée sur une doctrine; tandis qu'il la repousse souvent dans l'ordre moral, alors même qu'elle repose sur les autorités les plus respectables ou sur les indications de la conscience et de la raison.

Les vérités physiques, une fois acceptées, se conservent aisément chez les peuples qui ne perdent pas la paix publique. Aucune tendance innée, aucun intérêt ne conseillent d'en abandonner l'usage; et l'on ne comprendrait guère, par exemple, comment une société où règne l'ordre matériel pourrait désormais être privée du télégraphe électrique ou de la photographie. Nous sentons, au contraire, en nous-mêmes le germe des mauvais instincts qui nous portent à secouer le joug des lois morales, en étouffant la crainte de Dieu, l'espoir de la vie future, le respect des parents et l'amour du prochain. Notre propre histoire nous apprend comment ces lois tombent en oubli pendant qu'on recherche avec passion les progrès matériels. N'avons-nous pas vu, en effet, depuis le xviie siècle, l'influence de Loüis XIV, du Régent et de Louis XV pervertir de proche en proche les classes dirigeantes et amener la dissolution sociale dont nous subissons les conséquences?

Plusieurs nations de l'antiquité nous offrent des exemples encore plus concluants. L'oubli des lois morales a provoqué chez elles la destruction d'une prospérité matérielle dont le souvenir même s'est éteint parmi leurs descendants; tandis que les vestiges de cette prospérité, enfouis dans le sol, excitent encore notre admiration.

V. Ces considérations mettent en relief un dernier contraste qui domine, à vrai dire, toutes les questions soulevées par la réforme des mœurs. Dans l'ordre matériel, la pratique devance presque toujours la doctrine : dans l'ordre moral, au contraire, elle ne la suit qu'à une grande distance, et prend même souvent une direction opposée. C'est ainsi que, chez les peuples chrétiens, nous voyons des classes entières tomber dans un état de dégradation (49, V) que les grandes nations de l'antiquité n'ont point connu, et que les peuplades païennes de l'Asie ont évité jusqu'à ce jour. Cette dégradation n'affecte pas seulement la vie morale, elle réagit visiblement sur l'organisation physique de la race. La condition déplorable de cette partie de la population n'est point compensée par le bien-être des classes supérieures ; et l'on ne voit point que celles-ci aient fait à notre époque quelque pas décisif vers l'état de perfection dont l'Évangile traçait il y a dix-huit siècles le complet modèle. Si la vie intérieure des peuples européens est loin de répondre à la doctrine morale, l'action qu'ils exercent au dehors ne laisse pas moins à désirer. Dans leurs rapports mutuels ils continuent à s'inspirer de plusieurs habitudes de la barbarie ; et, dans leurs rapports avec les populations païennes des deux mondes, ils ont été habituellement depuis quatre siècles, et ils restent souvent de nos jours, des agents de ruine et de corruption (51, X).

VI. En résumé, les Européens, pour garder leur prééminence, devront poursuivre, par l'observation du monde physique, la découverte des innombrables lois qui restent inconnues; mais ils feront une œuvre plus utile, et ils acquerront une gloire plus durable, en s'attachant à mieux comprendre et à mieux observer les lois morales qui ont été révélées par la bonté divine. Ils s'épuiseraient donc en stériles efforts s'ils continuaient à chercher dans le changement de la doctrine le progrès qui doit surgir d'une meilleure pratique des vérités connues[1].

————

CHAPITRE 4

LES NATIONS NE SONT FATALEMENT VOUÉES NI AU PROGRÈS NI A LA DÉCADENCE

I. J'ai maintenant à combattre deux théories contradictoires et également inexactes, qui compromettent la réforme sociale en donnant aux esprits une confiance exagérée, ou en les jetant dans le découragement.

Suivant une première opinion, l'homme est naturellement porté au bien : il suffit d'abandonner à leur libre arbitre les sociétés humaines pour

---

[1] C'est dans ce sens qu'il faut interpréter les paroles du Livre saint : « Rien n'est nouveau sous le soleil, et nul ne peut dire : « Voilà une chose nouvelle; car elle a été déjà dans les siècles qui « nous ont précédés. » (*Ecclésiaste,* i, 10.)

leur assurer les moyens de perfectionnement. Et, comme les faits démentent journellement cette théorie, on cherche à la défendre en attribuant le mal aux gouvernements, qu'on déclare enclins à corrompre les nations pour les mieux dominer. On tire de là cette conclusion qu'on peut se jeter avec confiance dans les révolutions qui soustraient périodiquement les classes populaires à l'autorité des classes dirigeantes.

Les deux idées connexes sur lesquelles s'appuie cette première théorie, la perfection originelle des individus et la bienfaisante influence des révolutions, sont réfutées et par l'observation de la nature humaine et par les événements qui se sont produits en Europe depuis deux siècles. Le mal ne s'introduit pas seulement dans le monde par la corruption de l'autorité ; car les peuples qui se préservent le mieux de la contagion sont précisément ceux qui restent le plus attachés à leurs gouvernements. Comme je l'expliquerai plus loin (28, IV), le mal provient surtout de l'inexpérience et des mauvais penchants de la jeunesse. Les peuples qui s'élèvent de nos jours au premier rang sont aussi ceux chez lesquels l'éducation domestique et l'ascendant de la vieillesse sont le mieux fondés sur la loi, les mœurs et la coutume.

Assurément l'ordre moral et matériel est compromis lorsque les classes dirigeantes, cédant aux vices que la prospérité fait naître, ne restent pas à la hauteur de leur tâche ; mais il ne saurait subsister dans une société où les nouvelles générations ne sont point soumises à une sévère discipline. L'état de nature, tant prôné à la fin du siècle dernier, est une idée chimérique dont l'expérience a fait justice. Quant aux révolutions, elles ont été rarement un remède pour les peuples dont les classes dirigeantes s'étaient dégradées et avaient cessé de se dévouer au bien public. Elles n'ont jamais été fécondes qu'à la condition d'être suivies d'une longue période de bonnes mœurs et de stabilité gouvernementale. Cette vérité se trouve mise en évidence par les succès que les Anglais obtiennent depuis 1688 et par les dures épreuves que nous subissons depuis 1789.

II. La seconde opinion ne procède plus, comme la première, d'un principe faux ; mais elle tire d'un principe vrai de fausses conséquences. Constatant que la tendance au mal est inséparable de la nature humaine, elle conclut que les grandes nations qui ont pu se constituer, grâce au concours momentané de certaines influences bienfaisantes, sont, à la longue, condamnées à la décadence et à la destruction, aussi fatalement que les existences individuelles sont vouées à la décrépitude et à la mort.

Cette assimilation se trouve dans la littérature de la plupart des peuples. Selon l'impression commune, il existerait des nations *jeunes*, ayant devant elles un long avenir, et des nations *vieillies*, qui, après avoir joué un rôle prépondérant parmi leurs émules, doivent prochainement s'éteindre. Les premières auraient pour caractères principaux de fermes croyances religieuses, l'ascendant de la vieillesse et des autres autorités naturelles, la tempérance et la simplicité des mœurs, la force physique et le courage guerrier, la confiance dans l'avenir, enfin la puissance d'expansion qui fait incessamment déborder la race par la conquête ou la colonisation. Les secondes présenteraient les caractères opposés, et surtout l'indifférence en matière de religion, le mépris de la vieillesse, le relâchement des liens de famille, l'abus du luxe et de la richesse, le sentiment d'une chute prochaine, la stérilité et l'affaiblissement physique de la race manifestés par l'impuissance à peupler les colonies et à recruter les armées. Une fatalité que l'homme ne saurait dominer obligerait les nations à disparaître après avoir passé par ces deux âges, de même que l'eau d'un fleuve doit couler de la source à l'embouchure pour se perdre enfin dans la mer. On reproduit souvent cette image dans le langage usuel en affirmant qu'aucun peuple « ne saurait remonter le courant de la civilisation ».

Cette théorie semble d'abord plus conforme que la première à l'histoire; mais elle n'est pas moins démentie par le raisonnement et par l'expérience. L'assimilation faite entre les individus et les sociétés ne saurait être adoptée avec son sens littéral ; car dans l'ordre physique, celles-ci ne vieillissent pas et restent dans des conditions parfaites de stabilité. Dans l'ordre moral, au contraire, l'équilibre tend sans cesse à être troublé. La mort, qui moissonne surtout l'âge mûr et la vieillesse, enlève sans cesse aux sociétés humaines des trésors de sagesse et d'expérience ; tandis que les naissances, qui comblent ces vides, y infusent constamment l'imprévoyance et la présomption. Cette dernière cause d'affaiblissement agit également sur tous les peuples, au lieu que la première pèse surtout sur les plus avancés. Combien de fois ceux de nous qui ont vécu un demi-siècle n'ont-ils pas eu à gémir en voyant s'évanouir, par la mort des hommes de bien, les principales forces vives du pays !

Les sociétés les plus prospères sont évidemment celles qui, sous cette double influence, ont le le plus à perdre et le moins à gagner. Cependant cette difficulté n'est pas absolue, et elle ne s'accroît pas, pour une nation, avec le nombre des siècles de son histoire. Les peuples, à mesure qu'ils s'élèvent, sont assurément plus exposés à tomber ; mais ils peuvent trouver dans leurs succès mêmes des forces nouvelles pour combattre le danger. Beaucoup de populations sans histoire, ou récemment établies sur un sol vierge, ne peuvent sortir de la barbarie ; tandis que de vieilles races européennes réussissent à se maintenir aux premiers rangs. D'autres peuples, comme les Français des derniers Valois, après avoir longtemps décliné, donnent enfin des signes nouveaux de jeunesse et de virilité. La tradition d'un passé glorieux, loin d'être pour eux une cause de faiblesse, est, au contraire, une cause d'émulation.

L'objet spécial de cet ouvrage est de rechercher les ressources qui aident les peuples à maîtriser l'esprit du mal. Je prouverai que celles-ci se trouvent surtout dans les régimes sociaux où chaque citoyen a le pouvoir de dompter chez ses enfants le vice originel[1], en leur transmettant les habitudes de travail et de vertu créées par les ancêtres[2]. J'affirme dès à présent que cette tâche n'est pas plus difficile pour les vieilles métropoles que pour les colonies qui se forment sous nos yeux.

III. Les théories qui présentent « le progrès ou la décadence » comme des éventualités dominant la volonté des hommes, sont, à première vue, moins dangereuses que plusieurs autres doctrines

---

[1] « La verge et la correction donnent la sagesse ; mais l'enfant « qui est abandonné à sa volonté couvrira sa mère de confusion. » (*Proverbes*, XXIX, 15.) ═══ 2 « Ne dédaignez pas les discours des « vieillards ; car ce qu'ils vous disent, ils l'ont appris de leurs « pères. » (*Ecclésiastique*, VIII, 11.)

accréditées de notre temps; et pourtant on ne saurait trop les redouter. Les maux qui désolent en ce moment la société européenne proviennent, en effet, de deux sortes d'esprits égarés : de ceux qui regardent comme inutile toute digue opposée à l'envahissement fatal de la corruption ; de ceux qui se livrent au vice sans remords, avec la pensée que « l'œuvre de la civilisation » s'accomplit indépendamment des efforts individuels. Il faut combattre ces deux erreurs, qui se réfutent d'ailleurs l'une l'autre par leur simple rapprochement.

Comme les autres aberrations de l'esprit humain, ces théories absolues de la décadence et du progrès trouvent une apparence de justification dans l'instabilité des nations. En général, celles-ci ne restent point stationnaires : dès qu'elles ne s'adonnent plus au bien, elles font le mal ; elles tombent dès qu'elles cessent de monter.

IV. Chaque fois que j'ai tenté d'établir une classification dans l'histoire d'un peuple, j'ai été amené à prendre comme subdivisions essentielles les époques de réforme ou de corruption. Ces deux grandes alternances se manifestent dans l'histoire de toutes les nations qui ont eu une longue durée. Elles sont la vraie cause des avènements de dynasties que l'on prend d'ordinaire pour base des systèmes historiques.

C'est ainsi qu'en me plaçant au point de vue indiqué dans le Livre suivant (9, VI à VIII), j'aperçois depuis le xvie siècle, dans l'histoire de notre pays, trois alternances tranchées : la corruption des derniers Valois ; la réforme de Henri IV et de son successeur ; la corruption de Louis XIV, du Régent et de Louis XV. Cette dernière époque se continue; car les honnêtes intentions de Louis XVI sont restées sans résultat. Depuis 1789 notre histoire n'a été qu'une lutte impuissante de l'esprit de réforme contre la corruption propagée depuis 1661. Cette impossibilité de faire prévaloir le bien sur le mal, ou la vérité sur l'erreur, est le caractère distinctif de notre temps. Les optimistes eux-mêmes ne sauraient le méconnaître à la vue de dix révolutions qui ne sont qu'une forme de décadence. Le désordre est grand en effet ; car tous ceux qui, depuis trente ans, ont vécu dans l'intimité des gouvernants ont pu les entendre déclarer qu'on ne saurait entreprendre aucune réforme fondamentale sans blesser l'opinion et sans compromettre ainsi la paix publique.

Or, dès qu'on entre dans l'étude des faits historiques, on comprend que ces grands phénomènes de corruption ou de réforme sont le résultat, non d'une force aveugle, mais de la prépondérance accordée par les classes dirigeantes au vice ou à la vertu, à l'erreur ou à la vérité. Au milieu de ses égarements, l'opinion publique elle-même incline toujours vers cette conclusion. Les peuples ne se résignent jamais à voir, dans leur élévation ou dans leur chute, la volonté d'un inexorable destin. Ils découvrent avec un tact sûr les vrais agents du sort qui leur est fait; leur amour ou leur haine conserve ou trouble la paix publique, renverse ou fonde les dynasties.

La vraie théorie du progrès ou de la décadence me paraît donc être celle qui voit une connexion nécessaire, d'une part entre l'harmonie sociale et les réformes, de l'autre entre les révolutions violentes et la corruption.

V. En résumé, les peuples jouissent de leur libre arbitre : ils ne sont fatalement voués ni au bien ni au mal ; et l'on ne saurait discerner dans l'histoire d'aucun d'eux une succession inévitable de jeunesse ou de progrès, de vieillesse ou de décadence. Quel que soit leur passé, ils restent maîtres de leur avenir. Ils peuvent toujours compter sur le succès, même après une longue période d'abaissement, s'ils reviennent à la pratique des lois morales. Au contraire, leur prospérité prend fin dès qu'ils laissent tomber ces lois en oubli.

CHAPITRE 5.

LES VICES DE LA RACE PEUVENT ÊTRE RÉFORMÉS PAR LA LOI
ET LES MŒURS

I. Un autre préjugé, fort répandu, contribue également à décourager l'esprit de réforme : je veux parler de celui qui subordonne la destinée des peuples à l'organisation physique des races. Ce préjugé, comme le précédent, est démenti par l'observation.

Je ne conteste pas absolument que les races humaines ne tirent de diverses habitudes traditionnelles et de certaines conditions spéciales au sol et au climat, quelques traits généraux qui persistent avec ténacité. Mais l'esprit de système a singulièrement exagéré la portée de cette théorie.

II. La preuve de cette exagération se trouve dans la diversité extrême des penchants et des aptitudes qui se manifestent entre les enfants issus d'un même mariage. On remarque chez les divers membres de toute famille nombreuse d'un côté les goûts calmes qui font rechercher les jouissances du foyer paternel, de l'autre l'ardeur qui pousse aux entreprises lointaines ; la douceur qui dispose à obéir, et la fermeté qui fait désirer

le commandement; la modération qui rend la
vertu facile, et les passions qui conduisent au
vice ou au crime; l'insuffisance d'esprit qui ne
trouve le succès que dans les professions usuelles,
et les aptitudes éminentes qui permettent de remplir les plus hautes fonctions sociales. Il y a dans
la production régulière de ces contrastes, comme
dans la génération des sexes, une loi providen-
tielle qui aide à maintenir l'harmonie dans la
famille et dans la société. Devant cette loi des
naissances, commune à toutes les races, disparaissent comparativement les traits distinctifs
qu'on voudrait assigner à chacune d'elles.

Une seconde réfutation de la théorie des races
se déduit de l'influence qu'exercent souvent certains événements et certains hommes sur les
destinées d'un individu, d'une famille et d'un
peuple. Il suffit de modifier, à un moment donné,
les idées et les mœurs des chefs de famille, pour
changer la voie que prendront leurs enfants.
Notre histoire présente beaucoup de variations
brusques de cette nature. N'est-il pas évident,
par exemple, que la similitude fréquemment signalée entre les Gaulois et les Français de notre
temps, s'efface devant les transformations sur-
venues dans le caractère national, pendant les
courts intervalles qui séparent les époques de la
Ligue et de Henri IV, de Descartes et de Voltaire,
de Louis XVI et du Directoire?

Depuis le milieu du xviie siècle, la science médicale a répandu cette erreur en accordant trop d'importance à l'organisation physique de l'homme. Mais une direction plus juste tend à être donnée aux esprits, non-seulement par les préceptes de la science, mais encore par la pratique de l'art.

On admet généralement que les opérations chirurgicales des hôpitaux civils et militaires réussissent en Angleterre en proportion plus grande qu'en France. Les discussions soulevées à ce sujet démontrent que ce résultat est dû, non à la supériorité des chirurgiens anglais, mais à la plus grande quiétude d'esprit de leurs patients. On observe le même fait chez tous les peuples dont les institutions et les croyances garantissent aux mourants le bien-être actuel de ceux qu'ils aiment, et une réunion prochaine dans une meilleure vie. Ainsi, les chirurgiens allemands et français établis en Russie et en Sibérie, attribuent le succès relatif de leurs opérations à la sérénité maintenue, malgré l'imminence de la mort ou l'intensité de la douleur, par des croyances fermes et par l'organisation de la famille patriarcale (24, III). En l'absence de telles institutions, un de nos célèbres praticiens se plaisait à préparer la réussite de certaines opérations dangereuses en faisant appel à la religion et en promettant aux malades de sauvegarder l'avenir de leurs femmes et de leurs enfants, dans le cas où l'opération aurait une issue fatale.

Si les forces morales peuvent conjurer l'effet des plus graves lésions de l'organisme humain, à plus forte raison doivent-elles triompher à la longue de la dégradation produite par les passions égoïstes et par les appétits grossiers.

III. Repoussons donc la funeste doctrine qui nous ferait accepter l'erreur et le vice comme incarnés dans notre race. Comprenons que la grandeur de l'humanité consiste précisément en ce que les forces matérielles peuvent être subordonnées à des forces morales, dominées elles-mêmes par notre volonté; que chaque peuple peut, en conséquence, trouver en lui-même les ressources nécessaires pour s'élever à la hauteur de ses rivaux. Les phénomènes sociaux qu'on explique habituellement par des causes physiques sont dus surtout à des causes morales. « Le progrès ou la décadence » ont leur source dans la pratique ou dans l'oubli des principes, et non dans la race elle-même. Ainsi nous souffrons cruellement aujourd'hui des fautes de nos pères; mais nous demeurons les arbitres de la destinée de nos enfants. Cette destinée sera grande, si nous savons revenir aux bons principes de nos aïeux et suivre les exemples des nations les plus prospères.

L'histoire des quatre derniers siècles enseigne qu'en France comme en Angleterre les peuples ont été tour à tour religieux ou sceptiques, humains ou cruels, persécuteurs ou tolérants, colonisateurs ou sédentaires, libres ou opprimés. Elle réfute donc l'allégation d'une infériorité organique des Français comparés aux Anglo-Saxons.

Depuis longtemps nos races celtiques, mêlées à celles du Nord et de la Germanie, ont acquis, sous l'influence de leurs traditions fécondées par le christianisme, toutes les vertus qui distinguent les grandes nations. Déjà, au xviie siècle, les Français ont été classés au premier rang par l'opinion unanime des autres peuples. Arrêtée dans son essor par les souverains auxquels elle s'était dévouée sans réserve, la France a su pourtant échapper à l'abaissement où, dans les mêmes circonstances, d'autres races sont tombées. Elle a réagi peu à peu contre la désorganisation sociale provoquée en 1685 par l'exil des protestants[1]. Malgré la corruption propagée par trois mauvais princes (9, VIII), et les remèdes dangereux que nos pères ont cherchés dans les révo-

[1] Le principal symptôme de la désorganisation sociale au xviiie siècle (9, VIII), le développement du scepticisme, fut certainement dû, en premier lieu, à l'expulsion de ces fermes croyants, qui, suivant l'exemple des premiers chrétiens devant la persécution païenne, ne craignirent pas de sacrifier aux convictions religieuses les intérêts temporels; en second lieu, à la réaction que cette mesure cruelle suscita dans tous les cœurs généreux.

lutions, elle a gardé l'amour de la justice et le
patriotisme. Elle s'est relevée après 1815 des
revers inouïs qui ont été la conclusion funeste
des plus grands succès militaires de l'ère moderne. Ayant brisé un régime discrédité par les
vices des anciennes classes dirigeantes, elle cherche avec une volonté persévérante un régime
nouveau qui ne comporte plus le retour des maux
dont elle a tant souffert. Pour atteindre le but
qu'elle poursuit en vain depuis 1789, elle se résigne à des calamités, et surtout à une instabilité
qui, chez d'autres nations moins préservées par
de glorieux souvenirs, eussent déjà amené une
ruine complète. Enfin, malgré la situation critique que lui ont faite les révolutions, malgré les
antipathies nationales engendrées par les guerres
du premier Empire, il suffit à notre race de retrouver le calme et la sécurité, pour reprendre
en partie son ancienne prépondérance[2].

A quelle hauteur la France ne sera-t-elle pas
appelée, le jour où elle se soustraira par un généreux effort aux vices et aux erreurs qui entravent depuis longtemps sa marche; lorsqu'au
sentiment de la justice et à l'amour de l'humanité, si heureusement conservés au milieu de la

[2] Ce passage a été écrit en 1856. Depuis lors, de nouveaux désastres sont survenus. Ils seront encore mieux réparés que ceux
de 1815, si la France revient au vrai et au bien plus complète-
ment qu'elle ne le fit à cette dernière époque. (Note de 1872.)

corruption de l'ancien régime, elle joindra de nouveau le respect de la Coutume qui fut la source de son ancienne grandeur, et qui fait encore le succès de ses rivaux !

CHAPITRE 6

LES FAUSSES THÉORIES D'HISTOIRE NOUS FONT PRENDRE LE CHANGE SUR LES CONDITIONS DE LA RÉFORME

I. Parmi les causes de l'ignorance où nous restons touchant les conditions de la réforme, je dois encore mentionner les fausses théories d'histoire.

Tous ceux qui ont approfondi une branche quelconque de la science sociale ont pu reconnaître la fausseté des jugements émis sur cette matière par nos prétendues histoires générales[1]. Pour ma part, chaque fois que j'ai étudié un sujet avec les vrais moyens d'information, j'ai trouvé que les appréciations de nos historiens classiques sont, sur les questions fondamentales, peu conformes à la vérité. Il n'est besoin ni de posséder une grande science, ni de se livrer à de longues recherches pour constater le vice des théories historiques : il suffit de les rapprocher des textes sur

[1] « Les histoires sont des faits faux, composés sur des faits « vrais, ou bien à l'occasion des vrais. » (Montesquieu, *Pensées diverses.*)

lesquels les compilateurs ont échafaudé leurs
jugements.

Tout écrivain qui a observé ses contemporains a pu sans doute présenter sur les sociétés
antérieures de précieux aperçus; mais l'histoire
proprement dite, celle qui s'appuie sur les documents positifs des paléographes et des archéologues, n'a pris naissance qu'à notre époque.
Au milieu de ses grandeurs littéraires, le siècle
de Louis XIV n'a guère eu l'intelligence des
temps passés. Il dénaturait par ses systèmes historiques l'antiquité et le moyen âge; il leur prêtait ses sentiments et ses idées, comme il traves-
tissait sur le théâtre leurs personnages en les
affublant de ses costumes.

Les partisans de l'école révolutionnaire [2] ont

[2] Les études locales faites sur la France y révèlent l'existence
d'une multitude de préjugés inculqués au peuple par les promoteurs de la révolution. Le maire d'une commune rurale s'est
exprimé en ces termes devant le conseil d'État : « Indépendam-
« ment des préjugés sur le commerce des grains, on est tout
« étonné de voir conserver dans nos campagnes les opinions les
« plus bizarres et les plus erronées sur notre ancien régime so-
« cial. On voit encore quelques individus chez nous convaincus
« que, avant la révolution de 1789, le pays avait à subir des droits
« féodaux dont on ne retrouve cependant aucune trace aussi loin
« qu'on remonte dans le passé. » (*Enquête sur la boulangerie en*
1856, p. 376; déposition de M. A. Dailly, maire d'une commune
de Seine-et-Oise.)
Les difficultés qu'on éprouve à découvrir, dans les coutumes
locales ou dans les décisions judiciaires, quelques vestiges de
dépendance personnelle conservés aux derniers siècles de l'ancien
régime, témoignent de l'esprit réformateur qui régnait avant la
Renaissance. Le trait le plus recommandable de notre histoire

encore plus faussé les esprits : ils ont attribué, comme caractère distinctif, aux six siècles précédents, l'antagonisme social qui ne s'y produisait qu'à titre exceptionnel, et qui ne s'est réellement développé que de notre temps. Ces fausses assertions ont sans doute accéléré l'œuvre de destruction que nos concitoyens se plaisent à glorifier ; mais elles pèsent aujourd'hui sur nous en nous abusant sur l'origine du mal actuel et en discréditant le remède que nous offrent les bonnes traditions de nos pères.

II. Heureusement, les historiens modernes de l'Allemagne, de l'Angleterre, de la France, de l'Espagne et de l'Italie, commencent à réagir contre ces erreurs et ces préjugés. Les convictions qu'ils se sont faites en recourant aux documents originaux s'accordent avec celles que j'ai acquises en observant directement, dans toute l'Europe, les nombreuses familles qui ont conservé les sentiments et les habitudes du moyen âge. Comme l'un de nos plus habiles historiens [3],

est, sans contredit, l'harmonie sociale qui, dès le XIe siècle, fit tomber en désuétude le servage. Je me suis de plus en plus confirmé dans cette opinion, en observant l'Europe, depuis l'année 1829. Voir *les Ouvriers européens*, Monographies I, II, III, IV, V, VIII, IX, XIII, etc.

3 « Je m'aperçus bientôt que l'histoire me plaisait pour elle-
« même, comme tableau du passé... et toutes les fois qu'un per-
« sonnage ou un événement du moyen âge me présentait un peu
« de vie ou de couleur locale, je ressentais une émotion involon-

je me suis souvent indigné en voyant une certaine littérature contemporaine pervertir l'opinion publique, et affirmer que notre vieille France ne se composait que d'oppresseurs et d'opprimés. Tout en reconnaissant que le moyen âge était sur beaucoup de points inférieur à notre temps, je m'aperçois de plus en plus que l'harmonie sociale était mieux établie à cette époque dans la paroisse, dans l'atelier et dans la famille.

Je sortirais de mon sujet si j'essayais ici de redresser par un exposé méthodique les erreurs accréditées en France dans l'histoire des rapports sociaux. Une telle entreprise serait d'ailleurs prématurée; car on ne peut écrire sûrement cette histoire pour les siècles passés qu'après avoir

« taire. Cette épreuve souvent répétée ne tarda pas à bouleverser
« mes idées en littérature. Insensiblement je quittai les livres
« modernes pour les vieux livres, les histoires pour les chroniques,
« et je crus entrevoir la vérité étouffée sous les formules de con-
« vention et le style pompeux de nos écrivains. Je tâchai d'effacer
« de mon esprit tout ce qu'ils m'avaient enseigné, et j'entrai, pour
« ainsi dire, en rébellion contre mes maîtres. Plus le renom et
« le crédit d'un auteur étaient grands, et plus je m'indignais de
« l'avoir cru sur parole, et de voir qu'une foule de personnes
« croyaient et étaient trompées comme moi... J'étais donc fondé à
« dire que nos historiens modernes présentaient sous le jour le
« plus faux les événements du moyen âge... Il ne faut pas se dis-
« simuler que pour ce qui regarde la partie de l'histoire de France
« antérieure au XVIIᵉ siècle, la conviction publique, si je puis
« m'exprimer ainsi, a besoin d'être renouvelée à fond... En France,
« personne n'est l'affranchi de personne ; il n'y a point chez nous
« de droits de fraîche date, et la génération présente doit tous
« les siens au courage de ceux qui l'ont précédée. » (Augustin
Thierry, *Lettres sur l'Histoire de France*, Avertissement.)

accompli la même œuvre pour notre temps. Je ne
dois aborder aujourd'hui que l'exécution de ce dernier dessein. Je prévois que cet ouvrage pourrait
être condamné sans examen par des esprits préve-
nus, nourris des préjugés de l'histoire ou imbus
des passions de la révolution française. Je tenterai
donc de les mettre en garde contre ces préventions
invétérées, en leur montrant, par un exemple,
qu'un peuple excellant dans la culture des arts et
des lettres peut perdre momentanément, en ce
qui concerne l'histoire nationale, le sentiment des
vérités les plus sensibles.

III. Le moyen âge n'a pas été seulement une
époque d'organisation sociale, il a créé en outre
plusieurs branches originales d'art et d'industrie:
il a fondé une école d'architecture qui supporte la
comparaison avec celles des meilleures époques.
Assurément ceux qui élevèrent au prix de tant
d'efforts ces magnifiques édifices durent se rendre
compte de leur valeur et les recommander à l'admiration de leurs descendants. Toutefois, à dater
du XVIᵉ siècle [4], ce sentiment s'effaça en présence

4 « La Renaissance en France ne fut qu'une invasion; elle s'im-
« posait, elle n'était pas acceptée par les artistes; son résultat le
« plus clair fut d'éloigner chaque jour davantage la masse de la
« population du domaine des arts. Au contraire, pendant la
« période brillante du moyen âge, l'art pénètre les masses jusque
« dans les couches inférieures. » (Viollet-le-Duc, *Entretiens sur*
l'architecture, t. Iᵉʳ; 1 vol in-8°. Paris, 1863.)

des aspirations qui reportèrent les esprits vers l'art des Grecs et des Romains; et bientôt il ne se trouva personne pour apprécier les monuments qui couvraient avec profusion notre sol. Nos grands hommes du XVIIᵉ siècle qui, sur plusieurs points, ont élevé l'esprit humain à une si grande hauteur, avaient complétement perdu, sous ce rapport, l'intelligence de l'art français. Ils ne soupçonnaient même pas qu'il pût y avoir quelque mérite dans les habitations de leurs pères, et dans les églises où se pratiquaient journellement les devoirs religieux. Le XVIIIᵉ siècle [5] et la révolution ont encore contribué à accroître ces fausses impressions. Nous ne saurions donc nous montrer trop reconnaissants envers les écrivains, les artistes et les archéologues qui ont enfin ouvert nos yeux à la lumière, et qui ont remis en honneur la tradition nationale [6].

Mais si le public, abusé par ces préjugés, peut

[5] Des archéologues compétents m'assurent, par exemple, que le portail gothique, qualifié durement par Voltaire dans les termes suivants, était une œuvre fort estimable : « Qui donc peut vous « dire que Berlin est ce qu'était Paris au temps de Hugues-Capet? « Je vous prie seulement, ma chère enfant, d'aller voir votre « ancienne paroisse, l'église Saint-Barthélemi, où vous n'avez, « je crois, jamais été. C'était là le palais de ce Hugues. Le portail « subsiste encore dans toute sa barbarie. Venez après cela voir la « salle d'opéra de Berlin. » (Voltaire, *Lettre à Mᵐᵉ Denis*. Berlin, 12 septembre 1750.) ═══ [6] C'est un devoir de citer ici expressément les savants formés à notre École des chartes : ils contribuent efficacement, par leurs consciencieuses recherches, à cette utile évolution des esprits.

méconnaître à ce point la valeur d'objets matériels qui restent sous ses yeux, comment pourrait-il
juger sainement les idées qui se sont évanouies?
Quelles erreurs ne doit-il pas commettre lorsqu'il
apprécie, sous l'influence de nos dangereuses
nouveautés et à travers le prisme de nos passions
politiques, les mœurs de générations qui, depuis
plusieurs siècles, sont descendues au tombeau !

Plus j'étudie les faits contemporains ou les traces du passé, plus je m'assure que nous nous
méprenons dans les jugements que nous portons
chaque jour sur les rapports sociaux qui existaient
dans les siècles précédents. S'il en est ainsi, quels
désordres moraux et matériels ne doit pas provoquer une théorie d'histoire qui nous porte à mé-
priser les meilleures traditions de notre race !

IV. Selon l'opinion établie, les classes dirigeantes de l'ancien régime auraient fait peser sur
les classes inférieures une oppression intolérable.
Dans les campagnes, notamment, les seigneurs
auraient abusé de leur pouvoir pour s'approprier
tout le fruit du travail et de l'intelligence de leurs
vassaux. La tribune, la presse et le théâtre reproduisent ces assertions sous toutes les formes.
Tout récemment encore, des livres spéciaux ont
développé cette thèse, en ce qui touche la condition des classes rurales de l'ancienne France.
On y insiste sur les désordres auxquels aurait

donné lieu « l'esclavage de la glèbe »; et l'on va jusqu'à affirmer que les seigneurs féodaux, ayant à diviser le sol et le personnel de certains domaines, avaient soin, pour faire mesure exacte, de se partager « selon le jugement de Salomon » le corps de leurs paysans. Abusé par ces écrits, le public se persuade de plus en plus qu'avant la révolution de 1789 la nation française ne se composait guère que de victimes et de bourreaux. A ce sujet je citerai quelques faits qui réfutent l'opinion admise, et font apparaître sous un jour plus vrai la condition de nos pères.

Beaucoup de documents conservent la description fidèle des rapports qui ont existé, depuis l'origine du moyen âge jusqu'en 1789, entre les seigneurs et les populations placées sous leur dépendance. Je veux parler des titres qui s'étaient accumulés dans les archives des châteaux ou des abbayes, dans les dépôts confiés aux notaires, dans les greffes des parlements, des tribunaux ou des diverses juridictions de police. Ceux de ces documents qui ont échappé au vandalisme révolutionnaire, sont maintenant classés dans les collections publiques, et ils y sont déchiffrés avec fruit par les habiles paléographes que forme notre École des chartes. Je n'ai jamais négligé l'occasion de connaître le sentiment des érudits qui gardent ces trésors de la science sociale; et j'ai toujours appris avec étonnement qu'ils n'y

trouvent aucune trace de cette oppression permanente qui, d'après une opinion devenue fort
commune, aurait été le trait caractéristique de
notre ancien régime.

Les travaux que ces savants commencent à publier mettent en relief l'excellence des rapports
qui unissaient les seigneurs soit aux paysans [7],

[7] « A part quelques faits isolés, nous avons vainement cherché,
« dans la Normandie, les traces de cet antagonisme qui, suivant
« des auteurs modernes, régnait entre les différentes classes de
« la société du moyen âge. Les rapports des seigneurs avec leurs
« hommes n'y sont point entachés de ce caractère de violence
« et d'arbitraire avec lequel on se plaît trop souvent à les décrire.
« De bonne heure les paysans sont rendus à la liberté; dès le
« XIe siècle le servage a disparu de nos campagnes. A partir de
« cette époque, il subsiste bien encore quelques redevances et
« quelques services personnels; mais le plus grand nombre est
« attaché à la jouissance de la terre. Dans tous les cas, les obli-
« gations tant réelles que personnelles sont nettement définies
« par les chartes et coutumes. Le paysan les acquitte sans répu-
« gnance; il sait qu'elles sont le prix de la terre qui nourrit sa
« famille; il sait aussi qu'il peut compter sur l'aide et la protection
« de son seigneur... » (Léopold Delisle, *Études sur la condition
de la classe agricole et l'état de l'agriculture en Normandie, au
moyen âge.* Évreux, 1851; 2 vol. in-8o.)

Les savants qui ont étudié l'ancienne condition des paysans
européens, sans se laisser égarer par les passions politiques de
notre temps, sont tous arrivés à la même conclusion. Les personnes qui, à cet égard, ont adopté sans examen les préjugés révolutionnaires, renonceront à des erreurs invétérées si elles veulent
bien prendre la peine de remonter, sous la direction des autorités
compétentes, aux sources de la certitude. Je signalerai ici notamment les beaux ouvrages de M. Guérard sur l'ancienne France,
de M. de Maurer sur l'Allemagne et de M. l'abbé Hanauer sur
l'Alsace. Ces tableaux fidèles du passé nous montrent les paysans
jugeant eux-mêmes par la voie du jury leurs affaires civiles et cri-
minelles, payant de faibles impôts, établissant sans contrôle les
taxes relatives aux dépenses locales, ayant enfin devant leurs sei-

soit aux bourgeois[8]. Ainsi sont réfutées peu à
peu les accusations que l'opinion publique a

gneurs des allures indépendantes qu'aucune classe des sociétés
du Continent n'oserait prendre aujourd'hui devant la bureaucratie
européenne (63, XI).

[8] On peut consulter, au sujet de cette classe de rapports sociaux, une étude intéressante, publiée récemment sur les institutions communales de Beaumont-en-Argonne.

La commune de Beaumont a été régie pendant six siècles par
la charte que lui donna spontanément, en 1182, son suzerain
Guillaume de Champagne, archevêque de Reims, et que Charles V,
roi de France, cessionnaire en 1379 des droits des archevêques,
s'engagea à respecter. Aux termes de cette charte, les impôts,
d'ailleurs très-légers, sont fixés une fois pour toutes ; la liberté
individuelle est garantie. Les bourgeois élisent chaque année leurs
magistrats municipaux, qui gouvernent la commune, rendent
la justice civile et criminelle et donnent l'authenticité aux contrats. Les décisions touchant les intérêts communs sont prises,
sur la place de l'église paroissiale, par une assemblée composée du
maire, des échevins et de quarante des bourgeois les plus éclairés.

Le seigneur intervient à peine dans ce petit gouvernement
local. Ses prérogatives se bornent : à nommer un juré qui, de
concert avec deux autres désignés par les bourgeois, surveille
l'emploi des fonds alloués sur les revenus seigneuriaux pour la
défense et l'embellissement de la ville ; à faire grâce dans certains
cas spécifiés ; enfin à recevoir le serment des magistrats nouvel-
lement élus. Quant à ses obligations, elles consistent à défendre
la commune contre les ennemis du dehors, sans imposer les
habitants, ni les requérir pour le service militaire pendant plus
de vingt-quatre heures.

Les bourgeois ont, sur toute la partie du territoire non comprise dans la réserve du seigneur, la jouissance libre et gratuite
des produits spontanés du sol, des forêts et des eaux, à la seule
condition de se conformer à certaines règles d'ordre public. La
pêche du poisson, l'abatage du bois et la cueillette des fruits
sauvages fournissent aux familles, surtout aux moins aisées, des
subventions précieuses pour la nourriture, ainsi que pour la construction, l'ameublement, l'éclairage et le chauffage des habitations.

Tel était le degré de liberté et de bien-être dont jouissaient
les bourgeois de Beaumont, qu'ils se montrèrent constamment

dirigées contre l'ancien régime, tant que l'on a
pu craindre le retour des abus qui l'ont discré-

attachés à leur organisation municipale. Aux états de Vermandois
réunis en 1556 pour la rédaction des coutumes de la province,
ils déclarèrent fermement vouloir s'en tenir aux franchises contenues dans leur charte ; et, au XVIIIe siècle, ils résistèrent avec
une énergie digne d'un meilleur succès aux empiétements par
lesquels la royauté inculqua à la France le mépris des coutumes,
puis l'esprit de révolution (63, III).

Il ne faudrait pas d'ailleurs objecter que la constitution dont
je viens d'esquisser les principaux traits, n'aurait eu, au moyen
âge, qu'un caractère exceptionnel. Les autres constitutions urbaines s'appuyaient, en général, sur les mêmes principes. La
loi de Beaumont elle-même fut octroyée par les seigneurs suze-
rains à un grand nombre de villes du nord-est de la France ; et il
paraît qu'au XVIIe siècle elle régissait encore plus de 500 communes. (Voir *la Loy de Beaumont, coup d'œil sur les libertés et les
institutions du moyen âge*, par M. l'abbé Defourny.)

Parmi les ouvrages qui reproduisent le mieux les institutions
du moyen âge et qui démontrent que les communes urbaines
avaient à cette époque une indépendance que celles de notre
temps pourraient envier, je signale à ceux qui désirent s'instruire
en ces matières l'*Histoire de la commune de Montpellier,* par
M. Germain.

Je citerai encore une excellente monographie dans laquelle
M. L. Charles décrit les admirables institutions dont jouissaient,
au moyen âge, les bourgeois de la Ferté-Bernard (Sarthe). Cette
description nous montre une très-petite ville tenant à honneur
de fonder, avec ses seules ressources, une magnifique église,
des établissements d'instruction et d'autres œuvres que des villes
de même rang n'auraient plus même la pensée d'établir aujour-
d'hui. M. Charles nous apprend en même temps que les libertés,
source de cette initiative, prirent fin sous le gouvernement
tyrannique de Louis XIV. Comme M. Aug. Thierry qui l'a guidé
dans ses travaux, M. Charles déclare que, en ce qui concerne
l'histoire nationale, il faut renouveler à fond l'opinion publique.
« Pendant longtemps, dit-il, on n'a dévoilé que des infirmités
« dans notre vieille histoire ; il est temps d'y rechercher les faits
« qui l'honorent. » (*De l'Administration d'une ancienne communauté d'habitants du Maine*. Le Mans, 1862 ; 1 br. in-8°.)

dité. Il est à désirer toutefois que la rectification des faits ne dégénère point en réaction, et qu'on ne loue pas outre mesure les sentiments qui portaient, en général, les seigneurs à assurer le bien-être leurs vassaux[9].

Les légistes français, qui ont tant contribué à la dissolution de l'ancienne société, et qui prennent pour thèse habituelle l'éloge du régime nouveau, commencent à s'apercevoir de leurs erreurs. En étudiant le passé, ils découvrent, dans la vie de leurs ancêtres, des exemples de vertu qui deviennent rares de notre temps. Ainsi,

---

[9] L'auteur du premier ouvrage cité à la note précédente, comparant les contrats du moyen âge à ceux qu'on fait de nos jours pour le défrichement des forêts dans la localité qu'il a étudiée, constate que le prélèvement des ouvriers sur les produits du travail est d'autant plus grand que la date du contrat est plus reculée; il en conclut que les seigneurs étaient animés, au moyen âge, de sentiments généreux qui ne se retrouvent plus maintenant chez les propriétaires du sol. Tout ce que j'ai observé sur les défrichements accomplis maintenant en Orient et en Asie, dans des conditions semblables à celles qui régnaient au moyen âge en Occident, me donne lieu de penser que cette conclusion est inexacte. La part large qui revient aux ouvriers orientaux ou asiatiques est due à la rareté de la population qu'il faut attirer à tout prix, et à l'abondance d'une multitude de produits qu'on ne saurait employer qu'en les attribuant aux ouvriers à titre de subvention. Il y a lieu de penser qu'à toute époque les propriétaires se sont appliqués à tirer du sol le plus grand revenu, en respectant à la fois les lois économiques et les convenances morales qui conseillent de garantir aux populations les moyens de subsistance. Tout propriétaire résidant au milieu des populations attachées à son domaine s'inspire encore des mêmes principes. Voir *les Ouvriers européens :* notamment les Monographies VI, VIII, XIV, XXVI, XXVII, etc.

dernièrement, un honorable magistrat[10], en présentant dans une solennité l'histoire d'une grande famille de robe, rappelait que le XVIᵉ siècle a été l'âge héroïque de la magistrature française. Enfin, un savant qui s'est spécialement dévoué à l'histoire de la Provence[11], a mis en complète lumière la décadence qui s'y est produite depuis le XVIᵉ siècle, dans les mœurs de la famille.

V. Les monuments et les parchemins ne fournissent pas le seul moyen de revenir à l'intelligence du temps passé : les hommes et le sol ont gardé plus qu'on ne le pense l'empreinte fidèle des siècles. Les paysans basques, par exemple, occupent encore avec leurs familles les domaines sur lesquels leurs ancêtres étaient déjà établis avant l'ère chrétienne. Ils ont conservé le même langage, les mêmes occupations, les mêmes mœurs. Leur régime de succession est toujours celui qu'un auteur latin signalait dans ce pays il y a vingt siècles. Des vieillards de cette race, qui ont reçu de leurs pères la tradition de l'ancienne France, déclarent que leur situation n'a

[10] Discours de feu M. Sapey, avocat général à la Cour impériale de Paris. (*Moniteur* du 6 novembre 1860, p. 1313.) == [11] M. C. de Ribbe a décrit, dans les trois ouvrages suivants, les excellentes mœurs de l'ancienne Provence : *l'Ancien barreau du Parlement de Provence*, Marseille, 1861, 1 vol. in-8°; *une Famille au XVIᵉ siècle*, Paris, 1867, 1 vol. in-18; *les Familles et la société en France avant la révolution*, Paris, 1873, 1 vol. in-18. (Note de 1873.)

pas été améliorée par nos révolutions politiques[12]. L'étude des coutumes basques révèle, en effet, une excellente constitution sociale, bien supérieure à plusieurs de celles qui se créent depuis le règne de Louïs XIV.

L'étude du métayage actuel apporte également des données précises sur les anciens rapports des propriétaires et des tenanciers (34, XIX). Ce système d'association, qui reste habituel dans nos provinces centrales et méridionales, était au xvᵉ siècle, dans presque toute la France, la base de l'organisation rurale. Or les anciens baux qui sont encore la règle d'une multitude de domaines, attestent que les relations du maître et du colon n'ont subi depuis quatre siècles aucun changement. D'un autre côté, ce genre de contrat, fondé sur le partage des produits, identifie tellement les deux intérêts, qu'il exclut tout danger d'oppression. Les inconvénients qui, dans le métayage comme dans tous les rapports sociaux, résultent de l'imperfection humaine, pèsent même sur le propriétaire plus que sur son associé. La situation de nos métayers du Centre et du Midi était autrefois, et est encore aujourd'hui,

12 J'ai recueilli cette opinion chez les paysans à famille-souche du Lavedan. (*Ouvriers des deux Mondes*, t. Iᵉʳ, p. 150.) — M.Véron-Reville, conseiller à la Cour impériale de Colmar, est arrivé, dans un ouvrage récent, à la même conclusion; il constate « que l'Alsace, en 1789, n'avait aucune raison pour désirer une révolution ».

plus heureuse et plus digne que celle des ouvriers ruraux attachés aux fermes de l'Est, de l'Ouest et du Nord. Assurément des améliorations ont été introduites, depuis le moyen âge, dans la condition des petits propriétaires et des tenanciers; mais elles ont été contre-balancées par des inconvénients jusqu'alors inconnus. Le mal dont nous souffrons depuis deux siècles, et surtout depuis la révolution, provient en grande partie de ce que les préjugés des populations et les passions des classes dirigeantes ne nous permettent pas, dans cette question, d'envisager les faits à leur vrai point de vue.

VI. Une autre considération m'a particulièrement frappé dans le cours des recherches que j'ai faites sur les mœurs de mes concitoyens. Si la révolution avait réellement soustrait les classes inférieures à la prétendue tyrannie de l'ancien régime, on devrait constater que l'affection réciproque des maîtres et des serviteurs se substitue peu à peu à de vieux sentiments d'antagonisme. Or les moins clairvoyants ne sauraient s'y méprendre : c'est dans le sens opposé que le changement s'est produit. Les écrivains qui ont acquis une juste célébrité en décrivant les mœurs des six derniers siècles, mentionnent de touchants exemples de la solidarité qui existait alors entre le propriétaire et le tenancier, entre le patron et l'ouvrier, et surtout entre le maître et le serviteur attaché à la famille. L'hostilité réciproque des deux classes est devenue, au contraire, un trait distinctif des mœurs modernes de la France. Les vieillards de notre temps ont tous vu pendant leur jeunesse, dans beaucoup de familles, des serviteurs identifiés avec les idées et les intérêts de leurs maîtres. Il ne reste plus que des vestiges de cet état de choses; et, s'il ne se produit pas une réaction salutaire contre le mouvement qui nous entraîne, je doute que la génération qui nous suit voie un seul exemple de cette antique solidarité.

Je ne veux pas dire que l'antagonisme social soit un fait nouveau, spécial à notre temps : je reconnais même que les discordes civiles avaient autrefois un caractère de violence qu'elles n'offrent guère aujourd'hui. Mais il y a, entre les deux époques, cette différence essentielle que, sous l'ancien régime, chaque patron allait au combat soutenu par ses clients, ses ouvriers ou ses domestiques; tandis que, désormais, il les rencontrerait armés devant lui. Autrefois, après la lutte, on trouvait, dans l'atelier et dans la maison, la paix et un repos réparateur. Aujourd'hui, la lutte règne dans la maison comme dans l'atelier; elle continue d'une manière sourde, lorsqu'elle n'éclate pas ouvertement; elle mine sans relâche la société en altérant les conditions premières du bonheur domestique. Les écrivains qui s'inspirent des passions révolutionnaires et qui propagent tant de doctrines subversives, pourraient, trouver, à leur foyer même, la réfutation de leurs systèmes favoris : ils n'auraient qu'à observer dans leurs effets les sentiments haineux et l'esprit de, rébellion de leurs serviteurs. Ces épreuves qui désolent maintenant toutes les familles, riches ou pauvres, sont l'un des sévères enseignements qui nous ramèneront, en matière de science sociale, au sentiment du vrai.

VII. L'étude de l'Europe a contribué plus encore que celle de la France à dissiper chez moi les préjugés qui règnent dans le milieu où j'ai vécu. Elle m'a présenté sous leur vrai jour les rapports sociaux que les révolutions ont détruits sur notre sol.

L'ancien régime européen, même avec ses formes féodales, existe encore [13] dans l'Europe orientale, en Russie, en Pologne, en Turquie, en Hongrie, dans les principautés du Danube et dans les provinces slaves contiguës aux États allemands. Or chacun pourra constater, comme je l'ai fait moi-même, que, malgré les influences perturbatrices qui de l'Occident gagnent peu à

[13] Les réformes faites depuis que ces lignes ont été écrites (1854) dans plusieurs de ces contrées, n'y ont guère modifié, jusqu'à ce jour, les mœurs que j'ai pu observer.

peu l'Orient, la solidarité des classes extrêmes
de la société est encore le trait caractérisque de
ces contrées; tandis que l'antagonisme de ces
mêmes classes se répand de plus en plus parmi
les peuples qui adoptent nos idées. Je mentionne
ce fait sans avancer une doctrine absolue. Assurément je ne prétends point soutenir que les sociétés de l'Orient l'emportent en toutes choses
sur celles de l'Occident, et notamment sur celles
qui, en renonçant au régime de privilége, restent exemptes des deux vices dont nous souffrons (1, III). Je veux seulement faire pressentir,
en attendant une démonstration plus complète,
combien nous nous égarons en prenant pour
guide une fausse notion d'histoire, et combien
notre essor se trouve entravé par des maux que
nos pères n'ont point connus.

VIII. Ces erreurs historiques reposent sur certains faits exceptionnels, présentés à tort comme
normaux et réguliers. Il n'y a point de paradoxe
qui ne puisse être établi sur de tels fondements.
Si une école quelconque trouvait intérêt à discréditer l'amour maternel, elle pourrait produire, à
l'appui de sa doctrine, une longue énumération
des cruautés exercées sur leurs jeunes enfants
par des mères dénaturées. C'est ainsi qu'on a
souvent cité les désordres de la Jacquerie, ceux
de l'Auvergne au XVIIe siècle, et plusieurs autres

agitations populaires, comme témoignages d'un ancien état d'hostilité. Ces désordres n'ont eu qu'un caractère local et accidentel. Ils sont peu nombreux, et ne suffisent pas pour démontrer l'existence d'un état général de lutte entre les seigneurs et leurs vassaux. En jugeant ces événements, il faut tenir compte, d'ailleurs, des perfides manœuvres de la royauté, qui, au lieu de réformer le régime féodal, l'a détruit avec le concours des légistes [14] (63, II et III). Les massacres qui ont eu lieu en 1846 dans une province slave, soumise à la domination autrichienne, ont suffisamment montré à la génération actuelle les effets d'un tel abus d'autorité.

Je n'admets pas non plus qu'on puisse condamner les anciens rapports sociaux en se reportant aux jacqueries modernes qui nous sont mieux connues, et par exemple aux pillages de châteaux qui ont eu lieu de 1789 à 1793 dans plusieurs de nos districts ruraux. Ces violences, en effet, ne se sont guère étendues au delà des localités où les relations normales de propriétaire

---

14 Sauf d'honorables exceptions, les légistes ont toujours exercé en France une influence funeste. En aucun temps ils n'ont mieux compris leur devoir que les nobles ne l'ont fait depuis le règne de Louis XIV. Ils ont secondé les envahissements et souvent les innovations injustifiables de nos rois, au lieu de s'identifier avec les intérêts de la nation. Il n'y a donc pas lieu de s'étonner que toutes nos constitutions modernes aient refusé à ces deux classes la haute situation qui leur est acquise en Angleterre en récompense d'une conduite opposée.

à tenancier avaient été rompues, depuis plus d'un siècle, par l'absentéisme de la noblesse de cour. On n'en a point ressenti le contre-coup en Bretagne, en Anjou, en Vendée et dans les provinces montagneuses du Centre et du Midi, où les propriétaires continuaient à résider au milieu de leurs tenanciers. On compte encore par centaines les vieilles familles qui n'ont jamais quitté les terres de leurs aïeux, et qui ont été protégées par la population locale contre les entreprises des comités révolutionnaires organisés dans les villes du voisinage.

La révolution de 1789 n'a pris que par exception le caractère d'une guerre sociale. Elle a été, comme beaucoup d'agitations de l'ancienne France, une lutte en partie justifiée par la corruption des classes dirigeantes (9, VIII). Ceux qui voient dans cet événement une revanche contre une prétendue tyrannie des deux classes privilégiées, ceux surtout qui considèrent comme un mouvement national les pillages et les spoliations [15] de

---

[15] Les destructions de propriété ont souvent été opérées, à cette époque, par les agents de la force publique, malgré la résistance des populations. C'est ce qui arriva, par exemple, lors de la dispersion violente des sépultures royales de Saint-Denis. Les quatre agents chargés de cette expédition, ayant été une première fois inquiétés par l'attitude des habitants, réclamèrent du Comité de salut public la force nécessaire pour opérer à huis clos. Les papiers de l'un de ces agents, qui fut l'un de mes prédécesseurs dans la chaire de métallurgie à l'École des mines de Paris, contiennent à ce sujet de curieux détails. Je trouve dans un rapport

cette époque, seraient certainement ramenés à des opinions plus justes, s'ils observaient attentivement les passions et les appétits qui se développent aujourd'hui dans les bas-fonds de la société. Les agressions commises en décembre 1851, nous révèlent assez les scènes de violence qui se produiraient si, ce qu'à Dieu ne plaise, les ennemis de la propriété arrivaient au pouvoir et s'y maintenaient par une seconde Terreur. Les théoriciens de cette nouvelle révolution, adoptant les motifs donnés pour la première, ne seraient-ils pas fondés à signaler ces attentats comme un témoignage de l'oppression qui aurait été exercée, de notre temps, par les propriétaires sur la partie pauvre de la nation [16]?

Je n'aperçois plus chez nous aucune école politique disposée à conclure de ces réflexions que le régime de privilége, détruit en 1789, doive être préféré au régime de droit commun qu'acceptent maintenant toutes les nations libres et prospères. En me référant aux faits exposés dans les sept Livres suivants, je crois même être en

signé, adressé au Comité de salut public, le passage suivant, où je conserve l'orthographe de l'original : « Le citoyen Mégnié de-
« mande une autorisation du Comité de salut public pour retour-
« ner lundi achever cette mision, et afin qu'il puisse obliger de
« faire fermer l'église, pendant cette expédition pour empêcher
« les curieux fanatiques d'augmenter par leurs halaine impure
« le poison qui s'exhale de ces vils cadavres (*sic*).»

16 Cette prévision (de 1856) a été justifiée par les événements accomplis à Paris du 18 mars au 31 mai 1871. (Note de 1872.)

mesure d'établir que la solution des problèmes sociaux se trouvera, non dans les institutions qui maintiennent systématiquement l'inégalité entre les hommes, mais bien dans les sentiments et les intérêts qui créent entre toutes les classes l'harmonie encore plus que l'égalité. Toutefois, avant de commencer cette démonstration, j'ai dû protester contre la croyance à un état ancien d'antagonisme. J'ai dû indiquer, en outre, comment on peut s'assurer que nos pères n'étaient ni des opprimés ni des oppresseurs; qu'ils formaient une nationalité digne de respect; et qu'enfin l'étude de leurs actes de patriotisme nous serait plus profitable que la discussion des dangereuses utopies de notre temps.

IX. Nos révolutions successives, en compensation de beaucoup de maux, ont fait justice de certains abus reprochés bruyamment à l'ancien régime; et l'on peut désormais rappeler les vertus du passé sans crainte de provoquer des réactions injustes. Ce n'est donc pas seulement dans l'intérêt de l'art qu'il faut recommander, avec plusieurs écrivains éminents [17], le respect de l'an-

---

17 « Je voudrais qu'on apprît à nos enfants cette vieille langue, « dédaignée des grammairiens, qui n'y ont jamais rien entendu. « Nos voisins d'outre-Rhin ont introduit dans leurs écoles l'étude « du vieil allemand ; ils s'en trouvent bien. La jeunesse apprend « tout ensemble à aimer le langage et à respecter les idées de ses « aïeux. » (Ed. Laboulaye, *Journal des Débats*, 1-2 sept. 1862.)

cienne France : c'est aussi au nom des grands exemples d'harmonie sociale que la science nous y fait découvrir. L'historien ou le romancier qui se placerait pour la première fois à ce point de vue, en s'appuyant sur l'étude des faits et des mœurs, nous transporterait, pour ainsi dire, en pays inconnu. Il remettrait en honneur les saines pratiques de nos aïeux. Il nous habituerait à chercher dans l'expérience de notre race les éléments du nouveau régime que nous voulons fonder, et il aurait ainsi sur la réforme sociale une bienfaisante influence.

Il est temps de dissiper l'erreur qui porte chez nous tant d'écrivains à glorifier tous les actes et toutes les tendances de la révolution française, en vue de relever dans le monde l'ascendant de notre nation. C'est en vain qu'on voudrait atteindre ce but en altérant l'histoire, et en affirmant que l'opinion européenne admire ce qu'au contraire elle condamne sévèrement. Nos rivaux ne ratifient point les louanges que nous nous décernons nous-mêmes ; ils blâment avec vivacité, souvent même avec une insistance maligne ou hostile, les attentats et l'ignorance de notre école révolutionnaire.

Au milieu de nos erreurs, nous n'avons qu'un argument à opposer à ces critiques : c'est que la révolution a écarté certains désordres qui souillèrent les régimes sociaux de Louis XIV, du

Régent et de Louis XV. Malheureusement, pour y parvenir, elle a'fait appel à la passion plus qu'à la vertu : elle a calomnié les hommes et les choses du passé, pour déterminer les contemporains à supporter ses propres crimes. Aujourd'hui les désordres de la royauté ont disparu, mais nous conservons les préjugés répandus par la révolution. Dégagés de toute crainte au sujet du passé, nous devons revenir à la vérité par l'étude impartiale des faits. Nous demanderons aux meilleures pratiques de nos pères les vrais moyens de réforme. Nous retrouverons en même temps dans cette voie, plus sûrement que dans la propagation des paradoxes révolutionnaires, la prépondérance morale que l'Europe nous accordait au XVIIᵉ siècle. Ceux qui prétendent encore glorifier la révolution de 1789 devraient d'abord déclarer qu'ils la tiennent pour terminée.

CHAPITRE 7

LA MÉTHODE QUI CONDUIT LE PLUS SUREMENT A LA RÉFORME EST L'OBSERVATION DES FAITS SOCIAUX

I. Pour réunir les matériaux de cet ouvrage, j'ai observé personnellement, depuis l'année 1829, dans leurs détails et dans leur pratique, les institutions des peuples de l'Europe et des régions contiguës de l'Asie. Les faits ainsi recueillis m'ont permis de remonter, par déduction, aux principes fondamentaux de la vie sociale et aux applications qu'il convient d'en faire aujourd'hui. Je n'ai tenu d'ailleurs pour avérés ces faits et ces principes qu'après les avoir contrôlés par des observations nombreuses, et par le jugement de certaines autorités sociales (8, I).

Je ne crois pas nécessaire d'appuyer sur une dissertation le principe de cette méthode, c'est-à-dire de démontrer que, dans le gouvernement des hommes comme dans l'étude du monde physique, on arrive au vrai par l'emploi simultané de l'observation et du raisonnement. Cette démonstration pourrait faire l'objet d'une thèse littéraire; mais elle serait déplacée dans un ouvrage tendant à une conclusion pratique. A l'époque où je m'adonnais surtout aux sciences physiques, j'ai souvent constaté la stérilité de ceux qui se flattaient de les servir en dissertant sur le choix de la méthode. Je m'aperçois chaque jour qu'il en est de même dans toute autre recherche. Je vois que, pour cultiver avec fruit la science sociale, il s'agit moins de vanter la méthode d'observation que d'en faire un judicieux usage. Cette méthode, aussi vieille que l'espèce humaine, a été employée par beaucoup d'hommes éminents, bien avant qu'Aristote, Bacon et Descartes la recommandassent à l'attention des philosophes.

Il en est encore ainsi de nos jours. Les personnes auxquelles j'ai demandé le contrôle de mes conclusions doivent elles-mêmes à cette méthode la supériorité reconnue dont elles jouissent. Elles ont observé plus profondément que leurs contemporains certains phénomènes sociaux, et elles ont tiré avantage de cette étude pour faire prospérer leurs propres entreprises et les corporations locales vouées au bien public. L'écrivain qui traite de la science sociale, de même que le citoyen qui la pratique, doit surtout justifier sa méthode par le résultat. J'atteindrais ce but si je mettais en lumière des faits et des principes obscurcis par la passion ou le préjugé et si je réunissais, dans une commune pensée de réforme, des hommes livrés jusqu'à présent au doute et à la discorde.

Je ne saurais cependant me dispenser de rappeler les circonstances dans lesquelles ma méthode a été appliquée, et les principaux moyens auxquels j'ai eu recours; car le mérite de l'observation dépend de la pratique de l'observateur. Je me trouve ainsi amené à parler de moi plus que je ne le voudrais. Mais ce qui est peu séant chez les auteurs tirant surtout d'eux-mêmes, par la méthode du raisonnement, la matière de leurs écrits, devient une obligation pour ceux dont le rôle se réduit à mettre en œuvre la matière fournie par l'étude des faits. ous ce rapport, les

personnes vouées à la science sociale devront, à
l'avenir, imiter de plus en plus l'exemple des
chimistes, qui ont presque achevé l'exposé d'une
découverte lorsqu'ils ont décrit le moyen à l'aide
duquel ils ont opéré. Le temps n'est pas éloigné
où l'on réfutera suffisamment une doctrine sociale ou un ouvrage d'histoire en constatant que
l'auteur n'a jamais rien observé en dehors du lieu
qu'il habite.

II. En quittant les écoles après la révolution
de 1830, je me trouvai au milieu du mouvement
qui portait les esprits vers l'étude des questions
sociales. Je remarquai surtout l'ardeur avec laquelle plusieurs de mes condisciples propagèrent
alors la doctrine du saint-simonisme, qui dut à
leurs travaux et à leur mérite personnel une certaine célébrité. Ne pouvant ni partager les opinions de mes amis, ni démontrer l'erreur dans
laquelle ils s'engageaient, je compris qu'en matière de science sociale nos écoles n'offraient aucune méthode qui aidât à distinguer le vrai d'avec
le faux et suppléât à l'inexpérience de la jeunesse. Sentant mon impuissance et ne trouvant
aucune direction auprès de nos maîtres, je cher-
chai avec ardeur, dans cet ordre de connaissances, des moyens de certitude.

Suivant le précepte du grand homme qui m'a
fourni l'épigraphe de cet ouvrage, et m'aidant du

scepticisme propre à notre temps, je tins pour non avenues, jusqu'à vérification personnelle, les opinions au milieu desquelles j'avais été élevé. Comme il ne me fut pas possible de me soustraire à certaines convictions, je recherchai avec sollicitude les preuves qui semblaient les combattre, et je fréquentai les hommes de bien imbus de convictions opposées. Je conformai, autant que possible, ma conduite à la pratique de ceux qui jouissaient de l'estime publique, et je n'adoptai comme axiome fondamental que le devoir d'aimer mes semblables et de me rendre utile à mon pays. M'inspirant en outre de la pensée reproduite en tête de cette Introduction, je compris que je ne me rendrais un compte exact des institutions de la France qu'en les rapprochant de celles des pays étrangers. Pour embrasser des termes de comparaison suffisants, je résolus d'étendre mes observations à l'ensemble des nations européennes. J'admis enfin comme règle de mes études que je devais demander l'exemple du bien aux peuples libres et prospères (8, II et VII), chez lesquels toutes les classes, unies par une solidarité intime, se montrent dévouées au maintien de la paix publique.

Je n'ignore pas que quelques-uns de mes contemporains, croyant faire preuve de patriotisme, repoussent *a priori* ce genre d'enseignement : mais cette disposition d'esprit est condamnée

par la pratique universelle des nations civilisées.
Je ne crains pas d'affirmer que le mépris des
bons exemples est l'inclination habituelle des
populations inférieures. La méthode d'imitation
est usitée depuis les temps les plus reculés, dans
l'art de la guerre; et toute négligence à cet égard
a été bientôt punie par des revers [1]. Elle est suivie
avec non moins de succès dans les arts usuels; tous
les législateurs fameux y ont eu recours; enfin les
penseurs célèbres en ont proclamé l'excellence
chez les anciens comme chez les modernes [2].

Le programme que je m'étais tracé, bien que
simple en apparence, souleva dans l'application
des difficultés que je n'avais pas soupçonnées :
ces difficultés se trouvèrent en moi-même plus
que dans les faits extérieurs. Je surmontai assez
aisément les obstacles qui naissent de l'éloigne-
ment des lieux, de la multiplicité des faits, de la
diversité des hommes et des langages; mais,
égaré d'abord par mes opinions préconçues, je
vis souvent qu'il m'était encore plus difficile d'apprécier sainement les faits que de les observer
avec impartialité. Cependant je réussis peu à peu
à dominer mes premières impressions, en m'assurant qu'elles étaient en contradiction avec la
pratique des hommes qui ont conquis l'estime
publique par leurs succès et par leurs vertus.

[1] Voir l'épigraphe de cette Introduction. ⸗ [2] Voir l'épigraphe
du Livre VII, et le Chapitre 53, notes 3 et 4.

Beaucoup d'opinions et d'habitudes que je considérais depuis l'enfance comme des indices de la supériorité de notre pays, m'apparurent à la fin comme les causes de ses désordres et de ses revers. Je compris que les véritables éléments de la réforme seraient indiqués par le rapprochement de deux séries de travaux : par l'analyse méthodique des erreurs de nos maîtres et de nos lettrés; par la recherche des bons exemples que donnent les Autorités sociales de l'Europe. Je commençai à entrevoir qu'au lieu de changer sans cesse nos lois écrites, comme nous le faisons si stérilement depuis 1789, il fallait décider les classes dirigeantes de la nation à modifier leurs idées et leurs mœurs.

Cette réaction ne s'opéra point sans résistance dans mon esprit; cependant l'évidence des faits ne tarda pas à triompher de mes préjugés. Dès que j'eus reconnu l'inexactitude de plusieurs opinions au milieu desquelles j'avais été élevé, je m'habituai si bien à subir l'autorité de l'expérience, que j'éprouvai bientôt plus de satisfaction à découvrir mes erreurs que je n'en trouvais précédemment à me croire en possession de la vérité.

III. Mon programme fut arrêté en 1833. Depuis lors j'en ai poursuivi l'exécution, en partageant également mon temps entre les pays étran-

gers et la France, qui était le but principal de mes
travaux. Comme mon point de vue se modifiait
progressivement par l'observation, j'ai dû vérifier
souvent les mêmes faits. C'est ainsi que j'ai revu,
au moins à trois reprises, la plupart des contrées
de l'Europe et les régions contiguës de l'Asie.

J'ai partout entrepris trois sortes d'études qui
me mettaient en contact avec les classes dirigeantes avec les chefs de grandes entreprises,
et surtout avec les populations ouvrières.

Chargé, dans le corps savant auquel j'ai l'honneur d'appartenir, d'enseigner la métallurgie,
j'ai spécialement appliqué à cette branche d'activité les études que j'avais à faire sur l'industrie
et le commerce. J'ai observé, en premier lieu,
dans toute l'Europe, les procédés techniques et
les conditions économiques de l'extraction des
minerais et de la production des métaux. Je me
suis plus attaché que mes devanciers à étudier
l'organisation commerciale des exploitations, la
situation des ouvriers ainsi que les rapports variés
qui les unissent à leurs patrons. De nombreuses
missions, données sur la demande de gouvernements étrangers, m'ont procuré l'occasion de
voir de près les organisations sociales les plus
curieuses. Enfin j'ai dirigé de grandes entreprises, et j'y ai trouvé l'occasion de m'instruire
en me concertant avec des administrateurs formés au milieu de sociétés fort diverses.

J'ai profité, en second lieu, de ces missions et de ces voyages pour me lier avec beaucoup de personnes exerçant des fonctions politiques ou administratives. J'ai toujours recherché leur société pour connaître leurs opinions et observer leur pratique en matière de science sociale.

En troisième lieu enfin, je me suis imposé l'obligation d'étudier moi-même, dans toutes les régions de l'Europe, plus de trois cents familles appartenant aux classes les plus nombreuses de la population. J'ai consacré au moins une semaine, souvent un mois entier à faire la monographie [3] de chacune d'elles. J'ai voulu surtout scruter dans ses détails la vie matérielle, intellectuelle et morale de familles appartenant aux principales races européennes. J'ai constaté en même temps comment les intérêts de ces familles se lient à ceux des classes supérieures de la société. J'ai conversé en cinq langues avec la plupart de ces familles. J'ai pu comprendre directement les réponses faites en trois autres langues aux questions posées par des interprètes dressés de longue main à cette pénible tâche. C'est seu-

[3] Voir à la fin de l'ouvrage le Document A. — Les personnes qui désireront connaître la *Méthode des monographies,* que j'ai présentée comme le fondement de l'observation appliquée aux faits sociaux, pourront consulter, dans *les Ouvriers européens,* l'exposé que j'en ai fait, ou le résumé qui en a été publié par les soins de la Société d'économie sociale, sous le titre suivant : *Instruction sur la méthode d'observation dite des monographies de famille.*

lement dans l'extrême Nord et dans l'extrême Orient que j'ai dû confier à mes collaborateurs l'interprétation des demandes et des réponses, non sans tirer un grand secours de la vue des hommes et des lieux ou des impressions manifestées par les interlocuteurs.

IV. Les étrangers qui affluent à Paris m'ont fourni les moyens de compléter ces études. Chargé en outre d'organiser, sous la direction de S. A. I. le prince Napoléon, l'exposition universelle de 1855, à Paris, ainsi que la section française de l'exposition de 1862, à Londres [4], j'ai pu étendre mes observations, en ce qui concerne les opinions et les mœurs des classes aisées, aux parties du monde que je n'avais pas personnellement visitées. Lorsque la nécessité de ces travaux méthodiques sera mieux appréciée, Paris offrira, pour le progrès de la science sociale, de précieuses ressources. Ceux de nos écrivains qui, dans ces derniers temps, ont émis tant de fausses idées, se sont souvent appuyés sur certaines opinions qu'ils prêtent aux nations étrangères. Ils auraient pu cependant, presque sans sortir du cabinet où ils élaborent leurs systèmes, obtenir d'hommes bien informés la preuve de leurs erreurs.

[4] Plus tard, j'ai été chargé de dresser le plan de l'Exposition universelle de 1867 à Paris, puis j'en ai dirigé l'exécution (note de 1872). J'y ai encore trouvé de précieuses informations.

CHAPITRE 8

I. En poursuivant cette étude des hommes et des choses, je m'efforçai d'en déduire les doctrines qui devaient être le couronnement de mon entreprise. Quelques conclusions prématurées, dont l'erreur me fut ultérieurement démontrée, m'apprirent bientôt que cette recherche était la partie épineuse de ma tâche. Je craignis d'obéir malgré moi à certaines impressions reçues depuis l'enfance, et de me faire illusion sur l'impartialité avec laquelle je cherchais la vérité. J'admis dès lors que mes conclusions me resteraient suspectes aussi longtemps qu'elles ne seraient point approuvées par ceux qui, en raison de leur situation éminente et de leurs qualités reconnues, se présenteraient comme les autorités naturelles de la science sociale. Le choix de ces autorités n'a point été arbitraire : il m'a été partout indiqué par l'opinion publique; et il ne sera pas inutile d'indiquer ici les principaux peuples et, chez chaque peuple, les principales catégories sociales qui ont surtout contribué à produire pour moi l'évidence, en me fournissant les faits à observer ou les moyens de contrôle.

II. La nation anglaise est l'une de celles que l'opinion européenne place au premier rang; c'est chez elle que j'ai trouvé le plus d'idées justes et le moins de préjugés [1]. Les Anglais, qui ont reçu une éducation libérale complétée par des voyages, apprécient exactement les faits sociaux, et ils sont disposés à communiquer leur pratique et leurs opinions aux étrangers admis dans leur intimité. J'ai personnellement puisé à cette source beaucoup de lumières. Mais la réserve et l'individualisme, traits dominants de la vie publique et privée de l'Angleterre, y rendent ces relations d'amitié fort rares. En outre, la masse des classes moyennes ne s'élève point à cette hauteur. Absorbée dans les opérations de l'industrie et du commerce, elle est peu portée à convertir pour un étranger sa pratique en théorie. Elle n'hésite guère à refuser une information en échange de laquelle elle n'aperçoit pas une chance de profit personnel. Souvent même le premier contact avec un étranger développe chez elle un sentiment peu bienveillant, presque hostile. Enfin,

---

[1] J'ai retrouvé de nos jours, chez les Anglais, la supériorité signalée il y a plus d'un siècle par Montesquieu, qui avait visité l'Angleterre et y entretenait des relations d'affaires et d'amitié. « Si l'on me demande, dit-il, quels préjugés ont les Anglais, en « vérité je ne saurais dire lequel, ni la guerre, ni la naissance, « ni les dignités, ni les hommes à bonnes fortunes, ni les délices « de la faveur des ministres; ils veulent que les hommes soient « hommes; ils n'estiment que deux choses : la richesse et le mé- « rite. » (*Pensées diverses.*)

sur plusieurs points essentiels que je signalerai
dans le cours de cet ouvrage (54, X et XXII),
l'Angleterre s'écarte des meilleures traditions européennes. L'étude de ce pays n'est donc pas complétement fructueuse pour l'observateur qui n'y
peut séjourner longtemps, ou qui n'y est point
servi par de vieilles relations.

Les États-Unis de l'Amérique du Nord constituent les plus brillants essaims des sociétés européennes : je regrette donc que l'étendue de ma
tâche ne m'ait pas laissé le temps d'appliquer à
ce pays mon plan d'études. Disposant, comme
mes lecteurs, des informations publiées par quelques écrivains que j'aurai souvent l'occasion de
citer, j'ai en outre recherché, autant que possible, la société des Américains éminents. Ce
sont surtout leurs entretiens qui m'ont fait entrevoir les principaux vices de nos institutions civiles, de celles notamment qui touchent à la condition des femmes et au système de transmission
des biens.

Les peuples allemands m'ont présenté d'excellents modèles, surtout en ce qui concerne la religion, le travail (35, n. 1), l'enseignement et les
autres détails de la vie privée. J'aurais désiré que
le cadre de cet ouvrage me permît de mettre plus
complétement en relief les traits spéciaux à leurs
nombreuses provinces.

Les États scandinaves m'ont offert, sur une

grande échelle, la meilleure organisation de la
famille ; et j'ai compris, dans le cours de mes
études, l'influence utile que leurs anciens émigrants ont dû exercer sur les nations de l'Europe
occidentale.

La Russie et les États slaves du Centre et de
l'Orient fournissent peu d'exemples que l'Europe
doive imiter aujourd'hui ; mais, en conservant
intactes la famille patriarcale et la commune rurale (65, VI), leurs populations peuvent nous
rendre l'intelligence des institutions sociales du
moyen âge (6, III à V) ; elles nous donnent aussi
une vue plus nette sur celles qui conviennent au
temps présent.

Les races établies dans les hautes montagnes
qui s'étendent, au midi de l'Europe, des Balkans
aux Pyrénées, ont été pour moi la source des enseignements les plus précieux. Ces régions de la
Turquie, de la Grèce, de l'Autriche, de la Suisse,
de l'Italie et de l'Espagne, offrent des modèles
admirables touchant l'énergie des croyances, la
frugalité des mœurs, le respect du pouvoir paternel, la fermeté de l'éducation domestique, et
surtout l'étendue des libertés locales. Ces modèles
seront consultés avec fruit lorsque, réagissant
contre des entraînements irréfléchis, nous apercevrons enfin l'abîme creusé dans les plaines et
sur les rivages de l'Occident, par les abus de la
richesse et les excès du régime manufacturier.

La France est probablement, entre les nations prépondérantes de l'Europe, celle où l'on trouve le plus d'erreurs et de préjugés. C'est aussi l'une de celles où les institutions des temps de prospérité ont été le plus faussées par les abus de l'ancien régime et par les imprudentes nouveautés de la révolution. Cependant elle présente encore aux étrangers d'utiles leçons : elle a gardé d'excellents restes de ses anciennes mœurs et elle a donné, de nos jours, des exemples qui l'honorent. La sociabilité de ses habitants lui assigne, en outre, un rôle éminent dans cette œuvre d'enseignement mutuel. Le premier contact d'un Français avec un compatriote ou avec un étranger est presque toujours bienveillant et sympathique. Les Français font aisément vibrer les sentiments nobles avec l'amour de l'humanité. Dans cette disposition d'esprit, ils échangent leurs idées sans arrière-pensée d'égoïsme. Lorsqu'on rencontre dans notre pays un homme chez lequel ces aptitudes se joignent à celles que donne le maniement des affaires, on trouve dans sa conversation des trésors d'expérience et de méditation. Je dois à la libéralité qui règne dans nos échanges d'idées les plus utiles éléments de cet ouvrage. Cette propension généreuse et charmante, si elle peut se maintenir malgré les révolutions et les discordes civiles, assurera toujours à notre race une certaine supériorité dans la culture de la science sociale [2].

III. En cherchant les classes de personnes le plus propres à contrôler les résultats déduits de l'observation, je crus d'abord devoir me tenir en garde contre celles qui subordonnent habituellement leurs pensées aux convictions religieuses. Je craignais que des croyances très-exclusives de leur nature, ne fussent incompatibles avec l'exacte appréciation des faits et l'impartialité des conclusions. L'expérience a promptement modifié cette première impression. J'ai assurément observé beaucoup d'hommes dont la foi est entachée par

[2] Le système des annexions territoriales opérées par la force, malgré la volonté des peuples, est le grand fléau de l'Occident. Pratiqué, contre l'inclination naturelle de notre race, par la dictature militaire de Napoléon Ier, ce système n'a pas été répudié par les gouvernements de la sainte-alliance ; il vient d'être appliqué en 1871, avec une cruauté réfléchie et avec l'approbation apparente des races germaniques. Ce nouveau scandale confirme ce que j'ai dit de la plus éminente qualité de l'esprit français. Libre enfin de revenir à ses propres instincts et à ses meilleures traditions, la France restaurera, par son exemple, la pratique et la doctrine du droit des gens. Elle flétrira les annexions qui ne sont point fondées sur l'entente pacifique de tous les intéressés ; elle renoncera même aux revendications les plus justes qui accroîtraient, pour l'Occident, le danger des grandes catastrophes. (*L'Organisation de la famille,* Avertissement.) La France reprendra ainsi son ascendant par les moyens qu'employèrent saint Louis et Henri IV. Elle trouvera dans le retour à telle vertu ou à telle vérité, la force que ne lui donnerait pas la conquête armée des provinces qu'elle a perdues. Au contraire, la France consommera sa ruine et préparera celle de l'Occident, si elle se flatte de réparer ses fautes en devançant ses ambitieux voisins dans les voies de la paix armée. (Note de 1872.)

des erreurs de jugement et par l'esprit d'intolérance (62, II). Je connais, d'un autre côté, quelques personnes étrangères aux pratiques. religieuses, qui possèdent un jugement sain, et se
dévouent au bonheur de leurs semblables aussi
naturellement que d'autres s'abandonnent au mal
et à l'égoïsme. Mais, en général, j'ai obtenu peu
de secours des sceptiques ; car leurs actions et
leurs pensées prennent rarement pour but le
bonheur de leurs semblables. L'intelligence de
la science sociale procède du cœur encore plus
que de l'esprit ; et je ne l'ai guère rencontrée
que chez ceux qui, tout en maintenant une juste
démarcation entre les dogmes et les lois civiles, croient que l'existence de l'homme continue au delà de la présente vie, et que notre
future destinée dépend surtout de l'amour que
nous accordons à nos semblables.

J'ai rarement trouvé auprès des clergés européens des opinions complétement justes sur les
questions sociales. Sans doute la pratique du ministère ecclésiastique révèle à ceux qui s'y vouent
la plupart des conditions de l'ordre moral et matériel ; et il y a, sous ce rapport, plus de science
réelle chez un simple prêtre de village que chez
beaucoup de libres penseurs. Cependant l'habitude du prosélytisme, l'un des principaux devoirs
de tous les clergés, fausse parfois leur esprit. Les
clercs sont, en général, peu disposés à reconnaître

l'infériorité des populations attachées à leur culte, et encore moins à l'expliquer par l'insuffisance intellectuelle ou morale des autorités religieuses (14, I). L'orgueil et l'égoïsme, domptés chez les individus chargés du ministère ecclesiastique, reprennent souvent leur empire dans la sphère des intérêts collectifs de leur corporation. Enfin la connexion trop intime qui persiste presque partout entre la religion et l'État (14, II), exerce une influence fâcheuse sur la plupart des clergés. Elle les entraine à juger diversement les mêmes questions, selon qu'elles concernent des orthodoxes ou des dissidents. En résumé, j'ai surtout obtenu, dans les divers États européens, des jugements solides et concordants chez les laïques qui, tout en puisant leur force dans l'esprit religieux, étaient préservés de ses exagérations par la modération de leurs sentiments, par le respect de la liberté d'autrui et, il faut le dire aussi, par les devoirs de la profession et le gouvernement de la famille.

Les gens mariés sont plus aptes que les célibataires[3] à résoudre les questions sociales; car les intérêts du foyer domestique occuperont toujours le premier rang dans une société bien orga-

---

[3] « J'ai toujours pensé que l'honnête homme qui se marie et élève « une famille nombreuse est plus utile à l'humanité que celui qui, « restant célibataire, se borne à discourir sur la population. » (Goldsmith, *le Vicaire de Wakefield.*)

nisée. Cependant l'intelligence de ces intérêts n'est complète que chez les peuples tenant la fécondité en honneur; or j'ai le regret de constater qu'elle manque généralement en France, où le partage forcé des biens provoque la stérilité systématique des mariages, et pervertit sous ce rapport l'opinion publique (26, X). Une saine pratique des lois de la famille écarte ces dangereuses erreurs; et j'ai toujours trouvé une grande rectitude d'idées chez les pères qui ont élevé de nombreux enfants à la richesse, par le travail et la vertu.

J'ai souvent rencontré le dévouement, l'un des premiers principes sociaux, chez les populations vouées aux travaux manuels. Cependant la pratique des préceptes s'y développe peu, faute de culture et d'occasion. Elle n'est guère plus répandue dans cette partie des classes moyennes où le sentiment de l'intérêt public est étouffé par la préoccupation du gain. Elle manque complétement chez les riches oisifs qui ne voient dans la fortune qu'un moyen de satisfaire leurs passions. La connaissance du vrai et l'amour des réformes existent surtout chez ceux qui se livrent au travail sans en attendre les premières nécessités de la vie; chez ceux qui se chargent du bien-être de leurs subordonnés, de l'assistance des pauvres et du soin des intérêts publics; chez ceux enfin qui pensent que la possession d'avantages dus à la

naissance et à la richesse doit être contre-balan-
cée par un surcroît d'obligations volontaires envers ceux qui sont privés de ces biens [4].

Les personnes adonnées aux professions libérales ne m'ont point fourni le concours que j'en
attendais au début de mes études. Ce n'est qu'a-
près beaucoup de mécomptes éprouvés auprès des
célébrités européennes, que j'ai réussi à comprendre comment ce manque d'aptitude pouvait
s'allier à une supériorité réelle. Une telle impuissance n'a rien qui doive nous étonner chez les
artistes et les savants dont la spécialité touche
peu aux intérêts usuels des sociétés. Elle est d'a-
bord inexplicable chez les lettrés et les légistes,
qui ont, pour ainsi dire, en dépôt les monuments
écrits de la science sociale et qui, d'après le préjugé dominant, ont trop souvent reçu chez nous
le soin de la cultiver. Ceux qui se rendent célèbres dans les lettres et le droit sont très-aptes à
découvrir et à mettre en lumière une vérité : ils
excellent à l'exprimer avec art ; et, sous ce rapport, ils ont une force incomparable de propagande. Mais cette intuition supérieure de certaines questions se joint presque toujours à
l'ignorance de toutes les autres ; et ces qualités

---

4 La Bible loue cette classe de riches autant qu'elle blâme les
autres. (S. Matth., XIX, 24.) On y lit : « Heureux le riche qui a
« été trouvé sans tache, qui n'a point couru après l'or, et qui n'a
« point mis son espérance dans l'argent ni dans les trésors. »
(*Ecclésiastique*, XXXI, 8.)

restent stériles, quand il faut arriver à une vérité complète ou à une conclusion pratique. Cependant beaucoup de lettrés et de légistes ont été
des hommes d'État éminents. Toutefois, dans la
plupart des cas ils ont dù cette supériorité moins
à l'étude des lettres et du droit, qu'à la conduite
de grands intérêts privés et surtout à l'administra-
tration de grandes propriétés rurales[5].

C'est, en effet, dans les entreprises de l'agri-

[5] L'éclat qu'ont jeté en France, au XVᵉ et au XVIᵉ siècle, tant
de magistrats illustres, me paraît dù surtout à leur situation de
propriétaires fonciers, gérant personnellement de grands établissements ruraux.

Montesquieu, connu surtout comme historien et comme philosophe, était aussi agriculteur praticien et négociant habile. En
lisant attentivement ses écrits, on s'aperçoit qu'il a échappé à
plusieurs erreurs de son temps en s'aidant de l'expérience qu'il
avait acquise dans l'administration de sa terre de la Brède et dans
la vente de ses vins. Je signalerai, à ce sujet, les passages suivants :

« Je n'ai pas laissé, je crois, d'augmenter mon bien : j'ai fait
« de grandes améliorations à mes terres... — Je n'ai pas aimé à
« faire ma fortune par le moyen de la cour; j'ai songé à la faire
« en faisant valoir mes terres, et à tenir toute ma fortune de la
« main des dieux. — Je crains bien que si la guerre continue, je
« ne sois forcé d'aller planter des choux à la Brède. Notre com-
« merce de Guienne sera bientôt aux abois : nos vins nous reste-
« ront sur les bras, et vous savez que c'est toute notre richesse. —
« J'ai reçu d'Angleterre la réponse pour le vin que vous m'avez
« fait envoyer à milord Eliban ; il a été trouvé extrêmement bon.
« On me demande une commission pour quinze tonneaux, ce qui
« fera que je serai en état de finir ma maison rustique. Le succès
« que mon livre (l'Esprit des loix) a eu dans ce pays-là contribue,
« à ce qu'il paraît, au succès de mon vin. — Vous êtes chanoine
« de Tournay, et moi je fais des prairies. J'aurais besoin de 50 livres
« de trèfle de Flandre que l'on pourrait m'envoyer par Dunkerque
« à Bordeaux. Je vous prie donc de charger quelqu'un de vos
« amis de cette commission, et je vous payerai comme un gentil-

culture, de l'industrie et du commerce que j'ai trouvé partout la meilleure école de la science sociale ; mais cet enseignement ne donne tous ses fruits que lorsque le sens moral se développe avec l'intelligence et la richesse. L'homme d'État n'acquiert toute sa grandeur que si l'intérêt personnel ne détruit pas chez lui la noblesse des idées et la générosité des sentiments.

Le haut commerce et la grande industrie, qui se fondent sur une multitude de combinaisons délicates, sont à ce point de vue pour l'humanité d'admirables moyens de culture intellectuelle ; car une erreur de jugement sur l'un des détails entraîne presque toujours la ruine de l'opération tout entière. Le manufacturier ou le négociant qui ont parcouru avec éclat leur carrière sont très-aptes à discerner le vrai au milieu de l'apparente confusion des faits sociaux. Mieux que les autres, ils peuvent donc propager les saines pratiques d'économie sociale, lorsque leur intérêt ne les porte pas à les combattre ou à s'en réserver la connaissance exclusive.

Les grands propriétaires résidant sur leurs terres, dévoués à tous les intérêts locaux et entourés de serviteurs groupés par les liens de l'affec-

« homme, ou, pour mieux dire, comme un marchand ; et quand « vous viendrez à la Brède, vous verrez votre trèfle dans toute « sa gloire. Considérez que mes prés sont de votre création : ce « sont des enfants à qui vous devez continuer l'éducation. » (*Pensées diverses* et *Lettres familières*.)

tion, acquièrent la même sagacité avec un esprit plus dégagé de sentiments égoïstes. Au point de vue du classement social, l'agriculture se place donc au premier rang des professions. Cette supériorité apparaîtra souvent (34, I) dans les comparaisons que j'établirai entre les institutions des divers pays; car c'est dans la vie rurale que l'intérêt particulier de chacun s'identifie le mieux avec l'intérêt général de la nation.

IV. En résumé, je me suis efforcé d'accroître par un bon choix de personnes l'efficacité des moyens d'action. J'ai d'abord observé en Europe les diverses formes de la vie privée et de la vie publique pour me mettre en mesure de poser dans leurs véritables termes les questions sociales. J'ai cherché ensuite à me renseigner sur les opinions que professent à cet égard les hommes les plus compétents de notre époque. Je me suis ainsi aidé du concours d'un millier de personnes choisies à peu près en nombre égal, soit en France, soit dans les pays étrangers. Plusieurs m'ont donné plus que des opinions et des conseils, et ont bien voulu s'employer, selon le plan de ma méthode, à l'observation des faits dans le voisinage de leurs établissements. Quelques amis[6] ont pris à ces travaux une part encore plus directe,

6 *Les Ouvriers européens.* Les noms de mes collaborateurs ont toujours été cités en tête des monographies.

en m'accompagnant dans des voyages lointains,
en discutant contradictoirement sur les lieux les
conclusions qui blessaient le plus les idées répandues dans notre pays, enfin en entreprenant
eux-mêmes des voyages en diverses contrées. Pour
recueillir les matériaux de cet ouvrage, j'ai donc
observé par la méthode de Bacon, de Descartes
et des naturalistes; j'ai conclu par le raisonnement en m'aidant de la méthode des gouvernements représentatifs et des tribunaux.

V. Pendant dix ans, je ne considérai ces études
que comme une annexe de mes travaux métal-
lurgiques; et il ne me vint pas à la pensée qu'elles
pussent avoir d'autre résultat que de servir à
mon instruction. Peu à peu, cependant, je commençai à apercevoir les vices de notre organisation sociale; et ces impressions se firent jour dans
plusieurs mémoires d'économie commerciale qui
me furent demandés par mes chefs. Ceux-ci re-
çurent d'abord avec quelque étonnement des informations qui réfutaient des erreurs généralement acceptées dans l'Occident; mais bientôt ils
accueillirent avec un intérêt soutenu cette partie
de mes travaux. A partir de ce moment, ils me
montrèrent une bienveillance que les gouvernants
issus des révolutions accordent rarement, chez
nous, à un collaborateur qui vient opposer des
faits à leurs idées préconçues. Ils me pressèrent

de donner plus de temps à ce genre d'études ; et ils m'en fournirent les moyens avec une sollicitude qui a duré aussi longtemps que leur présence aux affaires[7].

Les événements de février 1848 éclatèrent pendant que j'étais engagé dans ce travail. Ils ne me surprirent pas ; car ils se présentaient comme la conséquence des erreurs et des vices dont, mes amis et moi, nous faisions depuis quinze ans l'inventaire méthodique. Cependant cette triste démonstration vint corroborer les conclusions que semblait contredire la sécurité dans laquelle se complaisaient nos classes dirigeantes.

En voyant l'effroi de nos familles, les flots de sang que la guerre civile fit couler pendant trois journées, et le découragement de ceux qui jusque-là croyaient suivre « la voie du progrès », je pensai qu'il pouvait être utile d'expliquer pourquoi cette voie me paraissait conduire à la décadence. En changeant ainsi la direction de mes travaux, je ne faisais d'ailleurs que suivre l'exemple donné par des hommes éminents[8] qui se dé-

---

[7] Je suis heureux de saisir cette nouvelle occasion d'offrir un témoignage de reconnaissance à la mémoire de M. Martin (du Nord), ministre, et de M. Legrand, sous-secrétaire d'État des travaux publics, sous la monarchie de 1830. ══ [8] « Puisque la « société française est arrivée à cet état de perturbation morale « que les idées les plus naturelles, les plus évidentes, les « plus universellement reconnues sont mises en doute, auda- « cieusement niées, qu'il nous soit permis de les démontrer, « comme si elles en avaient besoin... Tandis que, nous repo-

vouèrent alors à enseigner méthodiquement les
vérités les plus simples, que semblait oublier un
peuple en délire.

Mon ouvrage ne put être achevé qu'en 1854.
Le calme était alors rétabli dans la rue ; et ceux
qui naguère croyaient tout perdu se montraient
de nouveau convaincus qu'il n'y avait plus rien à
craindre. L'insouciance qui avait amené la dernière catastrophe reprenait le dessus. Semblables
à ces peuples établis sur des volcans, qui recon-
struisent sans cesse leurs demeures sur la lave
refroidie, les Français reprenaient leur labeur de

« sant sur l'évidence de certaines propositions, nous laissions le
« monde aller de soi, nous l'avons trouvé miné par une fausse
« science, et il faut, si on ne veut pas que la société périsse,
« prouver ce que, par respect pour la conscience humaine, on
« n'aurait jamais autrefois entrepris de démontrer... Oui, raffer-
« missons les conventions ébranlées en cherchant à nous rendre
« compte des principes les plus élémentaires... Si dans ce que
« j'écris je cède à un sentiment personnel, c'est, je l'avoue, à l'in-
« dignation profonde que m'inspirent des doctrines filles de l'igno-
« rance, de l'erreur et de la mauvaise ambition, de celle qui veut
« s'élever en détruisant au lieu de s'élever en édifiant. » (A. Thiers,
de la Propriété, avant-propos); 1 vol. in-8°; Paris, 1848.

J'entends journellement des hommes d'État exprimer les mêmes
opinions sur les erreurs au milieu desquelles nous vivons. On ne
saurait donc trop regretter qu'ils ne les expriment publiquement
que lorsque, ayant perdu le pouvoir, ils sont moins en situation
de travailler à la réforme. (Note de 1864.)

En 1848, M. Thiers, tombé du pouvoir, convenait que les idées
antisociales étaient nées sous son gouvernement de 18 ans. En 1871,
il s'est retrouvé, avec un pouvoir absolu, en présence des mêmes
erreurs ; mais, pendant deux ans, il n'a pas reproduit un mot de
ses critiques de 1848. J'ai donc eu le droit, en février 1873 (Voir
l'*Union de la paix sociale*, n° 4), de convertir en blâme mon regret
de 1864. (Note de 1873.)

chaque jour, sans songer davantage au feu sou-
terrain. La découverte des chemins de fer, l'une
des plus fécondes que l'humanité ait faites dans
l'ordre matériel, venait à cette époque produire
ses résultats; et elle donnait aux fortunes privées
un accroissement qui exaltait les esprits. Je compris que l'opinion se montrerait défavorable à
l'auteur qui troublerait cette quiétude. Je me dé-
terminai donc à scinder mon ouvrage en deux
parties. Dans une première publication[9], je me
bornai à décrire la méthode d'observation que
j'avais suivie et à présenter quelques-unes des
applications que j'en avais faites aux principales
régions de l'Europe. Je ne donnai qu'incidem-
ment, sous le titre d'*Appendice* et en termes sommaires, certaines conclusions pratiques que j'en
avais déduites. Enfin, pour ne pas trop choquer
l'opinion par cette critique indirecte de notre organisation sociale, je me décidai à faire une édition de luxe : je réglai le format, l'impression et
le tirage en vue d'un public peu nombreux.

Mais, depuis cette époque, j'ai vu beaucoup de
personnes adhérer aux conclusions dont la publication avait été différée. Des collaborateurs
nouveaux sont venus les confirmer par leurs observations[10]. Enfin les lecteurs de mon premier

---

[9] *Les Ouvriers européens*, 1 vol. in-fol.; Paris, 1855. (Voir document A.) == [10] *Les Ouvriers des deux Mondes*, 4 vol. in-8°; Paris,
1857-1863. (Voir document B.)

livre me pressent journellement de publier les
vérités sociales sous une forme moins scientifique. Ils demandent surtout que le nouvel ouvrage, en raison de son prix et de son format,
puisse être admis dans toutes les bibliothèques.

La France, à la vérité, continue à jouir d'une
prospérité matérielle et d'une prépondérance politique que depuis longtemps elle ne connaissait
plus ; mais les esprits clairvoyants ne se font point
illusion sur la cause de cette grandeur, et ne la
considèrent pas comme une conséquence de nos
institutions sociales. Les erreurs qui depuis 1789
ont amené dix révolutions, continuent à miner
sourdement le corps social ; et si, grâce à un retour partiel vers les principes d'ordre, elles agissent moins sur les classes dirigeantes, elles
sévissent au sein des populations ouvrières avec
un redoublement d'intensité.

Le luxe insensé qui se développe depuis 1852,
vient tarir peu à peu dans les familles la veine de
prospérité ouverte par la création des chemins de
fer. Il introduit en outre dans l'ordre moral des
éléments de désorganisation analogues à ceux qui
se produisirent, il y a trois siècles, en Espagne,
lors de la découverte de l'Amérique.

Dans l'état de calme apparent et de trouble réel
où se trouve notre pays, il semble opportun de
recommencer les efforts déjà faits en 1848 par
beaucoup d'hommes de bien. En présence des

ruines accumulées par tant de révolutions, tout
bon citoyen a le devoir d'apporter sa pierre à
l'œuvre de reconstruction : j'ai pensé que le moment était venu de placer la mienne.

Éloigné par les habitudes de ma vie et par la
spécialité de mes travaux de toute connexion
systématique avec les partis qui divisent si malheureusement notre pays, je signale en toute
liberté les erreurs et les préjugés que je crois
rencontrer chez chacun d'eux. Je n'hésite pas à
indiquer ce qui semble être vrai dans les principes qu'ils veulent faire prévaloir. Visant surtout à dire la vérité sous sa forme la plus
simple, j'écarte à dessein les précautions ora-
toires auxquelles il faudrait recourir pour ne
point choquer les opinions qui s'accréditent à tort
depuis la date funeste de 1661 [1].

Je ne me dissimule point les répulsions auxquelles s'expose un auteur qui va ainsi droit au
but dans une société divisée par les discordes
civiles ; je sais aussi combien il est difficile d'é-
branler les convictions que les partis politiques
s'appliquent à conserver. J'ai confiance toutefois
dans la force de la vérité et dans les épreuves
salutaires qui frappent les peuples livrés à l'erreur. Je compte sur le concours des hommes de
bien qui cherchent la vérité dans la voie où je

[1] *L'Organisation du travail*, § 17. — *L'Union de la paix sociale*,
nos 2, 4 et 5. (Note de 1873.)

suis engagé. Je fonde quelque espoir sur ces amis
inconnus qu'un livre inspiré par une pensée de
bien public va trouver là où l'auteur n'aurait pu
les découvrir. Je me confie au patriotisme qui
avait été fixé dans notre race par dix siècles d'efforts intellectuels et moraux. J'aime à croire
surtout que ce sentiment se maintient dans les
cœurs malgré les haines sociales et politiques.
Je me persuade enfin qu'il nous portera bientôt
à réagir sur nous-mêmes pour rester au moins
à la hauteur de nos rivaux.

VI. Il ne suffit pas, dans les sciences d'observation, d'employer une bonne méthode, il faut encore bien s'en servir; et, dans l'état actuel de la
science sociale, les lecteurs ne s'intéressent guère
qu'aux résultats pratiques. Or on peut mal observer et surtout mal conclure, sous l'influence
des préjugés ou de l'ignorance; et j'ai souvent
donné contre ces écueils dans les quinze premières années de mes études. Mais j'en ai été
aussitôt averti par la critique des autorités que
j'ai prises pour arbitres. Je me suis efforcé de
rectifier peu à peu mes erreurs en multipliant
les observations; et je ne présente dans cet ouvrage que les principes et les moyens de réforme
qui, me paraissant découler des faits, ont reçu
en France et à l'étranger l'approbation de beaucoup d'hommes compétents.

En me proposant de fonder la science sociale sur la pratique des peuples placés au premier rang par l'opinion, je ne me rattache point aux tristes doctrines qui subordonnent la justice au succès, ou la raison à la force. Je tiens, au contraire, pour condamnée *a priori* toute conclusion qui ne serait pas conforme aux indications de la raison et de la justice. Et c'est précisément pour obtenir ce contrôle que je me suis sans cesse adonné à la recherche des vraies autorités sociales.

Assurément je n'exclus point, en principe, le procédé de démonstration qui s'appuie sur la raison pure [12] guidée elle-même par la notion de justice. Loin de là, je reconnais que ceux qui arriveraient au vrai par cette voie donneraient par cela même une preuve évidente de supériorité. Mais, en fait, je m'éloigne de plus en plus de ce procédé. Les lettrés qui l'appliquent en France, depuis 1789, à la réforme sociale ont toujours échoué. Loin de ramener parmi nous le bien-être et la paix, ils ont donné des développements nouveaux au malaise et à l'antagonisme. Je n'ai pas

---

[12] Je constate cependant que ceux qui prétendent enseigner le vrai par ce procédé y restent généralement peu fidèles. En lisant attentivement leurs écrits, on voit bientôt qu'ils ne se bornent pas à raisonner sur les principes qu'ils ont d'abord établis comme axiomes, mais qu'ils tirent, en outre, une multitude d'inductions de faits mal observés. Trop souvent aussi, quand ces faits et ces axiomes eux-mêmes n'appuient plus certaines conclusions, ils font appel aux préjugés et aux passions de leurs contemporains. C'est là qu'est le danger social de cette fausse science.

été plus heureux en cherchant, dans les pays étrangers, les personnes qui sont parvenues à la célébrité par diverses cultures spéciales de la raison. Leur science me restera suspecte tant qu'elle ne produira, en matière de pratique sociale, que des résultats discordants.

Au contraire, les autorités définies plus haut m'ont fourni sur ce point des enseignements qui concordent toujours entre eux. Elles ont, en général, peu de confiance dans les lettrés qui se présentent au public comme les interprètes de la raison et de la justice. S'inspirant du bon sens et de l'expérience, suivant le procédé presque infaillible qui consiste à juger les doctrines par leurs résultats, elles voient le bien dans ce qui rapproche les hommes et le mal dans ce qui les sépare. Elles condamnent donc ces prétendus principes qu'enfante l'imagination. Elles redoutent ces propagandes qui suscitent toujours des discussions stériles, entretiennent les divisions des partis politiques et compromettent ainsi l'avenir de la patrie [13].

Les gens de bien qui veulent remédier à un état de corruption et de décadence pourront toujours demander les sûrs moyens de réforme à la méthode d'observation (53, n. 3 et 4). Ils trouve-

---

[13] « Tout royaume divisé contre soi-même sera réduit en désert ; et toute ville ou maison divisée contre soi-même ne subsistera point. » (S. Matth., XII, 25.)

ront le criterium du bien chez les sociétés dont
les diverses classes, unies par une affection mutuelle, désirent toutes le maintien de la paix publique. Le spectacle de l'ordre moral et de la
prospérité qui en émane dissipera promptement,
chez l'observateur dévoué de bonne foi à la recherche du vrai, les erreurs au milieu desquelles
il a vécu.

Les nations, les provinces et les établissements
qu'il faut prendre pour modèles sont généralement désignés par l'opinion publique. Chacun de
mes lecteurs découvrira donc aisément, comme
je l'ai fait moi-même, les bons exemples décrits
dans cet ouvrage touchant la religion, la propriété,
la famille, le travail, l'association, les rapports
privés et le gouvernement.

VII. Malgré leurs erreurs et leurs préjugés, les
Européens de l'Occident ne méconnaissent guère
les peuples qui fournissent les meilleurs exemples.
Ils accordent cette prééminence à ceux qui, selon
la phraséologie consacrée, sont libres et prospères. Je crois donc opportun de préciser la signi-
fication qui est généralement attribuée à ces deux
mots ou aux équivalents qu'on leur donne dans
les divers langages.

Les peuples libres ont deux avantages distincts.
Ils jouissent, en premier lieu, de la liberté politique, et, en conséquence, ils ne confèrent qu'en

partie aux fonctionnaires de profession la direction des affaires publiques; ils confient le surplus
de cette direction aux simples citoyens, tout en
leur laissant le loisir de vaquer à leurs affaires
privées. Ils possèdent, en second lieu, la liberté
civile, en vertu de laquelle ils soustraient, autant
que possible, les familles à la contrainte provenant de l'immixtion des pouvoirs publics dans la
vie privée. Ces libertés ne sont pas toujours écrites
dans les chartes constitutionnelles : elles vivent,
pour ainsi dire, dans le cœur de chacun, sous la
garantie de coutumes séculaires (52, III). Partout
où elles existent réellement, elles se manifestent
non par de stériles dissertations, mais par la sécurité inviolable des personnes et par la libre possession des biens, droits absolus, tant qu'ils ne
blessent pas les intérêts généraux dûment constatés par les citoyens eux-mêmes.

En résumé, les peuples les plus prospères sont
ceux qui, maintenant avec fermeté la paix publique et l'indépendance de leur territoire, offrent
la plus grande somme de vertu, de talent et de
richesse.

VIII. Cependant on peut se tromper dans le
choix des peuples à imiter, car ces trois éléments
de la prospérité sont rarement réunis. Quand
les deux derniers, qui frappent surtout les yeux,
se répandent beaucoup, le premier commence à

faire défaut. La vertu amène progressivement le talent et la richesse; mais ces deux avantages si enviés engendrent plus sûrement encore l'orgueil et l'oisiveté avec les désordres qui en émanent. La souffrance et l'erreur se substituent, de proche en proche, aux vrais éléments de prospérité qu'avait créés la vertu. Elles désorganisent la société en propageant dans toutes les classes cet inévitable besoin de nouveauté qu'on nomme si improprement « le progrès ». Chez les peuples engagés dans cette voie, la liberté disparaît à son tour; car la paix sociale, qui est le premier des intérêts généraux, ne peut plus être assurée que par la dure répression des autorités publiques.

Ainsi la loi morale est le vrai principe d'une bonne constitution sociale, en sorte qu'en faisant allusion aux bons exemples je pourrais me borner à mentionner la vertu. Toutefois, pour être compris, dès le début de cet ouvrage, j'ai dû tenir compte de la préoccupation de mes contemporains; et j'ai signalé surtout la liberté, le talent et la richesse. Mais, à mesure que j'avance dans mon exposé, je modifie les formules. Et si, dans l'esprit de mes allusions je me réfère toujours aux mêmes exemples de vertu, dans mon texte au contraire je remplace peu à peu l'expression : « les peuples libres et prospères » par celle-ci : « les peuples modèles ». Cette dernière, qui eût été d'abord trop vague, devient plus exacte que la première, pour ceux qui connaissent les faits décrits dans les premières parties de cet ouvrage.

IX. On s'égare encore plus, dans les allusions aux meilleurs exemples, lorsqu'on attribue aux modernes une supériorité absolue sur les anciens. Les novateurs les plus dangereux de notre temps sont ceux qui adoptent l'erreur réfutée ci-dessus (3, II) et qui, en conséquence, prétendent améliorer nos institutions sans avoir égard au passé.

Cette opinion singulière, sans cesse déçue par l'expérience, est un sujet d'étonnement pour les divers peuples, les Anglais par exemple, qui, ayant été souvent plus prospères que les Français, les devancent, depuis deux siècles, dans la voie des libertés civiles et politiques. Selon eux, le fondement de ces libertés et la cause première de l'ascendant des Européens se trouvent dans des coutumes qui ne sont, à vrai dire, que la pratique de la loi morale. A leur point de vue, ces coutumes, amendées par la loi écrite, selon les besoins du jour, restent la meilleure règle des nations civilisées. Les hommes d'État qui, chez ces peuples, ont provoqué les principales réformes politiques et économiques de notre temps, tiennent à affirmer en toute occasion leur respect pour la tradition nationale. Exagérant parfois leur pensée pour la mieux inculquer dans l'esprit des populations, ils déclarent que, dans cet ordre de faits comme dans l'ordre moral, les plus vieux principes sont les meilleurs.

Les nations modernes, en effet, restent en présence du problème déjà résolu par les grandes nations de l'antiquité : elles doivent fonder sur la vertu l'harmonie de toutes les classes. Les mêmes principes continuent à s'appliquer aux mêmes besoins : les procédés seuls varient selon les temps ; et encore n'y vois-je guère d'autre contraste essentiel que l'interdiction absolue ou une certaine tolérance du mal.

X. Le contraste que l'on a en vue, dans les allusions aux peuples anciens ou modernes, libres ou esclaves, ne se trouve pas essentiellement dans la situation que ces mots expriment[14]. Il

[14] Plus j'avance dans mes recherches, plus je m'assure qu'il n'existe, en bien ou en mal, aucune différence tranchée entre les anciens et les modernes. En ce qui touche l'ordre moral, je vois même des analogies plutôt que des contrastes. Aujourd'hui, comme dans l'antiquité, les plus célèbres nations abusent de leur prospérité et de leur puissance pour se détruire elles-mêmes et pour opprimer les peuples voisins. Quant aux petites nations patriarcales, et notamment aux races pastorales de la grande steppe asiatique, elles restent, depuis les premiers âges, la vraie patrie de la vertu. Homère et Strabon s'accordent, avec les écrivains du moyen âge et les voyageurs modernes, pour confirmer sur ce point mes propres observations :

« Jupiter tourna ses yeux étincelants sur la terre des cavaliers
« thraces, des Mysiens, terribles dans la mêlée, et des fiers Hip-
« pémolges, qui se nourrissent de lait, pauvres, mais les plus
« justes des hommes. » (Homère, *Iliade*, xiii, 3-6.)

réside, à vrai dire, dans les moyens qui ont été choisis, aux diverses époques, pour assurer le règne du bien.

Chez les anciens que critiquent les allusions habituelles, les gouvernements imposaient aux individus, même dans la vie privée, l'observation de la loi morale. C'est ainsi, par exemple, que les officiers publics ont été souvent chargés de contraindre les citoyens à pratiquer le culte officiel ; et tel est encore le cas dans l'empire russe. Au contraire, chez les modernes que louent ces mêmes allusions, les gouvernements laissent de plus en plus à la conscience de chacun le choix entre le bien et le mal. Ils s'abstiennent souvent de réprimer le mal chez les coupables : ils le tolèrent même, par principe, pourvu qu'il

« Ils habitent au cœur même de l'Asie de riches campagnes « fertiles en blé ; mais leur vraie patrie est le lointain désert où « errent les nomades, ces hommes vertueux et justes. » (Chœritus, cité par Strabon. Liv. VII, ch. III, 9.)

« Ces bons Mongols ont l'âme essentiellement religieuse ; la « vie future les occupe sans cesse, les choses d'ici-bas ne sont « rien à leurs yeux ; aussi vivent-ils dans ce monde comme n'y « vivant pas. » (L'abbé Huc, *Voyage en Tartarie*, 2 vol. in-8° ; Paris, 1853, t. Ier, p. 48.)

En résumé, dans les allusions aux contrastes de l'histoire, il faut être fort réservé dans l'emploi des expressions *ancien régime* et *nouveau régime*. Quand il s'agit d'opposer le bien au mal, il est plus précis de citer les races qu'on a en vue. Quant il s'agit d'opposer la liberté à la contrainte, il est plus exact d'employer, comme je le fais dans mes derniers écrits, les expressions *coaction paternelle* et *coaction gouvernementale*, ou bien encore *coaction spirituelle* et *coaction matérielle*. (Note de 1873.)

3*

n'en résulte ni dommage pour autrui, ni trouble pour la paix publique.

Il ne suffit pas évidemment de tolérer le mal pour établir le règne du bien. En ce moment, par exemple, les libertés scandaleuses accordées au commerce des spiritueux répandent parmi nos populations ouvrières une dégradation dont notre race était préservée autrefois par les sages contraintes qui sont encore en vigueur dans les pays les plus libres. Sous les régimes de tolérance, les sociétés ne prospèrent qu'à une condition : c'est que les particuliers exercent sur eux-mêmes la répression qu'abandonnent les gouvernants. Les peuples qui sont à la fois prospères et tolérants ne restent indifférents ni à la récompense du bien, ni à la punition du mal. Ils se dévouent, au contraire, à ce double devoir avec un surcroît de sollicitude. Quand ils ont à organiser par leurs votes les magistratures locales et les grandes fonctions publiques, ils ont soin de choisir les bons et de repousser les méchants. Parfois même ils excluent ces derniers de tout commerce et de toute alliance avec la partie respectable de la nation. Les individus, les familles, les associations et les communions religieuses, agissant à titre privé, se chargent, en résumé, de la tâche que les fonctionnaires publics remplissaient sous le régime de contrainte, avec moins de discernement ou d'efficacité, toujours avec danger d'oppression ou d'injustice. Sous ce rapport, il existe une intime connexion entre la tolérance et les libertés civiles et politiques ; et c'est pourquoi celles-ci, sans être une nouveauté, sont, en général, plus complètes aujourd'hui qu'elles ne l'étaient autrefois.

La tolérance n'a jamais fait défaut à l'humanité, même aux époques les plus reculées. Quelques hommes supérieurs en ont toujours conservé la tradition. L'une des histoires les plus utiles serait celle qui rappellerait les meilleurs exemples de tolérance. Je nomme ainsi les pratiques spéciales des gens de bien qui, ayant le pouvoir de convertir les égarés par la force, ont mieux aimé agir sur eux par le seul ascendant de leur vertu [15].

Ce sont les maux engendrés par les guerres religieuses et par la corruption des clergés dominants qui ont conduit les modernes à introduire la tolérance dans les rapports sociaux d'où les

[15] D'admirables écrits de saint Salvien, prêtre de Marseille, et de saint Hilaire, évêque de Poitiers, prouvent que, avant l'époque où l'Église fut liée à l'État, le clergé des Gaules conservait les principes de tolérance proclamés par Jésus-Christ et prêchés par saint Pierre et saint Paul. (Act., x, xxxiv, xxxv ; — Rom., xiv.)

Mgr l'évêque d'Orléans, en décrivant, le 16 novembre 1862, la belle vie de saint Martin, évêque de Tours, a montré que, vers la fin du ive siècle, les âmes élevées n'avaient pas encore adopté les habitudes d'intolérance cruelle propagées par l'union de l'Église et de l'Empire. Ce grand homme naquit vers l'époque où Constantin, en décrétant cette union, infusait aux âmes chrétiennes l'esprit persécuteur de l'antiquité ; mais il eut la vertu de résister à cette contagion. Il condamna hautement des évêques espagnols qui, à peine échappés aux fers des païens, étaient venus à Trèves pour y demander le sang de Priscillien et de ses disciples.

anciens l'ont surtout repoussée. Cette évolution
n'a pas toujours amené le bien; mais elle a souvent maintenu la paix. Elle a été accomplie par
les efforts successifs des peuples de l'Occident :
par les républicains des Pays-Bas, par les fondateurs de la dynastie des Bourbons (9, VII), par
les Allemands alliés aux Suédois et aux Français
pendant la guerre de Trente ans, enfin par les
Américains du Nord et les Anglais.

Depuis le règne de Louis XIV, les Français ont
peu servi la cause de la tolérance [16]. La révolution,
à dater de 1791 (9, VIII), ne l'a nullement propagée.
Loin de là, en employant la Terreur comme moyen
d'action et en constituant définitivement la bureaucratie (63, IV), elle a enchéri sur le régime antérieur : elle a inoculé à l'esprit français l'intolérance que nous reprochent justement nos émules
(62, VI). Nous touchons évidemment à l'époque
où la révolution pourra être jugée en France avec
impartialité. Nous nous apercevrons alors qu'elle
se rattache, par son esprit et par ses tendances,

[16] Nos écrivains du XVIIIe siècle n'ont guère blâmé que les
entraves opposées au développement de leurs propres idées. Ils
comprenaient peu l'esprit de tolérance qui distinguait déjà plusieurs États voisins. Voltaire, établi en Suisse, ne craignit pas de
réclamer les rigueurs de l'autorité contre un écrivain avec lequel
il était en lutte. M. de Haller, dont il demandait l'appui, lui représenta justement combien il était peu séant qu'un homme au
faîte de l'influence et de la fortune songeât à combattre un faible
adversaire, en dehors des moyens fournis par la loi. (Lettre du
17 février 1759.)

à l'ancien régime plus qu'au nouveau [17]. Nous nous expliquerons aussi comment l'opinion européenne refuse à cet événement l'honneur, souvent revendiqué chez nous, de représenter par excellence l'esprit moderne. Nous comprendrons enfin pourquoi nos voisins ont cessé de s'inspirer de nos idées, comme ils l'ont fait pendant le siècle qui a suivi l'époque de Descartes.

Les promoteurs de la révolution de 1789, d'après l'exemple des légistes ou des écrivains de la renaissance et du XVIIIe siècle, ont souvent fait servir leur prosélytisme intolérant à la destruction des traditions nationales. Ce sont eux surtout qui ont déversé sur la Coutume ce mépris qui nous égare, en nous éloignant de la liberté civile et politique dont la source principale, en France comme en Angleterre, se trouve dans le passé. Voyant la nation fatiguée du désordre, et voulant empêcher les abus de revenir avec les hommes du gouvernement déchu, ils ont faussé l'histoire et jeté sur l'ensemble de notre ancien régime un discrédit qui ne devait être infligé qu'à la corruption du siècle précédent. Ces sortes de fraudes ont pu être conseillées par les difficultés du temps; elles n'auraient désormais ni prétexte ni excuse.

[17] Cette prévision se réalise. Les plus célèbres écrivains de la nouvelle génération littéraire condamnent de plus en plus la révolution. Leur thèse est le contre-pied de celle qui, en 1830, faisait la fortune d'un lettré. Voir l'*Organisation du travail*, document N, et l'*Union de la paix sociale*, no 4, § 20, note 2. (Note de 1873.)

XI. En résumé, il ne faut point donner par la pensée un sens trop absolu aux diverses qualités qui distinguent les races citées comme exemples. Les peuples qui possèdent la liberté, le talent et la richesse, ceux qui offrent les avantages matériels que n'ont point connus les anciens, ceux enfin qui se montrent les plus tolérants ne sont pas, par cela seulement, supérieurs aux autres. Il faut, en outre, qu'ils concilient ces qualités et ces avantages avec la pratique de la loi morale. C'est dire, en d'autres termes, que la supériorité des vrais modèles réside dans la vertu.

Telles sont les considérations préliminaires qu'il m'a semblé utile de soumettre aux hommes de bonne foi. Je les oppose aux lettrés qui, en se fondant sur des idées préconçues érigées en axiomes, seraient disposés à condamner sans examen l'étude méthodique des faits sociaux, et à rejeter les résultats qu'en déduit la raison.

Quant à ces prétendus axiomes, je ne crois pas devoir y insister plus longuement. J'ose espérer que la réfutation en sera complétée par le simple exposé des faits qui font l'objet des sept Livres suivants.

LIVRE PREMIER

LA RELIGION

> Ne soyez donc point soucieux, disant :
> Que mangerons-nous, ou que boirons-nous ?
> mais cherchez premièrement le royaume de
> Dieu et sa justice, et toutes ces choses vous
> seront données par surcroît.
>
> (Saint Matthieu, vi, 31 et 33.)

SOMMAIRE

DU LIVRE PREMIER

LA RELIGION

CHAPITRE 9

LA RELIGION A TOUJOURS ÉTÉ LE PREMIER FONDEMENT DES SO-
CIÉTÉS; LE SCEPTICISME N'EST JUSTIFIÉ NI PAR LA SCIENCE, NI
PAR L'HISTOIRE, NI PAR LA PRATIQUE ACTUELLE DES PEUPLES
MODÈLES.

I. L'étude méthodique des sociétés européennes
m'a appris que le bonheur individuel et la prospérité publique y sont en proportion de l'énergie
et de la pureté des convictions religieuses. Je ne
crains pas d'affirmer que tout observateur qui
recommencera cette étude selon les règles de la
méthode, c'est-à-dire avec un esprit dégagé de
toute idée préconçue, sera conduit, par l'évidence des faits, à la même conclusion.

Les enquêtes sur le passé, faites avec le concours des historiens compétents, aboutissent
toutes à ce résultat. A tous les âges de l'histoire,
depuis les prospérités de l'ancienne Égypte jusqu'à celles de la Chrétienté, on a remarqué que

les peuples pénétrés des plus fermes croyances
en Dieu et en la vie future se sont toujours élevés
rapidement au-dessus des autres par la vertu et
le talent, comme par la puissance et la richesse[1].

II. Cependant, lorsque, après vingt-cinq ans
de recherches, j'ai voulu exposer les faits qui
m'ont imposé cette conclusion, je me suis trouvé
en présence de deux difficultés. Celles-ci n'existent que pour un écrivain français. Plus que tout
autre symptôme, elles m'ont éclairé sur la profondeur de notre décadence actuelle, et sur l'imminence des catastrophes que je signale en vain,
depuis 1848, au patriotisme de mes concitoyens.

La première difficulté vient du scepticisme qui,
depuis deux siècles, envahit de plus en plus notre
nation. La plupart des hommes, qui, en raison de
leur condition sociale ou de leurs talents, créent
en France l'opinion publique, ont rompu plus ou
moins ouvertement avec les croyances religieuses.
Les plus modérés sont indifférents; les plus violents sont hostiles. Beaucoup, parmi ces derniers,
propagent maintenant cette hostilité, avec toutes
les ardeurs du prosélytisme, au milieu des masses
populaires. L'opinion formée sous ces influences

---

[1] « Chose admirable! la religion chrétienne, qui ne semble
« avoir d'objet que la félicité de l'autre vie, fait encore notre
« bonheur dans celle-ci. » (MONTESQUIEU. *Esprit des loix*, liv. XXIV,
ch. II.)

est assurément égarée, mais elle domine notre société. Les célébrités qui la représentent, averties de mon dessein, m'ont déclaré que ma conclusion ne méritait pas l'honneur d'un examen ; car, dans leur opinion, elle est condamnée *a priori* par trois motifs qui ont la force de trois axiomes. J'ai dû en faire une première réfutation dans ce chapitre. Toutefois, comme la méthode reproduit sur ce point l'évidence dans toutes les parties de l'ouvrage, je me borne ici à démontrer que ces trois objections ne sauraient autoriser un esprit impartial à repousser sans examen les faits fournis par la méthode.

La seconde difficulté naît de la division intestine des catholiques qui forment l'immense majorité des croyants français. Cette division est celle que les intéressés formulent eux-mêmes en se classant sous les deux dénominations de *libéraux* et d'*ultramontains*. Cette forme d'antagonisme est spéciale à notre pays. Je n'en ai aperçu aucun indice, dans le cours de mes voyages, chez les catholiques romains des autres nations. La lutte des libéraux et des ultramontains est donc un mal français qui s'aggrave journellement comme nos autres plaies sociales. J'ai entendu blâmer unanimement ces ardeurs libérales et ultramontaines des Français par les laïques, les docteurs et les évêques des pays étrangers. Je me suis de plus assuré que ce même jugement a été souvent porté

par les prélats romains. Enfin j'entends dire par
des hommes bien informés que la cour de Rome
est souvent disposée à condamner également dans
les deux partis rivaux ces manifestations du zèle
religieux.

J'ai promptement constaté que mes concitoyens
appréciaient fort diversement les questions qui
font l'objet de mes études, celles qui, laissant les
dogmes dans une région supérieure, se rattachent aux intérêts usuels des sociétés. J'ai donc
été conduit à m'instruire auprès des catholiques
étrangers qui ont sur ces mêmes matières des
opinions concordantes. Suivant la méthode, je ne
me suis cru éclairé sur le présent et le passé que
quand j'ai pu m'associer à cette communauté
d'opinions. J'ai trouvé aisément à cette source les
vérités sociales; mais, en présence de l'antagonisme que je viens de signaler, je n'ai pas d'abord
réussi à les propager parmi mes concitoyens.
Les faits, les idées ou les mots, qui affermissent
l'union chez les catholiques des autres pays,
excitent souvent chez nous des discussions et des
méfiances. Averti par les écueils que j'ai rencontrés, je tiens compte de cette disposition des
esprits, en abordant les divers sujets de ce Livre.
Je clos d'ailleurs ce préambule par quelques déclarations qui pourront, en certains cas, épargner
au lecteur une fausse interprétation de ma pensée.
Mes jugements; à moins d'une indication con-

traire, s'adressent exclusivement aux défaillances des catholiques. Ils n'impliquent, dans ma pensée, quelle qu'en soit l'expression, aucun blâme indirect des principes de l'Église, que je laisse au-dessus de toute discussion. Les sujets que j'ai à traiter ne se lient même en rien à la pensée d'apprécier certaines règles de conduite qui divisent dans l'Occident les communions chrétiennes et, en France spécialement, ceux qui se disent libéraux ou ultramontains. Réservant aux théologiens le soin de juger la valeur relative des doctrines, je ne poursuis, dans ce Livre, que deux buts spéciaux. Je signale aux sceptiques l'erreur et la stérilité de leurs opinions. Je montre aux catholiques français que l'impuissance dont ils se plaignent est dans la faiblesse des hommes et non dans la force des choses; que, par leur union, ils auraient le pouvoir de restaurer les croyances religieuses, et, par suite, de préserver la patrie d'une ruine imminente. Ici d'ailleurs je n'ai qu'à reproduire les leçons que m'ont données les catholiques réduits dans leur patrie à l'état de dissidents. Nous ne retrouverons la force émanant du principe que si nous repoussons les vices qui ont déjà fait déchoir le Portugal, la Pologne, l'Espagne, l'Italie et l'Autriche. Pour sauver en nous la dernière grande nation catholique, nous devons reprendre les sentiments que saint Vincent de Paul inculquait à nos pères. Il nous faut dépasser de nouveau les dissidents et les sceptiques par le talent et la vertu.

III. Selon la première objection des sceptiques, les peuples modernes renonceraient à la pratique de leurs cultes. Ils obéiraient d'autant plus à cette tendance qu'ils sont plus prospères et plus puissants. On ferait donc déchoir notre pays en le ramenant dans la voie que les meilleurs abandonnent.

Les religions, dit-on en second lieu, ont pour bases des faits surnaturels contraires aux indications de l'expérience et de la raison. Elles sont donc condamnées par la science moderne, qui ne se perfectionne qu'en rejetant les doctrines conçues en dehors de l'observation des phénomènes. Voilà pourquoi les convictions religieuses ne se maintiennent qu'aux époques d'ignorance, et dans les sociétés qui ne jouissent pas encore des bienfaits de l'esprit d'examen.

Enfin, on croit confirmer ces deux objections en faisant appel à notre histoire. On se persuade que la perte de la foi coïncide chez nous, depuis plusieurs siècles, avec « les grands progrès de l'esprit humain ». On pense également que les perfectionnements de l'ordre moral et matériel, aux diverses époques de l'histoire, ont été d'autant plus marqués, que les peuples, ou tout au moins les classes dirigeantes ont mieux secoué le joug des idées religieuses.

IV. La première objection est réfutée par les faits mêmes que l'on croit pouvoir invoquer. Tous les peuples européens nous donnent, par leurs prospérités comme par leurs souffrances, les éléments de cette réfutation. Les apparences sur lesquelles se fonde l'objection ne résistent pas à un examen approfondi. Il est vrai que certaines nations, parvenues à un haut degré de puissance et de prospérité, se sont éloignées des pratiques religieuses. Tel est le cas que la France, en particulier, nous offre depuis la fin du xviie siècle. Mais ces nations n'ont pu longtemps se faire illusion sur la faute qu'elles commettaient. Peu à peu l'affaiblissement des aptitudes morales les plus nécessaires et l'apparition de plusieurs autres désordres sociaux leur ont appris qu'elles perdaient leur principal moyen d'harmonie et de bien-être. Quant aux peuples que l'opinion place de nos jours au premier rang, ils ne subissent point ces dures épreuves. Ils continuent à surpasser les autres par la délicatesse et l'énergie des croyances.

V. La seconde objection semble reposer sur des motifs scientifiques; mais, en fait, elle n'est ni présentée ni adoptée par de vrais savants.

Certains sceptiques font appel aux sciences physiques pour prouver que la raison et l'expérience démentent les rapports établis par la religion entre Dieu et l'humanité. Aujourd'hui ils ne vont guère droit au but, comme ils le faisaient plus volontiers au dernier siècle. Ils ne nient pas positivement l'existence de Dieu ; mais ils s'efforcent de faire disparaître, autant que possible, les traces de son action.

Ces faux savants prétendent émanciper l'esprit humain en enseignant que Dieu n'a pas été obligé de pourvoir à une création spéciale de l'homme et de la femme. Plus soucieux que ne l'avaient été les rédacteurs des livres saints de relever la majesté divine, ils se flattent d'en donner une idée plus haute, en présentant cette création comme la conséquence d'une loi générale qui aurait présidé au développement de tous les êtres organisés. L'espèce humaine serait, sans intervention directe de Dieu, le produit de cette loi, de même que le vent, la pluie, l'arc-en-ciel et le tonnerre sont la conséquence des propriétés générales de la chaleur, de la lumière et de l'électricité. Les sceptiques, élaborant à ce point de vue une histoire qu'ils croient être scientifique, se complaisent dans la conception d'un système qui fait sortir successivement tous les êtres organisés, et enfin l'homme lui-même, d'un premier germe rudimentaire de vie.

A ces tendances des sceptiques on peut, en se fondant sur l'expérience et la raison, opposer les considérations suivantes.

Les savants proprement dits, qui doivent leur renommée à l'étude des phénomènes physiques, déclarent qu'il ne leur appartient de remonter ni aux causes premières, ni à l'origine du monde matériel; ils ne voient dans ce genre de recherches que des jeux d'esprit. Ceux qui s'appuient sur la méthode et sur les travaux des vrais savants pour attaquer, sous ce rapport, l'autorité des livres saints, ne sont donc, à vrai dire, qu'une nouvelle classe de faux prophètes.

Les savants se dévouent presque exclusivement à la découverte et à l'observation des phénomènes. Les doctrines ne sont pour eux que des hypothèses provisoires reliant les faits observés. La religion, au contraire, révèle depuis les premiers âges ce que l'homme a besoin de connaître, bien que l'observation ne l'ait jamais enseigné. Ces doctrines, qu'on pourrait appeler immédiates, sont donc séparées de la religion par un abîme que les vrais savants n'ont point la prétention de franchir. Au contraire, ceux qui se plaisent à mettre en contradiction la religion et les sciences physiques, s'écartent de la méthode propre à ces dernières. Ils n'ont même pas pour eux l'autorité de la tradition que les législateurs religieux ont toujours invoquée. Au fond, leur effort consiste à substituer leurs opinions personnelles aux croyances qui, à défaut d'autres preuves, se justifieraient tout au moins par l'assentiment de nombreuses générations.

Les novateurs déclarent que leur raison est blessée par la Genèse, qui attribue à une succession d'interventions divines la création de la terre et de ses habitants. Cependant la géologie nous signale deux longues séries de siècles pendant lesquelles la terre a été dépourvue de tout être vivant, puis peuplée seulement de plantes et d'animaux. L'étude physique du globe nous met donc en présence de deux phénomènes surnaturels dont le premier aurait eu pour objet la création de la matière inorganique, et le second, celle du premier germe vivant. S'il a été digne de Dieu, après tant de siècles où la géologie ne découvre que des phénomènes purement minéraux, de déposer ce germe sur la terre, c'est-à-dire dans une fraction infiniment petite du monde matériel, pourquoi serait-il indigne de lui d'introduire, dans l'ensemble de la création, ces transformations incessantes dont nous voyons la trace en étudiant la terre et le monde céleste? La loi d'harmonie et de continuité que la raison attache à la Toute-Puissance, est même en opposition avec l'argument des sceptiques. L'esprit, dès qu'il aperçoit une seule intervention de Dieu, est impérieusement conduit à la pensée d'une intervention continue. C'est dans cette notion que se trouve l'un des points de départ de toutes les croyances religieuses. Il est donc vrai de dire que l'observation du monde physique dirige l'esprit vers la religion plutôt que vers le scepticisme.

D'ailleurs, alors même qu'on prouverait que le premier germe vivant s'est formé spontané-ment, que tous les êtres animés en sont issus et que l'homme physique dérive de l'animal, on n'aurait pas pour cela détruit la doctrine qui montre l'humanité comme une création spéciale de Dieu. Il n'en faudrait pas moins recourir à cette doctrine pour expliquer l'origine récente de la vie morale, qui, absente chez les animaux, confère à l'homme l'empire de la planète. C'est ce qu'oublient les sceptiques; et, pour les réfuter, il suffit de rappeler qu'ils ne tiennent point compte de cette force caractéristique de l'humanité.

Au surplus, les savants, adonnés à l'étude des sciences, qui s'égarent en intervenant dans les questions religieuses, reconnaîtront leur erreur s'ils veulent bien se reporter au premier principe de la méthode. Celle-ci n'est fructueuse que si l'observation s'applique spécialement aux phéno-mènes qu'il s'agit de classer et de juger. Pour devenir compétent en matière de religion, il ne suffit pas d'étudier les huîtres et les singes, il faut surtout se dévouer à l'étude des sociétés hu-maines. Pour être en droit de propager leur doc-trine, les sceptiques devraient d'abord démontrer que les peuples les plus estimés sont ceux qui s'é-loignent le plus des croyances religieuses : or, dans cette enquête, ils n'éprouveraient que des mécomptes. Les rares populations qui de nos jours restent étrangères au sentiment religieux sont tombées dans une barbarie abjecte[2], où l'on n'aperçoit même plus l'ordre que l'instinct produit chez les animaux. Au contraire, les peuples dont la supériorité est reconnue par l'opinion publique, sont également ceux chez lesquels la religion est le plus honorée. Dans cette voie, en un mot, on constaterait les résultats que je signale plus loin; et on arriverait aux conclusions que j'en ai moi-même déduites. On n'est donc pas fondé à affirmer que les croyances religieuses sont en contradiction avec la science, et qu'elles se conservent seulement parmi les populations inférieures.

On se trompe également en soutenant qu'une prétendue loi de progrès substitue, dans l'ordre moral, la raison à la foi, comme dans l'industrie manufacturière, elle remplace de plus en plus par les machines le travail des bras. Cette comparaison se retourne évidemment contre la thèse des sceptiques. On doit sans doute admirer le discernement

---

[2] Une nouvelle secte de sceptiques, éclose dans les universités allemandes, ne s'arrête pas devant cette difficulté. Elle la franchit hardiment en nous offrant comme modèles les races dégradées. Elle se flatte d'avoir découvert que ces races sont étrangères à la notion de Dieu. Dans l'*Organisation du travail*, § 39, j'ai relevé les aberrations que contient à ce sujet le livre de M. L. Büchner. (Note de 1872.)

avec lequel les intérêts matériels, malgré quelques hésitations, choisissent à la longue les meilleurs moyens d'action ; mais les intérêts moraux ne sont pas moins clairvoyants. Depuis l'origine de la vie sociale on leur offre le scepticisme ; et, après certaines déviations momentanées, ils ont toujours opté pour la religion.

Toutefois il est digne de remarque que le scepticisme, toujours condamné aux temps d'épreuve, reprenne faveur aux temps de prospérité ; qu'un vieil outil, si souvent mis au rebut, soit périodiquement repris avec prédilection par les classes dirigeantes. Tel est pourtant le phénomène que présente, depuis le règne de Louis XIV, la société française. De nos jours, de Maistre, Balmès et d'autres défenseurs de la religion attribuent le retour périodique du fléau au démon, qui développe à son gré les germes malfaisants que recèle l'humanité (14, n. 1). Mais saint Bernard et Bossuet donnent à ce sujet une explication plus profonde (14, n. 2). Ils enseignent que l'erreur, émanant des individualités perverses, ne devient contagieuse que dans le cas où les classes dirigeantes et le clergé ont préalablement donné le mauvais exemple. Cet enseignement, justifié par l'histoire des trois derniers siècles, n'est point, chez nous, assez familier a beaucoup de catholiques zélés. Je crois donc utile d'indiquer à ce sujet quelques vérités que chacun peut lui-même puiser aux bonnes sources. Ces vérités réfuteront en même temps la troisième objection de sceptiques.

VI. La crise religieuse qui commença au XVIᵉ siècle n'eut pas, comme on l'a dit souvent, pour objet principal la restauration de l'esprit d'examen. On ne voit pas du moins que la controverse religieuse ait eu, dans l'époque actuelle de schisme, la fécondité qui distingue l'époque d'unité des dix premiers siècles. Le motif pour une partie des protestants, le prétexte pour les autres, fut la corruption qui avait depuis longtemps envahi les autorités ecclésiastiques. Les clercs employèrent alors, pour la défense de leurs satisfactions temporelles, l'énergie que leurs prédécesseurs consacraient exclusivement à l'établissement de l'ordre spirituel. Ils provoquèrent ainsi dans le christianisme un déchirement (14, II) dont le contre-coup se fit sentir dans l'ordre politique, lié alors d'une manière si intime à l'ordre religieux. Par un concours de circonstances qui caractérise ces tristes époques, la scission survint au moment où la corruption, importée en France par les derniers Valois et leurs Italiens, désolait le monde laïque non moins que le clergé.

Sous l'influence de ces longs désordres dont la Ligue fut le dernier épisode, les conditions habituelles de l'harmonie sociale, les mœurs privées et le patriotisme firent tout à coup défaut. La religion, qui doit tendre surtout à rapprocher les hommes, devint à cette triste époque le principal moyen de les diviser. Des croyants fougueux, perdant à la fois le sentiment chrétien et l'intelligence de leurs devoirs civils, ne craignirent pas de ruiner leur pays en servant les intrigues de l'étranger. En 1589, lors de l'assassinat de Henri III, la France dévastée par la guerre civile, dégradée par la corruption venue de l'Italie, avait à la fois perdu le bien-être matériel et le sens moral.

La religion ne s'impose point seulement aux peuples par la grâce divine, la foi et la tradition : elle doit, en outre, se fonder sur le caractère élevé de ses ministres, et sur les avantages moraux et matériels dont jouissent les fidèles. Les scandales donnés par les deux partis rivaux révoltèrent les hommes sincèrement dévoués à la patrie. Ils firent bientôt naître le doute chez ceux dont la foi religieuse ne reposait pas sur la force de l'esprit ou du cœur. Ce fut alors que Charron, dans son célèbre livre *De la Sagesse,* publié en 1601, exprima la pensée que les classes dirigeantes doivent repousser pour elles-mêmes la doctrine religieuse, en la conservant comme un frein nécessaire pour leurs subordonnés.

VII. Henri IV eut la gloire de guérir ces plaies sociales et d'imprimer aux esprits une autre direction[3]. Ce prince groupa tout d'abord autour de lui les catholiques[4] et les protestants[5] que recommandaient leur foi et leurs talents; puis il promulgua, en 1598, dans l'édit de Nantes, la première charte qui ait toléré, dans un grand État européen, l'existence d'églises dissidentes. Son secret pour restaurer l'influence de la religion consista donc à partager son autorité entre les gens de bien des deux croyances, tout en prévenant les écarts de leur zèle. Telle fut l'origine d'une admirable réforme qui triompha peu à peu de la corruption du régime antérieur; et il est bien digne de remarque que cette époque de libre discussion et de contact intime avec les dissidents fut aussi favorable au catholicisme que l'ère antérieure d'intolérance lui avait été funeste. C'est alors que brillèrent Duvair, du Perron, François de Sales, Jeanne de Chantal, Olier, Vincent de Paul, Pascal, Nicole, Antoine, Arnault, Mlle de Melun, l'abbé de Rancé, Bossuet et Fénelon. Leurs vertus et leurs talents donnèrent à l'Église de France un éclat qu'elle ne connaissait plus depuis le temps d'Albert le Grand et de saint

---

3 Heureuse la France si Henri IV eût également échappé, sous d'autres rapports, à la corruption des Valois; s'il n'eût, en affichant dans sa cour les désordres de sa vie privée, autorisé les scandales encore plus odieux donnés par Louis XIV, le Régent et Louis XV! ═ 4 D'Ossat, Duvair, Villeroy, Cheverny, Jeannin, Pasquier, de Harlay, de Thou, Crillon, etc. — ═ 5 Sully, du Plessis-Mornay, la Force, d'Aubigné, Hurault du Fay, Lanoue, etc.

Thomas d'Aquin. La grandeur et la foi des deux époques s'expliquent surtout par les vertus et les travaux des luttes pacifiques de l'Église; la décadence et le scepticisme de l'époque inter-médiaire, par la corruption des catholiques et la cruauté des guerres de religion.

Vers le milieu du XVIIe siècle, aucun écrivain éminent ne soutenait plus la thèse de Charron. Tout en accueillant avec faveur l'esprit de controverse dans la religion et l'esprit d'innovation dans les arts, la brillante société de ce temps blâmait sévèrement les rares individualités qui continuaient la tradition du scepticisme. Sous cette influence, qui se résume si bien dans les noms de Descartes et de Bossuet, la France perfectionna son idiome, produisit ses principaux chefs-d'œuvre littéraires, développa sa supériorité dans les sciences, la politique et la guerre, commença l'établissement des manufactures, du commerce et des colonies; acquit les frontières qui la séparent de la confédération allemande[6]; fonda sur l'harmonie des classes dirigeantes d'admirables rapports sociaux, et fit adopter à l'Europe, dominée par un juste sentiment d'admiration, sa langue, ses idées et ses mœurs[7].

VIII. Cette ère de grandeur ouverte par l'ému-

---

[6] Écrit en 1864. === [7] Voir l'*Organisation du travail*, § 16. (Note de 1873.)

lation pacifique des catholiques et des protestants[8], prit fin avec le retour de l'intolérance religieuse. Louis XIV, qui dut ses succès aux forces morales accumulées par ses deux prédécesseurs et aux grandes intelligences que leurs règnes réparateurs avaient fait surgir, ne tarda pas à dissiper ce précieux héritage. Il ébranla l'édifice social en enlevant la noblesse à la vie rurale, et il pervertit les classes supérieures en érigeant, pour ainsi dire, en institution publique les scandales de sa vie privée. Les aspirations vers les grandes choses s'appuyèrent, chez Louis XIV, sur l'orgueil et l'égoïsme[9], non,

---

[8] Dans les éditions précédentes, j'avais nommé *liberté de conscience* ce régime dans lequel les protestants pouvaient enfin pratiquer leur culte, sans danger pour leur vie ou leurs biens. Informé que cette expression blessait certaines susceptibilités, et me conformant au besoin de conciliation indiqué ci-dessus, j'ai adopté une nouvelle locution qui exprime simplement un fait et qui rend ma pensée plus clairement. J'ai fait de même dans d'autres passages qu'il serait superflu de signaler. (Note de 1872.)

[9] L'influence immorale et antichrétienne que Louis XIV a exercée sur son siècle apparait dans chacun des détails de l'histoire du temps; je cite, entre mille, le trait suivant : « Le roi « lui demanda qui il menoit en Espagne. M. le duc d'Orléans lui « nomma parmi eux Fontpertuis. Comment, mon neveu, reprit « le roi avec émotion, le fils de cette folle qui a couru M. Arnault « partout, un janséniste ! Je ne veux pas de cela avec vous. Ma « foi, Sire, lui répondit M. le duc d'Orléans, je ne sais point ce « qu'a fait la mère; mais pour le fils être janséniste ! il ne croit « pas à Dieu. Est-il possible, reprit le roi, et m'en assurez-vous ? « Si cela est, il n'y a pas de mal; vous pouvez le mener. L'après- « dinée même, M. le duc d'Orléans me le conta en pâmant de « rire; et voilà jusqu'où le roi avoit été conduit de ne trouver « point de comparaison entre n'avoir point de religion et le pré-

comme chez Henri IV, sur l'amour du peuple. Ces tendances devinrent plus marquées à mesure que la mort moissonnait les grands hommes formés sous les règnes précédents. Elles conduisirent enfin Louis XIV, au moment où Colbert mourait dans le découragement, à révoquer l'édit de Nantes (1685), et à tarir ainsi une des sources de la prospérité matérielle et de l'ascendant moral du pays. La destruction du frein salutaire que le contact des protestants opposait aux dé-

« férer à être janséniste, ou ce qu'on lui donnoit pour tel. » (*Mémoires du duc de Saint-Simon*, t. V, p. 349; Paris, 1856, in-8º.)

A ce premier trait qui peint l'homme, j'en ajouterai un second qui caractérise la tyrannie de son administration et l'immoralité de ses agents : « La nécessité des affaires avoit fait embrasser « toutes sortes de moyens pour avoir de l'argent. Les traitants en « profitèrent pour attenter à tout, et les parlements n'étoient « plus en état, depuis longtemps, d'oser même faire des remon- « trances. On établit donc un impôt sur les baptêmes et sur les « mariages, sans aucun respect pour la religion et pour les sacre- « ments, et sans aucune considération pour ce qui est le plus « indispensable et le plus fréquent dans la société civile. Cet édit « fut extrêmement onéreux et odieux. Les suites, et promptes, « produisirent une étrange confusion. Les pauvres et beaucoup « d'autres petites gens baptisoient eux-mêmes leurs enfants sous « la porte de l'église, et se marièrent sous la cheminée par le « consentement réciproque devant témoins, lorsqu'ils ne trou- « voient point de prêtre qui voulût les marier chez eux et sans « formalité. Par là, plus d'extraits baptistaires, plus de certitude « des baptêmes, par conséquent des naissances, plus d'état pour « les enfants de ces sortes de mariages qui pût être assuré. On « redoubla donc de rigueurs et de recherches contre des abus si « préjudiciables, c'est-à-dire qu'on redoubla de soins, d'inquisi- « tion et de dureté pour faire payer l'impôt. (*Mémoires du duc de Saint-Simon*, t. V, p. 360.)

faillances des catholiques ramena bientôt chez
ces derniers le relâchement des intelligences,
puis la perte de la foi. Les mœurs, affaiblies depuis 1661 par les exemples de la cour, restèrent
dès lors sans soutien. Le luxe fit pénétrer la corruption dans toutes les familles de la noblesse,
de la magistrature et de la riche bourgeoisie. Les
propriétaires fonciers, vivant à la cour, laissè-
rent l'antagonisme social envahir leurs domaines.
Ils perdirent le sentiment de la solidarité qui unissait leurs ancêtres aux populations, et ils ruinèrent
l'agriculture pour toute la durée du XVIII⁰ siècle.
Enfin, de cette corruption générale surgirent les
règnes honteux du Régent et de Louis XV.

La France se vit ainsi placée sous les fatales
influences qui avaient successivement détruit la
supériorité intellectuelle et morale dont l'Italie et
l'Espagne avaient joui autrefois sans partage. La
décadence eut la même origine que chez les deux
autres races latines. Les gouvernants et les clercs
se concertèrent naturellement pour empêcher la
critique de leurs vices; puis, de proche en proche, le système de contrainte vint empêcher les
applications les plus légitimes de l'esprit d'examen. Toutefois ce régime n'eut pas les mêmes
conséquences qu'en Italie et en Espagne. Il n'é-
touffa pas aussi complétement les intelligences.
Celles-ci montrèrent même sur certains points
beaucoup d'activité; mais elles prirent une di-

rection d'abord fausse, puis décidément funeste.

Nos lettrés du xviiie siècle conservèrent en partie à la langue française l'ascendant que lui avaient donné les grands écrivains du siècle précédent. Ils s'inspirèrent d'abord des admirables traditions locales que n'avaient pas encore violées les intendants de la monarchie absolue. Ils étudièrent avec fruit les causes de la supériorité qu'acquérait l'Angleterre, depuis que Louis XIV en avait tari la source dans notre pays. Mais ces utiles enseignements furent perdus et négligés à mesure qu'on s'éloignait de la grande époque. Les lettrés ne furent pas libres de critiquer les gouvernants et les clercs devenus infidèles aux principes que la constitution plaçait sous leur garde. Ne pouvant s'attaquer aux hommes, ils combattirent les institutions et les principes sur lesquels reposaient tous les pouvoirs traditionnels. Sous cette inspiration ils se plongèrent dans les erreurs les plus dangereuses. L'affaiblissement de la notion du vrai est manifeste chez tous les lettrés du xviiie siècle. Quant à la marche vers le faux et vers les idées subversives, elle est clairement accusée par la succession des ouvrages philosophiques de Montesquieu (1721-1748), de Voltaire (1735-1778), et de J.-J. Rousseau (1750-1778).

Comme je l'ai indiqué ci-dessus (8, n. 5), Montesquieu trouva dans ses traditions de famille, dans ses travaux agricoles et dans ses entreprises commerciales le moyen d'échapper aux plus redoutables erreurs de son temps.

Voltaire réagit avec succès contre l'usage des châtiments cruels qui ne blessaient pas notre brillante société du siècle précédent. Plus encore que Diderot, d'Alembert et les autres encyclopédistes, il fut un auxiliaire pour l'empire de notre langue [10]. Il montra souvent la tendance éminemment chrétienne qui subordonne les préoccupations nationales trop étroites aux intérêts généraux de l'humanité. Enfin il représenta avec chaleur cette ancienne vertu de notre race qui fait accepter avec bonne grâce ou indulgence les idées et les usages des étrangers. La correspondance des grands écrivains de cette époque prouve qu'en cédant à ce sentiment, ils réussirent à faire de la France le centre du travail scientifique et littéraire de l'Europe [11]. Cet amour désintéressé de

[10] « Je bâtis un théâtre, je fais jouer la comédie partout où je « me trouve, à Berlin, à Postdam. C'est une chose plaisante d'a- « voir trouvé un prince et une princesse de Prusse, tous deux de « la taille de Mlle Gaussin, déclamant sans accent et avec beau- « coup de grâce... Je me trouve ici en France. On ne parle que « notre langue. L'allemand est pour les soldats et les chevaux... « — La langue que l'on parle le moins à la cour, c'est l'allemand. « Je n'en ai pas encore entendu prononcer un mot. Notre langue « et nos belles-lettres ont fait plus de conquêtes que Charlemagne.» (*Lettres de Voltaire*, Berlin, 24 auguste et 24 octobre 1750.) ═
[11] Voir la correspondance de Voltaire avec Frédéric II, roi de Prusse ; Catherine II, impératrice de Russie ; Charles-Théodore, électeur palatin ; Frédéric-Guillaume, margrave de Bayreuth ;

l'humanité est une des grandes vertus sociales.
Je ne crois pas m'abuser en constatant que, mal-

Wilhelmine, sœur de Frédéric II, femme du précédent; Stanislas,
roi de Pologne et duc de Lorraine; Élisabeth, princesse d'Anhalt-
Zerbst; Caroline, margrave de Bade-Dourlach, etc.

Voltaire, s'adressant le 9 mars 1747 à Frédéric II, et exprimant
le regret qu'il ne vînt pas visiter la France, écrivait : « Vous
« auriez vu l'effet que produit un mérite unique sur un peuple
« sensible; vous auriez senti toute la douceur d'être chéri d'une
« nation qui, avec tous ses défauts, est peut-être dans l'univers
« la seule dispensatrice de la gloire. Les Anglais ne louent que
« des Anglais; les Italiens ne sont rien ; les Espagnols n'ont plus
« guère de héros... Vous savez, Sire, que je n'ai pas de préven-
« tion pour ma patrie; mais j'ose assurer qu'elle est la seule qui
« élève des monuments à la gloire des grands hommes qui ne
« sont pas nés dans son sein. »

Frédéric II, ainsi que l'indique sa correspondance, a consacré
une partie considérable de ses loisirs à se rendre notre langue
familière. Il a réussi dans ce dessein ; et parfois même, dans les
poésies légères dont Voltaire offrait alors le modèle, il a égalé le
maître qu'il s'était donné. Il a écrit ses ouvrages en français, et il
donne en ces termes, dans une de ses préfaces, la raison de ce
choix : « Quoique j'aie prévu, écrit-il, les difficultés qu'il y a pour
« un Allemand d'écrire dans une langue étrangère, je me suis
« pourtant déterminé en faveur du français, à cause que c'est la
« plus polie et la plus répandue en Europe, et qu'elle parait en
« quelque façon fixée par les bons auteurs du règne de Louis XIV.
« Après tout, il n'est pas plus étrange qu'un Allemand écrive de
« nos jours le français qu'il ne l'était du temps de Cicéron qu'un
« Romain écrivit le grec. » Je doute qu'un souverain étranger
soit maintenant porté à suivre cet exemple; je crois surtout qu'il
ne pourrait le faire sans froisser l'opinion de ses sujets.

Pendant les premières années de mes voyages, j'ai connu, dans
toutes les contrées de l'Europe, une multitude de vieillards de la
classe dirigeante, dont la première éducation avait eu pour base,
avant 1789, l'étude de notre langue. Ils en faisaient habituellement usage à leur foyer, parfois à l'exclusion de la langue nationale, avec une perfection qui décelait la lecture assidue de nos
bons auteurs, et qui indiquait tout d'abord que le français était
vraiment pour eux la langue maternelle. Cet état de choses a pris

gré la rupture provoquée par notre révolution
dans les rapports internationaux, la France s'inspire encore de ce sentiment honorable plus que
toute autre nation. Je vois dans cette tradition
des deux derniers siècles une des indications les
plus sûres de l'ascendant moral qui sera rendu
à notre pays, dès que nous ferons notre devoir,
en reprenant les grandes traditions de nos aïeux.

D'un autre côté, Voltaire, avec les lettrés contemporains dont il résume les tendances, prit
tout d'abord le change sur le but et les moyens
de la réforme qu'il fallait accomplir. Pour ramener la liberté religieuse, il crut devoir détruire les croyances. Pour rétablir la tolérance,
il fit appel au scepticisme. Enfin, pour remédier

fin sous l'influence des haines nationales fomentées par la révolution et le premier empire; l'éducation des classes dirigeantes
actuelles a été exclusivement fondée depuis lors sur la langue du
pays; le français n'y a figuré que comme étude accessoire; et trop
souvent cette connaissance n'est entretenue qu'avec le concours
de la plus déplorable littérature contemporaine. Pour garantir
leur foyer du danger de ces lectures, les chefs de famille commencent même, en Russie, en Suède, en Allemagne, à diriger
exclusivement vers l'anglais les études de leurs enfants!

La société européenne ne saurait se passer du bienfait de
l'unité de langue qui lui a été acquis deux fois: au moyen âge
et au XVIIIe siècle. Plus que jamais les classes dirigeantes tendent
à se créer un langage commun. Toutes les sympathies conver-
geraient de nouveau vers la langue française, si nos gouvernements employaient désormais leur influence à conserver la paix
en Europe; si surtout nos écrivains, reprenant les traditions du
XVIIe siècle, s'inspiraient plus habituellement de la raison et de
la vertu.

aux abus émanant de la corruption des clercs, il s'appliqua sans relâche à ruiner, dans sa source même, l'influence du clergé.

J.-J. Rousseau vint à son tour donner une impulsion nouvelle à l'erreur et communiquer un caractère plus dangereux à la propagande des encyclopédistes. Par ses sophismes exposés avec art et couronnés par une académie, il inculqua aux esprits la négation du vice originel [12] et le mépris du principe le plus essentiel à la famille [13]. Il sema ainsi les deux erreurs dont les conséquences logiques devaient bientôt ouvrir l'ère des révolutions, et provoquer une décadence qui s'aggravera jusqu'à ce que la notion du vrai soit restaurée dans notre race [14].

Au milieu de ces tendances diverses, les lettrés du XVIIIᵉ siècle, et à leur tête les maîtres que je viens de citer, se reconnaissent tous à un caractère commun : la perte du sens moral. Comme les gouvernants qu'ils combattaient, ils cédèrent

---

12 Voir ci-dessus, ch. 2, n. 2. ═══ 13 « L'homme est né libre, « et partout il est dans les fers... La plus ancienne de toutes les « sociétés est la famille : encore les enfants ne restent-ils liés au « père qu'aussi longtemps qu'ils ont besoin de lui pour se con- « server. Sitôt que ce besoin cesse, le lien naturel se dissout. « Les enfants, exempts de l'obéissance qu'ils devaient au père ; « le père, exempt des soins qu'il devait aux enfants, rentrent tous « également dans l'indépendance. » (J.-J. ROUSSEAU, *du Contrat social*, ch. I et II.) ═══ 14 Ces deux erreurs furent propagées en même temps que le scepticisme importé d'Angleterre par Boling-broke, dans les salons parisiens, au moment où les Anglais allaient revenir aux croyances, sous le règne réparateur de George III.

au courant de la corruption générale [15], sans s'a-
percevoir que cette corruption était la vraie cause
du désordre social qu'ils prétendaient réformer.
Égarés, en outre, par la direction trop exclusive
que l'histoire, la science et l'art imprimaient aux
esprits, ils ne surent ni revenir par patriotisme à
la tradition nationale, ni remonter par l'expérience aux vrais principes. De ce que les classes
dirigeantes avaient oublié les devoirs de la religion et de la famille, ils crurent pouvoir conclure
que ces deux institutions devaient être suppri-
mées ou amoindries dans le nouvel ordre de
choses qu'ils voulurent inventer de toutes pièces.
Ils attribuèrent à la pratique des principes éternels de l'ordre social le mal qui provenait, au
contraire, de l'oubli dans lequel ces principes
étaient tombés; erreur profonde, contre laquelle
protestent tous les enseignements de l'histoire,
et dont les conséquences pèsent encore sur nous!
Ils se trompèrent aussi en s'exagérant l'importance d'un mal secondaire, c'est-à-dire des avantages spéciaux accordés à certaines classes, en
échange de devoirs qu'elles ne remplissaient
plus. L'ancienne société a été condamnée par la

---

[15] On prendra une idée du désordre dans lequel tombaient les
esprits les plus éminents, en lisant la correspondance de Montesquieu avec son ami l'abbé Guasco, qu'il avait choisi comme
confesseur de sa fille. On peut consulter, entre autres, les lettres
XXII, XXIX, XXXI, XXXII, etc. (MONTESQUIEU, Œuvres complètes,
2 vol. in-12; Paris, 1802.)

Providence, non parce qu'il existait des classes privilégiées, mais parce que celles-ci, frappées de dégradation morale, s'étaient rendues indignes de leur situation. La prospérité des peuples s'est, en effet, fondée souvent sur des régimes de privilége, jamais sur de mauvaises mœurs.

Au lieu de reprendre la mission qu'auraient dû accomplir les encyclopédistes, les auteurs de la révolution ne firent que continuer leurs erreurs; mais le résultat démontra une fois de plus l'impuissance du scepticisme. La réforme des abus de l'ancien régime, et spécialement celle de l'organisation financière, offrait assurément, dans la voie des améliorations sociales, de nombreuses occasions de succès. Cependant les novateurs ne purent rien créer, parce qu'ils ne comprirent pas qu'il s'agissait d'opérer une réforme morale plus encore qu'une réforme politique. Lorsque, après l'œuvre de destruction, le Directoire vint faire un premier essai de gouvernement régulier, on vit que rien n'était changé sur ce point essentiel, et que les nouveaux gouvernants étaient tout aussi corrompus que les anciens.

Les lois, au moyen desquelles la révolution cherchait à détruire la religion et la famille (23, IV), donnèrent même à la dépravation générale un caractère plus repoussant que par le passé. La France n'avait pas retrouvé les mœurs fermes du XVIIᵉ siècle; et elle avait perdu l'ascendant

qu'avaient exercé, au XVIIIe, Montesquieu, Voltaire
et Rousseau. Dans ces circonstances, la persécution révolutionnaire trompa l'espoir de ses auteurs; loin d'anéantir la religion, elle en aug-
menta l'influence en grandissant, comme aux
temps du paganisme, l'esprit chrétien par le
martyre. Elle avait donc réorganisé ce qu'elle
prétendait abolir. L'Église de France, débarrassée de la corruption de Louis XIV, stimulée
par le scepticisme de la société nouvelle, mon-
trait une fois de plus la vitalité indestructible de
son principe. Elle se trouvait prête à reprendre
son œuvre, lorsque le Consulat vint lever par
des moyens imparfaits les obstacles opposés à la
pratique du culte. Les gouvernements postérieurs
n'avaient plus qu'à simplifier l'œuvre ébauchée, à
mesure que les mœurs s'épuraient, grâce à la foi
éclairée par la libre discussion.

IX. Malheureusement ces tendances n'ont pas
encore produit le bien qu'on en doit attendre.
Il est digne de remarque que les principales
entraves furent l'œuvre du gouvernement de la
Restauration, qui, revenant au système de l'ancien
régime, crut devoir imposer en certains cas les
pratiques du culte. Il s'en faut de beaucoup,
comme je l'indiquerai plus loin (13, I), que la religion occupe chez nous la place qui lui est due.
Nous ne sommes point encore remontés, en ce

qui concerne l'intelligence des principes sociaux, au niveau du XVIIe siècle. Nous sommes loin surtout d'avoir regagné l'avance que, depuis cette grande époque, nous avons laissé prendre à plusieurs de nos rivaux. Notre infériorité est flagrante en ce qui touche l'énergie des croyances, l'esprit de famille, la dignité des mœurs et leurs conséquences les plus naturelles, les libertés civiles et politiques.

Les principaux devoirs des gens de bien sont tracés par cette déplorable situation des esprits. L'une des tâches les plus urgentes est de signaler les efforts que nous avons à faire pour accomplir, sous ces divers rapports, la réforme entrevue plutôt que commencée en 1789.

X. J'ai cru opportun de réfuter d'abord l'erreur de ceux qui prétendent prouver par l'histoire des trois derniers siècles que « le développement de la civilisation » marche de front avec l'affaiblissement des croyances religieuses. Je dois maintenant aborder mon sujet principal, c'est-à-dire exposer l'état actuel de la religion chez les nations prospères. Au surplus, cet exposé ne fera que continuer la réfutation commencée dans ce chapitre. En effet, si la mission des modernes consistait à détruire la foi et à donner plus de force à la raison pure, les peuples les plus libres et les plus prospères seraient ceux qui s'inspirent le moins de la religion. Or j'ai trouvé, par l'observation directe, que c'est le fait inverse qui se produit.

L'opinion publique est unanime pour reconnaître que la Russie, l'Angleterre et les États-Unis sont les nations chez lesquelles la prospérité s'accroît le plus vite, depuis deux siècles, malgré la diversité des constitutions et des points de départ. Cette supériorité se révèle à la fois par l'harmonie sociale et par la stabilité de l'État; elle se manifeste aux esprits les moins attentifs par l'extension rapide des territoires occupés par leur race ou soumis à leur domination. Or ces trois peuples sont en même temps ceux chez lesquels les croyances, malgré des nuances fort tranchées, persistent avec le plus de fermeté. La comparaison à établir sur l'état de la religion, entre ces peuples [16] et la France, est donc la vé-

16 Je n'ai pas compris dans cette comparaison les États allemands, bien qu'ils occupent une situation élevée, sur quelques points prépondérante, parmi les peuples civilisés. L'organisation religieuse de l'Allemagne est fort complexe : elle n'offre pas les traits simples que j'ai pu mettre sommairement en relief chez les nations que j'ai prises pour exemples; elle exigerait donc des développements qui n'ont pu entrer dans le cadre de cet ouvrage. Envahie en beaucoup de lieux par le scepticisme, l'Allemagne offre d'ailleurs avec la France des analogies plutôt que des contrastes; elle l'emporte cependant sur les autres peuples par un trait qu'on ne saurait trop admirer, par les égards mutuels que se témoignent les catholiques et les protestants, tout en s'efforçant de prouver la supériorité de leur Église par les bons exemples de leur vie.

ritable base de la démonstration que j'ai maintenant à présenter.

———

CHAPITRE 10

ÉTAT DE LA RELIGION EN RUSSIE : CROYANCES FERMES, NON ENCORE FÉCONDÉES PAR LA TOLÉRANCE RELIGIEUSE

I. Considérée dans ses diverses institutions, la
Russie est un gouvernement fondé sur une forte
hiérarchie sociale, sur l'obéissance accordée par
chacun à ses supérieurs, et, en particulier, sur la
réunion du pouvoir temporel et du pouvoir spirituel dans la personne du souverain. L'organisation religieuse de ce grand empire est féconde
en enseignements ; car elle conserve encore, à
beaucoup d'égards, l'ordre de choses qui régnait,
il y a plusieurs siècles, dans l'Occident.

La religion russe s'appuie sur la foi plus que sur
la raison [1], sur l'intervention du gouvernement
plus que sur l'initiative individuelle, sur le con-

---

[1] Je n'établis point ici, entre ces deux mots, une opposition que
repoussent les théologiens. Je les emploie dans leur sens usuel, et
je les rapproche souvent, dans ce livre, pour mettre en lumière
le fait que j'ai observé chez tous les peuples stables et prospères.
La croyance aux vérités surnaturelles est le plus grand besoin de
l'âme. Cette croyance s'affermit, et elle résiste d'autant mieux
aux erreurs ou aux vices de la décadence, que les peuples ont
une connaissance plus approfondie de l'ordre naturel et surtout
de la nature humaine.

cours des clercs plus que sur celui des laïques. Dans l'état actuel de l'enseignement religieux, elle supporterait difficilement le contact des cultes dissidents, et surtout les attaques du scepticisme. Elle fait donc appel au bras séculier pour maintenir l'orthodoxie; et elle impose aux citoyens, par des prescriptions formelles, la pratique du culte officiel. Reposant presque exclusivement sur la pensée de la vie future, la religion russe ne donne guère aux fidèles ni ce dévouement complet au prochain qu'on admire ailleurs, ni l'intelligence des avantages que l'ordre moral assure dès la présente vie. Elle développe la résignation dans les souffrances et la sérénité en présence de la mort (5, II), plus que l'amour du travail et la sollicitude pour les intérêts sociaux. L'esprit religieux se maintient aisément dans la population malgré l'infériorité intellectuelle et morale du clergé; mais il ne résisterait guère à l'excitation des appétits grossiers. Aussi la nation garde-t-elle encore les traces de la philosophie matérialiste de l'Occident et des mœurs du xviiie siècle, importées par la noblesse dans les provinces où elle résidait.

II. La religion est rarement en Russie un sujet de controverse. Ses bienfaits, que personne ne conteste, n'excitent guère chez les citoyens, en dehors des pratiques du culte, des sentiments de reconnaissance. L'impulsion de la conscience et les prescriptions de l'autorité semblent entrer pour une part égale dans le règne de l'orthodoxie. La tendance au prosélytisme est peu marquée chez les orthodoxes; mais elle est très-active chez certains dissidents[2], qui repoussent avec énergie la pression des autorités ecclésiastiques, appuyées sur les pouvoirs civils et militaires.

Malgré ce système imparfait, qu'a précédé un ordre de choses encore plus défectueux, la fermeté des croyances, de l'aveu de tous ceux qui ont observé ce pays, est la principale source des succès qu'on y obtient depuis deux siècles. La conséquence la plus apparente et la plus féconde de la direction donnée aux sentiments religieux est le respect accordé au père de famille. Ce respect universel dispose admirablement le peuple à toute action collective. En se combinant avec l'organisation spéciale de la propriété[3] (16, II), il a imprimé à la constitution russe le caractère à la fois patriarcal et communal[4] qui la distingue.

[2] *Les Ouvriers européens*, p. 86. ═ [3] *Ibidem*, p. 77, 86, 91. ═ [4] *Ibidem.*, p. 69, 70. — On prendrait une idée fausse de l'évolution sociale décrétée en Russie par l'ukase du 19 février 1861, si l'on se persuadait qu'elle a surtout pour effet de soustraire les paysans à l'autorité des seigneurs. Le résultat principal de l'émancipation sera d'autoriser les jeunes ménages groupés aujourd'hui près des vieillards, chefs de famille, à s'établir dans une situation indépendante, hors de cette autorité patriarcale, oppressive pour les uns, tutélaire pour les autres. Cette vérité est mise en évidence par la description que j'ai donnée

C'est ainsi que la soumission au quatrième précepte du Décalogue permet aux communes rurales de la Russie de gérer elles-mêmes, sans immixtion du seigneur ou de l'autorité publique, une multitude d'intérêts qui depuis longtemps sont absorbés, en France, par la centralisation exagérée de l'État (63, XIX et XX).

III. Un jour, voulant chercher la cause d'une supériorité qu'un sentiment national me portait à méconnaître, je pressais de questions plusieurs

(*Les Ouvriers européens*, p. 69) de la classe la plus nombreuse, celle des *Paysans à l'abrok*, placés à peu près, devant le seigneur, dans la situation où sont, devant le propriétaire, les fermiers à rente fixe de l'Occident. Ainsi, par exemple, les jeunes hommes mariés, qui ont aujourd'hui une propension marquée à se rendre dans les villes russes pour y remplir les fonctions du commerce et de l'industrie, sont obligés d'adopter le régime d'émigration périodique, en laissant au village natal, dans la maison paternelle, leurs femmes et leurs enfants. La réforme leur permettra de se fixer en permanence dans les villes, et de développer ainsi ces agglomérations urbaines qui exercent une si fâcheuse influence sur les mœurs de l'Occident. Beaucoup d'autres innovations tendront à émanciper les jeunes ménages. Elles auront, pour les individualités éminentes, des avantages matériels et moraux ; mais il en sera autrement pour les individualités inférieures, si la transition n'est pas convenablement ménagée. Ici, comme dans toute autre partie de la réforme sociale, le résultat définitif sera subordonné à l'état moral des populations et à l'intelligence des classes dirigeantes. Ce résultat ne sera bienfaisant que si l'autorité paternelle reste, dans les familles qui vont se constituer, aussi respectée qu'elle l'a été jusqu'à ce jour dans les familles patriarcales (24, III) ; si, notamment, elle peut résister au Partage forcé qui va devenir le droit commun des paysans, comme il est déjà celui des nobles,

paysans russes pour savoir si la liberté commu-
nale avait chez eux une base sérieuse. Je me
préoccupais surtout, dans cette enquête sur les
mœurs locales, d'apercevoir la sanction usuelle de
l'autorité qu'exercent, dans la commune, les chefs
de famille et le conseil des anciens. « Penses-tu
« donc, ô étranger, me dit à la fin l'un d'eux en
« élevant la main vers les images sacrées[5], qu'un
« enfant de la sainte Russie voudrait jamais, en
« désobéissant à son père, compromettre son
« salut éternel! » Cette exclamation ne répon-
dait pas seulement à ma préoccupation spéciale,
elle me révélait le génie de la constitution russe.
Elle m'expliquait, par exemple, comment la
paix publique se maintient grâce à la discipline
morale que chacun accepte, et pourquoi d'immenses provinces sont gouvernées sans le concours d'aucune force militaire. L'ascendant de la
religion et de la famille, malgré l'état arriéré des
autres institutions sociales, produit en Russie les
mêmes résultats qu'en Angleterre et aux États-
Unis.

5 Ces images consacrées au culte domestique se trouvent dans
toutes les habitations des Russes orthodoxes de toute condition.
La famille et ses hôtes se placent habituellement devant ces
images, avant le repas, pour demander à Dieu sa bénédiction.
Cette coutume est conservée dans les grandes habitations rurales
où j'ai trouvé une généreuse hospitalité. Elle donne beaucoup
de dignité à la vie domestique dans tous les rangs de la société.

CHAPITRE 11

ÉTAT DE LA RELIGION EN ANGLETERRE : CONSERVATION DE LA FOI
ET PROGRÈS INCESSANT DE LA TOLÉRANCE RELIGIEUSE

I. En Angleterre, les classes dirigeantes voient dans la religion chrétienne le principe de la prospérité et de la liberté (8, VII). L'opinion contraire n'est jamais soutenue par un écrivain qui prétend à l'estime de ses concitoyens ; elle serait considérée comme une attaque formelle contre la société. Ceux qui tenteraient de répandre, à cet égard, nos paradoxes favoris, seraient exclus, par le concert spontané des familles, de toute réunion respectable. On admet, comme une vérité expérimentale et comme un axiome, que la religion est le point de départ de toute amélioration, qu'elle ne peut en compromettre aucune, et que, même dans l'ordre économique, elle est un moyen indispensable de succès.

Les hommes d'État, les savants, les lettrés, les artistes, ceux qui occupent dans le gouvernement, dans l'armée, dans l'administration, dans l'agriculture et dans le commerce les situations les plus élevées, tous ceux enfin qui dirigent l'opinion publique, s'empressent en toutes circonstances de déclarer hautement ces convictions. Il n'est point de solennité nationale où le culte n'apparaisse. Ainsi plusieurs de mes collègues, délé-

gués, en 1851, par des États du Continent au
jury de l'exposition universelle de Londres, ont
trouvé, dans cette disposition de l'esprit anglais,
un premier sujet d'étonnement. Ils ont été frappés de voir que l'ouverture de cette entreprise
avait été consacrée (comme plus tard le fut la clô-
ture) par des prières et des hymnes religieux[1].
En Angleterre, ces manifestations ne sont point
de vaines formules : elles sont l'expression du
sentiment public. C'est ainsi également que les
témoignages rendus devant la justice, et, en
général, les actes qui intéressent l'honneur des
citoyens et la sécurité des familles, ont, dans
l'opinion de tous, pour garantie positive la foi
du chrétien.

Tout homme parvenu aux rangs supérieurs de
la société comprend qu'il ne saurait fixer dans
sa famille, pendant une suite de générations,
l'amour du travail, les bonnes mœurs et le bien-
être qui en découle, s'il n'inculquait d'abord à
ses enfants les principes de la religion en même
temps que les bonnes traditions des ancêtres.
Les croyances qui dirigent la famille gouvernent
avec la même efficacité la commune, la province
et l'État. L'ordre public ne paraît être assuré,

---

[1] Aucune cérémonie de ce genre n'a eu lieu à l'exposition universelle de Paris, en 1855 ; il est vraisemblable que l'opinion publique n'en aurait point admis la convenance. Il en a été de même
à l'exposition de 1867. (Note de 1867.)

quels que soient les sentiments religieux des
classes inférieures, que si les classes dirigeantes
trouvent dans de fermes croyances le mobile de
leurs actions et le principe de l'autorité qu'elles
exercent.

II. Forcés de se rendre à l'évidence et d'admettre un état de choses qui dément leurs théories du progrès, les sceptiques du Continent
objectent que cette unanimité apparente cache
beaucoup d'hypocrisie. Je ne vois pas que cette
assertion fournisse un argument contre l'enseignement donné par les nations religieuses. S'il
existe parmi elles des esprits rebelles à la loi de
Dieu, ils rendent, comme on l'a dit, par leur
dissimulation un hommage à la vertu.

Au surplus, cette objection qui repose sur des
nuances insaisissables de la vie privée ne saurait
prévaloir contre deux faits éclatants. En Angleterre, à une époque de prospérité où l'autorité
laisse un libre essor aux idées subversives, le
scepticisme ne se produit point au grand jour.
En France, au contraire, pendant la décadence
du XVIIIe siècle, lorsque l'autorité publique prenait la défense de la religion, le scepticisme dé-
bordait de toutes parts (9, VIII).

III. Les populations ouvrières sont, en général, moins pénétrées de l'esprit chrétien que les

classes supérieures de la société. Dans plusieurs
districts manufacturiers, les ouvriers peuvent à
peine recevoir l'enseignement du clergé. Tous
les emplacements intérieurs des églises ne sont
pas, comme en Espagne et en Russie, à la disposition du premier occupant. En beaucoup de
lieux les ouvriers sont à peine admis aux exercices du culte; car la place, dans le temple du
Seigneur, ne devient libre pour eux qu'à la fin
du jour[2]. Ils montrent souvent de l'indifférence
dans le choix de la doctrine. Parfois même ce
choix est dû au hasard qui amène la famille à
proximité de telle chapelle ou de telle école. Ces
graves lacunes des institutions religieuses s'expliquent en partie par les perturbations surve-
nues dans l'organisation manufacturière, et notamment par les agglomérations brusques de
population qui se sont formées, depuis 1815, à
proximité des bassins houillers (37, VI,). Néanmoins ces lacunes peuvent être justement re-
prochées aux classes dirigeantes d'une société
qui comprend si bien que la religion est la source

---

[2] *Les Ouvriers européens*, p. 188 et 193. Ce vice que je signalais
en 1851 n'a point échappé à l'attention des nombreux réformateurs qui sont sans cesse à l'œuvre dans toute l'étendue des îles
Britanniques. En visitant, dix ans plus tard, la nouvelle paroisse
de Swindon (Wiltshire), l'une des puissantes créations de l'industrie moderne, j'ai constaté que le ministre et les administrateurs laïques de l'église s'étaient appliqués avec une sollicitude
spéciale à admettre simultanément aux offices religieux toutes les
classes de la population.

de toute force et de toute influence. Les lettrés qui, depuis deux siècles et demi, ont tenté à diverses reprises d'inoculer le scepticisme à la France, ont en général émis l'opinion que les gouvernants, tout en tirant avantage pour eux-mêmes de l'abandon des croyances, ont intérêt à les affermir chez leurs subordonnés. En Angleterre, les classes dirigeantes prouvent, par leur conduite même, qu'elles sont imbues de la conviction opposée. Elles font peu d'efforts pour répandre l'enseignement religieux parmi les classes populaires. Elles sont, au contraire, fort soucieuses d'en assurer le bienfait à leurs propres familles. Elles font appel à la religion, non-seulement pour conquérir le bonheur dans un autre monde, mais encore pour maintenir leur prépondérance dans celui-ci (9, n. 1).

IV. L'Angleterre a longtemps persévéré dans les principes adoptés sous l'ancien régime européen (8, X), et pratiqués encore en Russie (10, I), en ce qui concerne l'alliance de la religion et du pouvoir temporel. A la fin du xvie siècle, lorsque la France, la première entre les grandes nations de l'Europe, posait les bases de la liberté religieuse en émancipant les huguenots, l'Angleterre persécutait les catholiques. Ces rigueurs s'aggravèrent encore un siècle plus tard (20, IV), vers l'époque où recommençait en France la persécution des dissidents ; elles n'ont cessé que de nos jours (54, III). La liberté, accordée d'abord aux branches dissidentes du protestantisme, est de plus en plus acquise à tous les cultes. Ces concessions, qui appellent la sympathie des autres nations sur l'histoire moderne de l'Angleterre, ont toujours produit les heureux résultats constatés chez nous à la suite du pacte promulgué en 1598 par Henri IV. Elles ne se sont jamais présentées comme la facile conquête de l'indifférence ou du scepticisme. Elles ont été l'acte réfléchi de croyants qui résistaient à l'ardent désir de combattre l'erreur. Chacun de ceux-ci tolérait les cultes rivaux parce qu'il se croyait tenu d'aider l'État à conserver la paix publique.

C'est ainsi que, pour la religion comme pour les autres institutions sociales, l'Angleterre suit avec prudence une voie sûre où elle ne saurait rencontrer de mécomptes (61, X). Elle reste fermement attachée aux principes qui ont fait de tout temps la force des nations ; mais elle renonce peu à peu à les maintenir par la force des pouvoirs publics, dès que l'intelligente initiative des citoyens suffit pour les graver dans les cœurs, et pour dominer les esprits égarés. Après avoir fondé les croyances et les mœurs sur le principe d'autorité et sur le régime réglementaire, l'Angleterre les fortifie et les épure par des moyens plus féconds, par la liberté et la tolérance. Cet acheminement continu vers la liberté religieuse garantit désormais chaque citoyen contre les abus qui pouvaient résulter autrefois de la corruption des clercs et des gouvernants. Sous ce nouveau régime, l'opinion publique n'a donc point à redouter l'antagonisme entre la religion et les autres intérêts sociaux.

Une dernière objection est tirée du privilége en vertu duquel le culte anglican profite seul des ressources de la dîme (54, II et III). L'esprit d'équité, qui semble prévaloir de plus en plus dans la constitution britannique, mettra fin un jour à cet abus.

V. On ne saurait trop faire remarquer aux hommes réfléchis que, durant ces derniers temps, les croyances se sont affermies en Angleterre, pendant qu'elles s'affaiblissaient dans notre pays. Je crois donc devoir insister ici sur les causes de ce fâcheux contraste.

Les convictions religieuses, ébranlées au XVIe siècle par la corruption des autorités ecclésiastiques, furent en partie restaurées par les gouvernants qui firent cesser les guerres et les massacres. La paix sociale, en créant l'émulation entre les orthodoxes et les dissidents, rendit à la société anglaise les stimulants que lui donnait naguère la lutte de l'Église contre le schisme et l'hérésie. Depuis lors, l'Angleterre n'a pas

cessé de jouir des bienfaits de cette émulation[3] :
la France, au contraire, en a été privée de 1685
à 1788.

A la vérité, l'Église anglicane, pourvue en partie des dignités et des richesses du clergé catholique, hérita en même temps de la corruption où
celui-ci était tombé. Appuyée sur les pouvoirs de
l'État et réclamant à son tour la domination exclusive, elle manifesta d'abord la prétention de
continuer l'ancien régime d'intolérance, d'interdire la libre discussion et de persécuter les
dissidents. L'intolérance des anglicans se donna
surtout carrière pendant la première moitié du
XVIIᵉ siècle, lorsqu'en France l'État catholique
tolérait à l'intérieur les protestants, les admet-
tait aux emplois publics et les protégeait en Allemagne, avec l'alliance de la Suède. C'est précisément par ce contraste que je m'explique

3 Ici, comme dans les autres passages où je me réfère à un
avantage de ce genre d'émulation, je me conforme à ma déclaration préliminaire (9, II) : je constate le fait sans toucher à la
doctrine. En principe, la propagation des schismes chrétiens,
après quinze siècles d'unité, fut un symptôme de décadence. Mais
lorsque la prospérité créée chez les grandes nations de l'Occident par la pratique de la religion, par les dons d'un climat fertile et par l'usage des grandes voies commerciales eurent développé la richesse et la puissance, puis les abus qui en émanent ;
quand ces abus eurent amené la corruption des clercs et le désordre
des guerres religieuses, les gouvernants durent intervenir pour
mettre fin à des calamités intolérables. En fait, cette intervention
eut au moins deux résultats utiles : un bien relatif, le contact
pacifique des orthodoxes et des dissidents ; un avantage indirect,
l'amélioration graduelle du clergé.

chaque jour plus clairement, en étudiant cette mémorable époque, la prospérité qui régnait en France et les calamités qui désolaient l'Angleterre.

Cependant, deux circonstances décisives n'ont point permis que l'oppression exercée au nom du culte officiel infligeât à l'Angleterre la décadence qui s'est produite d'abord en Italie et en Espagne, puis en France sous les derniers Valois et dans le siècle qui suivit la révocation de l'édit de Nantes.

Tout en prétendant représenter exclusivement l'orthodoxie chrétienne et en conservant, autant que possible, la hiérarchie et l'organisation des catholiques, le clergé anglican n'a pu oublier complétement l'un des principes du protestantisme; il n'a pu notamment répudier certaines conséquences du libre examen. Il n'a point, en général, apporté, dans ses luttes avec les dissidents, l'ardeur qui animait les chefs de l'inquisition d'Espagne. D'ailleurs, la constitution britannique ne se prêtait guère à cette importation.

Les agents de la persécution religieuse se sont trouvés plus habituellement dans les corps judiciaires ou administratifs. Parfois ils ont égalé en cruauté les persécuteurs du Continent[4]. Mais

---

4 On vit même des magistrats recommander l'exemple de ceux que l'opinion actuelle de l'Europe flétrit le plus justement. En 1670, un juge, sir John Howell, n'ayant pu obtenir d'un jury de

ces rigueurs n'ont réellement sévi en Angleterre qu'aux époques où elles étaient encouragées par les haines politiques. En général, elles ont été contre-balancées par la coutume anglo-saxonne, qui appelle les citoyens à apprécier en qualité de jurés les infractions à la loi. Cette coutume impose de grandes restrictions aux investigations de la police, car elle repousse avec persistance l'institution d'un ministère public permanent qui aurait mission de chercher des coupables. C'est ainsi que les jésuites se multiplient aujourd'hui sous les yeux des autorités anglaises. Aucune d'elles, tant que la paix publique n'est pas troublée, ne se croit obligée d'appliquer la loi qui interdit le sol britannique à cet ordre célèbre.

Il est vrai que certaines notabilités des cultes dissidents ont souffert la mort ou l'exil; mais aucune communion résistant à la propagande officielle n'a pu être, pour cette cause, déportée en masse, ainsi qu'il est arrivé sous Philippe III, pour les musulmans d'Espagne, et, sous Louis XIV, pour les protestants français.

Londres, après l'avoir tenu enfermé deux jours et deux nuits, la condamnation de Penn, le célèbre quaker, fit condamner les jurés à l'amende et à la prison. Son indignation le conduisit à accuser d'impuissance le système judiciaire anglais : « Jusqu'à présent, « dit-il, je n'avais pas compris la raison de police et de prudence « qui a conduit les Espagnols à accepter l'inquisition; mais cer- « tainement, il nous arriver* malheur si quelque institution ana- « logue n'est pas fondée en Angleterre. » (J. DISRAELI, *Amenities of litterature.*)

Les dissidents se sont donc maintenus en grand
nombre dans toutes les parties de l'Angleterre,
depuis l'époque des révolutions religieuses. Ils
ont constamment concouru à la réforme morale
du pays, d'abord en se réformant eux-mêmes
sous la salutaire influence de la pauvreté ou de
la persécution, puis en agissant par leur exemple
sur un clergé officiel riche et dominant. Le clergé
catholique, qui, en jouissant de cette situation,
était devenu, au commencement du xvie siècle,
en Angleterre comme sur le Continent (14, I),
une cause de décadence, a repris, depuis qu'il
est opprimé, la vertu et le dévouement des beaux
temps de l'Église. C'est peut-être celui dont
l'exemple a le mieux réprimé, dans le haut clergé
anglican, les habitudes de dissipation et de tié-
deur qu'on pouvait encore retrouver vers 1830.

VI. Mais ce sont les dissidents du protestantisme qui ont été, aux siècles précédents, les vrais
réformateurs de l'Angleterre; ce sont eux qui,
de 1645 à 1688, réveillèrent pendant la révolution
anglaise certaines tendances morales. C'est grâce
à leur influence que cette révolution acquit les
caractères féconds qui n'ont pu se manifester encore dans la révolution française, accomplie sous
l'impulsion stérile du scepticisme.

Les dissidents anglais du protestantisme ne
communiquent guère à leurs adhérents les su-

blimes habitudes de renoncement qu'inspire la
constante préoccupation de la vie future ; mais ils
réussissent bien à faire régner l'ordre moral dans
les familles, et surtout à soumettre la jeunesse
riche aux lois de la chasteté. Cette honorable soumission est caractéristique chez les Anglais. Je l'ai
surtout observée chez les membres de la Société
des amis (*Society of friends*), désignés habituellement sous le nom de *Quakers*[5].

La Société des amis est, comme l'indique son
nom, une association de bien public, encore plus
peut-être qu'une communion chrétienne. Elle impose à ses membres une règle de conduite plus

---

[5] Un prêtre français que j'ai souvent consulté avec fruit parce
qu'il est savant et s'honore de porter à son extrême limite la
tendance dite *ultramontaine*, me reproche vivement de décrire
les vertus d'une secte d'hérétiques, et de passer sous silence le
manque de charité et les autres vices qui, selon lui, règnent
parmi les membres de cette société. Je ne saurais entrer dans
la voie qu'il m'indique, car j'y deviendrais complétement inutile
à mes contemporains. Plus je me dévoue au salut de la patrie,
plus je m'assure que la guérison des plaies sociales se trouvera surtout dans l'exposé des vérités ou des vertus qui hono-
raient nos ancêtres et qui se conservent chez nos émules. A cet
égard, je suis arrivé depuis longtemps à la conclusion qu'un
grand écrivain catholique exprimait récemment à New-York,
dans des circonstances moins critiques (12, n. 4). Je ne ces-
serai pas de le redire à mes concitoyens : la force des peuples
est dans la pratique de la vraie religion ; c'est donc nous, catholiques, qui sommes responsables de l'avenir de la France. Cet
avenir sera grand si nous faisons notre devoir ; si nos efforts
tendent, non à critiquer nos voisins, ni à vanter par des paroles
notre doctrine, mais à blâmer nos propres vices et à prouver par
des faits la supériorité de nos actions. (Note de 1872.)

qu'une doctrine religieuse. La source de cette doctrine est la Bible, interprétée par la conscience individuelle ou par des assemblées locales de pères de famille. Cependant, beaucoup d'interprétations, et surtout celles qui touchent à la pratique de la vie civile, ont été plus solennellement fixées par des assemblées générales d'Amis (*meetings*), convoquées, selon les besoins de chaque époque, depuis la première moitié du XVIIe siècle. Le recueil des décisions de ces assemblées donne une haute idée du bon sens, de la modestie et du zèle chrétien de leurs membres.

Dans cette longue pratique de leur doctrine, les Amis ont obtenu deux résultats dignes d'attention. Ils ont fermement gardé la croyance en la divinité de Jésus-Christ, sans le concours d'un clergé proprement dit; ils se sont ainsi préservés de la corruption qui, dans le même temps, a souvent envahi d'autres communions. Ils ont, en second lieu, maintenu une certaine unité de doctrine et de discipline, par le concert intelligent de tous les fidèles.

Les Amis ont réussi spécialement à subordonner aux principes du christianisme la vie publique et privée de chaque famille; aussi la loi civile d'Angleterre, honorant leur vertu et respectant leurs scrupules, les a-t-elle dispensés, touchant la célébration des mariages (56, VIII) et la production des témoignages devant la justice[6], des obligations qui pèsent sur les autres citoyens. Les Amis ont puissamment contribué, au dernier siècle, à guérir l'Angleterre de la corruption qui s'était propagée sous les règnes des Tudors et des Stuarts. De notre temps, plusieurs Amis dont la vie a été décrite (Élisabeth Fry, sir Thomas Buxton, Grellet de Limoges, etc.), ont donné l'exemple de vertus exemplaires. Les Amis s'obligent, dans leur vie journalière, à certains actes de renoncement chrétien, qui ne se rencontrent guère ailleurs que chez les religieux de profession. La force d'âme qui, dans cette société, permet aux femmes riches de repousser, sans craindre le ridicule, les costumes extravagants ou impudiques[7], n'est pas moins digne d'admiration que l'élan qui fait ailleurs rechercher les austérités et la solitude du cloître.

A tous ces mérites, la Société des Amis joint

---

[6] Cette dispense n'est pas, en principe, spéciale aux quakers ; mais ceux-ci sont, en fait, à peu près seuls à en réclamer le bénéfice. Elle s'étend à tous les citoyens qui déclarent que cette formalité est contraire à leur croyance religieuse. Une fausse déclaration faite dans ces conditions expose le coupable aux mêmes peines que celle qui est faite en violation du serment proprement dit. — [7] Les dames quakeresses que j'ai eu l'honneur de voir dans ces derniers temps, avaient quitté l'uniforme qui était porté exclusivement à l'époque de mon premier voyage en Angleterre. Mais elles continuent à se préserver des mauvais exemples donnés surtout par les dames de Paris, qui, oubliant les enseignements de la Bible (*Prov.*, XXXI, 11 à 32), prennent parmi les courtisanes les modèles de leurs habits, de leurs mobiliers et de leur langage.

deux qualités qui sont particulièrement efficaces de notre temps, la modestie et la tolérance (62,V). Composée de 15,000 personnes environ, nombre qui tend aujourd'hui à se restreindre plutôt qu'à s'accroître, elle n'espère point rallier toutes les branches du christianisme. Peu portée au prosélytisme de secte, elle ne considère comme adhérents utiles que ceux dont le concours est spontané. Les Amis ne prétendent pas davantage avoir le monopole des bonnes actions : ils glorifient le bien partout où il se présente et ils cherchent des auxiliaires dans toutes les communions. Ils prennent volontiers sous leur patronage certaines œuvres de bien public, notamment l'établissement de la paix universelle, l'abolition de l'esclavage, l'amélioration du sort des prisonniers et la répression de l'intempérance. Ils ne revendiquent pas bruyamment la supériorité pour leur doctrine : ils m'ont même paru peu enclins à la définir. Ils s'appliquent à montrer par leur conduite les forces que l'humanité peut acquérir en réagissant, avec la grâce de Dieu, contre l'orgueil et les appétits sensuels. Ils signalent sans cesse, comme but suprême de cette vie, la perfection dont le modèle a été donné au monde par la vie de Jésus-Christ et par les préceptes de l'Évangile[8].

---

[8] La France n'est pas restée complétement étrangère à une pratique qui développe spécialement quelques nobles aspirations du cœur humain. Pendant la guerre des Camisards qui suivit la

VII. Les Anglais, tout en voyant dans la religion le fondement de leur nationalité, apprécient hautement les ressources qu'assurent aux peuples la connaissance des vérités scientifiques et la libre discussion des principes. Ils comprennent que la force d'une société ne dépend pas seulement de l'énergie des croyances, puisque des peuples inférieurs se sont placés, sous ce rapport, au premier rang. Ils mesurent surtout cette force à la dose de liberté que les croyances peuvent supporter sans s'affaiblir. L'inspiration de la foi, jointe à l'exercice soutenu de la raison, habitue les esprits à faire le partage entre ce qui peut être utilement discuté et ce qui ne doit pas l'être. L'esprit humain devient ainsi plus fécond lorsqu'il s'attache aux espérances de la vie future, en s'abstenant de tout effort stérile pour aller au delà des solutions que la sagesse divine a révélées. Le citoyen qui ne doute point, en ce qui touche les commandements de Dieu et les devoirs sociaux qui en découlent, concilie naturellement le désir du mieux avec le respect de la tradition.

révocation de l'édit de Nantes, plusieurs groupes de protestants des Cévennes firent conscience de résister par les armes à la persécution. Ils se constituèrent en communautés de mœurs austères, qui, lors de la guerre de l'indépendance des États-Unis, adoptèrent tous les principes des quakers américains. Depuis 1789, ces communautés, privées du stimulant que leur donnaient l'intolérance de l'État et la dépravation du clergé orthodoxe, se dissolvent peu à peu. On m'assure que l'une d'elles se maintient encore avec une pureté exemplaire à Congénies (Gard).

Il peut donc employer toutes les forces de son intelligence à secouer le joug de la routine, dans tout ce qui concerne les intérêts secondaires et les besoins usuels de la société.

Tel est le spectacle qu'offre depuis deux siècles cette puissante bourgeoisie anglaise qui s'inspire à la fois de la Bible et de la science, qui suit avec la même sollicitude les prières du temple et les travaux de l'atelier, qui transforme le monde matériel par son opiniâtre labeur, et qui, en même temps, observe la loi morale avec une persévérance réfléchie. Ce spectacle devrait être pour nous un utile enseignement. Tandis que la France, égarée par le scepticisme, s'épuise en luttes sanglantes et agit à peine en dehors de ses limites du xviie siècle, l'Angleterre vit en paix et envahit le monde par les entreprises de ses manufacturiers, de ses commerçants et de ses colons[9].

9 Les faits exposés dans ce chapitre ont été recueillis depuis 1836, pendant mes nombreux voyages aux Iles Britanniques. Ils ont été coordonnés sur les lieux en 1851, par le texte que je viens de reproduire. En 1862, époque de mon dernier séjour en Angleterre, l'état de choses décrit tendait à s'altérer; et, depuis lors, comme me l'apprennent des informations récentes, le mal s'est aggravé. Certaines célébrités littéraires se sont associées aux idées matérialistes que des savants de l'Allemagne, plus que ceux de la France, propagent dans les villes et les manufactures de l'Occident. Elles veulent détruire l'œuvre réparatrice qui fut accomplie, en Angleterre, sous George III, et qui depuis nos désastres inspire, en France, de grands dévouements dans l'agriculture, l'armée et la flotte. Cette aberration est un nouvel exemple des maux que ramènent sans cesse, depuis les premiers âges de l'humanité, la corruption des riches et l'orgueil des lettrés.

CHAPITRE 12

ÉTAT DE LA RELIGION AUX ÉTATS-UNIS ET AU CANADA : LIBERTÉ ET ÉGALITÉ DES CULTES FONDÉES SUR LA FOI ET LA TOLÉRANCE.

I. Les observateurs qui ont étudié, au dernier siècle et pendant le premier tiers du siècle présent, la population des États-Unis de l'Amérique du Nord, ont constaté, à la fois, la ferveur de ses convictions religieuses et le succès avec lequel les citoyens mènent de front l'exercice de leurs professions privées et la direction des intérêts publics. L'intime connexion de ces deux aptitudes, dans lesquelles se résume la liberté politique, a frappé tous les voyageurs attentifs, et elle a été signalée dans leurs écrits.

On a d'abord peine à discerner le principe d'autorité, dans une société si peu gouvernée en apparence; mais on s'aperçoit bientôt que la souveraineté universellement acceptée est celle du christianisme. La religion supplée à l'action des lois répressives et de la force publique, parce que les citoyens sont obligés par leur conscience de dompter eux-mêmes leurs mauvais penchants. C'est ce qu'exprime M. de Tocqueville dans plusieurs paragraphes de son ouvrage[1].

---

1 « Comment la société pourrait-elle manquer de périr si, tandis « que le lien politique se relâche, le lien moral ne se resserrait

Chaque père de famille, trouvant ses principales
garanties de sécurité dans le caractère religieux
de ses voisins, exige que ces derniers témoignent,
en toute circonstance, de leur respect pour la
religion. Chaque citoyen remplit donc, en vertu
de sa propre volonté, les devoirs qui sont imposés
au peuple russe par le souverain appuyé sur ses
soldats. De là, dans les rapports privés, une
contrainte d'autant plus efficace qu'elle émane de
l'opinion, sans aucune intervention de la loi. Si,
par exemple, les nouveaux centres de population
qui se créent journellement dans l'Ouest tardent
trop à instituer des cultes publics, les régions contiguës s'inquiètent. L'opinion s'y montre également disposée à concourir, par des souscriptions
volontaires, à la fondation des cultes qu'il plaît
aux nouveaux venus de choisir, et à provoquer le
blâme contre ceux qui persisteraient à ne pas
pourvoir au premier besoin de toute société.
C'est par ce trait de mœurs que les Américains
du Nord pourraient le mieux justifier leurs prétentions à la prééminence.

II. Les croyances religieuses ne sont point aux
États-Unis l'apanage exclusif du rang ou de la

« pas? Et que faire d'un peuple maître de lui-même, s'il n'est
« soumis à Dieu? » (A. DE TOCQUEVILLE, *la Démocratie en Amé-*
rique, t. Ier, ch. XVII.) — « En même temps que la loi permet
« au peuple américain de tout faire, la religion l'empêche de tout
« concevoir et lui défend de tout oser. » (*Ibid.*)

richesse. Là, comme partout, les meilleurs chrétiens acquièrent une légitime prépondérance ;
mais ces individualités éminentes sont uniformé-
ment réparties dans le corps social, au lieu d'être
groupées en classes ou en corporations. Sous ce
rapport, l'organisation sociale des États-Unis
complète l'enseignement donné par l'Angleterre
et la Russie. Ces trois peuples réfutent, par
leur exemple, les erreurs de ceux qui ne voient
dans la religion qu'un instrument de domination
aux mains des classes dirigeantes. Ils nous apprennent que, dans chaque classe de la société
comme dans chaque famille, le succès et l'influence sont subordonnés à une intelligente pratique de la loi divine.

En Angleterre, la foi chrétienne et la prépondérance politique se sont simultanément développées dans la bourgeoisie et la noblesse qui gouvernent réellement le corps social ; tandis qu'elles
sont peu prononcées encore parmi les ouvriers.
En Russie, un gouvernement habile, appréciant
l'intérêt public qui s'attache à l'abolition du servage, s'est d'abord appliqué, avec le concours de
la religion, à rendre les paysans dignes de la liberté. Dans le même temps, au contraire, l'invasion momentanée des idées du XVIII⁰ siècle à la
cour de Catherine II, portait à l'influence de la
noblesse russe un coup dont celle-ci ne s'est
point encore relevée. Enfin la société américaine,

la seule où les classes vouées aux travaux manuels exercent avec un certain discernement le pouvoir politique, est aussi la seule où elles ne soient surpassées par aucune autre classe en ce qui concerne la délicatesse et l'énergie du sentiment religieux. C'est aux États-Unis que les populations ouvrières échappent habituellement aux apparences d'infériorité qui sont souvent visibles sur notre Continent; c'est là seulement que les plus humbles professions peuvent être un acheminement vers des fonctions élevées.

III. Les Américains du Nord ont, comme les Russes, sur la vie future des croyances très-fermes; mais ils sont, en outre, persuadés que la pratique du christianisme assure aux peuples, indépendamment du salut éternel, la supériorité dans la vie présente. Ils pensent qu'un père de famille faisant profession de scepticisme ne saurait, même en donnant sous d'autres rapports le bon exemple à ses enfants, leur inculquer la force morale dont ils ont besoin pour se préserver des périls de ce monde. J'ai souvent entendu des hommes rompus aux affaires, conclure de leurs observations que la religion qui nourrit les âmes est aussi nécessaire à l'éducation de la jeunesse que les aliments qui entretiennent la vie du corps. Cette conviction, se faisant jour spontanément, inspire tous les actes importants de la vie publique[2] et de la vie privée. Les officiers communaux n'admettent pas qu'on puisse se refuser à l'entretien d'un culte. Les familles, en procédant à la conclusion des mariages, écartent les mauvais chrétiens avec les sentiments de répulsion qu'on oppose, dans les mêmes circonstances, à certaines monstruosités physiques. Les Américains font même appel à la religion pour lutter contre les habitudes vicieuses qui tendent à désorganiser le travail et à troubler la paix publique. C'est ainsi que les sociétés de tempérance répriment le fléau de l'ivrognerie, sans cesse importé par les immigrants européens. Cette utilité pratique de la religion se montre dans les ateliers de travaux publics où les ouvriers abusent des spiritueux. Dans certains cas, ces ateliers n'ont pu se constituer régulièrement que sous l'influence directe des ministres du culte, avec la coopération de laïques voués à la propagande évangélique.

2 « La cour de justice du comté de Chester (État de New-York)
« a rejeté dernièrement le témoignage d'un citoyen qui déclarait
« ne pas croire à l'existence de Dieu. Le juge-président a justi-
« fié cette décision en alléguant qu'il avait jusqu'alors ignoré qu'on
« pût trouver un seul homme étranger à cette croyance : que
« celle-ci était la sanction de tout témoignage, et qu'il n'avait
« jamais entendu dire que, dans une cour de justice, en pays
« chrétien, on eût accepté un témoin niant l'existence de Dieu. »
(Extrait du journal le *New-York Spectator*, du 23 août 1831.)
    M. A. de Tocqueville rapporte que les journaux de la localité
mentionnèrent cette décision sans avoir la pensée de la critiquer,
et même sans se croire obligés de la justifier par un commentaire.

Chaque jour l'enseignement religieux, la presse périodique et des écrits populaires, donnant une excellente direction à l'esprit public, analysent avec sagacité les causes de la prépondérance que prennent dans le monde les nations chrétiennes. La thèse suivante, familière aux Américains du Nord, exalte journellement parmi eux la valeur sociale du christianisme. L'exagération des appétits physiques et les autres vices qui ont le plus de prise sur le vulgaire ne sont pas les pires fléaux de l'humanité. Le penchant des natures supérieures, l'orgueil, est plus funeste encore; car il engendre l'antagonisme, et rend stériles d'éminentes vertus chez ceux qui seraient le plus dignes de gouverner. L'égoïsme qui porte les classes riches à se préoccuper exclusivement de leur bien-être, est un danger presque aussi grave pour toutes les agglomérations d'hommes. Plusieurs religions asiatiques, afin de combattre ces deux vices, compriment outre mesure la personnalité humaine, et annulent le libre arbitre. Mais, en évitant un écueil, elles donnent contre un autre non moins redoutable : elles ne maintiennent l'harmonie dans les esprits qu'en les dressant tous à subir le despotisme. Seul le christianisme respecte le sentiment de l'indépendance individuelle en domptant l'orgueil et en développant l'amour du prochain. Cette supériorité apparaît avec plus d'évidence, à mesure que les relations de l'Europe et de l'Asie deviennent plus intimes.

Jamais, aux États-Unis, on ne conçoit la pensée de faire intervenir la religion dans les luttes politiques, encore moins de réclamer en son nom l'appui des pouvoirs civils. Les ministres du culte emploient habituellement un moyen de succès qui n'a point de bornes. Ils stimulent par leur prédication et par leur exemple le zèle religieux de leurs ouailles. Le prêtre américain le plus digne de sa mission est donc celui qui se place au premier rang par ses vertus, sa science et son activité. L'émulation salutaire imprimée aux divers clergés par le voisinage de plusieurs communions donne en ce pays, aux diverses branches du christianisme, une énergie digne des grands siècles où l'Église luttait contre le paganisme. Ces qualités manquent, au contraire, surtout dans les États riches où l'une de ces communions, érigée en religion d'État, est défendue par le pouvoir politique contre la rivalité des autres cultes. Cette rivalité n'ajoute rien sans doute à la valeur des principes qui sont en présence; mais elle rehausse singulièrement le caractère de ceux qui les professent. Or c'est seulement par la coopération des hommes que la loi morale et la grâce divine agissent sur l'humanité[3].

3 Un clerc français, de la nuance dite ultramontaine, repousse absolument ces conclusions dans une critique générale dont j'ai

C'est ainsi que les catholiques, affaiblis et parfois dégradés par la protection des gouvernants dans les anciennes colonies espagnoles et portugaises de l'Amérique, s'élèvent depuis quelques années aux États-Unis à une hauteur qu'attestent d'éclatants témoignages. Pour moi, c'est dans la conversation et dans les écrits des catholiques de l'Amérique du Nord que j'ai surtout puisé l'espoir de voir accomplir prochainement, sous l'influence de la religion, la réforme sociale des peuples latins du sud-ouest de l'Europe. Jamais, en effet, nos écrivains catholiques du XVIIᵉ siècle n'ont été mieux inspirés que ne le sont aujourd'hui ceux de la Nouvelle-Angleterre ; jamais ils n'ont émis des pensées plus nobles et plus conformes aux besoins de notre temps [4].

tiré grand profit. Il conteste que le contact des dissidents puisse utilement réagir sur les lumières et les vertus d'un clergé catholique ; en sorte que ce contact, condamnable au point de vue des principes, n'aurait même pas le résultat pratique que je signale. A cette allégation, j'oppose les faits suivants que je porterais, au besoin, au dernier degré d'évidence. La corruption des clercs catholiques s'étale au grand jour dans plusieurs contrées riches, où les cultes dissidents sont interdits : il n'existe, au contraire, aucun exemple de ces scandales publics dans les contrées où ces cultes sont tolérés ou, encore mieux, dominants. (Note de 1872.)

[4] Je citerai comme exemple le passage suivant, extrait d'un écrit de M. Brownson, l'un des éminents publicistes de l'État de New-York : « Nous avons la conviction que la Providence nous a « donné une mission importante et nous a choisis pour produire « dans le monde une civilisation plus avancée que celle dont il « jouit... Nous avons une destinée manifeste... ; mais ce n'est pas « celle que supposent nos journalistes et nos flibustiers... La des-

IV. C'est ici le lieu de faire quelques réserves,
et de présenter une distinction essentielle. Les
qualités spéciales aux chrétiens des États-Unis y
ont été importées par plusieurs essaims de ces
colons anglais qui, chassés de leur pays au
XVIIe siècle, par l'intolérance religieuse (11, V),

« tinée manifeste de ce pays est plus noble, plus élevée, d'un
« ordre plus spirituel : c'est la réalisation de l'idéal d'une société
« chrétienne pour l'ancien et le nouveau monde.
    « Le catholicisme est appelé à perfectionner notre civilisation
« et à faire de nous le peuple de l avenir : mais le catholicisme
« n'agit que par l'organe des hommes ; il donne son appui, son
« secours, son influence, mais ne produit pas son œuvre tout seul ;
« il exige la coopération. Il dépend donc de nous, de notre fidé-
« lité ou de notre indolence, que les États-Unis réalisent ou non
« leur mission glorieuse. Il ne suffit pas que l'Église soit debout
« sur le sol de l'Amérique ; elle n'agira pas comme un charme
« pour détruire les maux et renverser les obstacles... Si les ca-
« tholiques ne surpassent pas les autres en vertus publiques et
« privées, ils ne rendront pas plus de services. La responsabilité
« des catholiques est donc plus grande que celle d'aucune autre
« classe de citoyens. Par rapport à l'avenir, c'est nous qui sommes
« le peuple américain... ; nous devons donc surpasser tout le
« monde en intelligence, en sagesse et en dévouement, je dirai
« même en capacité... Si nous ne le pouvons, de quel droit van-
« terons-nous le catholicisme au point de vue de la civilisation ?
« Nous nous glorifierons en vain ; nous ne mériterons que le mé-
« pris et l'outrage, si nous restons au-dessous et si nous ne nous
« élevons au-dessus des non-catholiques. Nous devons nous em-
« parer de l'esprit et du cœur de nos compatriotes, non par des
« paroles vides et des vanteries ridicules sur ce que les catho-
« liques ont fait en d'autres temps et en d'autres lieux, mais en
« prouvant la supériorité présente et locale de notre sagesse, de
« notre intelligence, de notre vertu. Nous devons être les meil-
« leurs des Américains, les hommes les plus capables et les plus
« parfaits du pays ; nous devons *montrer* que nous le sommes par
« nos services, par notre désintéressement, par l'abnégation de
« notre conduite... »

fondèrent les colonies de la Nouvelle-Angleterre. Ces mêmes qualités se retrouvaient, avec
des sentiments de tolérance mieux réfléchis et
plus féconds, chez les contemporains de Washington. Elles paraissent être encore dominantes
dans les districts ruraux. Comme le prouvent les
écrits dont je viens de rapporter un spécimen,
elles ont conservé un caractère éminent chez
quelques écrivains catholiques de notre temps.
Mais on reconnaît à une multitude de symptômes
qu'un changement s'est opéré dans les mœurs et
les idées de ce grand peuple.

Chaque jour on voit éclore aux États-Unis des
sectes qui ne se rattachent que de nom au dogme
chrétien. Quelques-unes même s'abandonnent
aux pratiques de l'illuminisme ou de la polyga-
mie. Il semble aussi que le scepticisme et le matérialisme apparaissent ouvertement dans quelques grandes villes. Des voyageurs américains
m'assurent qu'à New-York, par exemple, les
croyances religieuses s'altèrent à mesure que se
propagent ces déplorables mœurs qui font de
quelques capitales européennes de véritables
foyers de contagion. Ces tendances, qu'aucune
institution positive ne réprime, prennent, dit-on,
un rapide développement. Les traits habituels
de la décadence commencent à se montrer : le
luxe désorganise le foyer domestique ; les liens
de famille se relâchent ; et, sous cette influence,

les femmes prennent des habitudes d'indépendance qui sont, pour les Européens, un sujet de scandale. Le monde civilisé, qui depuis l'époque de Washington n'avait reçu que de bons exemples des Américains, est surpris de les voir maintenant suivre une voie rétrograde, en opprimant les races de couleur ou en favorisant les flibustiers. On ne peut méconnaître à ces graves indices un affaissement moral analogue à celui qui s'est produit, en France, du règne de Louis XIV à la révolution de 1789 [5].

[5] Cette analogie entre la décadence morale de la France au XVIIIe siècle et celle des États-Unis à l'époque actuelle était déjà manifeste en 1855, lorsque j'écrivais ces lignes ; elle était confirmée en 1864, quand je publiai ma première édition, par la guerre civile, qui a été en Amérique ce qu'elle fut en France en 1793, la conclusion fatale de la démoralisation des citoyens.

Ces nouveaux faits ne semblent pas devoir, toutefois, ni faire désespérer de l'avenir de l'Amérique du Nord, ni modifier les jugements portés à ce sujet dans plusieurs parties de cet ouvrage. Les peuples chrétiens, soutenus par le précepte de l'amour du prochain et par la concurrence internationale, réagissent plus efficacement que ne pouvaient le faire les grands empires de l'antiquité, contre l'antagonisme social qui en est la conséquence nécessaire. Les forces morales de l'Amérique se raffermiraient si la crise qui prend fin décourageait l'orgueil et l'esprit d'envahissement qui ont perdu tant de peuples puissants ; si notamment elle devait amener un jour l'établissement de plusieurs nations indépendantes stimulées par cette émulation féconde qui, malgré ses déplorables écarts, est, depuis le moyen âge, la vraie source de la prépondérance des Européens.

L'orgueil qui pousse les Américains du Nord à préparer, par l'alliance avec les Russes, une lutte contre l'Occident, et qui déjà leur fait ériger en doctrine l'imminence de leur domination sur l'Amérique entière, leur fait oublier, sous ce rapport, les vrais intérêts de leur race. Ils ne comprennent pas davantage

Ce rapprochement doit être médité par ceux qui pensent que l'homme est par sa nature porté au bien, et qu'en conséquence le mal provient uniquement des gouvernements qui compriment, chez les populations, les tendances vers la liberté et l'égalité. Ces symptômes de décadence chez le peuple qui s'est spécialement livré à ces tendances, montrent que le règne du bien ne se trouve pas nécessairement dans cette voie. Ils font entrevoir que la prospérité des nations est compromise par les nouveautés dangereuses dont je viens de parler, tandis qu'elle se conserve avec les vieilles coutumes de la race. J'indiquerai plus loin (15, V; 22, V) les deux causes principales qui me paraissent avoir interrompu, au détriment des nouvelles générations de l'Amérique du Nord, les grandes traditions qui restaient en honneur chez les contemporains de Washington.

Cependant il faut savoir se tenir en garde contre les appréciations malveillantes, que soulève en Europe, chez les Anglais notamment, la vue de ces défaillances. On s'égare souvent quand on prétend juger, à un moment donné, le mouvement vrai d'une société. On a peine à se défendre, dans ces recherches, des erreurs qui ont leurs

que la fondation d'autres États libres et prospères, sur ce Continent, serait le plus sûr moyen de conjurer les inconvénients qu'a toujours présentés un État puissant et étendu comme l'est maintenant l'Union américaine. (Note de 1867.)

sources dans les idées préconçues, les jalousies nationales ou la connaissance incomplète des faits. L'avenir peut seul nous apprendre si l'Amérique du Nord a vraiment perdu les qualités qui ont fait jusqu'ici sa grandeur, ou si elle possède encore la force de réagir sur elle-même et de remédier au mal qui l'envahit. On ne saurait dire s'il s'agit ici d'une décadence définitive, ou seulement d'une de ces crises accidentelles dont les peuples les mieux constitués ne sauraient se préserver.

Quant à moi, je suis amené à cette dernière opinion par toutes les informations que je recueille. Les Américains que je vois aujourd'hui me paraissent juger les questions sociales moins sainement que ne le faisaient ceux avec lesquels j'étais en relation il y a un quart de siècle; mais ils restent néanmoins supérieurs à la plupart des Européens du Continent par leur aptitude à se réformer. Je me rassure sur les destinées de ce grand peuple en étudiant comparativement, chez lui et en Europe, les institutions dont il sera question dans les six Livres suivants. Je me confirme surtout dans cet espoir en voyant la force morale que gardent, aux États-Unis, les principales branches du christianisme. J'augure bien, pour l'avenir de ce pays, des progrès que le catholicisme y fait chaque jour. Les catholiques trouvent, en effet, dans leur infériorité numérique et dans la constitution même des États-Unis, un contre-poids aux entraînements qui les ont égarés en d'autres pays. Ainsi ils sont moins portés à exagérer le principe d'autorité, ou à faire alliance avec le pouvoir, dans le but de le dominer et d'opprimer les dissidents. Là comme partout leur ascendant deviendra irrésistible, lorsqu'à l'esprit d'unité et de dévouement, qui ont toujours fait leur force, ils joindront les habitudes de libre discussion qui, jusqu'à ces derniers temps et malgré beaucoup d'exceptions, semblaient plus particulièrement distinguer les protestants.

V. Dans l'Union canadienne qui relève de la Reine de Grande-Bretagne et d'Irlande, toutes les religions reposent également sur la liberté et l'égalité. Toutes aussi, en conservant la foi, pratiquent la tolérance. L'Église catholique du bas Canada, composée de huit évêchés, et comprenant une population agglomérée de 800,000 âmes[6], offre maintenant un des meilleurs exemples de l'organisation qui devrait être donnée désormais aux Églises catholiques du monde entier. Sans immixtion de l'autorité publique, le corps des évêques se recrute lui-même par élection, en conciliant, comme le faisaient les Églises primitives, la

---

[6] D'après le dernier recensement, le nombre des catholiques du bas Canada s'élevait en 1871 à 1,020,000, sur une population de 1,192,000. — Voir le *Bulletin de la Société d'économie sociale*, séances de janvier 1873. (Note de 1873.)

liberté et l'orthodoxie. Le clergé trouve ses moyens de subsistance dans les contributions volontaires, les legs et les dons des fidèles. L'influence dont il jouit est énorme, bien qu'elle ait été jusqu'ici combattue plutôt qu'encouragée par le gouvernement anglais. Elle se manifeste par une propagande morale et intellectuelle qui maintient fermement dans les familles le caractère propre de la race française, au milieu de l'immigration incessante des Anglo-Saxons. Enfin, le clergé canadien s'identifie par ses idées et ses intérêts avec les populations qu'il dirige. Cet admirable accord des clercs et des laïques assure de hautes destinées à ce vigoureux essaim de notre race. Cet avenir est, en outre, garanti par l'attachement aux vieilles traditions normandes du XVIIᵉ siècle; par la fécondité qui double la population pendant chaque période de vingt-cinq ans; enfin par les sages coutumes qui donnent la stabilité à la famille et la paix à la nation.

CHAPITRE 13

ÉTAT DE LA RELIGION EN FRANCE : ÉGALITÉ DES CULTES OFFICIELS FONDÉE SUR LE SCEPTICISME; TOLÉRANCE REFUSÉE AUX AUTRES CULTES.

I. Je n'ai pas besoin d'entrer dans de longues explications pour prouver que les idées admises chez nous, en matière de religion, s'écartent beaucoup[1] de celles qui ont cours chez les trois peuples dont je viens de parler.

Des écrivains attachés aux erreurs du XVIIIᵉ siècle professent journellement, sans blesser l'opinion, que les cultes religieux n'ont eu qu'une utilité momentanée pour l'organisation des sociétés européennes; que, dès lors, les ménagements gardés chez nous envers les croyances, sont les derniers vestiges d'une « civilisation arriérée »; ils déclarent que ces nécessités d'un autre âge prendront fin à mesure que la raison s'affermira.

Ces doctrines, à la vérité, ne se propagent plus avec la passion et l'esprit de prosélytisme qui animaient les encyclopédistes; mais elles se font jour dans la presse périodique[2] et dans les productions littéraires[3], avec le calme et l'autorité

---

[1] L'affaiblissement de l'esprit chrétien, en France, est signalé en termes énergiques par des membres de notre clergé qui ont la science et le dévouement nécessaires pour réagir, de concert avec les laïques éclairés, contre cette funeste tendance de l'opinion. On peut consulter, à ce sujet, l'ouvrage intitulé : *Hier et aujourd'hui dans la société chrétienne*, par M. l'abbé Isoard, p. 295. == [2] La conclusion que j'ai donnée en 1855 aux *Ouvriers européens*, et par laquelle je constate que la religion reste de nos jours un des fondements des sociétés, a soulevé chez plusieurs écrivains de la presse périodique des répugnances contre cet ouvrage, et provoqué la plupart des critiques qui lui ont été adressées. Celles-ci s'appuient surtout sur la théorie d'histoire qui affirme que les croyances disparaissent à mesure que « la civilisation » se perfectionne. On trouvera, à cet égard, un spécimen de l'opinion dominante dans un article inséré dans le journal *la Presse*, du 29 novembre 1855. == [3] Selon la thèse habituelle de nos lettrés,

propres à une idée dominante. Elles inspirent les classes dirigeantes dans la vie privée comme dans la vie publique. Elles pénètrent chaque jour plus profondément au sein des classes populaires, à mesure que l'enseignement de l'État (47, XIII) et les nouvelles voies de transport restreignent la portion du territoire national où se perpétuait l'ancienne tradition.

En se répandant, pendant le siècle dernier, chez les classes éclairées, et en minant sourdement, comme l'expérience ne l'a que trop prouvé, les fondements de l'ordre social, le scepticisme n'y avait d'abord détruit ni le goût des lettres et des arts, ni plusieurs autres symptômes de la prospérité. La même impulsion continue de nos jours à agir sur les rangs inférieurs de la nation; mais elle y entraîne des résultats tout différents. En effet, lorsqu'elles n'ont point pour sauvegarde des habitudes de travail et d'épargne, les populations, en perdant les croyances religieuses, tombent dans un matérialisme grossier. L'ivrognerie

la religion ne peut désormais contribuer au bonheur de la société ; beaucoup d'écrivains la repoussent même comme un obstacle et un danger. Dans l'un de ses ouvrages, M. Proudhon, analysant l'influence que la religion a exercée jusqu'à présent sur l'éducation de la jeunesse, arrive à cette conclusion : « Donc, la « religion, de quelque espèce qu'on la fasse, naturelle ou surna- « turelle, positive ou mystique, n'ajoutant rien à la moralité de « l'homme, est inutile à l'éducation. Loin de la servir, elle ne « peut que la fausser, en chargeant la conscience de motifs im- « purs et entretenant la lâcheté, principe de toute dégradation. »

devientla seule diversion au travail, et en absorbe les produits. Les femmes et les enfants restent dans le dénûment, et les vieux parents, considérés comme une charge inutile, subissent des traitements odieux. Plongées dans ce désordre, les classes inférieures attribuent naturellement à l'organisation sociale les maux qui proviennent surtout de leurs propres vices. C'est ainsi qu'augmente sans cesse une haine brutale contre les classes dirigeantes et contre l'ordre établi. Cette forme de corruption se montre d'abord dans les grands centres de population [4], au contact des foyers de scepticisme entretenus par les riches livrés à l'oisiveté. Elle se communique ensuite dans les districts ruraux, par le colportage clandestin, des livres obscènes, et à l'aide des ateliers nomades de travaux publics [5] qui envahissent successivement tous les points du territoire [6].

Cette inclination vers le doute et le matérialisme n'existait pas à l'époque où l'admiration

---

[4] Sur la dépravation des mœurs dans une commune rurale de la banlieue de Paris. (*Les Ouvriers des deux mondes*, t. II, p. 476.) — *Le Sublime, ou le Travailleur comme il est en* 1870; Paris, 1 vol. in-8º. — On ne saurait trouver, chez aucune race d'hommes, de plus affreux exemples de dégradation. (Note de 1872.) ═══ [5] *Les Ouvriers des deux mondes*, t. Ier, p. 100. ═══ [6] A ces influences funestes que j'énumérais en ces termes en 1856, se joint aujourd'hui celle des cabarets. J'ai indiqué récemment dans un autre ouvrage comment ce fléau a pour auxiliaires la mauvaise presse et les agents du fisc. (*La Paix sociale*, Introduction v, 4.) (Note de 1872.)

unanime des autres peuples (9, VII) plaçait la France à la tête de l'Europe. Elle ne se manifeste pas non plus chez les trois peuples les plus prospères, parmi lesquels ne sévissent point les maux qui désolent notre société. La méthode d'observation (7, I) m'autorise donc à voir la cause de ces maux dans le scepticisme, et le remède dans le retour aux croyances religieuses.

II. Certains écrivains, tout en apercevant les conséquences funestes de l'irréligion, sont trop portés à faire fond sur le développement donné chez nous à la liberté religieuse. L'octroi de cette liberté a été un acte méritoire de la part de croyants qui faisaient violence à leurs convictions pour rendre la paix à la patrie. Mais on ne saurait en faire honneur à des gouvernants imbus de scepticisme. La tolérance est une sorte d'étai qui devient nécessaire à l'édifice religieux, lorsqu'il a subi certains ébranlements ; mais les croyances en sont la base éternelle. Quand elle est alliée à la foi, elle rend celle-ci plus ferme ; tandis qu'elle devient une sorte de dérision quand la foi fait défaut. D'un autre côté, la liberté religieuse n'est fermement assise que chez les peuples qui savent contenir dans de justes limites l'un des plus généreux élans de la nature humaine, l'esprit de prosélytisme. Or l'expérience nous indique que les fondements de cette liberté sont chez nous

peu solides. Chaque fois, en effet, que quelque
calamité sociale réveille le sentiment religieux,
certains croyants ne se bornent plus à faire leur
devoir, c'est-à-dire à propager la doctrine à titre
privé. Ils enfreignent la loi qui conserve la paix
sociale et ils réclament le concours des pouvoirs
publics [7]. En matière de religion, il est plus facile d'être croyant que d'être modéré : il faut
donc redouter le zèle des nouveaux convertis. Si,
comme on doit le désirer, une impulsion religieuse était tout à coup donnée en France aux
esprits, on pourrait craindre que la liberté de

---

[7] Vers la fin de la Restauration, les jeunes gens élevés dans la
religion catholique n'étaient admis à l'École polytechnique que
sur la présentation d'un certificat de pratiques religieuses délivré
par le curé, au lieu du domicile. Cette mesure, critiquée par
l'esprit de scepticisme et de révolution incarné dans notre race,
a souvent égaré des jeunes gens dévoués au bien. Au contraire,
l'attitude d'indifférence gardée par le gouvernement de 1830 a
effacé peu à peu ces sentiments. Enfin la faveur accordée par
l'opinion publique à la religion, à la suite des épreuves de 1848,
et plus tard certaines mesures du gouvernement impérial, ont
réveillé chez certaines autorités ecclésiastiques des prétentions
contre lesquelles une réaction nouvelle se produit maintenant.
Beaucoup d'hommes éclairés des nations latines de l'Occident ont
partagé les antipathies que l'intolérance religieuse du clergé,
secondée par les gouvernants, avait suscitées en France chez la
jeunesse de la Restauration. J'en trouve, par exemple, la trace
dans le passage suivant d'une lettre par laquelle M. le comte de
Cavour répliquait avec vivacité, le 13 juin 1860, à une réprimande
de Mgr l'archevêque de Chambéry : « ... Je ne suis nullement dis-
« posé à me venger maintenant des tracasseries que j'ai dû subir,
« dans ma jeunesse, de certains prêtres qui invoquaient le bras
« séculier pour me forcer à suivre leurs doctrines et à mettre en
« pratique leurs préceptes. »

conscience n'y fût pas mieux respectée qu'en
Suède, où les protestants, fort attachés à leur
foi, oppriment les catholiques. En résumé, nous
ne sommes pas certains d'avoir réellement fondé
la paix sociale sur la tolérance, parce que nous
y sommes arrivés par la mauvaise voie, par le
scepticisme religieux, et non par le sentiment
réfléchi de la liberté d'autrui.

En introduisant, par esprit d'indifférence, l'é-
galité dans l'organisation religieuse, nous avons
donné contre un écueil que nous aurions évité en
suivant l'exemple des États-Unis. Les Américains
du Nord repoussent le principe d'une religion
d'État soutenue par l'impôt, et ils ne se croient pas
obligés de rétribuer tous les cultes. Ils ne veulent
point soulever les questions d'orthodoxie que ferait renaître le choix des religions admises à jouir
de cette faveur. Ils se refusent surtout à troubler
les esprits en leur enseignant, par cette pratique,
qu'il est bon d'encourager à la fois la vérité et
l'erreur.

La rétribution attribuée, en France, au clergé
catholique est, sans doute, un juste dédommage-
ment pour la spoliation dont il a été victime, lorsque la révolution a confisqué au profit de l'État
les biens affectés au service religieux par la volonté des donateurs. Celle qui est donnée à deux
communions protestantes et aux Israélites peut
être également envisagée comme une juste in-

demnité pour des persécutions séculaires. Mais
ces compensations, considérées comme un moyen
de liquider définitivement le passé, auraient dù
être accordées sous forme de dotations, en rapport avec les besoins actuels. Les fidèles de chaque communion auraient ensuite pourvu par des
dons volontaires aux nouveaux besoins, sans aucune autre immixtion de l'État.

III. Cependant, au milieu de ces imperfections
de notre régime religieux, la liberté de conscience, soutenue par la loi, sinon par les mœurs,
a déjà donné des résultats qu'on ne saurait trop
admirer. Depuis la révolution et surtout pendant
la durée de notre génération, une certaine amélioration s'est opérée dans l'opinion publique. Les
tendances hostiles à la religion persistent encore
chez les personnes qui ont reçu l'impulsion directe des hommes du XVIIIᵉ siècle, ou qui ont été
opprimées par le clergé de la Restauration. Elles
grandissent encore parmi les masses populaires,
qui suivent toujours à longue distance les idées
des classes dirigeantes. Mais elles ne se retrouvent guère de notre temps, ni chez les jeunes
gens studieux, ni chez les penseurs qui recherchent méthodiquement la cause de notre décadence. Beaucoup d'hommes éminents, placés au
premier rang dans l'estime de tous, apprécient
aujourd'hui les vrais besoins de notre temps, et

le rôle élevé que remplira la religion dans l'œuvre
de la réforme sociale. Ils auraient le pouvoir d'imprimer une direction nouvelle à l'opinion publique. Cette œuvre sera fort avancée quand le
clergé, en leur donnant toute garantie, aura
acquis leur concours (15, VI).

Un autre changement plus considérable s'est
produit dans les mœurs des autorités religieuses.
Aux scandales donnés, pendant toute la durée du
XVIIIe siècle, par un clergé riche et corrompu,
ont succédé les bons exemples d'un clergé pauvre et vertueux. Fait étrange, et qui montre combien l'État est impuissant à intervenir utilement
dans les intérêts religieux! L'ancien régime, en
prodiguant à la religion officielle les avantages
sociaux et en persécutant les autres cultes, n'a-
vait abouti qu'à ruiner l'influence longtemps prépondérante du clergé catholique, et à lui susciter
d'irréconciliables ennemis. Le régime nouveau,
au contraire, en persécutant le clergé catholique,
ou en le laissant exposé aux attaques de ses ennemis, lui avait rendu, en 1848, l'ascendant dont
il était privé depuis longtemps. Ainsi l'intolérance ne nuit pas seulement aux sociétés en leur
enlevant le grand bienfait de la paix sociale : elle
donne un résultat diamétralement opposé à celui
qu'on en attend. Elle éloigne du clergé les esprits
droits et élevés; elle les porte à sortir des bornes
d'une résistance légitime, et elle attire sur la reli-

gion même des attaques qui ne devraient s'adresser qu'aux persécuteurs.

Tels sont les moyens imprévus par lesquels la Providence, renouant la chaîne des temps, ramène la France au but que poursuivaient les grandes intelligences du xviie siècle, lorsque Louis XIV vint briser la tradition des deux règnes précédents.

IV. Ici vient l'objection que j'ai déjà réfutée en termes généraux dans l'introduction de cet ouvrage. Beaucoup d'écrivains, convaincus que les croyances religieuses sont la principale force des États, se persuadent en même temps qu'aucun effort ne saurait arrêter le mouvement qui, depuis deux siècles, porte la France au scepticisme. Leur découragement se résume habituellement en cet axiome, que les peuples placés dans cette situation sont entraînés à la ruine par une force irrésistible.

Aux considérations déjà présentées pour combattre cette opinion, j'ajouterai que le christianisme introduit dans la constitution sociale des modernes des moyens de réforme dont ne jouissaient pas les anciens. Les Européens sont en outre soutenus par une émulation qui a manqué aux grands empires de l'antiquité. Ils s'élèvent, par l'ensemble de leurs aptitudes morales, au-dessus du niveau atteint, dans le passé, par les nations les plus puissantes. Cette supériorité est bien due à la religion chrétienne; car elle est surtout marquée chez les trois peuples qui gardent le mieux la foi en la mission surnaturelle de Jésus-Christ.

A la vérité, les peuples ne parcourent guère avec suite les voies du bien : l'orgueil et les appétits sensuels, ces éternels ennemis de l'humanité, viennent sans cesse entraver leur marche. C'est ordinairement dans les temps de prospérité que ces deux fléaux commencent à exercer leurs ravages. On a pu constater, depuis trois siècles, dans les principaux États de l'Europe, que les plus grands succès ont été les précurseurs d'une chute rapide. L'Italie, l'Espagne et le Portugal, naguère si admirés, sont profondément déchus; la France décline de plus en plus[8]; les États-Unis, l'Angleterre même offrent des symptômes d'affaiblissement. Mais après certaines époques critiques, chaque peuple chrétien a trouvé le moyen de réagir sur lui-même et de regagner l'avance qu'il avait laissé prendre à ses rivaux. Comme exemples de la force de réaction qui distingue les Européens modernes, on peut citer : en France, l'admirable réforme de Henri IV et de

[8] Depuis que ces lignes ont été écrites (1862), l'Autriche et la France, après des désastres inouïs, sont tombées au rang des puissances de second ordre. La déchéance des grandes nations catholiques est un fait accompli. (Note de 1872.)

LouisXIII, et, en Angleterre, celle de George III.
Même au milieu de notre décadence actuelle, la
tendance vers le mieux est visible dans les efforts
persévérants, quoique infructueux, qui se sont
faits, depuis le Consulat, pour remédier aux vices
du xviii siècle et aux désastres de la révolution.

Pour préparer à la France un meilleur avenir,
il faut, avant tout, remonter à l'origine du mal. Il
faut mettre en relief l'intérêt qu'ont les laïques et
les clercs à cesser leurs discordes et à s'unir enfin
pour commencer la réforme.

CHAPITRE 14

L'ESSOR DU SCEPTICISME, A LA FIN DU XVII SIÈCLE, A ÉTÉ UNE RÉACTION DE L'ESPRIT PUBLIC CONTRE LA CORRUPTION, L'INTOLÉRANCE ET L'ACTION POLITIQUE DU CLERGÉ.

I. J'ai déjà fait l'histoire des changements survenus en France dans l'état des croyances religieuses. J'ai maintenant à insister sur les causes
qui ont amoindri l'influence du clergé.

En France, la plupart des catholiques ont
adopté l'erreur de J. de Maistre et de J. Balmès[1]

---

[1] « On ne saurait voir la principale cause du protestantisme dans
« les ab us introduits au moyen âge... Ces abus furent des occa-
« sions et des prétextes... Si l'on remarque quelque chose de
« caractéristique dans le protestantisme, il ne faut point l'attri-
« buer aux abus, mais simplement à l'époque où il naquit.... La

sur les causes de l'antagonisme qui règne depuis un siècle entre les laïques et les clercs. Ils attribuent uniquement ce désordre à l'esprit du mal qui anime les dissidents et les sceptiques. Ils ne tiennent point compte de la corruption qui avait envahi les autorités religieuses.

Cette opinon est démentie par les faits et par des autorités compétentes[2]. Elle est fort dangereuse; car, en cachant la nature du mal, elle donne le change sur le moyen de réforme. Elle empêche le clergé de trouver le langage qui ramènerait au vrai les égarés, et elle explique l'état d'impuissance où il est réduit.

Les peuples éclairés par la grâce divine et guidés par un clergé digne de sa mission, inclinent toujours vers la religion et même vers l'unité de foi. J'ai vainement demandé aux historiens l'exemple d'une nation qui aurait spontanément renoncé aux avantages que donne une bonne organisation religieuse. J'ai même observé des populations qui

« soumission à l'autorité en matière de foi a toujours rencontré « une vive résistance.... Il était naturel que la même chose arrivât dans le XVIᵉ siècle.... Une fois l'étendard de l'erreur arboré, il était impossible qu'il ne ralliât pas une multitude de partisans. » (J. BALMÈS, *le Protestantisme comparé au catholicisme*. Paris, 1870, t. Iᵉʳ, ch. II, p. 16 à 25.)

2 « Le démon est fort contre les lâches et les timides, mais très« faible et impuissant contre les courageux.... Il ne peut rien contre « nous si nous ne nous rendons lâchement à lui.... C'est nous-« mêmes que nous devons craindre; ce sont nos vices et nos « passions plus dangereuses que le démon même. » (BOSSUET, 2ᵉ *Sermon sur les démons*, 3ᵉ point.)

restent attachées à leur culte, malgré les maux
que leur infligeait le ministère d'un clergé corrompu[3]. Assurément des princes ambitieux ont
donné un certain appui au schisme du xvie siècle;
mais, dans la plupart des cas, le succès de leurs
intrigues avait été· préparé par le désordre des
clercs. En fait, les dissidences religieuses et le
scepticisme se sont surtout produits dans les sociétés qui se croyaient intéressées à réagir à tout
prix contre l'influence de clercs oppresseurs et
dépravés. Cette explication a été souvent donnée
par des docteurs et des prélats qui ont fait la
gloire de l'Église, et elle est justifiée par l'histoire.
Si les clercs avaient conservé les bonnes mœurs
des premiers siècles, les peuples n'auraient point
songé à se révolter contre l'autorité religieuse.
Si Luther et Calvin ont prêché avec tant de succès au xvie siècle la réforme du dogme, c'est que
l'Église n'avait point eu la force d'accomplir la
réforme du clergé[4].

[3] Des faits graves de corruption cléricale peuvent être observés
de nos jours dans plusieurs contrées où l'État impose un culte
orthodoxe, en proscrivant les cultes dissidents. Rien ne justifie
mieux la remarque de saint Bernard consignée à la note suivante.
Je ne présenterai point, à l'appui de cette assertion, des détails
qui, dans le trouble actuel des esprits, iraient contre le but que
je me propose. Il convient d'ailleurs que chaque Église, en cette
matière délicate, fasse elle-même sa police ; et l'on ne saurait trop
déplorer qu'en France il n'y ait pas de milieu entre la malignité
bruyante des sceptiques et le silence calculé des croyants. ==
[4] « Saint Bernard, » dit Bossuet, « a gémi toute sa vie des
« maux de l'Église. Il n'a cessé d'en avertir · les peuples, le

II. La corruption cléricale, qui s'était sans cesse aggravée du xiᵉ au xviᵉ siècle, ne pouvait

« clergé, les évêques, les papes même... L'Église romaine, qui,
« durant neuf siècles entiers, en observant avec une exactitude
« exemplaire la discipline ecclésiastique, la maintenait de toute
« sa force par tout l'univers, n'était pas exempte de mal ; et,
« dès le concile de Vienne, un grand évêque, chargé par le pape
« de préparer les matières qui devaient y être traitées, disait
« qu'il fallait *réformer l'Église dans le chef et dans les membres.*
« Le grand schisme arrivé un peu après mit plus que jamais cette
« parole à la bouche, non-seulement des docteurs particuliers,
« d'un Gerson, d'un Pierre d'Ailli, des autres grands hommes
« de ce temps-là, mais encore des conciles ; et tout en est plein
« dans les conciles de Pise et de Constance. On sait ce qui arriva
« dans le concile de Bâle, où la réformation fut malheureuse-
« ment éludée... Le cardinal Julien représentait à Eugène IV les
« désordres du clergé, principalement celui d'Allemagne... Le
« clergé, disait-il, est incorrigible et ne veut point apporter de
« remèdes à ses désordres. On se jettera sur nous quand on
« n'aura plus aucune espérance de notre correction. Les esprits
« des hommes sont en attente de ce qu'on fera, et ils semblent
« devoir bientôt enfanter quelque chose de tragique... Bientôt ils
« croiront faire à Dieu un sacrifice agréable en maltraitant ou en
« dépouillant les ecclésiastiques comme des gens odieux à Dieu
« et aux hommes, et plongés dans la dernière extrémité du mal.
« Le peu qui reste de dévotion envers l'ordre sacré achèvera de
« se perdre. On rejettera la faute de tous ces désordres sur la
« cour de Rome, qu'on regardera comme la cause de tous les
« maux, parce qu'elle aura négligé d'apporter le remède néces-
« saire... » — « Saint Bernard, » continue Bossuet, « constate que
« l'Église peut dire avec Isaïe que *son amertume la plus amère*
« *et la plus douloureuse est dans la paix ;* lorsque, en paix du
« côté des infidèles et en paix du côté des hérétiques, elle est
« plus dangereusement combattue par les mauvaises mœurs de
« ses enfants. » (BOSSUET, *œuvres complètes ;* Paris, 1816, t. XIX ;
Histoire des variations, p. 30.) — « On ne doit pas cesser de faire
« des vœux pour obtenir à l'Église des pasteurs également éclai-
« rés et exemplaires, puisque c'est faute d'en avoir eu beaucoup
« de semblables que le troupeau a été si indignement ravagé. »

aboutir qu'à l'une ou à l'autre de ces deux conséquences : il fallait ou que le clergé se réformât, ou
qu'il tentât de retenir son influence et ses richesses par la force, avec le concours des gouvernants. Les autorités ecclésiastiques, ayant
perdu pour la plupart l'esprit chrétien, s'arrê-
tèrent à ce dernier parti. Les clergés d'Espagne
et d'Italie ne réussirent que trop dans leur résistance à la réforme. Pour assurer l'unité de
foi, ils ne voulurent employer qu'un moyen :
l'extermination des hérétiques. Mais ce déplorable succès entraîna promptement, pour ces
deux régions si prospères autrefois, la perte des
mœurs et une complète décadence.

Les autres grandes nations occidentales ne
furent point défendues par l'inquisition contre
l'invasion du schisme : elles subirent dès lors le
fléau des luttes religieuses ; mais l'émulation de
de la lutte affermit les croyances. En Allemagne la foi se conserva à la faveur du régime fédé-
ratif, qui se prêta à l'existence simultanée du

(BOSSUET, *Ibidem;* fin de la préface.) — Le pape Innocent III,
ouvrant le quatrième concile de Latran, accusait plus vivement
encore la funeste influence du clergé en disant : « Toute la corruption du peuple vient spécialement du clergé. » Voir l'*Histoire
d'Innocent III,* par Hurter, t. III, p. 355. (Notes de 1864.)

Dans ces derniers temps, le souverain pontife Pie IX a souvent
reproduit la doctrine de saint Bernard, d'Innocent III et de
Bossuet. A ceux qui lui demandent la cause des épreuves actuelles
de l'Église, il répond : « Mes frères, nous avons péché ! » (Note
de 1873.)

catholicisme et du protestantisme. En France, à la fin du xvie siècle, en Angleterre, à la fin du xviie siècle, les guerres de religion avaient laissé en présence des cultes rivaux. La réforme morale parmi les adhérents de ces cultes, put donc se fonder sur la foi, et ouvrir une ère nouvelle d'harmonie sociale. A dater de 1685, au contraire, cette ressource manqua à notre pays. Le sentiment religieux n'y fut guère représenté depuis lors, ni par les protestants, que la persécution avait dispersés sur le sol de l'Europe, ni par le haut clergé catholique, que la cour continuait à recruter parmi des nobles sceptiques et corrompus. Telle fut, comme je l'ai expliqué, la cause de nos plus dures épreuves. Mais il y a pour les clergés quelque chose de pire encore que l'intolérance et la corruption individuelle : c'est la corruption collective qui les a souvent portés, en Occident, à se faire les auxiliaires des passions et des intérêts des gouvernements.

III. L'impuissance momentanée qui résulte de ces désordres, surtout chez les nations latines, est une source d'enseignements. Elle prouve qu'on ne peut impunément soumettre les peuples au régime de compression qui a pesé sur nos voisins du Midi plus longtemps que sur nous. Dans la triste condition où la France a été placée après la révocation de l'édit de Nantes, l'intolérance n'a pas seulement affaibli les convictions religieuses; elle a perverti pour deux siècles l'opinion publique en laissant croire que la raison, dans son libre essor, serait incompatible avec la foi. Comme on l'a dit d'autres tendances également odieuses, la persécution des croyances n'est pas seulement un crime : c'est aussi une grossière erreur. Il en est de même à plus forte raison de la persécution du scepticisme; car celui-ci se réfute toujours par ses œuvres. S'il était possible, en effet, de réunir, même dans le lieu le plus favorisé du globe, une société exclusivement composée de sceptiques, celle-ci, par son abominable dégradation, fournirait aux autres peuples une leçon salutaire. Assurément l'humanité ne se pliera jamais à une telle expérience; mais ce qu'on peut observer de nos jours en Europe suffit pour démontrer que la religion demeure le premier besoin de l'humanité. Les peuples, sous un régime de libre arbitre, y seront toujours ramenés, non-seulement par la grâce divine, mais encore par le soin de leur bien-être.

Ainsi la corruption, l'intolérance et l'action politique du clergé ont, depuis trois siècles, compromis chez nous le catholicisme : elles ont toujours, selon les circonstances, provoqué les dissidences religieuses ou le scepticisme. Cependant ni ces désordres, ni les doctrines rivales n'ont pu réussir à en ruiner le principe. Les sceptiques et les dissidents triomphent aisément, quand il faut combattre par la libre discussion ou par la violence un clergé infidèle à ses devoirs; mais leur insuffisance éclate lorsque, l'œuvre de destruction étant accomplie, ils prétendent organiser la société sans le concours des principes d'unité et de hiérarchie qui distinguent surtout le catholicisme[5]. Les attaques commencées en haine de l'oppression religieuse ont toujours pour fin la réforme du personnel ecclésiastique : elles régénèrent, par conséquent, ce qu'elles prétendaient détruire. L'histoire de nos révolutions enseigne que le catholicisme, plus encore que toute autre branche du christianisme, doit tirer de la liberté une force irrésistible. C'est ainsi qu'on peut pressentir le rôle élevé auquel seront appelés le clergé et les croyants laïques dans la réforme sociale de notre pays.

IV. A la vérité, de grands esprits qui ont pris beaucoup d'empire sur notre société ne partagent point cette manière de voir; car ils se persuadent que la compression des intelligences est la tendance

---

[5] Plusieurs nations chrétiennes prospèrent sans le concours apparent du catholicisme ; mais, en fait, ce concours ne leur fait pas complétement défaut. Partout, en Occident, j'ai entendu des hommes sincères appartenant aux autres communions déclarer que l'influence indirecte du catholicisme oppose parmi eux un utile contre-poids aux exagérations qu'entraînent l'intérêt de localité ou l'esprit d'individualisme.

irrésistible des catholiques. Ils n'admettent pas
que ceux-ci puissent exercer une action utile sous
le régime moderne, qui fonde la paix sociale sur
la tolérance. En cela, ils me paraissent commettre
une regrettable méprise. Les protestants et les
sceptiques ont souvent fait appel à la liberté pour
résister au catholicisme qui pesait sur eux ; mais
trop souvent, lorsqu'ils ont disposé du pouvoir,
ils ne se sont pas fait faute d'accabler à leur tour
leurs ennemis. La persécution qui, dans les temps
modernes, a frappé les catholiques en France, en
Angleterre et en Suède, n'autorise donc point les
protestants et les libres penseurs à revendiquer
l'esprit de tolérance, comme une qualité qui leur
soit absolument propre.

Ce qui manque surtout aux hommes de notre
temps, c'est la fermeté de conduite que donne la
confiance dans la vérité. Nous ne voyons devant
nous ni les énergiques convictions qui animaient
saint Paul et ses amis, ni les guides que nous
aurions à suivre pour ramener au vrai la nation
égarée[6]. Cependant, tout compte fait, le dévouement au bien et l'aptitude à la réforme sont plus
marqués chez les clercs que chez les laïques, chez
les croyants que chez les incrédules. Il y aurait
donc à la fois injustice et imprévoyance à nourrir
contre les catholiques des préventions exclusives.

---

[6] *L'Organisation du travail*, § 18, note 2. — *La Paix sociale*,
Introduction, §§ v, viii et ix. (Note de 1872.)

Les catholiques ont souvent opprimé leurs rivaux ; mais, en cela, ils n'ont fait que suivre la pratique habituelle des pouvoirs absolus. Ils changeront cette pratique dès qu'ils auront compris que leur action n'acquerra toute son efficacité que sous le régime d'émulation et de tolérance.

———

CHAPITRE 15

LA RESTAURATION DES CROYANCES, COMMENCÉE PAR LA RÉFORME MORALE DU CLERGÉ, SERA COMPLÉTÉE PAR L'ABSTENTION DE L'ÉTAT ET PAR LA PRATIQUE DE LA TOLÉRANCE.

I. La religion, je viens de le prouver, demeure aujourd'hui ce qu'elle a été dans tous les temps, le premier besoin des sociétés. C'est à son influence que les peuples libres et prospères doivent leur prépondérance actuelle.

Le christianisme, comme on le voit par l'exemple des Américains du Nord, s'adapte admirablement aux convenances des régimes de liberté. Le catholicisme, en particulier, a tout à gagner dans une évolution sociale qui remplacerait l'intervention des pouvoirs publics par l'initiative et le dévouement des citoyens.

L'éminent écrivain que j'ai précédemment cité (12, n. 4) a tracé un excellent programme des devoirs que les catholiques ont à remplir aux

États-Unis : ce programme convient également à la France. Il ne s'agit plus seulement d'insister sur le dogme et d'affirmer, par des discours ou par des écrits, la supériorité du principe ; il faut encore rendre cette supériorité manifeste par des actes et par la coopération au progrès moral des sociétés. Assurément, ce serait abaisser la religion que de lui assigner pour fin principale le bien-être temporel des croyants : le but de ses efforts sera toujours de conduire les âmes à la vie éternelle. Cependant, comme l'enseigne le verset placé en tête de ce Livre, la foi donne nécessairement les autres biens par surcroît. On peut donc agir utilement sur les sceptiques en leur montrant que, dès la présente vie, la religion est un sûr moyen de succès. Les catholiques ressaisiront aisément l'influence qu'ils ont perdue, s'ils reprennent individuellement la prééminence que donnent le talent et la vertu. Le jour où une grande nation catholique possèdera de nouveau la suprématie qui fut acquise par l'Espagne au XVe siècle et par la France au XVIIe, les dissidences religieuses seront bien près de s'effacer. Beaucoup de grands esprits s'emploieront alors volontiers à rendre au catholicisme son ancien éclat.

Les catholiques, pour s'élever à la hauteur de la mission qui leur incombe dans la réforme de la France au XIXe siècle, doivent d'abord surpasser en mérite leurs compatriotes. Ils ont à se garder des erreurs qui depuis deux siècles amoindrissent leur ascendant; ils ont surtout à redouter l'intolérance, le relâchement des mœurs et la protection intéressée des gouvernants.

II. L'une des formes de l'intolérance qu'il faut le plus éviter est l'exagération de la polémique religieuse. Les catholiques, qui dans ces derniers temps ont appliqué toutes les forces de leur intelligence à combattre les protestants, auraient pu faire un plus utile emploi de leurs talents et de leur science. La comparaison des dogmes était opportune à l'époque où l'on aurait pu encore conjurer, par de sages réformes dans la discipline, le déchirement qui au XVIᵉ siècle désola la chrétienté. Ce travail retrouvera son importance quand le moment sera venu de rétablir, autant que le comporte l'infirmité humaine, l'unité dans la foi. Aujourd'hui il doit se renfermer dans l'enseignement de la doctrine plutôt que s'étendre à la controverse avec les dissidents.

En sortant de ces limites on entreprendrait, en quelque sorte, une guerre civile, à une époque où le grand danger vient, non plus du schisme ou de l'hérésie, mais bien de l'irréligion qui menace également toutes les communions et toutes les sociétés de l'Europe. Il suffit même de considérer les contrées dans lesquelles sévit ce fléau, pour

comprendre que les catholiques sont plus intéressés que les autres chrétiens à ne point épar-
piller leurs efforts. Au milieu des débats qui
ébranlent plusieurs régions de l'Europe, les protestants qui rejettent les excès du libre examen
et qui gardent fermement les croyances du christianisme sont, par la force des choses, pour les
catholiques des alliés et non des ennemis.

Un second motif conseille aux catholiques de
n'entretenir aucune irritation contre leurs anciens adversaires. Plusieurs symptômes indiquent
que le schisme du XVIe siècle ne sera, en définitive, qu'un moyen suscité par la Providence[1] pour
rendre à l'Église son prestige. Le christianisme
a déjà élevé le monde moderne au-dessus du
monde païen. Ses grandes conquêtes sont dues
à l'initiative de quelques hommes soutenus par
la grâce de Dieu; mais elles ne s'étendent que par
la coopération d'un clergé nombreux, imbu en
partie des défauts de la société où il se recrute
et restant toujours au-dessous des principes qu'il
représente. Les autorités ecclésiastiques ont rarement réussi, même aux meilleures époques,
à garantir de la corruption les clercs séculiers.
Pendant longtemps elles ont cherché leur principal appui dans l'émulation et les bons exemples

---

1 Cette pensée m'a été souvent exprimée par des protestants
éclairés; je suis heureux de la retrouver dans l'ouvrage de
M. Guizot ayant pour titre : *L'Église et la société chrétienne.*

des corporations religieuses ; mais, lorsqu'à leur tour celles-ci manquèrent à leur devoir, l'émulation et la réforme vinrent du protestantisme. Il est notoire que les clergés catholiques de l'Allemagne qui, avant la réforme religieuse, étaient fort dépravés, montrent, depuis la paix de Westphalie, une régularité chaque jour plus exemplaire au contact des dissidents.

Quant au clergé français, dont la discipline s'était améliorée au XVIIᵉ siècle, il est retombé dans le désordre après la révocation de l'édit de Nantes. Ramené à sa pureté primitive par la persécution révolutionnaire, par l'hostilité des laïques et par le voisinage des protestants, il ne doit pas oublier que la corruption pourrait renaître avec l'influence et la richesse. La dégradation de certains clercs catholiques (14, II) qui sont protégés par le pouvoir civil contre la concurrence des dissidents, est assurément pour les fidèles une source d'affliction ; mais elle est aussi pour eux un enseignement salutaire. Encore une fois, les autorités ecclésiastiques ont toujours apprécié comme je le fais ici le principal écueil du catholicisme ; et, lorsqu'on lit attentivement les prières de la messe, on reconnaît qu'elles tendent à rappeler au prêtre qu'il doit demander à Dieu le secours nécessaire à son indignité.

Un troisième motif doit engager les catholiques français à laisser maintenant sommeiller les polémiques religieuses, pour se dévouer aux réformes plus urgentes que réclame la décadence de la nation. L'opinion persiste à faire peser sur eux la responsabilité de la persécution qui, vers la fin du xviie sièle, fut dirigée contre les protestants, au mépris du droit et au péril de la paix. Les catholiques mêmes qui condamnent ce crime, et qui n'y voient qu'une manœuvre politique, doivent convenir que cette accusation a ébranlé dans les cœurs les croyances qu'il importe aujourd'hui de restaurer. Il est au moins inopportun, en présence de ces dispositions de l'esprit public, de réveiller le souvenir d'une question irritante. Il ne faut pas que la prévention ou la malveillance puissent trouver prétexte pour alléguer que la controverse avec les protestants est moins une œuvre de propagande qu'un appel nouveau à la persécution.

En résumé, chaque clergé catholique, pour affermir son influence, a moins à combattre les autres communions qu'à se rendre compte du relâchement où il a pu tomber. Cet examen sera aussi fructueux que la polémique est stérile. En prenant l'initiative de ces critiques, il enlèvera à ses adversaires leur arme principale; il donnera en même temps à la société l'espoir d'une réforme plus complète. Le clergé ferait fausse route, s'il continuait, selon la méthode des partis politiques, à blâmer ses adversaires et à se glorifier devant eux. Qu'il réserve ses forces, d'abord contre ses propres fautes, puis contre le scepticisme, vrai fléau de la société européenne.

Une autre forme habituelle de l'intolérance religieuse est l'exagération des principes. Les écoles protestantes qui à notre époque possèdent le plus d'ascendant, sont celles qui répudient les conséquences excessives du libre examen et les empiétements de l'intérêt local. Le catholicisme, pour garder sa force, doit pencher vers la direction opposée. Il doit craindre d'abaisser les esprits, et de froisser les sentiments nationaux en poussant jusqu'aux plus extrêmes limites ses principes d'unité et d'autorité. Tous les grands hommes qui ont successivement présidé au gouvernement de l'Église, ont compris que l'unité du dogme était compatible avec la diversité des détails du culte et de la discipline ecclésiastique; que l'autorité exercée directement par la cour de Rome, pour les points essentiels, devait être largement déléguée, pour les points secondaires, aux évêques et aux simples ministres établis au milieu des populations. Les prêtres éminents que j'ai consultés à ce sujet, dans toutes les régions de l'Europe, s'accordent à penser que les évêques ont seuls le droit de gouverner leur diocèse, sous la haute autorité du Souverain Pontife. Selon cette même opinion, les évêques doivent rester dans la tradition et conserver la paix de l'Église.

C'est seulement en cas de nouveauté ou de division qu'il y a lieu de recourir à l'autorité du pape et des conciles chargés de maintenir l'unité.

Le partage des pouvoirs et des attributions entre la cour de Rome, les évêques, les curés et les gouvernants, est aujourd'hui la principale cause des discordes intestines de l'Église de France (9, II). J'ai été contraint de consacrer à cette épineuse question une grande partie du temps que j'aurais plus utilement employé dans le cercle de mes études spéciales. En effet, notre marche vers la décadence a été si rapide dans ces derniers temps, que j'ai dû rechercher, avec une sollicitude croissante, parmi mes concitoyens les meilleurs auxiliaires de la réforme sociale. Cette enquête m'a signalé presque partout des membres de notre clergé; mais, en même temps, elle m'a prouvé que leur dévouement est paralysé par l'antagonisme qui divise nos clercs comme les autres classes de la société. Des milliers de déclarations verbales ou écrites m'ont appris que le mal réside surtout dans la situation fausse qui, depuis la révolution de 1789, est faite aux évêques et aux curés. Au surplus, les principaux griefs des uns et des autres peuvent se résumer en peu de mots[2].

---

2 Ce mal, bien entendu, ne sévit point partout d'une manière apparente. Ici, les évêques le conjurent par la prudence et l'esprit de justice; là, les curés le subissent avec résignation.

Certains évêques, et surtout les administrateurs qui les assistent, se plaignent de l'insubordination des curés, de leurs infractions à la discipline ecclésiastique, de leur attitude agressive devant les autorités civiles, enfin de leur tendance à intervenir dans les luttes politiques. Ces évêques se trouvent naturellement conduits à s'unir au gouvernement pour réprimer ces écarts, et ils restreignent, autant que possible, l'état d'indépendance que les anciennes institutions de l'Église assuraient au bas clergé.

Les curés se plaignent amèrement de cet état de choses. Ils réclament des garanties contre les décisions arbitraires de l'évêque et de ses conseillers. A cet effet, ils demandent trois réformes : 1° la restauration des cures inamovibles, qui existaient avant la révolution de 1789 ; 2° le rétablissement des concours pour la nomination aux emplois les plus recherchés ; 3° enfin le retour aux *officialités,* c'est-à-dire aux tribunaux réguliers ayant mission de constater les infractions à la discipline et de déterminer, selon la loi canonique, les peines encourues par les délinquants. Et, comme ces garanties leur font défaut, les plaignants s'habituent à rechercher près la cour de Rome la justice que ne leur donne pas maintenant la constitution de l'Église de France. C'est ainsi qu'une partie de notre clergé se persuade à tort qu'il existe un antagonisme nécessaire entre l'autorité pontificale et les autorités ecclésiastiques ou civiles de notre pays. C'est ainsi que, dans les conflits qui surviennent, la sympathie des clercs est d'avance acquise à l'autorité la plus éloignée, c'est-à-dire à celle qui pèse le moins sur eux.

Je ne puis contribuer en rien à calmer ces discordes en énonçant la conclusion qu'elles m'inspirent. Je me borne donc à exprimer le vœu que les pouvoirs compétents y mettent fin par de judicieuses réformes. Il est cependant une critique que j'ai entendu faire avec unanimité au sein des clergés catholiques de France et d'Allemagne : c'est celle qui s'adresse à la négligence et à la vénalité des bureaucraties chargées d'expédier les nombreuses affaires qui affluent à Rome de toutes les régions du globe[3].

III. On peut dire, en général, que le relâchement tend maintenant à se produire dans l'administration du culte plutôt que dans les mœurs

---

3 A Rome, l'excès de la centralisation a pour résultat de conférer en fait à des bureaux le pouvoir nominalement attribué au Souverain et à ses ministres. Les affaires ne s'expédient qu'avec une extrême lenteur dans les *bureaux des dicasteri :* de là, dans tous les pays catholiques, l'établissement d'une classe particulière d'agents chargés de provoquer les décisions attendues par leurs clients. J'ai sous les yeux une circulaire dans laquelle un de ces agents offre au public le concours de ses nombreuses et. puissantes relations ; il énumère explicitement cent dix sortes d'affaires principales pour lesquelles on peut recourir aux *dicasteri ;* et il annonce que, pour abréger, il se dispense de citer les autres.

privées du clergé. Je signalerai comme exemple les péages établis dans les églises françaises, contrairement à l'une des meilleures coutumes du christianisme. Cette coutume donne l'entrée gratuite dans le temple du Seigneur. Elle assure un accueil égal à toutes les classes de la population, au riche comme au pauvre, au maître comme au serviteur. Elle reste intacte dans la majeure partie de l'Europe, chez les catholiques romains d'Espagne et d'Italie, comme chez les catholiques grecs de l'Orient et de la Russie. Le scrupule y est souvent poussé à ce point que toutes les places restent à la disposition du premier occupant. C'est ainsi qu'en Russie on voit chaque jour le seigneur se mêler à ses paysans dans l'église qu'il a bâtie, et se contenter de l'une des places qui restent vacantes au moment de son entrée. Au contraire, les églises officielles et dissidentes du royaume-uni de Grande-Bretagne et d'Irlande perçoivent un impôt sur toutes les places occupées. Il est à regretter que les Églises de France imitent cette pratique et qu'elles en aggravent parfois les inconvénients en élevant des barrières intérieures pour la perception des péages.

Les principes exigent sans doute que les fidèles subviennent aux frais du culte; mais il importe aussi que le régime des subventions soit subordonné à certaines convenances que l'expérience indique à tous les administrateurs prudents. La

première règle est de ne point se livrer à d'inutiles dépenses. Il faut surtout se garder des exagérations tendant à donner au culte un caractère
de splendeur. Les autorités catholiques commet-
traient un anachronisme, si elles se persuadaient
que l'emploi d'un riche matériel et l'intervention
d'artistes renommés sont aujourd'hui pour le culte
des moyens nécessaires d'influence. J'ai entendu
dire par des évêques d'un haut mérite qu'il faut
se méfier du concours qu'apportent au culte les
arts qui se proposent surtout de flatter les sens.
Les moyens de conversion doivent être em-
pruntés aux rites traditionnels, à l'usage de la
raison, et aux exemples de foi et de piété donnés
par les classes dirigeantes. Le clergé doit asseoir
son influence sur la pratique de la vertu, sur
une logique sûre secondée par l'éloquence, et sur
une intelligence supérieure des grands intérêts
sociaux. Ce genre de propagande est recommandé
plus que jamais par des clercs éminents[4]. Il restaurera les forces intellectuelles qui ont fondé le
christianisme, mais qui étaient devenues l'arme
du scepticisme pendant le XVIIIe siècle, au milieu
de la corruption des autorités religieuses. Les
succès que le clergé obtiendrait par la prédication seraient le symptôme le plus certain de la
régénération prochaine de notre patrie.

[4] *De la Prédication*, par Mgr Isoard, auditeur de rote pour la
France; 1 vol. in-12, chez Albanel, Paris, 1871. (Note de 1872.)

Notre clergé catholique est d'autant plus encouragé à suivre cet voie, que cete genre de succès semblait lui être interdit dans les déplorables conditions où il se recrute depuis l'époque de la révolution. Au milieu de l'hostilité sourde qui règne entre la société laïque et le clergé, le personnel ecclésiastique sort presque exclusivement des classes inférieures de la population. Il n'est donc préparé ni par son éducation première, ni par ses relations, à prendre l'ascendant que les familles dirigeantes transmettent sans effort à leurs enfants. La France contraste singulièrement avec les peuples qui se montrent le plus pénétrés du sentiment chrétien. Chez les Anglais et les Américains du Nord notamment, les familles les plus influentes s'honorent de consacrer un de leurs enfants au service religieux. Les jeunes gens, qui s'y engagent, entretiennent avec leurs parents des rapports intimes. Ils ne restent point étrangers à l'éducation générale donnée à ceux de leurs contemporains qui embrassent les autres professions libérales. Cet état de choses existait encore en France au XVIIe siècle; mais c'est à peine s'il en reste quelques vestiges dans certains districts de la Flandre, de la Bretagne, de la Bourgogne, de l'Auvergne et du Béarn. Sur plusieurs points de notre territoire, le recrutement du clergé devient impossible. Je connais, même, en Champagne, des villages à banlieue

morcelée (34, XIV) où le prêtre, chargé de des-
servir quatre paroisses contiguës, n'est attaché
à ses ouailles par aucun lien. Au contraire,
placés depuis l'enfance en contact avec les populations, les ministres du culte, en Angleterre
et en Amérique, s'associent aux grandes aspirations de la vie nationale. Ils contractent avec
la partie la plus distinguée de leur génération
des relations que les prêtres ne se créent chez
nous qu'à la faveur de talents exceptionnels.
Malgré ces difficultés, la religion remplace peu à
peu, chez les esprits vraiment éclairés, le scepticisme qui s'était développé au siècle dernier; et
cependant, à cette époque, les dignités ecclésiastiques, largement rétribuées, étaient recherchées
par les classes dirigeantes. Il n'est donc plus permis de méconnaître l'heureux effet de la tolérance
sous le régime actuel d'antagonisme religieux.

IV. Le troisième écueil que doivent désormais
redouter les catholiques est une connexion trop
intime avec les pouvoirs politiques. Cette connexion s'établissait naturellement sous les gouvernements qui se proposaient de diriger les individus jusque dans la vie privée. Les ministres
du culte obtenaient alors sans difficulté la considération, les honneurs et la richesse. Les gouvernants, de leur côté, acquéraient un nouveau moyen
de dominer les esprits. Au contraire, les grandes

nations où plusieurs cultes possèdent le droit de cité exigent de plus en plus l'indépendance réciproque des deux pouvoirs. Les peuples que l'on prend maintenant pour modèles n'aiment pas à se laisser conduire, en matière de religion, par l'autorité publique. Ils conservent leurs croyances sous la double influence de la foi et de la raison, avec le concours d'un clergé indépendant. En fait, à notre époque de schisme et de scepticisme, le lien qui unissait les deux pouvoirs doit se relâcher au moins momentanément. La religion est affaiblie par un haut patronage, et elle devient suspecte à ceux qu'il faut ramener à la foi. L'État, de son côté, en présence de citoyens affranchis de tout frein moral et disposés à tout entreprendre (12, n. 1), est impuissant à maintenir l'ordre public. En fait, l'union spontanée de la religion et de l'État, condition première de la paix sociale, est surtout assurée par l'entente directe du prêtre et des chefs de famille pénétrés du sentiment de leurs devoirs[5].

L'union forcée de la religion et de l'État a été l'un des principes sur lesquels se sont fondées les nations païennes de l'antiquité. Adoptée peu à peu par les chrétiens depuis le IVe siècle, elle

---

[5] Cette entente paraît être essentielle au génie même du christianisme. Elle s'est souvent produite malgré les obstacles opposés par la loi : tel a été le cas, en Irlande, chez les catholiques, et, en Angleterre, pour les catholiques comme pour les dissidents du protestantisme.

semble avoir peu servi la religion. Elle a certainement causé de grandes calamités au XVIe siècle, lorsque la corruption cléricale eut permis au schisme de se propager en Occident. En tous temps les clercs ont trouvé le succès dans leur vertu, non dans l'appui du pouvoir. Même au point de vue de leur situation temporelle, les clergés ont toujours fait un faux calcul lorsque, voyant déchoir leur empire sur les cœurs, ils ont demandé aux gouvernants le pouvoir et la richesse; lorsque, perdant la science et l'éloquence, ils ont prétendu garder leur influence avec l'aide du bras séculier, tout en se dispensant des devoirs qu'il faut accomplir pour ramener par la persuasion les hommes à la vérité. De grandes catastrophes ont montré qu'en suivant ce plan de conduite, ils tarissaient eux-mêmes les vraies sources de leur autorité.

L'indépendance des clercs sera d'ailleurs à l'avenir une des conditions du perfectionnement des mœurs et du développement de la liberté générale. C'est, en effet, un exemple salutaire pour un peuple, que de voir une classe de citoyens soutenir par sa propre initiative les grands intérêts du pays. Un clergé indépendant peut seul neutraliser par son enseignement l'action dissolvante que les gouvernants exercent, à certaines époques, sur les mœurs privées. Au contraire, un clergé servile devient alors un nouvel élément de désorganisation. C'est ce qui est arrivé, par exemple, au temps de Louis XIV. On a vu, à cette triste époque, les dignitaires ecclésiastiques sanctionner par leur présence les scandales de la cour, et coopérer ainsi à la corruption des classes dirigeantes.

Le clergé ne doit pas permettre que la foi se manifeste surtout par des actes extérieurs ou par la haine des hérétiques. Les pratiques qui ne sont point l'expression sincère de l'amour de Dieu et du prochain dégradent les populations; et la haine rabaisse l'homme au paganisme. Le règne de Philippe II a été l'une des origines de ces déviations : il a ouvert pour les Espagnols une ère de décadence qui, malgré les vertus de cette noble race, n'est point encore fermée.

Une autre tendance non moins funeste serait celle qui porterait le clergé à revendiquer le droit de s'immiscer, au nom du dogme, dans les intérêts temporels. C'est ainsi que, dans le passé, la religion s'est trop souvent mêlée aux questions soulevées par la politique et le commerce. Heureusement les théologiens du christianisme s'accordent pour débarrasser la doctrine de ce bagage politique et économique, qui est maintenant le principal embarras de l'Islam.

Le clergé doit même intervenir d'une manière moins immédiate et moins intime dans son véritable domaine, la direction morale de la société, à mesure que la vertu et la science se développent chez les laïques. L'Église, revenant sous ce rapport aux traditions qui faisaient autrefois sa force, doit prudemment subordonner ses règles et sa discipline aux besoins des temps. Elle doit laisser une partie de ses anciennes attributions aux chefs de famille devenus plus éclairés et plus prévoyants. Les dignitaires ecclésiastiques, en allégeant ainsi le service du bas clergé, réussiront mieux à amortir l'effet de ses imperfections. En réduisant la besogne de leur personnel, ils atténueront la difficulté du recrutement [6].

V. Les principaux obstacles que rencontre en France la réforme sociale, viennent des rapports

---

[6] Je ne saurais trop insister sur ces règles de conduite. Je les ai trouvées partout justifiées par l'observation. Les religieux, qui exercent dans le monde entier l'influence la plus réelle et la moins discutée, suivent à cet égard depuis plus de deux siècles, avec une fidélité inébranlable, les préceptes de leur saint fondateur. La corporation ne recherche point l'honneur qui s'attache à la création des œuvres de bien public. Elle se dévoue aux entreprises qui rentrent dans l'esprit de son institution; mais elle n'y accepte jamais le commandement. Elle repousse même le droit de propriété sur les immeubles affectés à ces entreprises. Son programme est de servir ceux qui fondent, possèdent et dirigent les établissements. Le succès croissant et l'ascendant extraordinaire acquis par la corporation au milieu de toutes les races d'hommes devraient être un enseignement pour les clergés qui croient devoir lutter pour conquérir l'influence ou le pouvoir. Rien ne démontre mieux la vérité de ces préceptes : « Quiconque s'élève « sera abaissé, et quiconque s'abaisse sera élevé. » (S. Luc, xiv, 11.) — « Quiconque voudra être le premier d'entre vous doit être « le serviteur de tous » (S. Marc, x, 44.)

à établir entre la religion et l'État. Or, en considérant les peuples que l'opinion signale comme des modèles, on se trouve en présence de deux types principaux : de l'Angleterre, qui unit l'État à un culte officiel ; des États-Unis, qui maintiennent une distinction tranchée entre l'État et tous les cultes.

La France est placée, à quelques égards, dans une situation intermédiaire. Elle se rapproche du régime anglais en admettant au Sénat les grands dignitaires du culte catholique, en intervenant dans la nomination des évêques, et surtout en subvenant par l'impôt aux besoins des cultes qu'elle reconnaît. Elle se rattache au régime Américain, en mettant ces mêmes cultes dans des conditions d'égalité. Elle diffère de l'un et de l'autre, en ce qu'elle refuse le droit d'association aux adhérents des cultes non reconnus par l'État.

Cette comparaison suggère d'abord la pensée que la France se place dans le vrai en évitant les exagérations de deux nations également éminentes. Mais les faits que j'observe et les informations que je recueille auprès des ministres du culte et des fonctionnaires de l'État, m'amènent de plus en plus à constater que cette apparente conciliation n'est, au contraire, qu'une nouvelle source d'antagonisme, et qu'elle est pleine de périls pour l'ordre social. Une enquête entreprise à ce sujet mettrait en lumière ces inconvénients.

Elle confirmerait les considérations présentées ci-dessus, en concluant à la distinction des deux pouvoirs. Aucune réforme ne contribuerait plus à terminer la lutte de l'opinion publique contre la religion, et à mettre celle-ci en situation de reprendre sur les âmes l'empire qui lui appartient.

Quant au système à suivre pour réformer nos institutions religieuses, on en trouvera les principaux éléments au Canada et aux États-Unis, dans l'organisation des diverses communions et en particulier dans celle du culte catholique. La hiérarchie de l'Église américaine s'est établie spontanément, avec la haute sanction du Souverain Pontife, selon les meilleures traditions des premiers siècles du christianisme. Le résultat répond d'ailleurs à l'excellence du principe : l'Église américaine se distingue à la fois par ses vertus et par ses talents. Elle joint un profond sentiment national à un vif dévouement pour l'unité catholique. Les ressources nécessaires pour la rétribution des ministres du culte, pour la construction des églises et l'entretien du matériel sont libéralement fournies par les fidèles, sous forme de dons, de legs ou de subventions annuelles. Toutefois les biens qui passent ainsi du régime de la propriété privée (21, XII) à celui de la mainmorte, sont soumis par certains États à un contrôle sévère qui prévient les abus.

Les manœuvres ayant pour but de dépouiller

les héritiers naturels au profit des établissements religieux, forment l'une des éventualités que redoutent le plus chez nous les personnes favorables, sous les autres rapports, à l'organisation indépendante de tous les cultes. On dissiperait ces craintes en conservant pour les dons et legs le régime en vigueur, et surtout en interdisant l'attribution à la mainmorte des immeubles autres que les presbytères, les bâtiments épiscopaux et les autres établissements destinés au service religieux.

Aux États-Unis, la séparation des deux pouvoirs n'implique point l'indifférence religieuse de l'État. Celui-ci, dans les circonstances solennelles, a toujours sollicité les prières publiques ou les actions de grâces de tous les cultes. En France, dans les mêmes occasions, on convoque dans les églises catholiques toutes les autorités civiles et militaires; et à cet égard, par conséquent, on se rapproche du régime anglais plus que du régime américain. Cette coutume, justifiée par la proportion relative des personnes adhérant aux divers cultes, ne paraît avoir soulevé jusqu'à présent aucune objection. Elle n'opprime point les consciences, car les fonctionnaires non catholiques ont la faculté de s'abstenir. Elle relève aux yeux des populations le rôle social de la religion en l'associant solennellement aux grandes manifestations de la vie nationale. Néanmoins les réfor-

mateurs anglais, ceux mêmes qui condamnent
les injustices encore attachées à la constitution
de l'Église anglicane, attribuent une haute importance à ces manifestations officielles d'un culte
public (11, I). Sous ce rapport seulement, ils
réclament le maintien d'une religion d'État. Ils
remarquent qu'aux États-Unis, depuis l'époque
de la révolution, les solennités religieuses ont
cessé d'être célébrées, dans l'Église anglicane, sur
l'invitation des représentants de l'autorité souveraine. Ils expliquent ainsi l'affaiblissement qui,
depuis Washington, se produit dans les croyances
chrétiennes de ce pays (12, IV). Cependant, au
milieu de récentes épreuves, les présidents des
États-Unis, continuant l'ancienne tradition, ont
recommandé à tous les cultes des jeûnes et des
prières publiques.

Si notre régime actuel de conscription devait,
longtemps encore, imposer aux citoyens le service de l'armée, il conviendrait d'en exempter les
jeunes gens qui se destinent au service des cultes
ayant une sérieuse tradition. Comme la dotation
qui assurerait à ces cultes une situation indépendante (13, II), cette exception au droit commun
ne serait qu'une compensation légitime pour les
spoliations dont ils ont été victimes dans le passé.

VI. Toutes ces réformes sont subordonnées, en
France, au renouvellement préalable de l'opinion

publique. Celle-ci cessera de faire obstacle à la restauration des croyances, dès qu'elle ne redoutera plus les entreprises politiques et l'intolérance du clergé. Déjà la difficulté s'est amoindrie depuis qu'on n'a plus à craindre les désordres que provoquaient autrefois les mœurs peu édifiantes de certains dignitaires ecclésiastiques. On verra alors renaître de toutes parts les sentiments qui portent les hommes à se préoccuper de la vie future et à pratiquer la religion.

Beaucoup d'hommes distingués, exerçant à la fois sur la société laïque et sur le clergé une influence légitime, commencent à propager ces vues et ces conseils, comme on peut le constater en se reportant à leurs écrits et aux discours prononcés en 1863 au congrès de Malines. En considérant la part importante que les catholiques français ont prise à cette solennité internationale, on se trouve conduit à émettre le vœu que la réforme de nos institutions, en matière de publicité et de réunion, rende à la France, dans ce mouvement d'idées, la place qui lui revient[7].

---

7 Nos prélats comme les laïques commencent à se pénétrer, sous ce rapport, des opinions qui sont depuis longtemps populaires chez les catholiques allemands. Dans son instruction pastorale de 1846, Mgr Parisis, alors évêque de Langres, s'exprimait en ces termes : « L'Église n'a besoin ni de protection ni de privilége, il ne lui faut que la liberté... Pour conclure une alliance « sérieuse, pour cimenter une paix durable, il suffit donc que le « droit divin de l'épiscopat puisse s'exercer sous la garantie du « droit social de la liberté pour tous. »

Aucun pays ne me paraît plus apte à reprendre
la haute mission qui fut accomplie déjà avec tant
de succès au temps de saint Vincent de Paul et
de Descartes, et qui consiste à accorder la foi avec
la raison. Il n'y a évidemment rien d'exagéré à
réclamer, à cet égard, pour les catholiques français le rôle bienfaisant qui fait la gloire des catholiques franco-canadiens. C'est en vain qu'on
se flatterait d'organiser notre société sous l'influence exclusive de l'une de ces forces. Nous
devons les concilier toutes les deux, sous peine
de nous laisser envahir par la barbarie qui, au
milieu du progrès matériel dont nous sommes si
fiers, reste un danger permanent pour l'ordre
moral[8].

Assurément la perte des croyances et ses conséquences habituelles, l'antagonisme et l'instabilité, alors même qu'elles persisteraient chez
nous, ne compromettraient pas l'avenir de l'humanité. Trois puissants empires ont conservé,
en effet, l'esprit du christianisme, avec une diversité conforme aux voies habituelles de lā Providence. Leur force d'expansion se manifeste par
les innombrables essaims qui en sortent de toutes

---

[8] Ces lignes ont été écrites en 18͞6. Après les événements qui
se sont passés à Paris du 18 mars au 31 mai 1871, personne ne
peut méconnaître les rapides envahissements d'une barbarie qui
s'annonçait déjà par une foule de symptômes (*l'Organisation du
travail,* Document J), et qui reste sans exemple, même chez les
sauvages les plus dégradés. (Note de 1872.)

parts. Elle contraste visiblement avec notre stérilité actuelle (26, X), et elle leur permet de
continuer, dans des conditions nouvelles, les entreprises que nous avons poursuivies à nos époques
de foi et de fécondité. Dans leur marche incessante contre le désert ou la barbarie, les pion-
niers de la Russie, de l'Angleterre et des États-
Unis remplissent seuls la mission que dix siècles
de prospérité avaient assignée à notre race. Nous
serions définitivement empêchés d'y prendre
part, si la lutte de l'esprit laïque contre la loi divine, et les autres erreurs que je signalerai dans
les livres suivants, devaient plus longtemps se
perpétuer parmi nous.

Que les hommes dévoués à la grandeur de
notre pays et à la cause de la religion fassent donc
un effort sur eux-mêmes pour dominer une situation critique; qu'ils ne s'abandonnent pas à une
dangereuse quiétude et qu'ils résistent surtout à
l'orgueil; qu'ils renoncent à leurs fatales dissen-
sions et s'efforcent enfin de conjurer un mal qui
bientôt serait sans remède. Après les solennels
avertissements que nous a donnés la Providence,
profitons du moment de répit qui nous est accordé[9]. Reprenons la tradition que recomman-

9 Ce conseil, donné en 1864 (1re édition), renouvelé en 1866
et en 1867 (2e et 3e édition), n'a point été écouté par ceux qui
auraient dû en profiter : cependant nos derniers désastres montrent combien il était opportun. Je le reproduis (en octobre 1871)
avec plus d'insistance ; et je fais encore appel à ceux qui, par leur

dent l'ancienne prépondérance de notre race et
le succès actuel de nos rivaux. Plaçons de nouveau la société sous l'égide tutélaire de la foi
religieuse. Et puisque la marche du temps nous
éloigne heureusement, en cette matière, des
contraintes exercées par l'État et des faciles méthodes de la Russie (10, I), restaurons la religion
par les influences locales comme au moyen âge,
par l'autorité paternelle comme chez les Franco-
Canadiens. Suivons dans cette voie plus difficile,
mais plus féconde, nos principaux émules ; cher-
chons comme eux notre salut dans la réforme des
mœurs et dans la liberté !

situation ou leurs talents, ont le pouvoir de ramener au vrai l'opinion égarée. (Note de 1872.)

LIVRE DEUXIÈME

LA PROPRIÉTÉ

Que le testament, par lequel le père de
famille règle la transmission ou l'administration de sa propriété, ait force de loi.

(*Loi des Douze Tables*, tab. V.)

7

SOMMAIRE

DU LIVRE DEUXIÈME

LA PROPRIÉTÉ

CHAPITRE 16

LA PROPRIÉTÉ N'A PAS DE FORME PLUS FÉCONDE QUE LA POSSES-
SION LIBRE ET INDIVIDUELLE ; AVEC CE CARACTÈRE, ELLE EST
LE SECOND FONDEMENT DES SOCIÉTÉS DE L'OCCIDENT.

I. La propriété est une des institutions qui s'appuient le mieux sur la raison et la justice. Elle a
pourtant été contestée à ce double point de vue
par des auteurs qui se sont ainsi créé une certaine célébrité. Ici, comme toujours, nous devons
donc demander la vérité à la méthode d'observation (8, VI). De même que la religion, la propriété
s'est organisée spontanément chez tous les peuples élevés à un certain degré de prospérité, et
elle apparaît comme le second fondement de l'organisation sociale. Elle se montre, selon les lieux
et les coutumes, sous des formes qui varient à
l'infini. Cependant on peut les ramener toutes
à deux types principaux : la possession collective
et la possession individuelle.

Les peuples de l'antiquité, ceux surtout qui ont brillé en divers temps, au midi de l'ancien continent, ont, en général, pour la propriété comme pour la religion, laissé peu d'initiative à l'individu. Sans méconnaître absolument le caractère personnel de la propriété mobilière, et notamment de l'argent, des vêtements, des armes, des instruments de travail, ils ont souvent attribué la propriété indivise du sol à des communautés de familles (42, II et III) qui se sont constituées, selon les circonstances, avec une grande diversité.

Les peuples modernes, au contraire, qui se distinguent le plus par leur prépondérance et par leurs succès, tendent chaque jour davantage à donner à toute espèce de propriété un caractère exclusivement personnel. Sous cette forme, ils la considèrent comme la récompense naturelle du travail et de l'épargne, c'est-à-dire des deux vertus sur lesquelles reposent surtout l'indépendance des individus et la puissance des sociétés. Les écrivains qui, dans ces derniers temps, ont prôné le retour au principe de la propriété collective, se placent en contradiction avec les faits que présentent les meilleures organisations sociales de l'Europe. Ceux qui se flattent de lutter contre les manufactures individuelles de l'Angleterre avec le concours de communautés analogues à celles du moyen âge (45, V et VI), commettent une erreur aussi grave que s'ils voulaient aujourd'hui soutenir une guerre avec les armes de jet de cette même époque.

II. La tendance universelle des races sauvages et la préoccupation dominante des individualités inférieures chez certains peuples, est de travailler le moins possible, et de consommer immédiatement, sans prévoyance de l'avenir, tous les produits du labeur quotidien. Ces sociétés restent imparfaites tant que la partie imprévoyante de la population n'est pas soumise à des autorités fortes et intelligentes qui la dressent au travail et à la tempérance. Telle est l'une des origines de l'organisation sociale qu'on peut encore observer en Europe parmi les pasteurs nomades de l'Oural, de la Caspienne, du Volga inférieur et du Don, comme chez les agriculteurs des régions orientales de la Russie. Au milieu de nuances très-variées, ces agglomérations naissantes se reconnaissent toutes à un trait commun. Les vieillards chefs de famille y ont mission de gouverner les jeunes ménages, de répartir judicieusement les travaux et les produits, de réprimer la paresse et d'empêcher les consommations imprudentes. La terre, les habitations et les troupeaux, régis par cette autorité patriarcale, sont la propriété de ces communautés où les liens du sang maintiennent naturellement l'union des intérêts.

Le principe de la propriété collective du sol

prévaut toujours dans la famille ; souvent il s'é-
tend même, dans une certaine mesure, aux groupes qu'on nomme *tribus* chez les nomades et *communes* chez les peuples sédentaires.

Ce régime de possession indivise ne concerne
pas seulement les marais, les pâturages et les
forêts, il s'applique également aux terres arables.
Ainsi, chez beaucoup de paysans russes, ces terres
distribuées entre les familles de chaque village
sont assujetties après un intervalle moyen de treize
années à une nouvelle répartition. Les partages
périodiques s'opèrent en proportion du nombre
des bras et des charrues de chaque maison[1].
Ils restituent aux familles certaines portions de
terre qui, dans l'intervalle, avaient été acquises
par des familles plus laborieuses. Développant
singulièrement le principe patriarcal qui assure
une même somme de bien-être à tous les membres d'une même famille, cette organisation com-
munale a pour but de faire régner l'égalité entre
toutes les familles, autant qu'on peut le faire
sans décourager tout à fait celles qui sont le plus
disposées au travail et à l'épargne.

Les tribus nomades et les communes russes
sont placées sous la haute direction de certaines
autorités qui y conservent la paix publique. Celles-
ci appuient au besoin les chefs de maison ; elles

---

1 *Les Ouvriers européens*. Paysans-agriculteurs et charrons à
corvées du pays d'Orenbourg, § 6.

retiennent dans le devoir et dans l'obéissance les jeunes gens qui voudraient s'en écarter; enfin, en retour de leurs services, elles prélèvent une redevance sur les produits du travail. Souvent aussi, et par exemple chez les Russes séden-taires, les seigneurs qui exercent cette autorité se réservent formellement la nue propriété du sol. Cette hiérarchie de pouvoirs, lorsqu'elle a régulièrement gouverné une suite de générations, y introduit à la fin l'amour du travail et la pré-voyance. Peu à peu on voit apparaître, avec ces vertus primordiales, les premiers germes de liberté et de prospérité. Le caractère de la propriété personnelle, d'abord limité aux vêtements, est successivement étendu aux armes, aux meubles, aux bijoux et aux métaux précieux, à mesure que la richesse augmente. Alors enfin la nécessité d'un changement plus considérable ne tarde pas à se faire sentir.

Toutes ces organisations sociales présentent, en effet, à l'observateur un vice radical. Les membres éminents supportent plus que les au-tres les fatigues du travail et les privations de l'épargne; tandis que, dans le partage de la ri-chesse accumulée, ils ne sont pas mieux traités que les moins sobres et les plus indolents. Les personnes les plus recommandables de ces com-munautés sont donc naturellement portées à se soustraire aux charges que la tradition leur impose, et à se faire concéder, dans la propriété et le travail, les bienfaits du régime individuel.

Cette transformation s'accomplit, au grand avantage de la société, partout où la frugalité et les habitudes laborieuses ont été suffisamment propagées par la discipline que je viens de signaler. On peut alors, sans accroître beaucoup la pauvreté, attribuer à chaque ménage composé des deux époux et des enfants mineurs, la responsabilité de son bien-être : on atteint ce but en lui donnant la possession des immeubles qu'il habite ou qu'il exploite. Cependant, si le progrès des mœurs ne précède pas cette réforme, la misère, qui était conjurée par la communauté, devient le lot fatal de ceux qui ne savent pas faire un emploi judicieux de leur libre arbitre. Au contraire, les stimulants de l'intérêt privé donnent aux autres des moyens illimités de succès. L'inégalité des conditions perce toujours plus ou moins sous le régime de communauté; mais elle devient un trait dominant sous tous les régimes d'individualisme.

Telle est la réforme que le gouvernement russe opère depuis l'année 1863 dans la situation des paysans. Ce changement n'a pas pour unique objet de rendre ces paysans indépendants des seigneurs qui avaient la nue propriété du sol, avec un droit de redevance[2]. Il tend surtout, en ce qui con-

[2] *Les Ouvriers européens.* Paysans-agriculteurs, portefaix et bateliers-émigrants (à l'Abrok) du bassin de l'Oka, § 1er.

cerne le choix de la résidence et la possession des immeubles, à rompre l'association forcée des enfants majeurs avec la famille, et celle de la famille avec la commune. Cette réforme conduit les populations rurales de la Russie dans une direction opposée à la voie communiste où s'engagent bien à tort certains ouvriers de l'Occident. Lors donc qu'on se rallie à l'opinion européenne pour louer le nouveau système russe, on fait par cela même la critique de la doctrine peu libérale qui vante maintenant outre mesure les bienfaits de la communauté (43, I).

III. Les peuples de l'Occident vivent pour la plupart, depuis le moyen âge, sous le régime individuel. Ils sont, en outre, parvenus à donner une grande liberté d'action aux détenteurs du sol. Dans ce but, ils les autorisent à racheter toute obligation permanente (54, n. 13) envers d'autres particuliers, et ils les affranchissent, autant que possible, des sujétions et des contrôles. L'expérience de chaque jour montre que la propriété devient plus féconde à mesure que le propriétaire est plus maître d'en jouir à son gré et de la transmettre sans immixtion de l'autorité publique. La plupart des Européens sont pénétrés de cette vérité : ils placent au premier rang les constitutions sociales qui réussissent le mieux à rendre la propriété libre et individuelle.

On observe sous ce rapport, dans toutes les contrées de l'Europe, des régimes fort différents ; et il s'en faut de beaucoup que la France offre le meilleur exemple. Les communes rurales y possèdent encore, comme au moyen âge, une étendue considérable de biens indivis. L'État y restreint, comme je l'expliquerai plus loin, la liberté du propriétaire, sans pouvoir justifier cette contrainte par la satisfaction d'un intérêt public (20, VIII). Sous prétexte de faire régner la justice dans la vie privée, il viole le plus fécond principe de la prospérité des nations.

Cependant, même chez les peuples libres (8, X), l'autorité publique intervient, dans deux circonstances principales, pour modifier le régime de la propriété individuelle.

L'État s'empare, moyennant une juste indemnité, des propriétés privées dans les cas où cette mesure est utile au service commun. Les formes de l'expropriation sont en rapport intime avec la constitution politique : quand la liberté civile est peu développée, les gouvernants déclarent les cas d'utilité publique ; quand, au contraire, cette liberté est étendue, les particuliers interviennent dans la décision spéciale qui autorise ou prescrit l'expropriation.

Les États libres s'appliquent, en outre, à renfermer dans des limites étroites les biens en mainmorte, c'est-à-dire ceux qui appartiennent à des corporations perpétuelles, vouées à des œuvres de bien public. A cet effet, ils se réservent d'autoriser ou d'interdire les dons ou legs ayant pour objet de constituer des biens de cette nature. En accordant seulement cette faveur aux corporations qui répondent à un intérêt social, l'État se propose surtout de conserver à la propriété le caractère fécond de la possession individuelle, et d'éviter les abus auxquels a donné lieu dans le passé la possession collective et perpétuelle.

IV. Je pourrais reproduire ici, touchant les avantages et les inconvénients de la propriété, des considérations analogues à celles que j'ai présentées pour la religion. La propriété, dès que le principe en est discrédité par une organisation vicieuse ou par la corruption des hommes, cesse d'être un lien entre les diverses classes de la société; elle peut même devenir, quand le mal augmente, une cause d'agitation ou d'antagonisme. Au contraire, elle est, après la religion, le principal soutien de l'ordre social quand elle est répartie entre toutes les familles et quand la classe dirigeante en fait un honorable usage[3]. C'est ce qu'on a pu constater dans les États anciens les plus prospères, et dans les États modernes qui assurent le mieux la sécurité individuelle et la

---

3 L'*Union de la paix sociale*, n° 5, § 13. Conclusion. (Note de 1873.)

paix publique. L'existence d'une classe nombreuse privée de toute propriété et vivant en quelque sorte dans un état de dénûment héréditaire, est un fait nouveau et accidentel (49, III). Les nations manufacturières de l'Occident, qui sont envahies par ce honteux désordre, y remédieront, non par le procédé impuissant de la spoliation des riches, mais par la réforme morale de toutes les classes. Parvenues sous d'autres rapport au premier rang, elles ne voudront pas rester, en ce qui concerne l'usage de la propriété, une cause de scandale. Elles sauront procurer au moins à tous les chefs de famille le bien-être qui fut acquis aux Juifs[4] sous le plus grand de leurs rois, et qui se perpétue chez la plupart des populations de l'Orient[5].

---

[4] En suivant, sous la conduite de trois rois habiles, la loi de Dieu interprétée par Samuel et ses successeurs, les Juifs atteignirent sous le règne de Salomon cet état de bien-être. Les procédés, décrits dans le Livre des Rois, qui amenèrent cette prospérité appartiennent aux sociétés d'ancien régime (8, X); mais le résultat, consigné dans les deux versets suivants, indique admirablement le but qu'ont encore à atteindre les modernes : « Le « peuple de Juda et d'Israël était innombrable comme le sable « de la mer; et il vivait dans l'abondance et dans la joie. » — « Dans Juda et Israël, tout homme demeura sans crainte, chacun « sous sa vigne et son figuier, depuis Dan jusqu'à Bersabée, pen- « dant le règne de Salomon. » (Les Rois, liv. III, c. iv, v, 20, 25.)

[5] Les Ouvriers européens : Introduction, p. 1; ch. ii, p. 24; ch. iii, p. 36. — Monographies d'ouvriers propriétaires de l'Orient (I, II, III, IV, V, VIII, IX, X, etc.).

CHAPITRE 17

LES RÉGIMES DE SUCCESSION, PLUS QUE TOUTES LES AUTRES IN-
STITUTIONS CIVILES, ONT LE POUVOIR DE RENDRE FÉCONDES OU
STÉRILES LA PROPRIÉTÉ ET LES FAMILLES DE PROPRIÉTAIRES.

I. Après la liberté de possession qui a fait faire de si grands pas à la plupart des Européens, j'ai à signaler un trait non moins important, la liberté de transmission. Celle-ci se montre avec des caractères excellents chez beaucoup de peuples, notamment chez les deux grandes nations qui devancent toutes les autres dans les voies de la liberté civile.

Les Anglais et les Américains du Nord pensent que la libre possession des biens entraîne comme conséquence naturelle le pouvoir de les transmettre sans entrave. Il leur paraît que si l'on peut de son vivant aliéner sa propriété sans avoir aucun compte à rendre à l'autorité publique, on a également le droit d'en disposer par testament. Les autres nations civilisées adoptent ce principe d'une manière moins absolue; et si, chez elles, l'État intervient de moins en moins dans les conditions de jouissance de la propriété, il revendique encore trop souvent le privilége d'en réglementer la transmission.

Les lois qui restreignent la liberté testamentaire ont été une conséquence naturelle du système qui pousse certains gouvernements à s'imposer, jusque dans la vie privée, comme les arbitres suprêmes de la morale et de la justice (8, X). L'État est souvent sorti de ses limites naturelles pour diriger les sentiments et les intérêts qui ont le plus d'empire sur les hommes. Il a voulu présider à la transmission de la propriété par les mêmes motifs qui l'engageaient à régler l'exercice du culte. Dans l'un et dans l'autre cas il s'est écarté des principes qui ont donné à certains peuples anciens la stabilité, et qui sont de plus en plus adoptés par les modernes.

II. Le régime des successions, plus que toute autre institution civile, a fourni aux gouvernements le moyen de dominer les peuples. L'État, s'il garde quelques ménagements envers les personnes, ne peut ni contrôler le sentiment religieux, ni pénétrer dans le domaine du foyer domestique. Il est impuissant à limiter, au moyen de lois somptuaires, l'usage journalier de la richesse; car les tentatives de ce genre sont aisément déjouées par la tacite coalition des intéressés. Il réussit fort bien, au contraire, à régler la mutation qui suit la mort du propriétaire. D'abord cet événement offre à l'État une occasion nettement définie pour s'immiscer dans les intérêts privés. D'autre part, tous ces intérêts ne se concertent plus ici pour résister à la direction qu'on leur imprime. Loin de là, les héritiers institués par la loi sont habituellement disposés à s'allier aux officiers publics pour déposséder ceux que le propriétaire défunt aurait pourvus clandestinement.

Assurément, un législateur qui modifie un régime de succession en vue de faire prévaloir un nouveau système social, ne peut, tout d'abord, triompher des traditions séculaires de la race. Les pères continuent à pratiquer le mode de transmission qui répond aux convenances des familles; et les enfants, imbus des mêmes sentiments, ou contenus par l'opinion publique, suivent avec respect la dernière volonté de leurs parents. Mais le nouvel ordre social que l'État a voulu établir se développe peu à peu, par un concours de circonstances dont l'effet est irrésistible.

En premier lieu, comme je viens de le remarquer, le législateur a pour auxiliaires naturels les intérêts qu'il oppose à la volonté des propriétaires. Il obtient, en second lieu l'appui, non moins efficace des officiers ministériels chargés de l'exécution de la loi, et soutenus au besoin par la force publique. Plusieurs de ces fonctionnaires trouvent dans cette intervention la fortune et l'influence. Ils sont donc portés à combattre les traditions et les sentiments qui tendraient à subordonner les prescriptions de la loi à celles du testament. Les magistrats, dont la mission est de

faire régner la justice, modifient d'ailleurs l'opinion par leurs décisions journalières, alors même
que celles-ci reposent sur une mauvaise loi. Ceux
qui jugent les contestations soulevées par les
héritages changent donc, à la longue, par leur
action réitérée, la notion de justice qu'avait
accréditée jusque-là l'usage traditionnel des familles. Enfin, la répartition opérée par la loi
donne naissance à des forces qui viennent en
aide au régime nouveau. Elle élève ou abaisse
certaines familles, établit ou supprime certaines
influences, stimule ou entrave les sympathies et
les efforts des populations. Elle ne tarde pas à
produire ainsi dans l'ancienne société une transformation conforme aux vues du législateur. En
cette matière, et contrairement à ce qui a lieu
dans d'autres cas, c'est la loi qui fait les mœurs.

Les lois de succession n'ont pas seulement
cette action lente qui émane de l'autorité publique et s'impose à la société tout entière. Elles
exercent aussi une action brusque; car elles inculquent aux membres de chaque famille, malgré
la tradition, les sentiments et les idées dont le
législateur s'inspire.

Une loi de succession ayant pour base la contrainte n'est donc pas, comme certaines lois[1] tendant à améliorer les mœurs, une simple théorie

---

[1] Par exemple, comme l'article 371 du Code civil, qui commande le respect des parents.

publiée pour l'enseignement des peuples. On n'y doit pas voir seulement une force destinée à provoquer dans les sociétés un nouvel état d'équilibre. C'est, en outre, une machine d'une incroyable puissance, qui transmet sans relâche l'action de cette force à toutes les parties du corps social.

III. L'analyse des faits, poursuivie, d'après le plan indiqué au début de cet ouvrage, dans les diverses contrées de l'Europe, m'a constamment révélé l'influence des lois de succession sur toutes les branches de l'activité sociale. Les organisations de la propriété et des familles de propriétaires varient, suivant ces lois, avec beaucoup de nuances, entre deux types extrêmes. Ces types, selon qu'ils respectent ou attaquent la tradition, donnent à la société deux caractères essentiellement différents.

Dans le premier cas, tous les éléments du travail offrent une parfaite continuité. Chaque chef de famille se préoccupe de maintenir et d'accroître par sa prévoyance l'atelier de travail (31, II), qu'il a créé ou qu'il a reçu de son père. Subordonnant sa vie au devoir de léguer le patrimoine à l'héritier le plus capable de conserver les traditions paternelles, il s'entoure, si Dieu bénit sa couche, d'une nombreuse postérité. Quand les atteintes de l'âge commencent à se faire sentir, il choisit,

d'après le caractère et les talents, celui de ses
enfants qui lui paraît le plus digne d'être associé
à ses travaux. A l'aide des épargnes qu'il a faites
et de celles qu'il réalise avec le concours de cet
associé, il règle le sort de ses garçons de manière
à procurer, autant que possible, à chacun une profession conforme à ses aptitudes et en rapport
avec la situation de la famille. Les uns, ayant terminé leur apprentissage et reçu de leur père la
dot nécessaire à l'acquisition des instruments de
travail, s'établissent dans les localités contiguës
ou dans quelque autre région du territoire de la
métropole. D'autres recrutent l'armée ou la ma-
rine. D'autres enfin se transportent aux colonies
(39, V), et y fondent à leur tour des familles qui
prospèrent en suivant les bonnes traditions de la
métropole. Les filles demeurent dans la maison
paternelle jusqu'à l'époque de leur mariage ; celles
qui ne se marient pas, de même que les garçons
célibataires, restent groupées autour du chef de
famille. Quand celui-ci est enlevé par la mort,
l'enfant qu'il s'était adjoint en qualité d'héritier
continue les fonctions paternelles, tandis que le
foyer reste sous la haute direction de la mère
devenue veuve. La catastrophe frappe les membres survivants dans leurs affections ; mais elle
ne compromet ni les intérêts de la famille, ni
l'organisation de la propriété.

Dans le second cas, le travail perd la conti-.

nuité qui est un de ses caractères les plus utiles. Le père n'a plus le pouvoir de lier son établissement à l'avenir de sa postérité, parce que la loi confère à ses enfants le droit de s'en partager les lambeaux. Cette intervention du législateur jette dans la vie privée une instabilité dont les inconvénients varient selon la situation des familles. Dans les conditions ordinaires, le père, s'il est prévoyant, doit se ménager pour la fin de sa vie des moyens d'existence indépendants de la profession qu'il exerce. Quand la vieillesse approche, il doit vendre sa terre, son atelier ou son commerce ; en sorte qu'il subit la déchéance de la retraite, plutôt qu'il ne conquiert les satisfactions du repos. Sachant que la source de prospérité de la famille sera promptement tarie par cette retraite prématurée, il ne peut sous ce régime assurer le bien-être de ses descendants qu'en limitant leur nombre par une stérilité systématique. Les enfants ne restent guère dans la condition du père, qui ne peut transmettre simultanément à aucun d'eux le nom et la profession : ils ne peuvent donc plus compter, dans le cours de leur carrière, sur l'appui de la maison d'où ils sont sortis. Les époux, quand arrive la vieillesse, ont perdu leurs parents et ont vu tous leurs enfants trouver une situation en dehors du foyer domestique : ils sont donc condamnés à mourir dans l'isolement. La retraite du père avait déjà rompu brusquement les traditions du travail et de la propriété : sa mort détruit complétement les traditions de la famille.

IV. Ainsi les régimes de succession, plus que les autres institutions civiles, ont le pouvoir de rendre fécondes ou stériles la propriété et les familles de propriétaires. Cette influence se fait sentir en France plus qu'ailleurs. Nulle part chez les modernes le législateur . n'a autant assujetti la vie privée à ce qu'il a considéré comme l'intérêt de l'État. Nulle part il n'a osé réagir aussi rudement contre les mœurs et la tradition. Ce qui m'étonne le plus en arrivant au terme de ces études, c'est de constater que l'importance de cette réglementation n'a guère été signalée par les écrivains modernes[2]. Troublée,

[2] M. A. de Tocqueville a exprimé le même sentiment : « Je « m'étonne, dit-il, que les publicistes anciens et modernes « n'aient pas attribué aux lois sur les successions une plus grande « influence dans la marche des affaires humaines. Ces lois appar-« tiennent, il est vrai, à l'ordre civil ; mais elles devraient être « placées en tête de toutes les institutions politiques, car elles « influent incroyablement sur l'état social des peuples, dont les « lois politiques ne sont que l'expression. » (*La Démocratie en Amérique*, t. Ier, ch. III.)

Il est à regretter que ce grand écrivain n'ait consacré à cette importante question qu'un passage, en quelque sorte isolé, au début de son livre, et qu'il n'y soit plus revenu dans la suite, quand elle se trouvait liée à son sujet. Nul, mieux que lui, ne pouvait jeter la lumière sur cette matière difficile. Une bienveillante démarche qu'il fit auprès de moi à l'époque où je publiai *les Ouvriers européens*, et plusieurs conversations qui en ont été la

en général, par l'oubli de la loi morale, l'opinion publique cède, sur ce point spécial, à des erreurs et à des préjugés qui sont, pour notre pays, la cause de maux incalculables. Cette partie de la science sociale présente chez nous une regrettable lacune. J'essayerai de la combler, autant qu'il dépend de moi, en comparant, dans leurs principes et dans leurs effets, les divers régimes de succession que j'ai observés en Europe.

V. L'un des caractères les plus singuliers de ces régimes, est leur diversité extrême, sous l'action de causes locales qui n'affectent pas les autres éléments de la constitution sociale.

D'abord il y a lieu d'admettre presque partout une distinction entre la loi et l'usage. Souvent les biens se transmettent en vertu de coutumes locales qui ne paraissent point dériver d'une loi générale. Ailleurs, le législateur laisse expressément au propriétaire le droit de disposer librement de ses biens avant sa mort; et le mode d'héritage est alors subordonné aux convenances de chaque famille. Dans toutes les régions de

suite m'ont donné lieu de reconnaître que M. de Tocqueville était arrivé, de son côté, aux conclusions que je venais de publier. (*Les Ouvriers européens*, p. 286.) Malheureusement, M. de Tocqueville était en même temps convaincu qu'un écrivain tenterait vainement aujourd'hui de réagir contre les idées fausses qui minent notre société, et qu'il n'aboutirait, en montrant la vérité, qu'à se discréditer devant l'opinion publique.

l'Europe, on rencontre des usages spéciaux qui varient suivant le lieu, la condition sociale et surtout suivant la profession. C'est ainsi, par exemple, qu'on trouve une différence sensible entre les habitudes de transmission des populations agricoles, et celles qui sont propres aux pasteurs nomades, aux pêcheurs, aux chasseurs, aux manufacturiers, aux commerçants, et aux diverses sortes de populations urbaines.

CHAPITRE 18

LES RÉGIMES DE SUCCESSION SE RATTACHENT A TROIS TYPES PRINCIPAUX FONDÉS SUR L'ABSTENTION DU LÉGISLATEUR OU SUR LES DEUX CARACTÈRES DE SON INTERVENTION.

I. Les provinces d'une même nation, et les classes d'une même province créent, sous l'action prolongée de la Coutume, des régimes de succession fort divers. Tel était le cas, par exemple, dans l'ancienne France. Il existait une démarcation tranchée entre les principales régions du territoire et, pour la plupart des régions, entre les nobles, les bourgeois et les paysans (23, I).

Enfin, les habitudes sont loin d'être uniformes même chez les nations où la loi écrite établit des prescriptions applicables à tous les citoyens, et il est aisé d'en apercevoir la raison. En effet, lors- ·

que la loi laisse une grande latitude aux propriétaires, il est naturel que chacun d'eux en profite pour choisir le mode spécial de transmission qui s'accorde le mieux avec la nature de ses biens, les exigences de sa profession ou les besoins de sa famille. Au contraire, quand le législateur veut imposer une règle inflexible, sans avoir égard à la variété des convenances privées, les propriétaires s'ingénient à éluder la loi par des combinaisons ostensibles ou clandestines. La France moderne est certainement celle qui, par la tyrannie de l'uniformité, a le plus violé en cette matière la tradition des peuples civilisés; c'est aussi celle où les populations ont d'abord réagi le plus vivement contre la loi nouvelle.

II. Je dois mentionner ici une circonstance curieuse qui fait obstacle à l'une des principales réformes réclamées dans cet ouvrage : je veux parler de l'ignorance dans laquelle reste chaque peuple sur les régimes de succession qui sont en usage chez ses voisins. Cette remarque s'applique surtout à la France (53, I). L'imperfection de cette partie de la science sociale est due à la fois à la complication du sujet et au mode de travail des légistes qui ont la prétention de nous instruire.

Les légistes n'emploient guère que deux méthodes pour cultiver leur science : l'étude pratique des contestations soulevées par les inté-

rêts privés, ou la comparaison des textes de loi
et des autres documents accumulés dans les bibliothèques. Le premier procédé donne aisément
au légiste la connaissance complète des lois de
succession de son pays; mais il ne le renseigne
que dans des cas exceptionnels sur les institutions correspondantes des pays étrangers. Quant
au second procédé, il ne permet pas, même aux
esprits les plus perspicaces, de pénétrer au delà
de certaines généralités qui ne comportent aucune précision. Ainsi que je l'ai expliqué ci-
dessus, les régimes de succession de la majeure
partie de l'Europe résident dans des usages locaux
ou individuels beaucoup plus que dans des textes.
L'intelligence de ces documents est d'ailleurs fort
difficile pour toute contrée où l'on n'a pas étudié
à fond[1] l'organisation de la propriété, de la famille, du travail, et, en général, des rapports

---

[1] Ces connaissances approfondies sur les pays étrangers ne
peuvent être acquises que par des voyages ayant pour objet l'observation directe des hommes et des lieux. Le plan que j'ai suivi,
en diverses contrées, pour étudier le mode de transmission des
biens, comprend : 1º les faits principaux concernant le régime de
succession adopté par les familles; 2º des exemples donnant, pour
certains cas particuliers, les détails de ce régime; 3º le texte des
lois relatives aux successions; 4º enfin, un jugement général sur
le régime et sur les conséquences qu'il entraîne pour l'organisation de la société.

J'ai publié, en 1857, le précis sommaire d'une étude faite,
suivant ce plan, sur le régime de succession de la Savoie, avant
les événements qui ont amené la réunion de ce pays à l'empire
français. (*Les Ouvriers des deux mondes*, t. II, p. 52.)

privés. Les régimes de succession propres aux divers pays ne seront donc suffisamment connus que lorsque des légistes habiles associés à des hommes de toute profession se dévoueront à observer directement la constitution sociale des différents peuples et à cultiver ce genre d'étude par la méthode des géologues et des naturalistes. En attendant qu'une telle entreprise soit menée à bonne fin par des personnes compétentes, je crois utile de résumer ici sommairement les faits que j'ai constatés dans le cours de mes voyages. L'infériorité relative de certains peuples tient souvent à ce qu'ils ignorent les institutions pupliques ou privées des nations modèles. La France a été placée dans cette humiliante situation par les hommes de la Terreur et les légistes du Consulat. On ne saurait trop déplorer l'étrange présomption qui nous porte à proposer comme un modèle notre loi de succession, malgré la réprobation unanime des peuples les plus stables, les plus libres et les plus prospères.

III. Les innombrables régimes de succession, lorsqu'on les sépare par la pensée d'une multitude de particularités d'importance secondaire, se ramènent à trois types principaux. Tantôt le législateur veut contrarier l'effet des volontés individuelles. Il peut alors s'inspirer de deux tendances contraires : dans un cas, il exige que le bien

de famille soit transmis intégralement aux générations successives; dans l'autre, il prescrit le
partage indéfini de ce même bien. Tantôt, et notamment chez les nations jouissant au plus haut
degré de la liberté civile, le législateur est mieux
inspiré : il s'abstient, en laissant au propriétaire
le pouvoir de choisir le régime de transmission
qui lui convient. Ne connaissant point d'expressions usuelles qui s'adaptent précisément à ces
trois types, j'appellerai le premier régime *Conser-*
vation forcée, le second *Partage forcé*, et le troisième *Liberté testamentaire*.

Je dois cependant compléter ces définitions par
quelques remarques générales, sans lesquelles
on ne saurait entrevoir les nuances innombrables
que chacun de ces régimes présente chez les peuples européens, et particulièrement en France.

IV. Dès les premiers âges de l'histoire, les régimes de succession se sont fondés en Europe
sous deux influences opposées, à mesure que la
propriété individuelle se développait (16; II). Les
peuples riverains de la Méditerranée emprun-
tèrent leurs institutions à l'Égypte et aux grands
empires de l'Asie. Comme ces derniers, ils abandonnèrent au législateur le pouvoir de régler par
un texte les moindres détails de la vie privée. Les
enquêtes que j'ai faites à ce sujet auprès des
hommes compétents prouvent que ce système

a parfois envahi tous les rapports sociaux, sauf
ceux de la mère avec l'enfant qu'elle nourrit de
son lait. Ces peuples rattachèrent naturellement
le régime des successions au domaine de la loi et
de la vie publique. C'est ainsi que la Conservation
forcée fut instituée à Sparte; le Partage forcé à
Athènes; la Liberté testamentaire à Rome.

Les peuples du Nord, au contraire, ont admis,
pour la plupart, que la vie privée devait être entièrement laissée sous la direction des chefs de
famille. Chacun de ceux-ci pourvut en toute liberté aux intérêts de ses proches; et de là naqui-
rent, en particulier, les coutumes de succession.
Le but de la coutume adoptée par les pères fut toujours le bonheur des enfants. Quant au choix des
moyens, il fut indiqué par l'expérience que les
ancêtres avaient acquise en exploitant l'atelier
de travail.

Ainsi, par exemple, les agriculteurs qui, au
moyen âge, constituaient la classe la plus nombreuse dans le Nord et l'Occident, eurent recours à deux combinaisons principales. Quand le
domaine aggloméré autour d'une habitation centrale (34, IX) ne pouvait être divisé sans dommage, le père s'associait le plus tôt possible un
de ses enfants; puis ce dernier devenait propriétaire du domaine à la charge d'établir ses frères
et sœurs avec les produits de son travail. Quand,
au contraire, le domaine se composait de bâti-

ments épars dans un village et de petites parcelles
disséminées dans la banlieue (34, XIV), le père
effectuait le partage entre tous ses enfants. Deux
nuances analogues s'offraient dans les villes pour
les industries manufacturières et commerciales.
Dans tous les cas la Liberté testamentaire était le
principe du régime de succession; mais la conservation intégrale ou le partage des ateliers
sortaient spontanément, soit de la nature du sol,
du climat et des travaux, soit des idées morales
et politiques qui présidaient aux destinées de la
race. La diversité de ces conditions modifiait le
résultat dans les campagnes comme dans les
villes. C'est ainsi que les coutumes locales du
moyen âge introduisirent dans les institutions de
l'Occident la variété que les législateurs locaux
avaient donnée aux petits États de Grèce.

Sous ce rapport, les sociétés rurales ou urbaines du moyen âge[2] ont été supérieures aux
populations classiques de l'antiquité. Elles ont
créé elles-mêmes par l'action réitérée du testament leurs institutions sociales, et par suite leur
constitution politique. Ces races, éclairées par le
Décalogue et l'Évangile, ont compris que la prospérité du foyer domestique et de l'atelier de travail était intimement liée à l'observation de ces
deux codes. Elles ont fondé la stabilité de l'ordre

---

[2] *L'Organisation de la famille*, §§ 10 à 12. (Note de 1872.)

moral sur la stabilité des immeubles ; elles se sont élevées ainsi à une hauteur que l'humanité n'avait point encore atteinte.

Malheureusement les légistes, égarés par les traditions du Midi, sont venus compromettre ces résultats par trois manœuvres funestes : en codifiant les coutumes et en leur enlevant par là l'élasticité qui est leur principal mérite ; en les affai-blissant par l'importation des lois de la décadence romaine ; enfin, en France surtout, en les détruisant par des lois révolutionnaires, formellement hostiles à l'indépendance des familles. Par contre, beaucoup d'autres peuples mieux avisés continuent à prospérer à la faveur des bonnes coutumes du Nord. On peut donc être assuré que les modèles ne manqueront pas quand l'urgence de la réforme sera enfin appréciée.

V. En m'appuyant sur ces indications préliminaires, je vais maintenant décrire, dans les trois Chapitres suivants, les caractères généraux et les conséquences des trois régimes de succession. Ces détails touchent de si près à tous les grands intérêts de la vie sociale, que j'ai été cent fois conduit à les rattacher aux autres parties de l'ouvrage. Pour résoudre cette difficulté, j'ai traité dans ce second Livre les questions qui se rapportent le plus spécialement à la propriété envisagée d'une manière générale. J'ai, au contraire, réparti

entre les cinq Livres suivants les questions qui
touchent davantage à la famille, au travail, à l'association, aux rapports privés et au gouvernement. Tout auteur qui voudra approfondir les
questions sociales rencontrera le même obstacle.
Il constatera ainsi que le régime de succession
n'est pas seulement le trait principal de la propriété, mais qu'il exerce, en outre, l'action la
plus directe et la plus énergique sur tous les
autres éléments de l'organisation des sociétés.

CHAPITRE 19

RÉGIME DE LA CONSERVATION FORCÉE, PROPRE AUX CONSTITUTIONS
QUI IMPOSENT L'ESPRIT DE TRADITION ; IL N'EST FÉCOND QUE
QUAND LA VERTU SE TRANSMET AVEC LE PRIVILÉGE DE LA NAIS-
SANCE.

I. Je groupe sous le nom de Conservation forcée des régimes qui sont fort divers, mais qui se
distinguent tous aux caractères suivants. Le bien
de famille (habitation, domaine rural, manufacture ou clientèle commerciale) passe intégralement à un *héritier* sans que le propriétaire inter-
vienne dans le choix de son successeur. Sous sa
forme la plus habituelle, ce régime attribue l'héritage à l'aîné des enfants mâles de la ligne directe et, à son défaut, à l'aîné des mâles de la

principale branche collatérale. Le nom de famille
se transmet alors naturellement avec le bien patrimonial. Ce mode d'héritage était ordinairement
désigné dans l'ancienne France sous le nom de
droit ou de *coutume d'aînesse*. Une dénomination
équivalente est employée dans toutes les contrées
de l'Europe, où la même organisation sociale reste
en vigueur.

Parfois le droit de primogéniture est plus absolu, et il désigne comme héritier l'aîné des enfants sans distinction de sexe. Dans ce cas, la
Coutume confère le nom patrimonial au mari de
la fille aînée. Dans les États où le premier des
fils est requis pour le service de l'armée ou de la
flotte, l'héritage appartient au second fils. Ailleurs, enfin, on a recours à des combinaisons
plus compliquées. C'est ainsi que, pour mieux
assurer la transmission simultanée du bien et du
sang, et pour conjurer les déceptions qui naîtraient de l'adultère, certaines coutumes réservent
de préférence les successions aux descendants
des filles. Dans ce système, les propriétés dont un
garçon a hérité reviennent après sa mort aux enfants de l'aînée de ses sœurs et non aux enfants
issus de son propre mariage.

La coutume d'aînesse absolue, sans distinction
de sexe, règne dans les provinces basques. Ce
régime s'est même conservé sur le versant français des Pyrénées, chez les paysans du Lave-

dan [1] et du Béarn, malgré le Partage forcé prescrit
par nos lois actuelles. Le droit de primogéniture
des mâles est fort répandu chez les propriétaires
nobles de la Suède, du Danemark, de la plupart
des États allemands, de l'Écosse et de l'Italie.
Dans le nord-est de l'Europe, la transmission
intégrale du bien patrimonial est également pra-
tiquée par les paysans et par les propriétaires
ruraux qui n'appartiennent pas à la noblesse :
le Hanovre, le Brunswick, le Mecklembourg, le
Danemark ont à cet effet un régime formel de
Conservation forcée. L'Écosse [2], la Suède et la
Norwége s'aident, pour atteindre ce but, de
vieilles coutumes secondées par des testaments.
Un régime analogue se retrouve dans plusieurs
districts ruraux de l'Allemagne méridionale et de
la Suisse allemande, notamment en Bavière et
dans le canton de Zurich. La transmission intégrale à l'un des cadets a prévalu, surtout chez
les paysans, dans plusieurs provinces de l'empire
autrichien. Enfin ce genre de transmission dans
la ligne féminine semble avoir élevé plusieurs

---

1 *L'Organisation de la famille*, liv. II. (Note de 1872.) ═══
2 La commune de Saint-Martin-d'Auxigny (Cher) offre un
exemple curieux de la ténacité avec laquelle les populations
rurales gardent les coutumes de transmission intégrale, lorsqu'elles ont pu en apprécier les bienfaits. Les paysans de cette
commune, qui descendent d'une colonie d'Écossais fondée au
xvᵉ siècle, ont encore les sentiments de leurs ancêtres, et ils
éludent, autant que le permettent les officiers publics, la loi du
Partage forcé.

peuples de l'Afrique à un premier degré de bien-
être et d'ordre moral.

Les régimes de Conservation forcée se présentent avec une diversité plus grande, lorsque,
au lieu de considérer seulement le choix de
l'héritier, on a égard à la nature des biens, à
l'origine et à la durée de l'institution. En Écosse,
par exemple, les immeubles sont seuls transmis
dans ce système; tandis que les valeurs mobilières restent assujetties à un régime différent.
Dans les pays allemands et scandinaves, la loi ne
soumet à la Conservation forcée que les biens
reçus en héritage; le propriétaire peut, en général, disposer librement de ceux qui sont le fruit de
son travail et de son épargne. Enfin, dans plusieurs
provinces allemandes, certaines propriétés dites
terres nobles ne peuvent être divisées; mais elles
peuvent être acquises par achat, comme par héritage, par toutes les classes de la population.

Tantôt la Conservation forcée est instituée par
l'État, qui, voulant rappeler à la postérité la mémoire d'un heureux événement, établit pour toujours la transmission simultanée d'une riche dotation et du nom de celui qui a pris la plus grande
part au succès. C'est, par exemple, dans cette
intention qu'a été récemment créé, en France, un
majorat en faveur du maréchal duc de Malakoff.
Souvent aussi ce régime a été appliqué à l'ensemble des familles dirigeantes, chargées de con-

server les bonnes traditions du pays. Tantôt, au contraire, comme dans le système de la loi sarde de 1837, la Conservation forcée résulte de l'initiative d'un propriétaire qui veut lier indissolublement ses descendants à la possession d'une grande propriété. Ailleurs, des coutumes séculaires attribuent le même pouvoir à de simples paysans. Telle paraît avoir été parfois l'origine des habitudes de transmission intégrale pour les petits domaines ruraux de l'Écosse, de l'Allemagne et des États scandinaves. Dans ces contrées, comme en France, ces habitudes sont souvent venues de la prévoyance des seigneurs : ceux-ci, en concédant un domaine rural à des paysans sous un régime de Conservation forcée, ont voulu assurer à la fois le bien-être des gens et le payement de la redevance seigneuriale. C'est avec ce point de départ que se sont perpétuées, depuis le moyen âge, ces curieuses communautés agricoles du Nivernais que j'ai décrites dans un autre ouvrage[3]. Enfin ces régimes de Conservation forcée sont établis, ou bien pour toujours, comme dans la plupart des cas que je viens de citer, ou bien pour un temps limité, comme dans le système de substitution à deux degrés (21, XI), adopté maintenant par les propriétaires ruraux et par les manufacturiers de l'Angleterre.

---

[3] Sur la Communauté rurale des Jault. (*Les Ouvriers européens*, p. 247.)

II. Les hommes capables de créer ces institutions ou de les maintenir dans leur pureté, s'inspirent de deux sentiments qui distinguent les
grandes races. Ils veulent garder intactes leurs
traditions d'honneur et de vertu au foyer domestique et à l'atelier de travail. Ils veulent aussi que
ces ressources morales et matérielles, réunies
au prix de tant d'efforts, continuent à servir les
grands intérêts de la patrie. On s'explique d'ailleurs comment ces sentiments naissent chez les
natures d'élite, et comment ils attirent la sympathie des gouvernants bien avisés.

La vie de l'homme est si courte qu'on n'y
aperçoit guère de temps d'arrêt entre les pé-
riodes de prospérité et de souffrance. A peine un
chef de maison a-t-il élevé par son travail l'édifice agricole, industriel ou commercial qui assure
son indépendance et qui réunit autour de lui une
clientèle d'agents et de collaborateurs, à peine,
en un mot, est-il devenu le centre d'un groupe
d'intérêts sociaux, qu'il commence à sentir les
atteintes de la vieillesse. Il poursuit cependant
son œuvre avec persévérance, s'il peut trouver
parmi ses enfants un collaborateur qui l'assiste
jusqu'au terme de la vie et transmette intégralement cette œuvre à leur postérité commune. Or
la succession des mâles, par ordre de primogéniture, fournit un moyen d'atteindre ce but avec
certitude, et de conserver en outre le nom du

fondateur. C'est ainsi que le droit d'aînesse sort spontanément de la plus légitime aspiration des hommes supérieurs, c'est-à-dire du besoin d'associer leur nom au monument durable du bien qu'ils ont fait.

Les paysans propriétaires cultivant le sol de leurs propres mains sont constamment pénétrés de ce sentiment, et sont particulièrement portés vers la transmission intégrale des biens de famille. En premier lieu, l'affection pour le domaine patrimonial n'est pas moins vive chez le paysan que chez le grand propriétaire. En second lieu, dans les conditions propres à la majeure partie de l'Europe, ce système d'héritage s'impose aux familles, pour les domaines de paysans, plus impérieusement encore que pour les grandes propriétés rurales. Cette nécessité se présente surtout pour ces petits domaines enclos et boisés avec habitation centrale, qui donnent tant de charme et de vie aux États scandinaves et allemands, à la Suisse, aux collines ou aux montagnes de l'Italie, de l'Espagne et de la France.

Sous les régimes de contrainte, les gouvernements ont souvent favorisé la Conservation forcée en vue de fonder des familles-souches (30, V) solidement établies à tous les degrés de la hiérarchie sociale. Plusieurs de ceux qui ont joué un grand rôle dans l'histoire ont même cru devoir le prescrire. N'ayant point une complète confiance dans la sagacité et la prévoyance des pères de famille, ils ont prescrit le système de succession qui leur semblait le plus propre à assurer le bonheur des individus et à maintenir les traditions de l'État. De même que, pour améliorer l'ordre moral, ils déclaraient obligatoire les pratiques d'une religion orthodoxe, ils étaient conduits à lier l'ordre politique à la transmission intégrale des foyers dans les familles dirigeantes[4].

Ce premier régime de succession a souvent produit, dans la vie privée comme dans la vie publique, les avantages qu'en attendaient les législateurs. Le père de famille travaillait avec activité, jusqu'à sa mort, à la prospérité d'un établissement qu'il devait transmettre intégralement avec son nom aux générations suivantes. De leur côté celles-ci, lorsqu'elles héritaient en même temps des vertus du fondateur, obtenaient dans ce régime la considération et le bien-être. La force de ces traditions suppléait jusqu'à un certain point à l'insuffisance momentanée de quelques héritiers, en attendant que des successeurs plus habiles vinssent relever de nouveau l'institution. De cette souche fixée au sol sortaient de nombreux rejetons. Ceux-ci, soutenus par la richesse, l'influence et la renommée de la famille, et placés par conséquent dans de meilleures con-

---

[4] *L'Organisation de la famille*, § 10. (Note de 1872.)

ditions que le fondateur du foyer, répandaient les bonnes traditions de la race dans la métropole et dans les colonies.

La transmission intégrale des biens, appuyée sur la Coutume ou la loi et sur la dernière volonté du père mourant (21, n. 1), a été l'une des grandes institutions du moyen âge. Elle a donné aux Français, aux Allemands et aux Anglais, la prépondérance sociale dont ces trois peuples jouissent encore aujourd'hui. Les forces matérielles et morales de l'Europe actuelle ont dû, en grande partie, leur essor aux familles qui acquéraient sous ce régime la force et la stabilité. Ces familles cultivaient les arts usuels et les professions libérales; elles protégeaient les populations imprévoyantes; elles fournissaient, avec une fécondité inépuisable, le personnel nécessaire au défrichement du sol, au recrutement des armées et aux entreprises lointaines. Cependant l'Europe s'éloigne chaque jour des institutions qui lui ont assuré ces avantages; et je puis déjà indiquer quelques-unes des causes de ce changement.

Le système de la Conservation forcée, surtout quand il émane de la loi, blesse souvent la liberté individuelle, c'est-à-dire l'un des principes qui sont la base des meilleures constitutions de notre temps. Il est évident, en effet, qu'en autorisant le fondateur d'une fortune à imposer un ordre invariable de succession à ses descendants, on viole, au détriment de ces derniers, le salutaire principe de la libre possession (16, III). En réduisant le propriétaire à la condition d'usufruitier, la Conservation forcée affaiblit le droit de propriété. Elle amoindrit l'autorité des pères de famille en les privant de la faculté de récompenser ou de punir. Enfin elle peut, malgré le vœu des intéressés, attribuer des foyers et des ateliers à des hommes indignes de leur situation.

III. Le régime de la Conservation forcée, établi en beaucoup de lieux au profit des familles nobles, amène souvent, sous l'influence des cours, la réunion du vice et de la richesse. En France, l'opinion accepta ce régime avec faveur, tant que la classe privilégiée s'éleva au-dessus des autres par sa vertu et ses services. Elle commença à le condamner au XVIIIᵉ siècle, quand la noblesse de cour fut devenue une cause de scandale[5]. Malheureusement, la France ne suivit point alors l'exemple que l'Angleterre lui avait donné sous le règne de Henri VIII (20, IV) : elle cher-

[5] Pendant la première moitié du XVIIIᵉ siècle, on ne voyait point encore apparaître la haine qui éclata pendant la Révolution ; mais le mépris était déjà visible. Montesquieu, qui n'était point hostile à la noblesse, qui même tenait à honneur de pouvoir justifier de deux cent cinquante ans de noblesse prouvée, écrivait à cette époque : « Je disais à un homme : Fi donc ! vous avez les « sentiments aussi bas qu'un homme de qualité. » (Montesquieu, *Pensées diverses; Variétés.*)

cha le remède, non dans la Liberté testamentaire,
mais dans le Partage forcé, c'est-à-dire dans le
second régime de contrainte qui, plus encore que
le premier, est fertile en abus.

En effet, nos prétendus réformateurs ne se
sont pas bornés à restreindre graduellement un
régime qui, après avoir fait la force de la patrie,
semblait devenir une cause de faiblesse. Ils l'ont
brusquement aboli dans les circonstances que
je rappellerai plus loin. L'opinion le repousse
encore, non pas avec les convictions que donne
le choix réfléchi d'un meilleur système social,
mais avec l'ardeur emportée qu'entretiennent les
passions politiques. On croit devoir provoquer la
destruction des grandes situations privées, dans
le but de relever les petites. On se persuade
d'ailleurs que ce but est légitime, et qu'il peut être
obtenu par la législation qui est en vigueur chez
nous depuis 1793. C'est ici le lieu d'insister sur
l'une des erreurs qui a le plus contribué à maintenir le système vicieux sous lequel nous vivons.

IV. Aucun régime de succession, considéré
dans son essence même, ne favorise une classe
de la société aux dépens d'une autre. Il y a de
bons et de mauvais régimes; mais ils sont également utiles ou nuisibles à toutes les classes qui
y sont soumises dans les mêmes conditions. On
ne saurait donc rattacher un système quelconque

d'hérédité aux tendances qu'on appelle aujour-
d'hui, mal à propos, aristocratiques ou démocra-
tiques (62, XIII). Le seul moyen de traiter iné-
galement deux classes de la société, à propos des
successions, est de leur imposer deux lois différentes (20, IV et V). C'est surtout l'ignorance de
ce fait et l'esprit de nivellement qui accréditent
chez nous l'erreur du Partage forcé.

Dans l'ancienne constitution de l'Ile-de-France
et de l'Orléanais, la Conservation forcée soutenait
exclusivement les familles nobles ; tandis que le
Partage forcé pesait sur les familles des bourgeois et des paysans. Ce système était donc orga-
nisé au profit de la classe supérieure ; et, par son
principe même, il blessait la justice distributive.
Envisagé seulement au point de vue de l'application qu'en faisait la Cour, au milieu de la corruption du dernier siècle, il était, comme je l'ai
dit, une cause de scandale. On s'explique donc
qu'à Paris, où les vices de la noblesse s'étalaient
effrontément, le droit d'aînesse se présentât aux
esprits comme une institution à la fois injuste
et aristocratique. Il en était autrement en Normandie et dans les provinces du Centre et du
Midi, où la transmission intégrale aux aînés, sous
l'autorité du testament et de la Coutume, était
l'usage commun des nobles, des bourgeois et des
paysans. Dès lors, cet ordre de choses n'impli-
quait pour personne l'idée de contrainte, de caste

ou de privilége. L'attribution du foyer et de l'atelier à l'aîné des enfants avait, dans la pensée de tous, un but éminemment social et conservateur. Si, en 1793, des législateurs choisis dans ces contrées avaient reçu la mission de détruire systématiquement la grande propriété, ils auraient été conduits à une solution toute différente de celle qui fut adoptée sous l'inspiration de l'esprit parisien. Ils auraient simplement pris la contre-partie de la coutume de Paris : en d'autres termes, ils auraient appliqué le Partage forcé aux anciens nobles, et la Conservation forcée aux bourgeois et aux paysans. Le droit d'aînessé eût gardé le caractère injuste qu'il avait souvent dans le passé; mais il eût atteint, sans le dépasser, le but qu'on se proposait. Le gouvernement de la Russie a réalisé cette conception. Il s'est efforcé d'amoindrir l'influence des grands propriétaires en les contraignant à se partager les biens et les titres de noblesse. Au contraire, jusqu'en 1863, il a permis aux paysans de se transmettre intégralement leurs biens, à la faveur d'un système de contrainte émanant à la fois du seigneur et de la commune[6]. En France même, nos paysans gardèrent longtemps ainsi leur indépendance sur des petits domaines qui, depuis la révolution, ont été absorbés

---

[6] De l'influence exercée par le seigneur sur le maintien du régime de communauté dans la famille. (*Les Ouvriers européens.* Paysans-agriculteurs du bassin de l'Oka, III (D).

par la grande propriété (34, XI) ou morcelés par des héritiers indigents (34, XVI).

V. En résumé, la Conservation forcée, avec ses nombreuses nuances, est la conséquence d'un sentiment naturel. Tous les hommes désirent assurer, dans leur descendance, la transmission du foyer qu'ils ont fondé. Cette tendance a été favorisée par les anciens gouvernements, qui tiraient leur force de familles stables perpétuant les grandes vertus de la nation. Les meilleures constitutions sociales de l'Europe actuelle se sont lentement élaborées sous l'influence de ce système d'hérédité.

Plusieurs peuples ont renoncé à la Conservation forcée, non point, comme on le prétend chez nous, parce qu'elle viole la justice, mais parce que la vertu ne s'y transmettait plus avec l'héritage. D'autres peuples l'ont gardée ; et ils continuent à constituer, avec des familles fortes, des États puissants. Dans les familles de tout rang, l'héritier jouit de la considération publique, à la condition de remplir ses lourds devoirs. Il fait prospérer l'atelier de travail des ancêtres, et il en emploie les produits soit à soutenir les parents vieux ou infirmes, soit à établir honorablement de nombreux rejetons. Dans les familles riches, l'héritier, après avoir rempli ces obligations, consacre, en outre, au service de l'État le superflu de son temps et de ses ressources.

CHAPITRE 20

RÉGIME DU PARTAGE FORCÉ, PROPRE AUX CONSTITUTIONS QUI
COMBATTENT L'ESPRIT DE TRADITION; COMME LES RÉVOLUTIONS,
IL NE PEUT ÊTRE QU'UNE RÉACTION MOMENTANÉE CONTRE LES
ABUS CRÉÉS ANTÉRIEUREMENT PAR LE PRIVILÉGE.

I. Je propose de comprendre sous le nom de
Partage forcé les divers régimes de succession
dans lesquels le bien du défunt doit encore être
dévolu suivant certaines dispositions légales,
malgré la volonté contraire qui aurait pu être
exprimée par ce dernier. Seulement, au lieus
d'être intégralement attribué à un seul héritier,
le bien doit être, en général, partagé entre plusieurs héritiers institués par la loi.

Sous sa forme la plus restrictive, ce régime ne
devrait tolérer aucune disposition testamentaire,
et il prescrirait absolument le partage de chaque
sorte de biens. Il a été inauguré chez nous dans
ces conditions, en faveur de tous les descendants
directs du défunt, par la loi du 7 mars 1793, complétée, quelques mois plus tard, par les lois des
5 et 12 brumaire an II, qui étendirent aux enfants
illégitimes le bénéfice du partage (23, IV). Je
n'ai point entendu dire que le Partage forcé ait été
poussé jusqu'à cette limite chez un autre peuple
civilisé. Du moins je ne l'ai jamais rencontré
avec cette exagération chez les Européens que
j'ai visités. En France même, le système révo-

lutionnaire a été adouci, d'abord par la loi du 4 germinal an VIII, puis, en 1803, par le Code civil.

II. Il existe une transition insensible entre le Partage forcé tempéré par les testaments, et la liberté testamentaire restreinte par les légitimes (21, 1) ; on ne peut donc établir, en théorie, une démarcation tranchée entre les deux modes d'hérédité. Dans la pratique, on constate que l'influence des testaments tend à s'effacer lorsque le propriétaire ne peut, dans tous les cas, disposer au moins de la moitié de ses biens. Je suis donc conduit à rattacher au Partage forcé tous les régimes sous lesquels la liberté du testament n'atteint pas toujours cette limite [1]. Ainsi défini, le Partage forcé existe en France, en Russie, en Espagne, en Portugal, dans plusieurs cantons de la Suisse, en Turquie et dans les États Barbaresques. Il a été introduit avec le Code civil dans les États voisins de la France, incorporés momentanément au premier Empire ; il a été conservé en Hollande, en Belgique et dans les provinces rhénanes ; il avait été remplacé en Savoie[2], de 1815 à 1860, par la Liberté testamentaire.

---

[1] La quotité disponible diminue souvent à mesure que le nombre des enfants augmente : en France, elle est réduite au quart, lorsqu'il y a trois enfants ou plus ; en Toscane et dans plusieurs États d'Italie, elle ne descend jamais au-dessous de moitié, même quand il y a six enfants ou plus. ⸺ [2] *Les Ouvriers des deux Mondes*, t. II, p. 57.

Ce régime présente des nuances analogues à celles que j'ai déjà signalées en traitant de la Conservation forcée. En France, par exemple, le Partage forcé frappe sur toutes les natures de biens, aux immeubles comme aux meubles, à ceux que le propriétaire a reçus de ses pères comme à ceux qu'il a créés par son travail. Il attribue, sans distinction de sexe, des parts égales à tous les enfants du défunt. Sauf en quelques régions où les mœurs résistent encore[3], la loi est exécutée avec une inflexible rigueur, par une armée d'officiers publics intéressés à la ruine des familles. Partout ailleurs ce triste régime est adouci dans le principe comme dans l'application. Ainsi, par exemple, en Russie, les biens patrimoniaux sont seuls soumis au Partage forcé ; et les biens acquis restent complétement à la disposition du propriétaire. Dans ce même pays, chaque fille n'a droit qu'à un seizième des biens ; et encore faut-il que cette part n'excède jamais celle d'un des garçons ; quant à ces derniers, ils reçoivent des parts égales sur le surplus. Dans la pratique de ces partages, comme dans celle des légitimes de l'Italie, on prélève autant que possible la part des filles sur les biens mobiliers ; on réserve de préférence, pour les garçons, les immeubles, c'est-à-dire les foyers domestiques et les ateliers de travail.

---

3 *L'Organisation de la famille* ; Chapitre II. Une famille modèle du Lavedan, en 1856.

III. Le Partage forcé et les régimes précédents ont eu pour origine tantôt l'initiative des populations, tantôt la pression des gouvernants ou les prescriptions formelles du législateur. Ils ont donné presque partout des résultats opposés. Les races ont été affaiblies par le partage des foyers et des ateliers ; elles ont été fortifiées, surtout chez les populations rurales, par les libres coutumes de transmission intégrale.

Ce contraste s'est particulièrement produit sur les territoires qui s'étendent du Rhin à l'Èbre. Les Gaulois, soumis aux habitudes de partage des populations urbaines, ont subi le joug des Romains et des Francs [4]. Ramenés aux usages de la vie rurale, les Français acquirent leur prépondérance sous le régime des fiefs et les autres coutumes stables qui furent l'œuvre spéciale du moyen âge. Depuis la révolution, sous l'influence malsaine de Paris, et sous le système d'instabilité du code civil, ils se désorganisent et tombent en décadence. Au midi de ces territoires, au sein de montagnes où les habitudes urbaines n'ont jamais pénétré, les Basques ont échappé à ces alternances de prospérité et de souffrance. Fidèles à leurs libres coutumes de transmission intégrale, ils conservent, depuis vingt-cinq siècles, leur autonomie [5].

---

[4] *L'Organisation de la famille*, §§ 5 et 6. ═ [5] *Ibidem*, §§ 9 et 16. (Note de 1872.)

À toutes les époques de l'histoire, chez les Grecs et les Gaulois, comme chez les terroristes de 1793, les promoteurs du morcellement des héritages ont cédé à certaines aberrations qui émanent particulièrement de la vie urbaine. Étrangers aux intérêts qui engagent les propriétaires ruraux à transmettre intégralement leurs domaines aux descendants, ils se sont heurtés à deux écueils : ils ont glissé sur la pente fatale qui mène à l'égalité forcée ; ils ont livré, à l'envahissement de la vie publique, les libertés de la vie privée. Les avocats, de toute nuance politique, qui égarèrent la Convention, furent les impitoyables représentants de ces deux formes de tyrannie. Ces terribles niveleurs, ces fanatiques apôtres du pouvoir de l'État méconnurent les causes de notre ancienne prospérité. Aveuglés par l'orgueil et la haine du passé, ils ruinèrent par un texte de loi toutes les influences que la confiscation des biens n'avait pas atteintes. Ils abolirent le droit de tester, en déclarant l'intention de détruire le pouvoir paternel, c'est-à-dire la source même de l'autorité chez les peuples libres.

IV. Quelques citations sommaires justifieront ces appréciations. Elles prouveront suffisamment que, pour les gouvernements révolutionnaires, les lois de Partage forcé ont toujours été des machines de guerre dirigées contre les classes de la société qui gardaient la tradition des ancêtres.

Le parlement anglais, voulant détruire, en 1703,
l'influence des catholiques irlandais, dans un
temps où la transmission intégrale des biens
était une obligation ou un droit pour toutes les
familles du Royaume-Uni, rendit à cette époque
une loi [6] dont j'extrais le passage suivant :

« Toute propriété dont un papiste est ou sera
« en possession sera de la nature du *gavelkind* [7];
« l'héritage en sera attribué à tous les fils de ce
« papiste, par portions égales, et ne passera pas
« à l'aîné de ses fils (section 10)... Mais si le fils
« aîné de ce papiste est protestant, la propriété
« lui sera transmise conformément à la loi com-
« mune du royaume (section 12). »

« Cette loi, remarque un homme d'État anglais [8], devait conduire à d'importantes conséquences. En premier lieu par l'abolition du droit
d'aînesse, peut-être à la première et certainement à la seconde génération, les familles de
papistes, si respectables qu'elles soient, si considérable que soit leur fortune, seront certainement anéanties et réduites à l'indigence, sans
aucun moyen de se relever par leur industrie et
leur intelligence, étant empêchées de conserver

---

[6] Loi 6ᵉ de la 2ᵉ année du règne de la reine Anne. (2, Anne,
c. 6.) ═ [7] Régime de partage égal entre les mâles, pratiqué
par les Anglo-Saxons, adopté comme loi *ab intestat* par quelques
districts de l'Irlande, du pays de Galles, du comté de Kent, etc. ═
[8] Works of the R. H. Edmund Burke; vol. 4, p. 7; Londres, 1856.

aucune sorte de propriété. En second lieu, cette loi supprime le droit de tester, qui a toujours été acquis aux petits propriétaires et dont les grands propriétaires sont également en possession depuis la loi 27 de Henri VIII... »

Les hommes d'État de l'Angleterre continuent à apprécier de la même manière les conséquences du Partage forcé. Je doute que, malgré la liberté extrême laissée dans ce pays aux opinions, même les plus bizarres, on puisse citer un seul écrivain favorable à ce régime. Chaque année, pour ainsi dire, on voit se produire des projets de réforme tendant à développer le principe de l'égalité des partages dans la loi *ab intestat;* mais personne, à ma connaissance, n'a proposé dans ce pays de porter atteinte en quoi que ce soit à la Liberté testamentaire dont jouissent tous les citoyens (54, IX). Je tiens d'un de nos diplomates les plus éminents[9] une anecdocte qui révèle à ce sujet la profondeur des convictions de nos voisins. Au congrès de 1815, les Anglais, ne comprenant pas, comme ils l'ont pu faire depuis, que le maintien de la puissance de la France est un intérêt européen, insistaient pour qu'on restreignît nos frontières du dix-septième siècle. Le diplomate anglais, n'ayant pu obtenir à cet égard tout ce qu'il

---

[9] M. le comte de Rayneval m'a raconté cette anecdote à Madrid, en 1833 : c'est depuis lors que mon attention a été éveillée sur les vices de notre régime de succession.

désirait, et se reportant par la pensée au principe dissolvant de notre loi civile, laissa échapper cette exclamation : « Après tout, les Français sont suf- « fisamment affaiblis par leur système de suc- « cession ! »

En Russie, comme je l'ai déjà indiqué (19, IV), les paysans ne cessent de s'élever en se multi- pliant sous le régime patriarcal. Au contraire, les familles nobles qui n'ont pas su se défendre par la stérilité, déclinent rapidement. Plusieurs noms illustres sont maintenant représentés par des tribus de princes indigents.

V. Nos assemblées révolutionnaires ont dé- crété l'établissement du Partage forcé, en vue de dissoudre l'ancienne société. Les hommes vio- lents qui provoquaient cette mesure, déclarèrent que, pour atteindre leur but, il fallait d'abord ruiner l'autorité des pères de famille, gardiens naturels de la tradition nationale. C'est sous l'em- pire de cette préoccupation que la Convention vota, le 7 mars 1793, l'abolition du droit de tester. Cette assemblée, dominée par la Terreur, égarée par les légistes venus surtout des provinces où régnait le Partage forcé[10], supprima ainsi, par entraîne- ment et sans discussion, une liberté fondamen-

---

[10] Notamment par six avocats : Robespierre (Pas-de-Calais), Pétion (Somme), Danton (Aube), Prieur (Marne), Tronchet (Seine), Mailhe (de la ville de Toulouse).

tale qui était florissante dans l'ancienne France, et qui, depuis trois siècles, marche, en Angleterre, vers son plus complet développement[11]. Le *Moniteur* n'a consacré que quelques lignes à cette funeste décision ; cependant on y aperçoit clairement[12] les idées qui déterminèrent le vote de l'assemblée.

Au surplus, le *Moniteur* mit mieux en relief, quelques mois plus tard, la pensée des législateurs de 1793. La loi du 7 mars de cette année jeta immédiatement un grand désordre dans les familles. Plusieurs membres de la Convention, élus par les pays où régnait la transmission intégrale, essayèrent timidement, quelques mois plus tard, de faire abroger cette loi ; mais ils échouèrent dans ce dessein devant la résistance des révolutionnaires ardents qui prétendirent démontrer que l'intérêt des familles ne pouvait se concilier avec le succès du régime nouveau[13].

---

[11] *L'Organisation de la famille*, § 12. (Note de 1872.) ═══
[12] « N*** demande que les testaments faits en haine de la Révolution soient abolis. — *Mailhe* dit qu'il faut remonter à la source du mal. Il constate que beaucoup de pères ont testé contre des enfants qui se sont montrés partisans de la révolution. — *Prieur* : Je demande que la loi se reporte à juillet 1789. Sans cela, vous sacrifiez les cadets voués à la révolution ; vous sanctionnez la haine des pères pour les enfants patriotes. — N*** : Je demande au moins qu'on abolisse à dater de ce jour. » (*Moniteur* des 9 et 10 mars 1793.) ═══ [13] J'invite le lecteur à relire cette discussion rapportée dans le *Moniteur* du 28 décembre 1793, et dont je ne puis donner ici que de courts extraits.

« La loi sur l'égalité des partages a déjà occasionné beaucoup

En 1803, la discussion de la partie du Code civil qui traite des successions eut pour point de départ, dans le conseil d'État, une théorie qui reconnaissait aux enfants le droit d'hériter du bien paternel. Cette théorie souleva des réfutations auxquelles on ne put rien répliquer; et la discussion fut close sous l'inspiration de la triste doctrine qui reconnaît à l'État le droit de détruire la famille. Les partisans du Partage forcé durent à la fin convenir qu'ils n'y voyaient qu'un expédient commandé par la situation politique. On put même avouer, sans rencontrer aucune opposition,

« de désordres dans bien des familles...; vous avez fait un grand
« acte de justice; vous avez voulu frapper les grandes fortunes,
« toujours dangereuses dans une république; mais, la loi étant
« générale, les petits propriétaires ont été atteints... » (*Discours
de Cambacérès.*) — « La Convention a cru établir un grand prin-
« cipe, et elle a, pour ainsi dire, jeté une pomme de discorde
« dans toutes les familles; des procès sans nombre vont être le
« résultat de cette loi... Si elle est reconnue nuisible, elle doit
« être rapportée. » (*Discours de Thuriot.*) — « Je m'oppose à tout
« nouvel examen du principe. L'égalité du partage est un prin-
« cipe sacré, consacré dans la déclaration des droits... Votre loi
« juste et bienfaisante a excité des réclamations, dit Thuriot; oui,
« mais de la part des ennemis de la révolution... (*Discours de
Phelippeaux, appuyé par ceux de Bourdon de l'Oise, de Pons de
Verdun,* etc.)

On comprend qu'en temps de révolution les partis politiques emploient des moyens condamnables pour atteindre leur but; mais on ne peut se défendre du mépris quand on les voit, comme dans ce cas, faire un tort irréparable au pays, tout en compromettant la cause qu'ils voulaient servir. Cambacérès apercevait, en effet, dès 1793, et l'expérience a depuis lors démontré (34, IV), que le Partage forcé désorganise spécialement la petite propriété, et qu'en conséquence il n'a pas moins nui à la réforme révolutionnaire qu'à tout autre système politique.

que dans d'autres circonstances il eût été opportun de laisser aux pères de famille le droit, non-seulement de léguer leurs biens, mais encore d'en assurer la conservation forcée par une substitution perpétuelle[14].

En 1806, le rôle dissolvant de la nouvelle institution fut indiqué d'une manière encore plus énergique par le fondateur même du Code civil. Napoléon Ier, adressant des conseils à son frère Joseph pour le gouvernement de son royaume, lui écrivait : « Établissez le Code civil à Naples ; « tout ce qui ne vous sera pas attaché va se « détruire en peu d'années, et ce que vous voudrez conserver se consolidera. Voilà le grand « avantage du Code civil... Il consolide votre puissance, puisque, par lui, tout ce qui n'est pas « fidéicommis tombe, et qu'il ne reste plus de « grandes maisons que celles que vous érigez en « fiefs. C'est ce qui m'a fait prêcher un Code « civil et m'a porté à l'établir[15]. »

Au moment même où il proclamait ainsi, dans l'intérêt des gouvernements nouveaux qu'il créait

---

14 « On ne peut se dissimuler, » disait un conseiller, « que les « substitutions n'aient été imaginées pour conserver aux grandes « familles leur éclat... Si ces familles étaient sincèrement atta-« chées au gouvernement, il serait sans doute utile de leur donner « les moyens de se conserver ; elles seraient l'appui de l'État. « Mais, comme il est difficile de se faire illusion à cet égard... » (Procès-verbaux du conseil d'État, an XI.) ══ 15 Lettre de Napoléon à Joseph, du 5 juin 1806. (*Mémoires et Correspodance politique et littéraire du roi Joseph*, t. II, p. 275 ; Paris, 1853.)

en Europe, cette théorie du droit absolu de l'État
sur la famille, l'Empereur en faisait l'application à
la France. Il promulgua, en effet, les 30 mars et
24 août 1806, les lois qui restauraient, au profit
des familles des grands dignitaires de l'Empire,
sous le nom de Majorats, le droit absolu, de primogéniture.

VI. Le Partage forcé a donc été dans le passé
le régime des petits États urbains, des provinces
conquises et des classes inférieures; chez nous,
depuis la révolution et selon l'aveu même de ses
fondateurs, il a surtout eu pour but de désorganiser les familles rurales qui n'étaient pas spécialement protégées par des majorats institués à
cet effet. D'un autre côté, ces majorats, destinés
d'abord à constituer une société nouvelle, ont été
plus tard détruits sous l'influence d'autres préoccupations. La France actuelle reste ainsi exposée, sans autre défense que le léger palliatif du
Code civil, à l'action destructive commencée par les
démolisseurs de 1793. Si notre nation, après un
demi-siècle de ce dur régime, a conservé un reste
d'esprit de famille et d'initiative individuelle, elle
le doit à deux causes : d'une part, elle avait été
fortement organisée pendant les dix siècles anté-
rieurs; de l'autre, elle a en partie réussi, avec
le concours des familles énergiques et pré-
voyantes, soit à éluder la loi de succession par

des manœuvres occultes, soit à en neutraliser
l'effet par la stérilité systématique des mariages.

VII. La nécessité de tels remèdes est une des
conséquences désastreuses du Partage forcé. Il en
existe beaucoup d'autres qui apparaîtront dans
chacun des Livres suivants, à mesure que j'abor-
derai les principaux détails de la vie privée et de
la vie publique; mais je puis dès à présent en signaler quelques-unes.

Dans le système de la Conservation forcée, le
père peut, avec l'aide du fils héritier, continuer
son travail jusqu'à la fin de sa vie; dans le système
du Partage forcé il doit, au contraire, l'abandonner dès qu'il touche à la vieillesse. L'œuvre
qu'il a fondée par son génie et par sa prévoyance
est fatalement destinée à périr; et cette perspective le dissuade d'y consacrer ses derniers efforts.
L'établissement ne pourrait, en effet, être dirigé
simultanément par tous ses enfants; car l'unité
de direction est pour une entreprise la première
condition de prospérité. Il ne pourrait non plus
être géré par l'un d'eux, pour la communauté,
sans subir tous les inconvénients qui s'attachent,
en pareil cas, à la propriété collective et à l'hypothèque légale. En fait, il est presque toujours
vendu à un étranger ou partagé en nature; et,
dans les deux cas, il perd les conditions de succès
liées aux traditions et au nom du fondateur.

D'un autre côté, les institutions qui érigent en droit le partage de l'atelier paternel détruisent toute solidarité entre les enfants. Aucun d'eux ne pourrait, sans compromettre son avenir, se dévouer à la gestion de cet établissement. Chacun, au contraire, parvenu à l'âge de raison, doit chercher en dehors de la famille une carrière où il puisse recueillir tous les fruits de son travail. Dès lors les parents sont fatalement condamnés à l'isolement pendant leur vieillesse. Cet abandon est fort pénible pour ceux qui ont conduit des entreprises de commerce et d'industrie, et encore plus pour les propriétaires agriculteurs. Ces derniers peuvent, sans doute, confier à des tenanciers les soins de l'exploitation rurale; mais, comme je l'indiquerai souvent dans le cours de cet ouvrage (34, XXI), ils ne peuvent remplir leur devoir qu'en résidant sur leurs domaines. Or, comment un grand propriétaire se décidera-t-il à créer une vraie résidence rurale s'il doit y mourir dans l'abandon, si, d'ailleurs, cette création doit être vendue après sa mort à un étranger, ou morcelée par des agioteurs de biens ruraux? A quoi bon planter des arbres qui n'abriteront pas les descendants; à quoi bon ébaucher avec tant de peine l'alliance si difficile d'une famille avec une population qui lui est étrangère? Pourquoi, en un mot, commencer une œuvre qui sera certainement éphémère, puisqu'elle ne pourrait être fécondée que par une suite de générations?

Le Partage forcé a encore d'autres inconvénients. Il rend les mariages stériles, précisément dans les familles qui pourraient fournir les meilleurs rejetons. Il sape dans ses fondements l'autorité du chef de famille, qui ne trouve plus dans le testament un moyen de récompenser ou de punir. Il empêche surtout le père d'employer sa sollicitude à choisir pour chaque enfant une carrière conforme à ses goûts et à ses aptitudes. Enfin il habitue de bonne heure la jeunesse à la pensée que, pour jouir des avantages sociaux, elle n'a besoin de s'en rendre digne ni par le travail, ni par l'obéissance envers les parents. On reproche avec raison au droit d'aînesse de vouer à l'oisiveté, et bientôt à la corruption, l'héritier qui perd le sentiment des devoirs que sa situation lui impose. La même objection s'adresse plus justement encore au Partage forcé, qui, dans les familles riches, dispense tous les héritiers de la discipline salutaire du travail, en les dégageant de toute obligation mutuelle d'assistance et de dévouement.

En affaiblissant parmi les classes riches l'esprit d'initiative et le respect de la tradition, le Partage forcé rejette la pratique des devoirs sociaux sur les pauvres, c'est-à-dire sur ceux qui sont le moins en mesure de les remplir avec succès.

Il entrave d'ailleurs l'activité de tous les propriétaires en troublant leur vie privée. On se rend
compte des maux engendrés par ce désordre, en
appréciant les pertes de temps et les frais qu'entraîne pour chaque génération la transmission des
biens. Dès qu'un père de famille ayant plusieurs
héritiers a fermé les yeux, certains officiers publics
apparaissent aussitôt. Ils prennent en quelque
sorte possession du foyer domestique et ils en
dressent l'inventaire détaillé. Diverses classes
d'experts et de gens d'affaires ont souvent mission
de compléter cet inventaire pour toutes les natures de biens. D'autres encore sont chargés de
présider aux ventes ou aux divers modes de
partage qu'il plaît aux héritiers de choisir. Et
comme le droit absolu de Partage égal est rarement tempéré, chez les héritiers, par un sentiment de devoir envers la société et la famille, les
détails d'exécution soulèvent bientôt entre les intéressés, par une gradation inévitable, des susceptibilités, des méfiances et des haines. Ces
tristes inspirations occasionnent en France la
plupart des procès[16] qui pèsent lourdement sur la
famille et sur la propriété. Les héritiers honnêtes
et scrupuleux sont donc naturellement conduits
à s'abstenir de toute intervention personnelle;

[16] En 1863, les tribunaux civils ont jugé 21,317 procès relatifs
aux successions. Les jugements relatifs *à tous les autres procès civils* ont été seulement au nombre de 24,899. (Note de 1872.)

en sorte que, par la force des choses, le plus intime intérêt des familles est complétement abandonné à la direction des agents de la loi. De là,
pour ces derniers, des prébendes lucratives et
une prépondérance malsaine qui compromettent la dignité de la nation.

VIII. Pour juger le système du Partage forcé,
et comprendre l'urgence de la réforme, il suffit
de se reporter aux motifs qui l'ont fait établir.

Il est d'abord évident que le motif allégué dans
le *Moniteur* du 9 mars 1793 à l'appui de la loi qui
prononça l'abolition des testaments, n'a pu produire en temps utile les résultats qu'on en attendait. Mais s'il était vrai que l'amoindrissement
de l'autorité paternelle eût rendu alors les jeunes
générations plus libres d'adopter les idées de la
révolution, il ne s'ensuivrait nullement qu'un tel
système social dût être maintenu aujourd'hui.
La loi morale du genre humain condamne ces
procédés de gouvernement. Le bon sens indique
d'ailleurs que le moyen employé pour détruire
l'ancien édifice social, ne peut point servir à la
reconstruction de l'édifice nouveau.

Les hommes du XVIIIe siècle étaient moins frappés qu'on ne le croit des abus du droit d'aînesse.
Ce grief ne figure point parmi les critiques des
lettrés qui se préoccupaient de réformer la so-

ciété [17]. Il a été mis en avant pour la première fois, lorsque les hommes de la Terreur, pour se défendre du mépris qu'ils avaient mérité, entreprirent de discréditer systématiquement par la calomnie les mœurs et les institutions de l'ancienne France.

Sans doute, on put alors critiquer justement certaines familles de cour dont les aînés vivaient dans le luxe et la débauche, tandis que les filles et les cadets étaient condamnés au célibat. Mais les auteurs de ces critiques ne se proposèrent pas de remédier à certains maux : ils voulurent tout détruire. Ils ne se bornèrent pas à supprimer l'obligation de transmettre intégralement le bien de famille à un seul héritier; ils crurent devoir prescrire le partage de ce bien entre tous les enfants. A un système de contrainte qui pesait sur des familles relativement peu nombreuses, ils substituèrent un système qui soumettait à une règle formelle toutes les volontés. De tels écarts s'expliquent difficilement, même dans l'époque anormale que nous traversons; mais nous sentirons le besoin de nous y soustraire, dès que nos esprits seront devenus plus calmes et plus tolé-

[17] J'ai vainement cherché, dans les écrits de Voltaire ou de J.-J. Rousseau, une critique à ce sujet. Montesquieu condamne formellement toute immixtion du législateur dans cette classe d'intérêts privés. Ainsi, par exemple, il a écrit : « La loi naturelle ordonne aux pères de nourrir leurs enfants : mais elle ne les oblige pas de les faire héritiers. » (*Esprit des loix*, XXVI, 6.)

rants. Nous rejetterons alors également les deux régimes coercitifs qui compriment en deux sens opposés les intérêts des propriétaires. Nous reviendrons, avec les Anglo-Saxons, au régime qui laisse aux familles la liberté.

Suivant une autre conviction fort répandue à la même époque, les grandes propriétés, alors très-multipliées, apportaient d'insurmontables obstacles au progrès de l'agriculture[18]. Les novateurs se persuadaient surtout que l'accroissement du nombre des petits propriétaires ruraux aurait, sous ce rapport, une utile influence sur la prospérité publique. Depuis la révolution les faits n'ont

[18] L'agriculteur anglais Arthur Young, qui avait adopté chaudement les idées de la révolution de 1789, exprime à ce sujet les idées de l'époque dans le passage suivant : « La quantité de terre « en friche que nous rencontrâmes (dans l'Angoumois) est étonnante ; c'est le trait dominant du terrain pendant toute la route. « La plupart de ces landes appartenaient au prince de Soubise, « qui n'en voulut jamais vendre aucune partie. Ainsi, toutes les « fois que vous rencontrerez un grand seigneur, même quand il « possède des millions, vous êtes sûr de trouver ses propriétés « en friche. Ce prince et le duc de Bouillon sont les deux plus « grands propriétaires territoriaux de toute la France, et les seules « marques que j'aie encore vues de leur grandeur, sont des ja- « chères, des landes, des déserts, des bruyères et de la fougère. « Cherchez le lieu de leur résidence, quelque part qu'il soit, et « vous le trouverez probablement au milieu d'une forêt bien peu- « plée de daims, de sangliers et de loups. Oh ! si j'étais, seule- « ment pendant un jour, législateur de la France, je ferais bien « danser tous ces grands seigneurs ! » (Arthur Young, *Voyage en France*, t. Ier, p. 159; in-8º, Paris, 1794.) — Pour justifier complétement cette critique, l'auteur aurait dû prouver que les populations qui vivaient sur ces friches n'étaient pas plus heureuses que celles des terres défrichées de son Comté de Suffolk.

guère répondu à cette espérance ; et, pour l'avenir, on ne saurait conserver à ce sujet aucune illusion. L'abrogation des substitutions perpétuelles et de la mainmorte a mis fin à certains abus ; mais, tout compte fait, le Partage forcé n'a profité ni à la petite propriété, ni à l'agriculture. Ce régime, comme je le prouverai plus loin (34, XVI), est encore plus désastreux pour la petite propriété que pour la grande. Aucun homme compétent n'affirmerait d'ailleurs aujourd'hui que les grands domaines entravent en quoi que ce soit le progrès de l'agriculture. En beaucoup de lieux, c'est même le fait contraire qui a lieu : les succès des petits cultivateurs sont dus surtout aux bons exemples donnés par les grands propriétaires résidents.

Les partis politiques qui se montrent sympathiques au Partage forcé, en vue de favoriser les classes peu aisées, commettent une erreur grave, que réfutent les faits exposés dans cet ouvrage. Par son principe même, le Partage forcé désorganise toutes les classes auxquelles il s'applique. D'un autre côté, le régime des majorats, qui n'est point encore formellement aboli (23, VIII), a souvent offert aux classes supérieures, depuis soixante ans, des moyens de défense qui n'ont jamais été accordés aux autres classes.

IX. En résumé, les législateurs anciens ont parfois prescrit le Partage forcé, pour imprimer

aux mœurs un genre de direction que l'on confie
maintenant plus volontiers à la sollicitude et au
discernement des pères de famille. Quant aux législateurs modernes, ils ont généralement cherché dans ce régime un auxiliaire pour l'esprit de
nouveauté ou de révolte. Le Partage forcé désorganise la famille et par suite la société entière. Il
ne s'est maintenu chez nous jusqu'à ce jour que
par une véritable méprise. Il ne peut réaliser en
aucune façon la pensée des hommes d'État qui
l'ont institué en 1793. Enfin, comme on le verra
dans le Chapitre suivant, il est en contradiction
avec la pratique actuelle des peuples les plus
libres et les plus prospères.

La condamnation formelle du Partage forcé, exposée en 1855, à titre de conclusion, dans *les
Ouvriers européens*, a d'abord soulevé de vives
critiques. Mais, depuis lors, l'opinion publique se
réforme peu à peu par la discussion. Ce retour au
vrai n'a pas lieu seulement en France : il se produit dans les pays étrangers [19] qui ont adopté,

[19] Je signale, avec éloge, l'ouvrage suivant publié en Catalogne,
c'est-à-dire dans une contrée où de vieilles coutumes locales
sont en lutte avec des influences et des idées tendant à propager
le Partage forcé : *Inconvenientes de la sucession forzosa*, par Don
Joaquin Cadafalch y Buguña. Barcelone, 1862; 1 vol. in-8°. — Cet
excellent ouvrage a été couronné par l'Académie des sciences de
Madrid. Cette compagnie a rendu ainsi à la réforme de l'Occident
le même service que l'Académie des sciences de Paris (A), en
couronnant les *Ouvriers européens*. (Note de 1866.)
Le même mouvement de réforme commence à se manifester

avec l'esprit de révolution, les dispositions de notre Code civil. Quant aux États-Unis, à l'Angleterre et aux États stables du continent européen, je n'ai jamais trouvé un indigène qui ait proposé l'introduction de ce déplorable régime.

———

CHAPITRE 21

RÉGIME DE LA LIBERTÉ TESTAMENTAIRE PROPRE AUX CONSTITUTIONS QUI, RESPECTANT LA TRADITION, SUBSTITUENT DÉFINITIVEMENT L'INITIATIVE INDIVIDUELLE A L'INTERVENTION EXAGÉRÉE DE L'ÉTAT ET AU PRIVILÉGE.

I. La Liberté testamentaire est implicitement définie dans le chapitre précédent (20, II). Je groupe sous ce nom les régimes de succession dans lesquels le propriétaire ayant de nombreux enfants dispose librement au moins de la moitié de ses biens. Tantôt, comme dans la plupart des États de l'Allemagne et de l'Italie, la quotité disponible se réduit jusqu'à cette dernière limite ; tantôt, au contraire, comme en Angleterre et dans la plupart des États-Unis de l'Amérique du Nord, la Liberté testamentaire est absolue. Dans ce dernier cas le propriétaire peut léguer ses biens, sans

en Belgique par d'excellents travaux. Voir notamment : *La liberté testamentaire,* par M. le comte A. de Bousies ; broch. in-8° ; Mons, 1872 ; *le Testament, selon la pratique des familles stables et prospères,* par M. de Moreau d'Andoy, 1 vol. in-8° ; Namur, 1873.

aucun empêchement, aux héritiers de son choix.

Lorsque la Liberté testamentaire est restreinte, on nomme, selon les cas, *légitime* ou *biens substitués,* la portion des biens dont le père de famille ne peut disposer, et dont la loi accorde la propriété aux héritiers qu'elle institue. Cette restriction offre deux cas principaux : tantôt cette portion est attribuée à un seul héritier, et alors le régime s'identifie plus ou moins avec la Conservation forcée; tantôt elle est divisée entre plusieurs héritiers, suivant les diverses combinaisons propres au Partage forcé. La distinction entre les biens disponibles ou réservés se rapporte souvent à leur qualité de biens patrimoniaux ou acquis. Ainsi j'ai déjà cité des cas (20, II) où le propriétaire ne dispose d'aucune partie de ses biens patrimoniaux, tandis qu'il peut léguer la totalité de ses biens acquis. Ailleurs, on complique encore cette distinction par celle des biens de ville et des biens ruraux, des meubles et des immeubles. En Suède, par exemple, les biens non substitués sont placés à cet égard sous des régimes fort divers. Un propriétaire rural qui a des enfants peut choisir librement son héritier et lui laisser tous ses biens sans acception d'origine. Un propriétaire urbain, au contraire, ne peut user de cette liberté que pour un sixième de tous ses biens.

II. Les deux premiers régimes de succession,

avec leurs innombrables variétés, peuvent être
introduits dans les habitudes d'un peuple par
l'action persistante de la loi. Il en est autrement
pour la Liberté testamentaire : on ne peut guère
l'interdire aux peuples qui en comprennent les
avantages ; on peut moins encore l'imposer aux
peuples égarés qui les ignorent. Les causes qui
développent ou qui restreignent l'usage des testaments touchent de près à celles qui amènent le
progrès ou la décadence des sociétés : elles se
lient aux fibres les plus sensibles de l'organisme social ; et je vais signaler celles de ces
causes que l'observation m'a fait découvrir.

Chez les peuples qui font un usage habituel des
testaments, les chefs de famille ont, pour la plupart, une nombreuse postérité. Ils sont voués,
en général, à un travail lucratif et à des fonctions traditionnelles qui ont pour objet les besoins
de la famille et le service de l'État. Ils se préoc-
cupent surtout de faire le bonheur de leurs enfants et, à cet effet, de conserver parmi eux les
talents et les vertus des ancêtres. Dans leurs dispositions testamentaires, ils atteignent ordinairement leur but par trois moyens principaux. Ils
mettent, autant que possible, chacun de leurs
enfants dans la voie où il pourra se créer, par ses
propres efforts, une existence honorable ; ils
transmettent au moins à l'un d'eux, dans des
conditions de permanence pour l'avenir, le foyer,

l'atelier, les fonctions sociales et le nom de la famille; enfin, par cet ensemble de mesures et au besoin par des fondations spéciales, ils assurent la plus grande somme de bienfaits durables à la famille, aux corporations locales de bien public (46, II à XII), à la patrie, à l'humanité.

Les devoirs dont on doit s'acquitter pour se rendre capable de faire un bon testament, sont fort graves et exigent une constante sollicitude. Dans une société féconde et adonnée au travail, la situation des chefs de famille et les besoins de leurs enfants varient, pour ainsi dire, chaque année. Il faut donc que les testaments soient modifiés chaque fois que l'inégalité des aptitudes amène l'inégalité des conditions. En remplissant ce devoir suprême, le testateur doit s'aider sans cesse de l'expérience et de la raison; car c'est seulement ainsi qu'il peut mériter la reconnaisance de la postérité. Il doit, en résumé, avoir toujours en vue l'avenir de ceux qui lui sont chers, et se mettre constamment par la pensée en présence de la mort.

Or il n'y a que les hommes religieux, connaissant le néant de cette vie et mettant leur espoir dans la vie future, qui se plaisent à porter ainsi leur pensée vers une fin prochaine. Les citoyens pénétrés de l'esprit de renoncement, qu'inspire l'amour de Dieu et du prochain, sont les seuls qui s'arrachent aux satisfactions sensuelles que procure la richesse, pour se préoccuper de concourir, même après leur mort, au bonheur de leur famille et de leur patrie. On s'explique donc que l'application au travail et la fécondité des mariages soient les qualités distinctives des peuples qui fondent sur les testaments le régime de la propriété.

On comprend d'un autre côté qu'un acte solennel, dicté par de tels sentiments, s'impose avec une autorité irrésistible [1] aux jeunes générations élevées dans un milieu social où règnent les croyances de la religion et l'esprit de dévouement. La pratique du testament s'est créée sous ces influences, depuis la plus haute antiquité, chez les peuples stables [2]. Elle s'est perfectionnée au moyen âge chez les nations qui ont illustré l'Occident. Elle se conserve sous les mêmes inspirations, dans les petits États qui honorent le plus cette région du globe [3]. Enfin elle se retrouve, chez les Anglais et les Américains du Nord, qui, de nos jours, sont généralement acceptés comme

[1] M. Troplong adopte le même point de vue dans le passage suivant de la préface du *Traité des donations entre-vifs et des testaments.* « Partout, et dans tous les pays civilisés ou non, les désirs exprimés par le père à son moment suprême parlent plus haut « aux enfants recueillis que toutes les lois de l'ordre civil. » — On ne peut justifier en meilleurs termes l'exposé au début du chapitre suivant, touchant les principes qui devraient présider au régime de la succession *ab intestat.* == [2] *L'Organisation de la famille,* § 9. (Note de 1872.) == [3] *L'Organisation du travail,* §§ 64 à 66. (Note de 1872.)

des modèles. Dans tous les temps et chez toutes les races, la pratique du testament a été d'autant plus habituelle, d'autant plus féconde, que le sentiment religieux acquérait plus de force et de discernement.

Une autre préoccupation qui a fait la grandeur des premiers Romains, et qui n'est pas moins féconde de notre temps, a propagé la coutume des testaments. Je veux parler de la tendance qui porte les citoyens à régler eux-mêmes les intérêts de la vie privée, et à ne laisser sous la tutelle de l'État que ceux dont le caractère est essentiellement public. Sous ce rapport, les Anglo-Saxons des deux mondes sont l'exemple des modernes. Ils pensent que la propriété privée est l'un des fondements de l'indépendance individuelle. Ils en concluent que le droit de transmettre ses propres biens est l'un de ceux que chaque citoyen a le plus d'intérêt à exercer. Ils s'estiment d'autant plus libres que la volonté des législateurs domestiques, exprimée par les testaments, remplace davantage la volonté des gouvernants, exprimée par la loi écrite. Chez les peuples où dominent ces opinions, la Liberté testamentaire assure aux familles et à l'État les avantages de la transmission intégrale des biens, sans donner prise aux abus du droit d'aînesse et aux désordres du Partage forcé. Elle fortifie surtout l'autorité paternelle et forme, à ce titre, une véritable institution sociale. Elle fournit, en effet, le meilleur moyen de conjurer la corruption de la jeunesse au sein de nos sociétés riches, en présence des séductions de la vie urbaine.

Pour éviter ces écueils qui sont de tous les temps, certains peuples anciens ont recouru, comme le font encore les Russes, à des prescriptions légales qui réglaient la possession des biens, et soumettaient les jeunes gens à la pratique du travail et de la vertu. Aujourd'hui, les peuples modèles donnent de plus en plus la liberté aux personnes et à la propriété : ils se privent donc de ces moyens d'action. Ils y suppléent en renforçant autant que possible les influences morales émanant de la religion et de la famille. Les individus portés au bien sont retenus dans le devoir par l'inspiration de la conscience guidée par la religion ; les autres y sont ramenés par l'autorité paternelle. Le testament, sanction de cette autorité, s'associe à l'action du prêtre et se substitue à l'intervention du seigneur et des corporations communales.

III. La Liberté testamentaire rehausse, dans l'opinion, le prestige de la propriété et l'ascendant des propriétaires. Elle imprime évidemment à ceux-ci un caractère plus vénérable et plus digne. Les droits conférés par la volonté suprême du père de famille sont, en effet, plus sacrés que

ceux qui dérivent d'un système forcé de transmission (note 1). Le testament, acte de discernement et d'amour, réussit mieux qu'une loi
banale et uniforme à organiser et à choisir le personnel des propriétaires, et par suite à inculquer
dans les esprits le respect dû à la propriété. Malgré l'extrême facilité laissée par les Anglo-Saxons
à la propagation des idées fausses, le principe de
la propriété individuelle n'a jamais été sérieuse-
ment contesté chez eux, grâce à l'influence bienfaisante de la Liberté testamentaire. Au contraire,
il devient à la longue l'objet d'attaques, tantôt
sourdes, tantôt vives, mais toujours renouve-
lées, partout où la loi impose aux citoyens le
système de succession.

Les peuples, qui admettent que le droit de
propriété cesse avec la vie, résistent difficilement
à la tentation de restreindre ce droit avant la
mort. L'État, qui s'arroge le pouvoir de partager
le bien entre les descendants du propriétaire défunt, incline en effet, par cela même; vers toutes
les doctrines qui l'autoriseraient à opérer ce partage dans un cercle plus étendu. Il n'existe à vrai
dire, en dehors de la Liberté testamentaire appuyée
sur la Coutume, aucun terrain solide pour asseoir
le droit de propriété. Le communisme [1] se trouve

---

[1] Le Partage forcé a tellement troublé nos idées, qu'on a vu
souvent la tendance communiste se révéler, même chez ceux qui
se donnaient la mission de soutenir la transmission intégrale

nécessairement en germe dans toutes les lois qui contraignent, en quelque sens que ce soit, la volonté des propriétaires. Une redoutable expérience nous apprend que ce germe croît rapidement sur les territoires défrichés, où le sol manque à l'activité des jeunes générations.

Comme je l'ai expliqué précédemment, l'usage du testament procède de l'esprit d'initiative individuelle et du dévouement au prochain. L'expérience enseigne que ces aptitudes ont une intime connexion avec la liberté civile et politique ; donc celle-ci est impossible, tant que la Liberté testamentaire est interdite aux citoyens [5] :

des biens. L'un des orateurs qui soutenaient, en 1826, l'attribution de la quotité disponible à l'aîné, dans la succession *ab intestat*, disait : « Toute possession cesse avec la vie. Si les biens sont gé-
« néralement attribués aux plus proches parents, c'est par un
« bienfait de la société. A la mort du propriétaire, sa propriété
« rentrerait naturellement dans le domaine commun, ou appar-
« tiendrait au premier occupant : lui prescrire les conditions sous
« lesquelles il en peut disposer, c'est au fond moins altérer son
« droit que l'étendre en effet. » (*Collection Duvergier*, année 1826,
t. XXVI, p. 138.)

Les fondements de l'ordre social sont peu solides dans une nation où de semblables doctrines sont émises par les esprits les plus conservateurs, sans inquiéter l'opinion publique.

[5] M. Troplong présente la même conclusion au début et à la fin de sa préface du *Traité des donations entre-vifs et des testaments*.
« Le droit de tester, dit-il, ce droit d'une volonté mortelle qui
« dicte des lois au delà de la vie, nous transporte si naturelle-
« ment aux régions sublimes des sources du droit, que Leibnitz
« le faisait dériver de l'immortalité de l'âme... Le testament est
« le triomphe de la liberté dans le droit civil. Le testament, en
« effet, est entièrement lié au sort de la liberté civile ; il est gêné
« et contesté quand la liberté est mal assise ; il est respecté quand

IV. La divergence qui existe entre les régimes
de succession de la France et de l'Angleterre,
n'est qu'un des aspects du contraste, chaque jour
plus tranché, qu'offrent leurs constitutions sociales. Elle est la conséquence des doctrines opposées qui règnent chez les deux peuples, touchant
les limites à établir entre la vie privée et la vie
publique (52, II).

Depuis la révolution de 1789, nous nous atta-
chons de plus en plus à l'opinion qu'il n'appartient pas aux propriétaires de régler la transmission de leurs propres biens. Nous nous persuadons
que l'État doit intervenir, non-seulement pour
subordonner la propriété privée à certaines théories d'intérêt public, mais encore pour répartir
la richesse selon des convenances politiques et
des règles uniformes qu'on prétend tirer de l'é-
quité et de la raison. Assurément la nature et la

« la liberté civile a, dans la société, la place qui lui appartient.
« La propriété étant la légitime conquête de la liberté de l'homme
« sur la matière, et le testament étant la plus énergique expres-
« sion de la volonté du propriétaire, il s'ensuit que tant est la
« liberté civile dans un État, tant y est le testament. L'histoire
« prouve que toutes les fois que la liberté civile est comprimée
« ou mise en question, la propriété, et par conséquent le testa-
« ment sont sacrifiés à de tyranniques combinaisons... Un peuple
« n'est pas libre s'il n'a pas le droit de tester, et la liberté du
« testament est une des plus grandes preuves de sa liberté ci-
« vile. » Je ne saurais trop applaudir à cette doctrine ; mais l'auteur, dans de longs entretiens, n'a jamais réussi à m'expliquer
comment il pouvait, dans le même ouvrage, écrire ces lignes et
glorifier le Code civil.

justice commandent à chaque père de famille
de procurer, autant qu'il dépend de lui, le bonheur
à tous ses enfants; mais nous en concluons
à tort que la loi doit y pourvoir par des prescriptions absolues, à l'aide d'une procédure savante
et avec le concours d'une armée de fonctionnaires
chargés de présider à la répartition. C'est cet
ordre d'idées qui nous a conduits à laisser le
gouvernement envahir toute l'activité sociale.
Parmi les branches envahies, je citerai surtout :
la gestion des affaires de la province et de la
commune; la construction et l'entretien des ouvrages d'utilité locale; la surveillance des moindres intérêts concernant les cours d'eau, la voirie
et la police; la direction de l'enseignement et des
institutions scientifiques; l'encouragement des
travaux agricoles et manufacturiers.

Les Anglais pensent, au contraire, que les
citoyens, pour développer leurs aptitudes et
spécialement pour assurer leur liberté, doivent
s'acquitter personnellement de ces soins. Chacun
parmi eux est convaincu, en outre, que si l'état
arriéré des mœurs l'empêchait de suffire à tous
ses devoirs civils, la transmission de ses propres
biens serait le dernier de ceux qu'il lui serait
permis de négliger. Comment, en effet, des
hommes inhabiles à régler par eux-mêmes le
principal intérêt de la famille pourraient-ils
avoir la prétention d'exercer une autorité réelle

dans la commune, dans la province et dans l'État?
Aspirer à la liberté politique en confiant à des
fonctionnaires publics toutes les charges civiles
est, pour un peuple, une conception aussi dérai-
sonnable que celle qui prétendrait maintenir
l'indépendance nationale en attribuant toutes
les fonctions militaires à des étrangers.

L'opinion publique, en France et en Angleterre,
offre au sujet des testaments de profondes différences. Les motifs qui, en cette matière, nous
engagent à soumettre la famille à l'empire de la
loi, sont précisément ceux qui déterminent nos
voisins à le repousser. En tout ce que la raison
et la nature commandent, les Anglais laissent
volontiers beaucoup de latitude à l'initiative des
citoyens. Dans leur pensée, l'amour paternel,
c'est-à-dire la force sociale la plus énergique et
la plus universelle, est plus apte que tout autre
pouvoir à trouver en chaque cas le mode de
transmission qui répond le mieux aux besoins
de tous les intéressés. Il leur paraît contraire
au bon sens de soutenir que ces besoins sont
mieux satisfaits par une formule générale émanant de l'autorité publique. Ainsi qu'il arrive
chez les peuples parvenus, dans l'ordre moral,
à une certaine hauteur, la liberté est ici la meilleure garantie de tous les intérêts.

V. Les nations qui restreignent ou laissent

tomber en désuétude l'usage des testaments,
au détriment de l'autorité paternelle, de l'ordre
moral, de la propriété et de la liberté civile, se
dissimulent cet état de décadence en le présentant comme le règne de la justice. Selon leur
thème favori, tous les enfants issus du même
mariage ont un droit égal à l'héritage comme
à l'affection de leurs parents. Un père viole donc
l'équité lorsqu'il établit entre eux une inégalité
quelconque. Il blesse encore plus la morale quand
il déshérite ses enfants légitimes au profit de
bâtards, de concubines ou de parasites. Enfin,
lors même que les mœurs donneraient à ce sujet
toute garantie, il y aurait encore de graves inconvénients à subordonner le régime de transmission
des biens aux défaillances naturelles de la vieillesse.

Les peuples qui jouissent de la Liberté testamentaire savent que ces allégations sont dé-
menties par les faits qui se passent sous leurs
yeux. L'analyse attentive de ces faits explique
d'ailleurs pourquoi l'usage du testament se concilie avec toutes les règles de la justice. La coutume universelle qui porte le père à tester en
faveur de ses enfants est la manifestation spontanée d'une des tendances les plus puissantes
de l'humanité, l'amour des parents. Cette tendance se fait jour quand le législateur a le bon
sens de s'abstenir. La transmission des biens

s'opère alors dans les conditions qui conviennent
le mieux à chaque classe de la société, à chaque
profession, à chaque famille. Ainsi que le prouve
une expérience journalière, les pères prévoyants
et laborieux qui veulent avoir de dignes successeurs admettent, en réglant la succession, tous
les tempéraments que conseillent, d'une part,
la nature spéciale des travaux, de l'autre, la
diversité des aptitudes. Les dispositions prises
en toute liberté par les pères de famille se sont
modifiées, dans les détails, selon les lieux. Elles
ont fait naître les sages coutumes qui ont concouru à fonder la grandeur actuelle de l'Europe.
Il en a été autrement quand un législateur a
formulé lui-même les règles de l'héritage. Une
prescription uniforme n'a pu se plier à toutes
les situations. Elle a souvent contrarié les lois du
travail; elle a même compromis les intérêts de
ceux qu'elle prétendait spécialement protéger.

Le père qui fixe le sort de ses enfants, désigne
lui-même la part de chacun avec une sollicitude
éclairée qu'on ne saurait attendre d'un magistrat
ou de tout autre officier public. Il charge un parent,
un ami ou un patron de juger souverainement, et
sans appel aux tribunaux, les difficultés que la
prise de possession pourrait soulever; et tout se
termine promptement, sans frais et sans conflit.
C'est ainsi que, grâce à ce bienfaisant régime, le
père de famille continue son œuvre, même après

sa mort, conjure l'essor des passions cupides, et supprime les charges qu'entraîne ailleurs l'intervention des gens d'affaires.

Les faits opposés qui se produisent sous les régimes de contrainte, confirment les conclusions établies pour les régimes de liberté. Le droit à l'héritage conféré aux enfants étend sur la société entière sa funeste influence. Il pervertit particulièrement ceux qui devraient être le principal espoir de la nation. Il habitue la jeunesse riche à croire que la naissance lui donne le droit de jouir de tous les avantages sociaux, de vivre dans l'oisiveté ou le vice, et de se soustraire à tout devoir envers la famille et la société. La loi favorise indirectement ces scandales, si elle enlève aux parents le pouvoir d'imposer à la jeunesse le travail, la vertu et l'obéissance. Or c'est ce qui arrive quand le père de famille ne peut transmettre, au besoin, son foyer et son atelier à un étranger honnête et laborieux, plutôt qu'à un fils vicieux et incorrigible.

Sans doute la société est en droit d'exiger qu'un fils indigne de l'héritage paternel ne tombe pas à sa charge, soit avant, soit après la mort de ses parents. A ce point de vue, elle peut réclamer des aliments pour l'enfant prodigue ou incapable. Mais là doit s'arrêter l'obligation du chef de famille : le reste doit être laissé à son amour et à son expérience.

Un père ne blesse donc pas la justice, il lui

rend au contraire hommage, lorsqu'il prive de son héritage un enfant vicieux. Il raffermit en outre l'ordre moral en employant son autorité de législateur domestique à inculquer ce salutaire principe que les avantages sociaux doivent être le prix de la vertu. Même à cette déplorable époque où la corruption, propagée par Louis XIV et ses successeurs, faisait tomber en désuétude l'usage des testaments, Montesquieu s'efforçait de réagir contre cet entraînement funeste en écrivant : « La loi naturelle ordonne aux pères de nourrir « leurs enfants ; mais elle ne les oblige pas de les « faire héritiers[6]. »

VI. On ne saurait s'arrêter à cette objection que certains pères vicieux et injustes deshériteront des enfants vertueux et soumis. Il n'appartient pas à l'État, sous un régime de liberté (8, X), d'améliorer par son contrôle les relations privées, quand celles-ci ne compromettent point un intérêt public. Ce soin est laissé de plus en plus aux mœurs et à l'opinion. Si le législateur avait pour mission d'empêcher que la propriété fût jamais

[6] « Mon frère me disoit que les père et mère doivent deux « choses à leurs enfants, les bien endoctriner et nourrir hones- « tement ; qu'avec cela s'ils pouvoient laisser quelque chose, à la « bonne heure ; sinon, avec une bonne instruction et nourriture, « pour peu qu'ils ayent, ils ont assez... Tout enfant qui se fie au « bien de son père ne mérite pas de vivre. » (Note de 1867, d'après une citation de M. de Ribbe, dans : Une Famille au XVIᵉ siècle.)

une cause de scandale, il devrait évidemment en réglementer la jouissance plus encore que la transmission. Le père qui, en présence de la mort, ce suprême redresseur des natures perverses, n'est pas ramené au sentiment de la justice, aura bien autrement scandalisé le monde dans le cours de sa vie; et, selon toute vraisemblance, le testament n'aura pas été le plus grand de ses méfaits.

On ne peut, d'ailleurs, supprimer le droit de tester, qu'en attribuant aux enfants le droit à l'héritage. Mais pour dépouiller ainsi le chef de famille du droit qui lui appartient, ne fût-ce qu'en sa qualité de propriétaire, il faudrait démontrer préalablement que le caractère du père offre à la morale publique moins de garanties que celui des enfants. Or, c'est ce qui n'a jamais été tenté à ma connaissance, même par les sophistes les plus pervers. Il n'est pas nécessaire, en effet, d'avoir un jugement très-ferme, ni une grande expérience de la vie, pour être assuré qu'il y aura toujours plus de fils indolents ou insoumis que de pères malveillants. Ces dispositions du cœur humain se reproduisent invariablement dans toutes les constitutions sociales. Elles impliquent la condamnation des lois qui, au nom de la justice, restreignent la Liberté testamentaire. En fait, cette liberté qui régnait sans entraves, comme le rappelle l'épigraphe de ce Livre, chez un peuple ancien, grand entre tous les autres, n'est pas moins développée chez les deux peuples modernes les plus libres et les plus prospères. Si les pères de famille étaient assez vicieux pour abuser du testament, ils ne justifieraient pas seulement l'interdiction du droit de tester : ils prouveraient que leur race a perdu le sens moral, c'est-à-dire les bases mêmes de son ancienne prospérité. Ainsi dégradée, cette race n'aurait plus en elle-même les moyens de réforme. Elle ne pourrait plus être régénérée que par un maître absolu, soumis lui-même à la loi morale, mais ayant en outre le pouvoir de l'imposer à ses sujets.

Quant aux motifs tirés de l'impuissance de la vieillesse, je ne me dissimule pas qu'ils exercent sur l'esprit de mes contemporains une impression profonde. Et comment n'en serait-il pas ainsi chez nous, où tant d'hommes influents vont jusqu'à déclarer que l'âge mûr lui-même est suspect de routine et d'incapacité? Mais plus une erreur est accréditée, plus il importe de la réfuter avec méthode. Je n'ai donc pas pensé qu'il convînt d'aborder une si grave question d'une manière incidente. En traitant de la famille, je montrerai (27, X) que de telles attaques sont injustes et antisociales. J'expliquerai en même temps pourquoi, dans toute société prospère, la vieillesse jouit à bon droit d'une autorité prépondérante. En se reportant à ces considérations, on s'assurera que les mêmes qualités qui, dans la vie usuelle, légitiment le pouvoir de la vieillesse, la rendent éminemment propre à régler la transmission des biens.

C'est ici le lieu de rappeler que, selon les procès-verbaux du conseil d'État, les restrictions apportées, en 1803, à l'usage des testaments, ont été appuyées non sur ces arguments tirés de la justice et du droit naturel, mais sur des préoccupations politiques (20, V) qui aujourd'hui n'ont aucune raison d'être. Je constate de nouveau que la Liberté testamentaire favorise également toutes les classes, et n'a par conséquent aucun caractère politique (19, IV). Je conclus enfin de ce qui précède, que tout peuple déchu qui voudra reconquérir la prospérité par l'initiative individuelle doit préalablement revenir à l'usage du testament. Il retrouvera en cette matière, la notion du vrai par l'observation des faits, et notamment par l'exemple des deux nations qui devancent toutes les autres dans les voies de la liberté.

VII. On peut réfuter en peu de mots le point de départ et les conséquences de la doctrine qui, au nom de la justice, rejette la Liberté testamentaire. Cette doctrine ne tient aucun compte des richesses morales et intellectuelles, des droits et des devoirs sociaux, et, en général, des valeurs immatérielles qui constituent la plus précieuse part de toute succession. Elle admet implicitement que l'héritage n'est qu'une somme d'argent à

répartir entre des individus qui resteraient sans
liens soit avec les plus proches parents, soit avec les
descendants ou les ancêtres, soit avec la commune,
la province ou l'État. L'étude du passé, comme
l'observation du présent, s'accordent à démontrer
la fausseté de cette conception sur la propriété et
les rapports sociaux. J'explique, dans toutes les
parties de cet ouvrage, comment l'inflexible application de cette doctrine par une armée d'officiers
publics, acharnés à la ruine des familles[7], a désorganisé la vie privée. Je montre que ce funeste
régime a creusé l'abîme où notre nationalité périra,
si une réforme inspirée par la conception opposée,
ne nous ramène à la tradition nationale et à la
pratique actuelle des races libres et prospères.

VIII. Le régime des donations entre-vifs est
une conséquence naturelle de celui qui est en
vigueur pour les testaments. Chez les Anglais
comme chez les Américains du Nord, le propriétaire a, de son vivant, comme à l'heure de sa
mort, la liberté de transmettre son bien. Le droit
de donner et le droit de tester sont l'un et l'autre
sans limites.

Le contrat de mariage, une des formes usuelles
de la donation, est chez ces deux peuples l'objet

---

7 Voir le Document C. — Voir, en outre, *l'Organisation de la
famille*, et notamment : le Livre Ier, § 13, le Chapitre II avec les
trois appendices. (Note de 1872.)

de conventions fort diverses. Il tend en général à assurer à la mère de famille, après la mort de son époux, une situation indépendante. Il perdrait en partie son importance dans un régime où la loi *ab intestat* (22, X) donnerait à la veuve des garanties qu'on lui refuse aujourd'hui en France et en Angleterre. La Liberté testamentaire, si elle devenait le droit commun de notre pays, fournirait d'ailleurs toutes les satisfactions désirables aux parents qui, en établissant leurs enfants, voudraient, selon les habitudes créées par la loi actuelle, conserver dans leur descendance le régime du Partage forcé. Il leur serait loisible notamment de stipuler que les dots allouées par eux seront attribuées en parts égales à tous les petits-enfants. C'est ainsi que la Liberté testamentaire, complétée par la liberté des donations, porte en elle-même son correctif. Au contraire, les deux autres régimes compriment les volontés individuelles et leur refusent tout moyen de résistance.

IX. La pratique de la Liberté testamentaire soulève encore deux questions. Le père de famille peut-il tester sans réserve, où doit-il être tenu de laisser une légitime à ses enfants? Peut-il substituer, c'est-à-dire soumettre à la Conservation forcée, pendant un certain nombre de générations, la partie disponible de ses biens?

Les Anglais et les Américains allèguent habituellement deux raisons principales pour repousser le principe des légitimes. A leurs yeux, ce principe a l'inconvénient de tout compromis entre deux systèmes opposés. Il annule en partie les avantages de la Liberté testamentaire, en laissant subsister la plupart des vices propres au Partage forcé. Il viole le droit et la liberté du propriétaire, en même temps qu'il affaiblit l'autorité du père de famille. Sauf le cas de coutumes séculaires et universellement respectées, le taux des légitimes ne saurait d'ailleurs être établi sur des règles offrant des garanties suffisantes contre les empiétements de l'autorité. Si l'État a le droit d'intervenir dans la transmission de la propriété privée, pourquoi ce droit serait-il restreint par un système de légitimes, ou même par le partage égal entre les descendants du premier degré? Les deux peuples admettent, à la vérité, dans l'intérêt de la paix publique, le droit aux aliments, qui serait revendiqué sur la succession paternelle par des enfants incapables de se soutenir eux-mêmes. Mais ce droit reste entièrement distinct d'une légitime proprement dite, c'est-à-dire d'un droit formel à l'héritage.

La seconde raison qui conseille de proscrire les légitimes est l'intérêt évident qu'ont les familles à défendre leurs affaires privées contre toute immixtion des fonctionnaires publics. Dans le système de la Liberté testamentaire absolue, les

biens se transmettent par des combinaisons simples qui n'imposent aucune charge aux intéressés. Aucune crise financière ou administrative
ne vient aggraver, au sein des familles intelligentes, les maux qui naissent de la mort de leur
chef. Il en est autrement dans le cas de légitimes,
même très-modérées. L'État alors a le devoir de
veiller à ce que ces réserves soient scrupuleuse-
ment prélevées. Il doit confier à des officiers publics le soin de faire l'inventaire exact de tous
les biens laissés par le père, et de présider au
partage prescrit par la loi. Une telle surveillance
embrasse d'innombrables détails ; elle est souvent
tracassière et entraîne toujours pour les familles
des frais considérables. Les agents chargés de ce
service en tirent des profits qui croissent avec les
complications du partage ; ils se trouvent donc
portés à les exagérer, et à peser lourdement sur
leurs clients. C'est ce qu'ont aperçu, comme je
l'ai dit, les Anglais et les Américains du Nord.
L'intervention des fonctionnaires publics dans les
plus intimes affaires de la famille leur est particulièrement antipathique ; le soin de leur intérêt
et le sentiment de leur dignité s'unissent donc
pour la repousser. C'est ainsi qu'ils condamne-
raient les légitimes, alors même que ce régime,
considéré dans son principe et dans ses conséquences, ne se montrerait pas partout inférieur
à la liberté complète des testaments.

X. La Liberté testamentaire a souvent dégé-
néré en Conservation forcée quand les fondateurs
des foyers et des ateliers les ont légués à la condition que les héritiers se soumettraient à une
substitution perpétuelle. La Liberté testamentaire s'évanouit alors par l'usage qu'on en fait.
C'est l'une des origines spéciales du régime décrit
au Chapitre 19. Les biens substitués n'appartiennent qu'en usufruit à ceux qui en jouissent,
et ils se transmettent habituellement dans la descendance directe par ordre de primogéniture.
Les substitutions étaient autrefois fort répandues
en Europe, et elles y jouent encore un rôle important. Elles restent même en vigueur chez nous
pour certaines dotations attribuées aux majorats
du premier empire français, avec droit éventuel
de retour au domaine public.

Les substitutions perpétuelles ont été assurément pour quelques sociétés anciennes un élément de force et de grandeur. Cependant l'expérience et la raison ne permettent guère de les
accepter comme un principe absolu d'organisation sociale. Ce régime ne se justifie que si la
vertu se transmet avec la richesse; or une telle
concordance est rarement le trait dominant d'une
société, et parfois elle n'est plus qu'une exception.

Au moyen âge, cette transmission simultanée
s'est conservée dans beaucoup de familles des
classes supérieures de l'Occident, sous l'influence

des sentiments d'honneur et de devoir. En France, au temps des derniers Valois, cette influence a souvent fait défaut. A dater du règne de Louis XIV, elle s'est encore amoindrie. Enfin, depuis lors les substitutions ont offert, chez les familles de cour (19, V), la réunion habituelle du vice et de la richesse, et elles ont perdu de plus en plus la faveur du public. Les tentatives faites par le premier empire pour restaurer les substitutions sous le nom de majorats, n'ont pas donné de résultats plus favorables. Les familles des hommes éminents auxquels cette faveur fut accordée n'ont pas mieux réussi que les grandes familles du xviiie siècle à maintenir l'esprit de devoir chez leurs descendants. La noblesse de la Restauration n'a pas eu plus de succès. Ces échecs réitérés sont dus en partie à l'héritage de corruption légué par le passé; mais ils résultent surtout des obstacles légaux (23, X) opposés à la réforme morale par l'esprit de révolution.

Les peuples du Nord ont donné au monde de meilleurs exemples que les Français. Chez les Allemands et les Scandinaves, la noblesse n'a point été exempte de mal au xviiie siècle; mais elle est parvenue depuis lors, sans abroger les substitutions perpétuelles, à concilier la transmission de la richesse territoriale avec l'accomplissement des devoirs publics. En Angleterre, la haute noblesse du xvie siècle n'était pas moins corrompue que celle de France. Au siècle suivant elle tomba plus bas encore, tandis que la noblesse française, se réformait momentanément, grâce à la paix religieuse, sous le chaste Louis XIII. Mais les classes dirigeantes de l'Angleterre accomplirent enfin leur réforme à la fin du siècle dernier. Elles durent ce succès à deux causes principales : aux bons exemples de George III ; au judicieux emploi de la Liberté testamentaire qui, depuis Henri VIII, avait remplacé l'ancien régime des substitutions perpétuelles. Les colons anglais qui jetèrent au xviie siècle les fondements des États-Unis d'Amérique, assirent naturellement leur constitution sociale sur ces mêmes coutumes ; et ils préparèrent ainsi la prospérité actuelle de leurs descendants.

Les heureux résultats obtenus des substitutions perpétuelles, avec le concours des bonnes mœurs, ne se montrent pas seulement chez certaines races nobles. Les admirables races de paysans que je signalerai plus loin (34, V) se transmettent avec plus de succès encore, sous ce même régime, le domaine de leurs ancêtres. Jamais, en effet, ils n'ont été envahis par la corruption qui sévit, dans les mêmes conditions, parmi les classes riches. La supériorité qui les distingue, sous ce rapport, est due à l'influence moralisante du travail quotidien (33, III). Le gouvernement qui voudrait réglementer la propriété privée en

vue de propager la vertu, pourrait donc, par
exception, autoriser les paysans à substituer
leurs biens. Mais toutes les convenances se
réunissent pour rejeter cette solution. Il n'est
plus opportun aujourd'hui de distinguer légalement les diverses classes de la société. Les législateurs les plus ingénieux ne sauraient trouver les
bases de cette distinction. D'un autre côté, les
meilleures races, parmi lesquelles on peut citer
celles de la France méridionale, se conservent
très-fermement, depuis vingt-cinq siècles, sous le
régime de la Liberté testamentaire[8]. Il est inutile
de favoriser l'introduction de la contrainte dans
ce milieu social, puisque la liberté s'y montre
plus féconde encore. Il résulte de ces faits que
l'on est fondé à interdire les substitutions perpétuelles à toutes les classes de la société.

XI. Cependant les mêmes motifs ne repoussent pas absolument les substitutions limitées à
un petit nombre de générations. Les Anglais et
les Américains du Nord, qui, dans leurs testaments, se servent avec le plus de discernement
du droit de substituer, justifient leur pratique par
de solides raisons.

Le propriétaire qui, sous le régime de la Liberté

---

[8] *L'Organisation de la famille*, § 16 : un paysan français, à famille-souche, ennobli par cent quartiers de travail et de vertu.
(Note de 1873.)

testamentaire, peut léguer ses biens à un étranger, semble avoir le droit de les transmettre à un fils imprévoyant ou prodigue, avec des restrictions qui empêchent ce dernier de les dissiper. Ce but s'impose trop souvent à la sollicitude des pères de famille, et, depuis longtemps, il est atteint par les *substitutions à un degré*. Dans ce système, le premier héritier reçoit seulement l'usufruit et doit laisser intacte la nue propriété à un second héritier désigné par le testateur. Sans doute ce régime d'usufruit est imparfait, en ce sens qu'il rend le premier héritier indifférent aux améliorations qui ne comportent point une augmentation prochaine du revenu ; mais cet inconvénient est compensé par des avantages évidents. Ainsi le fondateur d'une fortune gardera jusqu'au terme de sa vie son ardeur pour le travail, même en présence d'enfants dissipateurs, si la loi ne lui enlève pas le moyen de conjurer les effets de leur imprévoyance ou de leurs vices. D'un autre côté, l'usufruit, quels qu'en soient les défauts, sera toujours moins fâcheux que la nue propriété, pendant ce passage obligé du bien patrimonial entre les mains d'une génération vicieuse ou incapable.

Il ne semble pas même exorbitant de permettre au père de famille de prévenir les maux qu'amènerait l'éventualité de deux générations imprévoyantes. On arrive à ce but par les *substititutions à deux degrés*. Sous ce régime le père donne l'usufruit de ses biens à un fils, puis à un petit-fils, et il réserve la propriété entière à un enfant né ou à naître de ce dernier. Selon l'opinion des législateurs modernes qui ont voulu rendre la stabilité aux familles, les substitutions maintenues dans ces limites sont un acte intelligent du père et du propriétaire, tandis qu'étendues au delà elles deviendraient un empiétement sur le droit des générations futures. Les substitutions à deux degrés avaient été établies en France, en 1747, comme correctif d'une liberté plus large; elles sont en vigueur en Angleterre et dans plusieurs États de l'Amérique du Nord. La tradition nationale et l'exemple des peuples prospères et libres s'accordent donc à en conseiller le rétablissement.

XII. Les testaments sont encore soumis, chez ces peuples, à une autre restriction.

Toutes les nations civilisées affectent des biens aux établissements d'utilité publique, sous le régime spécial que nous appelons *la mainmorte*. Ces biens proviennent, en général, de dons et de legs, et ils sont gérés à perpétuité par des corporations. Les fondations de ce genre donnent une satisfaction légitime à certains intérêts collectifs auxquels on ne saurait pourvoir aussi bien par d'autres combinaisons.

Le propriétaire qui ne peut trouver un héritier

capable de posséder et de transmettre dignement
la fortune qu'il a créée, est porté à en faire emploi au profit d'une œuvre utile à laquelle son
nom restera attaché. Il en est de même du père
de famille qui, ayant, avant sa mort, pourvu au
bien-être de tous ses enfants, veut concourir plus
spécialement à la prospérité de sa commune, de
sa province ou de sa patrie. L'opinion encourage
en tous pays les libéralités de cette nature accordées aux œuvres qui seraient moins bien accom-
plies, à l'aide de l'impôt, par les agents de l'État.
Elle voit avec faveur que le nom du donateur soit
désigné à la reconnaissance de la postérité par des
inscriptions permanentes. Elle approuve même
que les descendants prennent part, sous le contrôle des pouvoirs publics, à la gestion des legs;
elle confère ainsi, aux familles d'élite, de véritables majorats d'influence morale (54, II). Parmi
ces fondations d'utilité publique, les peuples modèles placent en première ligne celles qui ont
pour objets l'assistance des pauvres, le service du
culte, l'enseignement supérieur des sciences, des
lettres et des arts.

Les meilleurs établissements voués aux œuvres
de bien public se sont laissé souvent envahir par
des abus. Quand le mal naît ainsi dans leur sein,
ils sont moins aptes à se réformer que ne le sont,
en pareil cas, les foyers domestiques conseillés par
le prêtre. La mainmorte est donc, en principe, in-

férieure à la propriété libre et individuelle. Elle devient un fléau quand elle est appliquée à des fondations nuisibles ou administrée par des hommes infidèles au bon esprit des fondateurs. Les peuples qui font un usage intelligent de la mainmorte, s'efforcent de conjurer ces inconvénients. Chez les Américains du Nord, par exemple, l'État interdit les dons et legs de cette nature ayant un caractère de captation, ou ceux dont l'utilité sociale n'est pas suffisamment constatée. Il exerce en outre une haute surveillance sur les établissements autorisés ; et il s'assure ainsi qu'ils restent fidèles à l'esprit de leur institution.

En France, le régime légal des biens de mainmorte s'écarte peu de ces sages principes ; mais la pratique laisse beaucoup à désirer. La révolution, en confisquant ceux de ces biens qui n'avaient pas pour objet l'assistance des pauvres, a détruit l'œuvre des générations précédentes, au lieu de remédier à la corruption que l'ancien régime avait tolérée. Tous les gouvernements postérieurs, en subvenant par l'impôt aux frais du culte et de l'enseignement supérieur, ont découragé les dons et legs qui se dirigeaient autrefois vers ces deux services. Ils ont tari, par cette intervention inopportune, l'une des meilleures sources de la prospérité publique. J'ai déjà signalé, en ce qui concerne le culte (15, V), l'urgence de la réforme. Je montrerai plus loin

.(47, XVII) qu'elle est également indiquée par la pratique des autres peuples, pour les établissements voués à l'enseignement supérieur des sciences, des lettres et des arts.

————

CHAPITRE 22

LA LIBERTÉ TESTAMENTAIRE DOIT ÊTRE COMPLÉTÉE PAR UNE COUTUME AB INTESTAT, TENDANT SURTOUT A FONDER LA VIE PRIVÉE SUR LE TRAVAIL ET LA VERTU.

I. Partout où règne la Liberté testamentaire, chaque citoyen élevé par le travail et la vertu aux rangs supérieurs de la hiérarchie sociale, prescrit avec un tact sûr le système de transmission qui convient le mieux à la nature de sa propriété et à la situation de sa famille. Ces exemples, en se multipliant, sont devenus la principale règle des populations. Ainsi se sont formées les sages coutumes qui furent le premier noyau des institutions civiles. Ces coutumes inspirèrent pendant longtemps les pères de famille dans leurs dispositions dernières, et elles devinrent peu à peu la règle générale pour les cas où les héritiers n'avaient point été institués par testament.

II. Dans les systèmes de gouvernement local (52, IX) qui semèrent au moyen âge les germes de liberté qu'aucune tyrannie royale ou populaire n'a pu encore détruire, les pouvoirs souverains réglèrent le mode d'hérédité seulement pour les biens qui étaient affectés à l'exercice de l'autorité publique[1]. Pour tous les autres, la transmission, comme la jouissance resta un acte purement privé. Les contestations que la transmission pouvait soulever étaient jugées en famille, avec recours aux magistrats locaux, élus parmi les citoyens et imbus comme eux de l'esprit de la Coutume.

Ces traditions salutaires s'affermissent chez les peuples que l'opinion place au premier rang. Ainsi, en Angleterre, la Liberté testamentaire, qui règne sans aucune restriction, est, comme dans les autres contrées libres[2], l'institution la plus conforme à l'intérêt des familles. Pour les cas où il n'y a pas de testament, une loi (3 et 4 W^m IV, c. 106) qui a résumé l'usage dominant, attribue à l'aîné des enfants mâles la totalité des biens immeubles; mais elle n'abroge point les autres coutumes locales (54, V), pourvu qu'elles ne violent pas la Liberté testamentaire. Les gouvernements pénétrés de respect pour les libertés civiles ont tous montré la même réserve. Ils n'ont pas cru être en droit d'envahir le domaine de la vie privée, même par une loi *ab intestat*, c'est-

---

1 *L'Organisation de la famille*, § 10 : la famille-souche, le fief et les tenures féodales. (Note de 1872.) === 2 Voir le Document F : Caractères généraux de la famille-souche en Catalogne.

à-dire par une règle applicable au cas où le propriétaire défunt n'a rien prescrit par testament.

III. Tous les gouvernements n'ont point gardé ces ménagements envers la famille. Depuis 1793, nos pouvoirs souverains ont répudié les institutions libres émanées du christianisme ou importées de la Germanie. Revenant aux régimes de contrainte, ils ont affiché la prétention de faire régner la justice jusque dans la vie intérieure des familles. Ils se sont arrogé le pouvoir de présider, avec l'aide de nombreux agents, à la répartition des biens. Ils sont entrés chaque jour plus avant dans cette voie, en se flattant d'y trouver un nouveau moyen de domination. Cet exemple a été imité par quelques législateurs des autres contrées. Les plus violents ont rendu obligatoire un régime quelconque de succession. Les autres ont respecté la Liberté testamentaire; mais, en promulguant une loi *ab intestat*, ils ont créé un moyen presque aussi efficace qu'un mode de succession forcée, pour modifier à leur gré les hommes et les institutions. Cette vérité est démontrée à la fois par l'observation et le raisonnement : elle a été peu aperçue jusqu'à présent; elle doit être pourtant classée parmi les principes fondamentaux de la science sociale.

IV. Lors même qu'il a laissé intacte la liberté

des testaments, le législateur a toujours eu le pouvoir de propager, avec le temps, le régime de transmission qu'il préfère. L'observation des sociétés met hors de doute l'existence de ce curieux phénomène; et la réflexion en fait bientôt découvrir les causes.

Dans une société où prévaut l'ordre moral, la principale préoccupation du père de famille écrivant sa dernière volonté est d'attirer sur son nom et sur ses œuvres la reconnaissance de ses descendants. Le testateur désire avant tout que cette volonté soit acceptée comme un acte de justice et d'amour. Sous l'impression de ce sentiment, il doit se rapprocher des prescriptions de la loi; celles-ci s'imposent donc, par une vraie contrainte morale, comme le criterium du juste et du bien. Quel que soit le contraste existant d'abord entre la Coutume et une loi nouvelle, l'opinion se persuadera, à la longue, que celle-ci est l'expression de l'intérêt public. On verra ainsi se produire une transformation radicale dans les habitudes de transmission.

Les gouvernements qui ont commis la faute d'établir, par une loi *ab intestat,* un système obligatoire devront revenir sur leurs pas quand ils voudront rendre aux citoyens la liberté civile. Ils ne sauraient alors mieux faire que de laisser aux propriétaires la libre disposition de leurs biens, en renonçant à régler les successions.

V. Les États-Unis de l'Amérique du Nord nous
ont offert, pendant le siècle qui vient de s'écou-
ler, un exemple éclatant de l'influence qu'exerce
une loi *ab intestat*. Sous l'ancienne organisation
coloniale, les familles s'inspiraient, dans leurs
dispositions testamentaires, des coutumes de la
métropole. En conséquence, elles transmettaient
généralement aux fils aînés les foyers domestiques et les ateliers de travail. Après la guerre
de l'indépendance, la Liberté testamentaire fut
respectée par tous les États de l'Union ; mais une
loi *ab intestat*, promulguée en Virginie contrairement à l'opinion de Washington[3], et adoptée par
la plupart des autres États, substitua, à la coutume
de l'attribution à l'aîné, le partage égal entre tous
les enfants. Depuis lors, les testaments imprimè-
rent peu à peu une direction nouvelle à la transmission des biens. Une enquête persévérante m'a
donné lieu de constater que certaines habitudes
de transmission intégrale se sont peu à peu modifiées. Cependant les pères de famille continuent à
régler par leur testament les détails de la succession. Grâce à la Liberté testamentaire et à l'abondance du sol disponible, les villes seules se désor-

---

[3] Je considère la discussion que ce grand homme soutint, à
cette occasion, contre Jefferson (dont l'avis prévalut), comme
l'événement le plus considérable de la révolution américaine.
Cette opinion, comme je l'ai personnellement vérifié était aussi
celle de M. Alexis de Tocqueville ; et je regrette qu'il n'ait fait,
dans son ouvrage, qu'une allusion indirecte à cet événement.

ganisent. Les foyers et les ateliers ruraux échappent
généralement à la destruction et tout au moins
aux procès qu'amène chez nous le Partage forcé.

Notre propre histoire montre également l'influence de la loi *ab intestat* de la révolution. Dans
le Midi, comme en Normandie, où les Coutumes
maintenaient la transmission intégrale des foyers,
nous voyons chaque jour l'esprit et la lettre du
Code civil faire tomber en désuétude l'empire de
ces Coutumes et l'antique usage du testament.

VI. Les corps de légistes trouvent en France,
depuis des siècles, dans le régime des successions,
la principale source de leur influence. Au lieu de
se dévouer, comme en Angleterre et aux États-
Unis, à soutenir la constitution en conservant
l'équilibre entre la vie publique et la vie privée,
ils se liguent avec l'État pour opprimer la famille.
Favorisés par l'opinion peu judicieuse qui, chez
nous, leur abandonne, dans les questions de réforme, l'autorité exercée en Angleterre par les
familles adonnées aux arts usuels (32, I), ils
ne laisseront point abroger sans résistance les lois
qui règlent l'hérédité. Ils défendront d'abord le
système de contrainte; puis, quand la Liberté
testamentaire sera enfin conquise, ils réclame-
ront pour le législateur le droit d'intervenir
dans les cas où le propriétaire n'a point testé.
Selon toute probabilité, la France ne reviendra

pas immédiatement aux coutumes locales. Elle
devra subir encore une loi générale *ab intestat*,
lors même que l'ère de la réforme sera décidément ouverte. Il importe par conséquent de
mettre en lumière les véritables principes d'une
telle loi, afin que les maux inhérents à l'usage
même de tout système réglementaire ne soient
point aggravés par les vices du règlement.

VII. Le principe de la loi *ab intestat* doit se
déduire d'une idée simple et féconde. Le législateur qui s'arroge le pouvoir d'organiser la vie
privée des générations futures, en doit user, sans
arrière-pensée politique, pour faire régner l'ordre
et le bien-être dans la famille.

A ce point de vue, la réforme de la loi *ab intestat*
serait analogue à celle que recommande, en fait
de religion, la pratique des États-Unis (12, III).
Les deux institutions s'emploieraient désormais,
non à satisfaire les intérêts variables de l'État,
mais à pourvoir le mieux possible aux besoins
permanents de la vie privée. Tout indique néanmoins que, dans l'un comme dans l'autre cas, le
gouvernement, en se préoccupant avant tout de
l'intérêt des familles, arriverait par la voie la plus
droite à servir l'intérêt public.

Le régime de succession qu'il importe de
propager par la loi *ab intestat* doit satisfaire à
trois conditions principales, savoir : assurer la

prospérité de la famille, c'est-à-dire de l'être collectif qui se perpétue d'âge en âge au même foyer, dans la situation décrite au Livre suivant; contribuer autant que possible au bonheur individuel de ceux qui la constituent ou qui en sortent pour fonder au dehors de nouvelles maisons; enfin, lier cette prospérité à une forte discipline morale qui inculque à la jeunesse l'amour du travail et le respect des parents. Indépendamment des traits nombreux qui seront successivement exposés dans le cours de cet ouvrage, la loi *ab intestat* doit particulièrement garantir la pratique des devoirs suivants : la permanence de l'habitation au foyer et du travail à l'atelier; la protection des enfants et des femmes; le dévouement envers les parents infirmes; l'assistance affectueuse des malades et des mourants; la piété envers la mémoire des ancêtres.

VIII. Les Anglo-Saxons des deux hémisphères n'ont point réussi à remplir toutes ces conditions. Leurs lois ou leurs coutumes *ab intestat* annulent en partie les avantages qu'ils pourraient obtenir de la Liberté testamentaire.

Aux États-Unis, le régime de libre partage est exempt de beaucoup de maux qu'engendre notre Partage forcé. Cependant il n'est pas étranger à l'ébranlement qui a lieu au sein de la société américaine (12, IV.). Chez les Anglais se voient, selon les lieux, trois coutumes principales (54, V et VI). La plus répandue transmet intégralement les biens immeubles à l'aîné des fils. Elle amène plusieurs désordres propres à la Conservation forcée, et notamment l'attribution éventuelle de la richesse à un héritier incapable ou indigne. Ce régime, comme je l'expliquerai en son lieu (54, X), produit en outre l'isolement des vieux parents, conséquence qui n'était point habituelle en France sous le droit d'aînesse (30, VIII).

Chez les uns et les autres, à la vérité, les pères intelligents réagissent, comme je l'ai dit ci-dessus, par le testament contre l'esprit de la loi ou de la Coutume, et préviennent en partie ces inconvénients. Ils ont toutefois à garder des ménagements; car ces sortes de mesures ont toujours un caractère rigoureux à l'égard des personnes. Quelques pères de famille n'ont pas la fermeté nécessaire pour s'écarter de la voie tracée par la loi; et la contrainte morale qu'ils subissent devient plus lourde à mesure que le régime légal est plus généralement accepté.

Dans les deux cas, le mal provient surtout de ce que la loi ou la coutume des Anglo-Saxons institue les héritiers sans tenir compte de l'organisation donnée à l'atelier de la famille. Cet écueil est heureusement évité dans une multitude de coutumes qui constituent à mes yeux la principale force du continent européen.

IX. Le mode de transmission que l'expérience signale comme l'organisation sociale par excellence, que la Coutume doit maintenir et que la loi *ab intestat* doit recommander, est celui que pratiquent les millions de familles-souches européennes dont la description sera faite au Livre suivant. Il se propage spontanément dans le nord, le centre, le midi et l'occident de l'Europe, quand la loi n'y fait point obstacle. Il se répand parmi les populations où l'esprit de sociabilité s'est développé dans de justes limites. Sous ce régime on conjure à la fois l'exagération de la communauté qui, en Russie, groupe tous les jeunes époux sous l'autorité des vieux parents, et l'exagération de l'individualisme qui, en Angleterre et aux États-Unis, isole tous les ménages. Il est conservé avec prédilection par les propriétaires ruraux cultivant leurs propres domaines, par les manufacturiers et par les commerçants. Il résiste même longtemps à la contrainte qu'exercent parfois les gouvernements sous l'influence de quelque préoccupation politique. C'est ainsi que, dans nos provinces du Midi [4], des familles de toute condition ont adopté, depuis un temps immémorial,

---

[4] *Les Ouvriers européens*, p. 217, note (B). — *L'Organisation de la famille*, livre II. Il existe aussi, dans la république d'Andorre, tributaire de la France, une excellente coutume de transmission intégrale exclusivement créée, sans intervention de l'autorité, par l'usage réitéré du testament. (Note de 1872.)

un des plus admirables types de ce système de succession. Elles ont réussi jusqu'à présent, grâce au dévouement de chacun de leurs membres, à repousser l'invasion du Partage forcé. Cette résistance à des innovations funestes peut être également observée sur le versant espagnol des Pyrénées. Le régime des familles-souches se perpétue d'ailleurs, sans avoir été jamais combattu par la loi, chez les races fécondes de paysans que j'ai étudiées sous toutes les régions du continent européen. Il est pratiqué dans ces mêmes régions par beaucoup de grands propriétaires, incorporés au sol qu'ils cultivent avec leurs domestiques et leurs tenanciers.

· Ces familles-souches obéissent à des coutumes qui, dans leur variété apparente, dérivent toutes des mêmes principes.

Ces coutumes se résument dans quelques traits fort simples. Le père de famille marie et garde au foyer domestique, en l'associant à ses travaux, celui de ses enfants qu'il juge le plus capable de continuer son œuvre. Il emploie tous les produits du travail commun, soit à établir au dehors, en les dotant selon les traditions et les ressources de la famille, les enfants qui veulent fonder de nouvelles maisons, soit à constituer un pécule à ceux qui préfèrent garder le célibat et rester dans l'habitation paternelle. Enfin, lorsque tous les frères et sœurs de l'héritier-associé ont été ainsi pourvus, ce dernier demeure seul propriétaire[5] du foyer domestique, de l'atelier de travail, des clientèles, des capitaux et des autres biens qui se rattachent au labeur quotidien. Sous le régime de fécondité lié indissolublement à cette organisation de la famille, il arrive en général qu'au moment où l'on

---

[5] C'est précisément l'organisation sociale que l'illustre Portalis recommandait en 1803, lorsqu'il essayait sans succès de faire prévaloir au conseil d'État, dans la discussion du Code civil, le principe de la Liberté testamentaire sur celui du Partage forcé.

« Il n'est donc pas question, disait cet homme d'État, d'examiner ce qui est le plus conforme au droit naturel, mais ce qui est le plus utile à la société. Sous ce point de vue, le droit de disposer est, dans la main du père, non, comme on l'a dit, un moyen entièrement pénal, mais aussi un moyen de récompense. Il place les enfants entre l'espérance et la crainte, c'est-à-dire entre les sentiments par lesquels on conduit les hommes bien plus sûrement que par des raisonnements métaphysiques. Le droit de disposer est encore un droit d'arbitrage par lequel le père répartit son bien entre ses enfants, proportionnellement à leurs besoins. Et il faut remarquer que ce droit est avantageux à la société ; car le père, en donnant moins aux enfants engagés dans une profession lucrative, réserve une plus forte part à ceux que leurs talents appellent à des fonctions utiles à l'État, inutiles à leur fortune.

« Là où le père est législateur dans sa famille, la société se trouve déchargée d'une partie de cette sollicitude. Qu'on ne dise pas que c'est là un droit aristocratique. Il est tellement fondé sur la raison, que c'est dans les classes inférieures que le pouvoir du père est le plus nécessaire. Un laboureur, par exemple, a eu d'abord un fils, qui, se trouvant le premier élevé, est devenu le compagnon de ses travaux. Les enfants nés depuis, étant moins nécessaires au père, se sont répandus dans les villes et y ont poussé leur fortune. Lorsque le père mourra, sera-t-il juste que l'aîné partage également le champ amélioré par ses labeurs avec des frères qui déjà sont plus riches que lui ? »

vient de doter le plus jeune enfant d'une génération, on doit penser déjà à consacrer les produits du travail commun aux dots des aînés de la
génération suivante (30, V). Il y a donc harmonie
entre la constitution de la famille-souche et les
lois naturelles par lesquelles Dieu a réglé la multiplication de l'espèce humaine. Je prouverai
également que ce système de transmission remplit
toutes les conditions du programme indiqué ci-
dessus. Je montrerai enfin qu'il donne satisfaction à tous les intérêts de la société, de la
famille et de l'individu.

X. Dans les excellentes coutumes qui régissent
encore les paysans français et espagnols des
Pyrénées, l'héritier-associé est institué sans distinction de sexe [6]. Les pères de famille de cette
région trouvent de grands avantages à attribuer
leur domaine rural à la fille aînée, mariée dans la
maison ; mais il n'en faudrait pas conclure que la
loi *ab intestat,* prise dans son ensemble, doive
placer les deux sexes sur le pied d'égalité. Loin de
là, les considérations présentées dans le Livre
suivant, sur la condition normale des femmes,
confirment la sagesse des coutumes qui leur font

[6] Aujourd'hui encore, dans une localité que j'ai décrite, le
mari de l'héritière-associée (*ayrété*) reçoit toujours le nom de la
famille où il est admis. *L'Organisation de la famille*, livre II.
(Note de 1872.)

une part réduite dans l'héritage, en présence d'un héritier mâle du même degré. Il est évident, par exemple, que la qualité d'héritier-associé appartient naturellement aux enfants mâles dans les maisons-souches qui se dévouent aux travaux de l'armée, de la magistrature et de l'administration publique.

Comme les écrivains qui, dans ces derniers temps, ont le plus vivement réclamé en toutes choses l'égalité pour les deux sexes, j'admets que la loi et les mœurs doivent, autant que possible, relever la condition des femmes. J'inclinais même à penser, au début de mes travaux, que l'égalité dans la succession était commandée par la justice. Toutefois, avant de m'arrêter à cette opinion, j'ai dû, selon la méthode, faire de longues enquêtes chez les peuples qui font aux femmes la situation la plus heureuse et la plus digne. Or ces enquêtes ont toutes justifié la conclusion opposée. De plus, en consultant spécialement les femmes éminentes de chaque contrée, j'ai toujours reconnu que, dans leur pensée, les principales sources du bonheur de la femme découlent précisément de l'inégalité judicieusement maintenue entre les deux sexes par les mœurs et les institutions. Tantôt, comme dans le cas de la séduction, cette inégalité semble être organisée au détriment de l'homme (26, XIV); tantôt, comme dans le cas de l'héritage, elle semble l'être au détriment de la

I   10

femme. Mais, sous cette apparence d'injustice, on aperçoit bientôt un principe supérieur d'équité qui satisfait les deux intérêts que Dieu, par une de ses faveurs insignes, a rendus à la fois divers et inséparables.

Le véritable besoin de la femme, après la mort des parents, n'est pas de jouir de l'indépendance que peut donner la propriété personnelle, mais bien d'être aimée et protégée. Il importe à la femme d'être exemptée, autant que possible, des épreuves de la vie, d'abord par la sollicitude des frères, puis par celle du mari. Les frères doivent hériter des foyers et des ateliers; mais, alors même que l'héritage aurait fait complétement défaut, ils ont à continuer l'œuvre d'amour et de protection des parents. Ils doivent, autant que leurs ressources le permettent, subvenir aux besoins de leurs sœurs et les marier selon leurs vœux, en leur fournissant un trousseau et un pécule convenables. Dans le système des familles-souches, c'est sur l'héritier-associé que retombent spécialement ces charges de protection et d'assistance.

Chez les peuples où règne la liberté des donations et des testaments, les dots et les douaires sont l'objet des conventions les plus diverses. La coutume la plus favorable aux femmes confère au mari la gestion de tous les biens. En l'absence d'une stipulation expresse, elle confond les apports de l'épouse avec le bien de la communauté. Enfin elle accorde à la veuve jusqu'à la fin de sa vie l'usufruit de ce bien, à la charge de continuer les traditions du père de famille. La jouissance de l'usufruit cesse pour la veuve qui contracte un nouveau mariage ; et la propriété complète du bien est alors dévolue à l'héritier-associé.

On ne saurait trop condamner les usages qui, en attribuant directement le bien de famille aux enfants, entraînent la déchéance sociale de la mère de famille devenue veuve. Nos paysans du Continent [7] qui laissent à la veuve le gouvernement du foyer domestique, montrent donc, en ce qui touche les droits de la femme, un sentiment plus juste et plus délicat que les Anglo-Saxons qui l'excluent de ce foyer, en la réduisant à un douaire rigoureusement stipulé.

Lorsqu'il n'existe point d'héritiers mâles, l'héritage passe à l'héritière-associée. Celle-ci est tenue de remplir envers ses sœurs, avec le concours de son mari, les mêmes devoirs de protection et d'assistance que les traditions de famille imposent aux parents et aux frères.

XI. Ces coutumes, lentement élaborées par

7 On trouvera, dans le Document F, la belle formule testamentaire dont l'usage réitéré entretient, en Catalogne, la coutume qui attribue à la veuve l'usufruit du bien de famille, à la condition de vivre en communauté avec l'héritier-associé, et de doter successivement les autres enfants.

d'innombrables générations [8] vouées à un labeur
assidu, concernent seulement les biens liés à la
profession et à la vie intime des familles-souches.
Elles ne s'appliquent point au foyer domestique
de ces familles instables (24, IV) qui ne gardent
près d'elles aucun de leurs enfants adultes. Elles
ne prévoient rien non plus pour les biens appro-
priés aux convenances des familles oisives qui
touchent leur revenu sans même apercevoir le
travail qui le produit. Les foyers et les biens de
cette seconde catégorie ne peuvent évidemment
assurer, chez ceux qui les possèdent, la transmission simultanée du travail et de la vertu. La
tradition européenne et le principe établi au début de ce chapitre ne conseillent donc point
de favoriser la transmission intégrale de cette
sorte de biens. La loi par conséquent doit les
partager également entre tous les enfants, quand
par testament le père n'a point prescrit une autre
distribution. Sous ce second régime, comme dans
le système du Code civil français, le partage égal
des biens serait la règle dans tous les cas où le
père n'aurait pas clairement désigné son héritier, en le mariant dans l'habitation de famille et
en l'associant à son travail.

Le classement des biens en deux catégories,
caractérisées, l'une par la transmission intégrale
à l'héritier-associé, l'autre par le partage égal

---

[8] *L'Organisation de la famille*, § 9. (Note de 1872.)

entre tous les enfants, n'est pas seulement indiqué par la pratique des races les plus laborieuses et les plus morales du Continent : il constitue depuis longtemps le trait principal de la coutume anglaise (54, V). Mais la distinction fondée sur les rapports qui lient la famille à l'atelier dans les arts usuels se montre plus féconde sur le Continent que n'est, chez les Anglais, la distinction tirée de la nature des immeubles et des meubles.

XII. Sans doute on ne définit pas sans difficulté, dans les termes précis que réclame une loi *ab intestat*, la nature des biens intégralement transmis depuis un temps immémorial par les familles-souches du Continent. Nos jurisconsultes du nord de la France hésiteront d'abord à formuler le régime que pratiquent deux millions de pères de famille espagnols, italiens, français, suisses, allemands ou scandinaves. C'est précisément cette difficulté qui m'explique pourquoi, chez les peuples libres, la succession *ab intestat* appartient au domaine de la Coutume plus qu'à celui de la loi. Cependant, si l'on persiste à rattacher cette matière au système des codes, l'obstacle ne serait pas insurmontable. L'opinion publique, quand elle comprendra enfin la nécessité d'une réforme, aura pour auxiliaires [9] nos

[9] Je me suis assuré de ce fait en essayant de définir les biens des familles-souches, avec le concours de savants jurisconsultes

magistrats du Midi qui ont conservé, pour leurs propres biens, les habitudes de transmission intégrale.

Le nouveau régime de succession, comme les autres réformes, sortira surtout d'une enquête[10] dans laquelle on entendra de préférence les familles vouées à l'agriculture et aux autres arts usuels. En donnant pour base à la loi *ab intestat* ce genre d'informations, on pourvoira sûrement aux besoins fondamentaux de la vie privée et de la vie publique. Pour atteindre ce double but, on devra rechercher avec soin les convenances propres aux chefs de famille des classes dirigeantes. Ceux-ci partagent en général leur temps entre un domaine rural,

du Midi ayant un sentiment très-vif des faits et des principes que je signale dans ce chapitre. Je dois même à l'un d'eux, grand propriétaire foncier, aujourd'hui président d'une Cour impériale, l'ébauche d'une loi *ab intestat* conforme aux vues que je viens d'exposer.

[10] Une enquête à ce sujet serait surtout utile pour dissiper les erreurs qui règnent en France sur les principes et les résultats de notre régime de succession. Mais, pour être réellement fructueuse, elle devrait faire appel aux agriculteurs, aux manufacturiers et aux négociants plutôt qu'aux jurisconsultes du Nord qu'on a trop exclusivement consultés jusqu'à ce jour, en cette matière. A l'appui de cette assertion, je puis déjà citer une déposition faite dans l'enquête ouverte en 1859 par le conseil d'État sur les commerces du blé, de la farine et du pain. Mon ami M. Albert de Saint-Léger, mis en demeure de s'expliquer sur les causes de l'insuffisance actuelle de nos réserves de blé, a prouvé que cette lacune de notre organisation agricole se lie intimement aux vices qui se sont introduits chez nous dans la transmission des propriétés rurales. (*Enquête sur la boulangerie parisienne*, etc., p. 675, 1 vol. in-4°, 1859.)

siége de leur principal établissement, et le chef-
lieu de la province ou de l'État pour y exercer les
hautes fonctions de la magistrature, de l'armée,
de l'administration et de la politique.

En rédigeant une loi *ab intestat* pour une grande
nation qui a abrogé ses coutumes, il faut se garder, autant que possible, d'imposer une règle
uniforme à des provinces où le sol, le climat et la
population offrent beaucoup de diversité. Le législateur évitera cet écueil en introduisant seulement
dans la loi les principes généraux que je viens
d'indiquer, et en laissant le soin des détails aux
conseils de famille et aux magistrats locaux.
Chaque citoyen, de son côté, a le devoir de contribuer, autant qu'il dépend de lui, à la restauration de coutumes conformes aux besoins de la
localité. Il reste donc soumis à l'obligation morale
de régler par testament les moindres particularités
de son héritage, en ayant égard à la nature de sa
propriété, aux exigences de sa profession et aux
légitimes intérèts des personnes qui lui survivent.

CHAPITRE 23

APERÇU DES RÉGIMES DE SUCCESSION PRATIQUÉS EN FRANCE
A DIVERSES ÉPOQUES

I. Je dois appuyer les conclusions de ce Livre
sur un aperçu rapide des lois et des coutumes qui

ont anciennement régné dans notre pays. J'insisterai surtout sur les vicissitudes qu'ont subies, depuis 1789, nos lois d'héritage.

Les trois régimes de succession ont été pratiqués dans les pays qui forment la France actuelle. Ainsi, dès l'époque de la domination romaine, la Liberté testamentaire, sous les conditions propres à la législation de l'empire, était en vigueur dans les provinces méridionales qu'on a souvent désignées plus tard sous le nom de pays de droit écrit. Les historiens des races qui peuplaient alors les provinces du Nord[1] et les îles Britanniques s'accordent à penser que le partage égal des biens entre les fils était en usage dans ces contrées ; la coutume dite *Gavelkind* en offre même encore, dans le comté de Kent, un dernier vestige. Mais, dans le Nord comme dans le Midi, il existait déjà des habitudes de transmission intégrale dont on retrouve journellement la trace[2].

Cette organisation de la propriété prit bientôt une grande extension, à la faveur du système féodal qui propagea parmi les classes prépondérantes de la nation la coutume du droit d'aînesse.

[1] *L'Organisation de la famille*, § 5 et 6. (Note de 1872.) ═══
[2] Voir, par exemple, sur le droit de succession du plus jeune fils, *le Coutumier général de Richebourg*, in-folio, 1724, t. IV, pp. 408, 410 et 413 ; — Édouard Laboulaye, *Recherches sur la condition des femmes*, 1 vol. in-8°, Paris, 1843, p. 358 ; — Eugène Cordier, *le Droit de famille aux Pyrénées*, Paris, 1859 ; — F. Le Play, *une Famille-souche du Lavedan*, en 1856. Voir *l'Organisation de la famille*, Livre second. (Note de 1872.)

Dans plusieurs provinces du Nord, en Normandie, en Bretagne, en Poitou et en Berri, toutes les classes s'approprièrent, à l'aide des testaments, la transmission intégrale des biens et en firent peu à peu la coutume locale. Les avantages en étaient fort appréciés par la classe la plus nombreuse, c'est-à-dire par les paysans adonnés à l'élevage des bestiaux propriétaires de domaines à clôtures vives, avec habitation centrale (34, VI).

Dans les provinces méridionales, ces habitudes s'étaient répandues, par l'usage réitéré du testament, chez les grands comme chez les petits propriétaires, sous l'influence des mêmes convenances agricoles. Enfin, par des causes analogues à celles qui agissent encore aujourd'hui en Russie[3], les seigneurs avaient fait passer çà et là dans les usages locaux le principe de la transmission intégrale, pour certaines classes de possesseurs de fiefs, de paysans propriétaires et de tenanciers. Ils attribuaient la propriété, ou la tenure, tantôt à l'aîné, au second ou au plus jeune fils; tantôt, dans le Bas-Nivernais, par exemple, à des communautés d'agriculteurs[4].

Plusieurs coutumes du centre, de l'est et du nord de la France conféraient, au contraire, à tous les enfants le droit à l'héritage, en laissant peu de latitude à la volonté du père de famille. Tel était

---

3 *Les Ouvriers européens*, p. 77. ═ 4 *Ibidem*, p. 247.

le cas habituel dans les villes où les biens se composaient de maisons et de valeurs mobilières. Il en était de même dans les banlieues urbaines et dans les régions agricoles, telles que la Champagne, où les terres, formant de vastes plaines dépourvues de plantations et de clôtures (34, XIV) opposaient moins d'obstacles à un morcellement indéfini.

On remarquait d'ailleurs toutes les transitions imaginables, entre les deux termes extrêmes de la Liberté testamentaire et du Partage forcé. Dans le Berri, le propriétaire disposait de tous ses biens; dans les provinces du Midi, des trois quarts ou de la moitié; en Bourgogne, des deux tiers. Ailleurs la portion disponible se réduisait au tiers et au quart. Certaines coutumes, celles de Paris et d'Orléans par exemple, distinguaient les biens patrimoniaux des biens acquis : ordinairement le propriétaire pouvait disposer librement des seconds, et seulement d'une portion des premiers réduite parfois au cinquieme.

Ces régimes variaient encore selon les règles en usage pour les donations entre-vifs : ainsi, les uns ne posaient point de limites au droit de donation, tandis que d'autres le restreignaient à ce point que la moindre dot constituée à un fils devait être rapportée à la mort des parents, alors même que le fils ainsi pourvu aurait d'avance renoncé à la succession.

Mais ce qui a toujours caractérisé chez nous les régimes de succession formés sous l'empire des coutumes locales, c'est leur extrême diversité. A ce caractère est venu souvent se joindre la mobilité en chaque lieu, lorsque les légistes eurent transformé les coutumes en lois écrites. Chacun pourra se renseigner à ce sujet, comme je l'ai fait moi-même, en constatant, pour les dix dernières générations, les systèmes de transmission suivis par certaines familles provinciales. Sous ce rapport, il est vrai de dire que les archives des notaires conservent les principaux éléments de l'histoire sociale de notre pays. Cette coordination méthodique des donations, des contrats de mariage, des ventes et des testaments fournira le moyen le plus sûr de comparer les nombreux régimes propres aux quatre derniers siècles[5]. Ces études montrent que la pratique des familles ajoutait beaucoup à la diversité des coutumes de chaque province.

II. A partir du moyen âge, les familles les plus intelligentes firent généralement usage du testament pour fonder les coutumes d'aînesse et maintenir leurs établissements ruraux. D'abord

---

[5] Ces sortes de documents étaient parfois résumés dans des archives, et, par exemple, dans les registres que nos vieilles familles de Provence nommaient *Livres de raison*. Voir les ouvrages cités, Ch. 6, note 11. (Note de 1873.)

adonnées exclusivement à la guerre, ces familles s'appliquèrent peu à peu à l'agriculture, et elles finirent par y trouver, avec la richesse, une source nouvelle de considération. Au quinzième et au seizième siècle, tous ces efforts individuels aboutirent à une admirable organisation sociale. Il en résulta une prospérité agricole dont les paléographes et les agronomes de notre temps découvrent avec étonnement[6] les traces cachées par plusieurs siècles de décadence.

Sous ces influences s'élevèrent lentement beaucoup de familles longtemps obscures qui, après avoir jeté leurs racines dans le sol, donnèrent enfin à l'armée, à la magistratsre et à l'église une suite non interrompue de rejetons célèbres[7]. Seu-

---

[6] Voir, par exemple, l'intéressante notice de M. Lallier, ayant pour titre : *Du Revenu de la propriété foncière aux environs de Sens, depuis le* XVIᵉ *siècle.* — Sens, 1859, 1 br. in-8º. == [7] Cette élévation lente de certaines familles qui ont répandu, pendant longtemps, de l'éclat sur notre histoire, se trouve parfaitement signalée dans le passage suivant pour une famille rurale féconde en magistrats, en prélats et en écrivains : « Ces Bissy « s'appellent Thiard, sont de Bourgogne, ont été petits juges, « puis conseillers aux présidiaux du Mâconnois et du Charolois, « devinrent lieutenants généraux de ces petites juridictions, « acquirent Bissy qui n'étoit rien, dont peu à peu ils firent une « petite terre, et l'accrurent après que leur petite fortune les eut « portés dans les parlements de Dijon et de Dôle, où ils furent con- « seillers, puis présidents, et ont eu enfin un premier président « en celui de Dôle. Leur belle date est leur Pontus Thiard, né à « Bissy en 1521, qui se rendit célèbre par les lettres, et dont le « père étoit lieutenant général de ces justices subalternes aux « bailliages du Mâconnois et du Charolois. C'étoit au temps où les « savants ranimés par François Iᵉʳ brilloient. Celui-ci étoit le pre-

lement, à mesure qu'elles se rapprochäient des temps modernes, ces familles-souches comprenaient de plus en plus la nécessité de recourir aux testaments pour rester au niveau qu'elles avaient atteint, pour conserver l'établissement rural, source de leur puissance et de leur fécondité, et et surtout pour soutenir au dehors leurs hommes de guerre, leurs clercs et leurs magistrats.

III. Cette organisation, qui s'est maintenue en Angleterre jusqu'à présent, en s'appuyant chaque jour davantage sur la Liberté testamentaire, fut, en France, faussée puis détruite par Louis XIV et ses successeurs. La noblesse riche, fixée à la cour, perdit toute valeur personnelle et toute prépondérance, en quittant, pour des fonctions serviles, le travail des champs et le patronage rural. La noblesse de fortune moyenne mit elle-même son ambition à venir, de loin en loin, admirer les splendeurs de Versailles, et à dissiper dans l'oisiveté le temps et les ressources que lui laissaient les devoirs militaires. Mais les mauvaises mœurs propagées par la philosophie matérialiste du dix-huitième siècle dégradèrent encore plus les esprits.

« mier poëte latin de son temps, et en commerce avec tous les
« illustres. Cela lui valut l'évêché de Châlon-sur-Saône, qu'il fit
« passer à son neveu. Ce premier président du parlement de Dôle,
« dont les enfants quittèrent la robe, étoit le grand-père du vieux
« Bissy, père du cardinal. » (*Mémoires du duc de Saint-Simon*, t. XII, p. 73; Paris, 1857, in-8°.)

Elles exercèrent une action fâcheuse sur le régime des successions, en faisant oublier les vertus qui inspirent les bons testaments (21, II).

D'autres causes, appartenant plus spécialement à l'ordre économique, contribuèrent encore à modifier les habitudes de transmission intégrale. Les familles abandonnèrent peu à peu leurs anciennes traditions de travail et de simplicité. Ne voulant plus demander à l'épargne la dot des filles et des cadets, elles durent, en général, la constituer à l'aide de domaines successivement détachés du patrimoine. Ces sacrifices, auxquels n'auraient pu se résoudre les hommes du seizième siècle, touchaient peu des dissipateurs adonnés à de futiles plaisirs[8], des joueurs habitués à risquer leur fortune sur une carte, ou des propriétaires éloignés de la vie rurale. C'est ainsi que, vers la fin du dix-huitième siècle, beaucoup de familles appauvries croyaient avoir rempli leur devoir envers elles-mêmes et envers la patrie, en faisant admettre au couvent leurs cadets et leurs filles, et

[8] « La comtesse de Fiesque..... avoit passé sa vie dans le plus « frivole du grand monde. Elle n'avoit presque rien, parce qu'elle « avoit tout fricassé ou laissé piller à ses gens d'affaires; tout « au commencement de ces magnifiques glaces, alors rares et « fort chères, elle en acheta un parfaitement beau miroir. Eh! com- « tesse, lui dirent ses amis, où avez-vous pris cela? — J'avois, « dit-elle, une méchante terre, et qui ne me rapportoit que du « blé; je l'ai vendue, et j'en ai eu ce miroir. Est-ce que je n'ai « pas fait merveilles? » (*Mémoires du duc de Saint-Simon*, t. II, p. 321.)

en assurant à l'ainé le manoir avec les maigres dépendances connues sous le nom de *vol du chapon*. Les anciennes habitudes de transmission intégrale se maintenaient encore, avec les bonnes mœurs et les testaments, dans beaucoup de familles provinciales; mais la conservation partielle de ces vertus d'un autre temps ne pouvait contre-balancer l'impression produite à Paris, foyer de l'opinion publique, par le spectacle d'une noblesse oisive et d'une cour corrompue.

Les propriétaires résidants avaient d'ailleurs été privés de toute influence, même dans le gouvernement local. Cette funeste révolution, commencée sous l'administration de Richelieu et de Mazarin, fut accomplie sous le règne de Louis XIV, secondé par l'impitoyable zèle de Colbert[9]. Les exemples de vertu, de bon sens et de patriotisme donnés par la petite noblesse provinciale dans les assemblées locales qui précédèrent les états généraux de 1789, ne purent donc prévaloir contre la direction imprimée par les classes urbaines à la révolution.

Dès le milieu du XVIIIᵉ siècle, le gouvernement lui-même commença à ressentir le contre-coup de ces idées, et à restreindre la transmission intégrale des biens dans les familles. L'ordonnance

---

9 Voir les tristes détails de l'arrestation, du procès et du supplice du marquis de Bonnesson. (Lettres de Colbert, du 17 août au 28 septembre 1659.)

de 1747 réduisit judicieusement à deux degrés l'usage des substitutions. En même temps, par une exagération regrettable, les tribunaux se montrèrent de plus en plus enclins à accueillir les plaintes d'*inofficiosité* formées par les héritiers mécontents, et à remplacer par leurs propres décisions les testaments des pères de famille. Mais, après les événements de 1791, cette propension, stimulée par l'esprit de nouveauté, puis aggravée par les passions révolutionnaires, jeta bientôt notre régime de succession en dehors des traditions établies sur notre territoire. Un précis sommaire des lois de la révolution et des changements qui y ont été apportés, sous des inspirations contradictoires, par le Consulat, l'Empire et les régimes postérieurs, démontrera, sans le secours d'aucune discussion, combien ces efforts ont été vains et incohérents.

IV. Le décret [10] du 15 mars 1790, portant suppression des droits féodaux, ne prescrit rien au sujet des successions; mais un décret postérieur fait remonter à cette date l'effet de diverses modifications introduites dans le régime des biens et des personnes de la noblesse.

Le décret du 8 avril 1791, ne touchant pas aux

---

[10] Les actes de l'autorité désignés sous le nom de décrets pendant la révolution ont le même caractère et les mêmes effets que ceux désignés aujourd'hui sous le nom de lois.

dispositions testamentaires, et réglant seulement la succession *ab intestat,* pose en principe l'égalité absolue des héritiers placés au même degré par ordre de naissance. Il détruit en conséquence toutes les distinctions établies jusque-là, par les coutumes locales, entre les aînés et les puînés, les garçons et les filles, les immeubles et les meubles, les biens patrimoniaux et les biens acquis.

Le décret du 14 novembre 1792, exagérant la réforme accomplie par l'ordonnance de 1747, dit qu'à l'avenir les substitutions seront absolument interdites.

Le décret du 7 mars 1793 abolit la faculté de tester en ligne directe : en conséquence, tous les descendants d'un même degré ont désormais un droit formel au partage égal des biens de leurs ascendants.

Le décret du 4 juin 1793 porte que les enfants nés hors du mariage succèderont dorénavant aux biens de leurs père et mère, selon les formes qui seront ultérieurement déterminées.

Le décret du 12 brumaire an II (2 novembre 1793) admet, au même titre que les enfants légitimes et par un effet rétroactif, les enfants naturels aux successions de leurs père et mère, ouvertes depuis le 14 juillet 1789.

Le décret du 17 nivôse an II (6 janvier 1794) coordonne l'ensemble des dispositions promul-

guées par le précédent décret. Il prescrit le partage égal absolu entre les descendants du même
degré. Il annule toutes les clauses contraires introduites dans les contrats de mariage, dans les
donations et dans les testaments dont les auteurs sont décédés depuis le 14 juillet 1789. Cependant il permet de disposer, en faveur d'une
personne étrangère à la famille, d'un dixième des
biens, en cas d'héritiers directs, et d'un sixième
en cas d'héritiers collatéraux.

V. La loi du 15 thermidor an IV (2 août 1796)
abolit l'effet rétroactif attribué au décret du 4
juin 1793 par le décret du 12 brumaire an II
(2 novembre 1793); en conséquence, le droit accordé aux enfants naturels ne s'exerce plus que
sur les successions ouvertes depuis le 4 juin 1793.
Cependant les enfants naturels déchus en vertu
de la présente loi reçoivent, à titre d'aliments,
une pension égale au tiers du revenu qui leur
était alloué.

Le décret du 4 germinal an VIII (27 mars 1800),
revenant sur les prescriptions absolues des décrets précédents, rend en partie aux pères de
famille le droit de faire des libéralités, par actes
entre-vifs ou par testament, en faveur de leurs
enfants. Ces libéralités peuvent atteindre le quart
des biens, quand il y a moins de quatre enfants;
le cinquième s'il y a quatre enfants; le sixième

s'il y a cinq enfants; et ainsi de suite. Cette loi ne modifie d'ailleurs en rien le principe du partage égal entre héritiers du même degré, dans le cas des successions *ab intestat*.

Le décret du 29 germinal an XI (19 avril 1803), promulgant la partie du Code civil relative aux successions, maintient le régime de partage égal dans les successions *ab intestat;* il ne reproduit point les dispositions prises le 4 juin 1793 en faveur des enfants illégitimes. Il étend les limites des libéralités faites par actes entre-vifs ou par testament en faveur des enfants ou des étrangers. Ces libéralités peuvent s'élever à la moitié du bien s'il y a un enfant; à un tiers s'il y a deux enfants; à un quart s'il y a trois enfants ou plus (art. 913). Enfin ce décret conserve une trace du régime des substitutions en autorisant les père et mère à donner la quotité disponible à un ou à plusieurs de leurs enfants, à la charge de rendre ces biens aux enfants nés ou à naître desdits donataires, mais au premier degré seulement. Toutefois ces dispositions ne sont valables qu'autant que la charge de restitution sera imposée au profit de tous les enfants nés ou à naître du grevé, sans exception ni préférence d'âge ou de sexe.

VI. Sept décrets, portant toutes la date du 30 mars 1806, rétablissent le principe de la Conservation forcée, en faveur de vingt-cinq grands dignitaires de l'empire, auxquels sont attribués autant de grands fiefs, tous situés hors des limites qu'avait alors l'empire français. Ces décrets désignent explicitement les duchés de Dalmatie, d'Istrie, de Frioul, de Cadore, de Bellune, de Conegliano, de Trévise, de Feltre, de Bassano, de Vicence, de Padoue et de Rovigo; la principauté (avec droits de souveraineté) de Neufchâtel, les duchés de Massa et Carrara; le grand-duché de Berg et de Clèves, et la principauté de Guastalla. Ils se bornent à instituer, en principe, trois duchés dans les États de Parme et de Plaisance, et six duchés dans le royaume des Deux-Siciles. Tous ces fiefs doivent être intégralement transmis dans les familles des premiers titulaires, de mâle en mâle, et par ordre de primogéniture. A la plupart d'entre eux sont attachées des dotations formées en partie par le revenu des domaines nationaux, en partie par une portion déterminée de l'impôt prélevé par l'État, dans la circonscription du fief.

Le sénatus-consulte du 14 août 1806 adopte, sous un titre insignifiant, et en quelque sorte subrepticement, un principe d'une grande importance : il rétablit, pour des biens situés dans l'empire français, le régime de la Conservation forcée. Les articles 1 et 2 autorisent le prince de Guastalla à acquérir dans l'intérieur de l'empire, avec le produit de la cession faite de cette principauté au royaume d'Italie, des biens qui seront possédés par le prince et ses successeurs aux conditions fixées par le décret du 30 mars 1806. Les articles 3 et 4 portent que les fiefs institués ou à instituer dans les pays étrangers pourront être échangés de la même manière, contre des biens situés dans l'empire français. Enfin l'article 5 porte que « Sa Majesté, soit « pour récompenser de grands services, ou pour « exciter une utile émulation, soit pour concourir « à l'éclat du trône, pourra autoriser un chef de « famille à substituer ses biens libres pour for- « mer la dotation d'un titre héréditaire, réver- « sible à son fils aîné et à ses descendants en « ligne directe, de mâle en mâle, par ordre de « primogéniture.»

Un décret du 1er mars 1808 institue les titres de prince, d'altesse sérénissime, de duc, de comte, de baron et de chevalier. Il fixe le montant du revenu annuel des majorats que les titulaires devront fonder pour avoir le droit de transmettre leurs titres de noblesse à leurs fils aînés ou puînés, et à leur descendance légitime, naturelle ou adoptive.

Un second décret de même date établit l'ensemble des dispositions relatives à l'institution des majorats. Ceux-ci ce composent, soit de biens immeubles, soit de rentes sur l'État ou d'actions de la Banque de France immobilisées. Les portions de revenu qui proviennent de ces deux dernières sources sont soumises à une retenue annuelle d'un dixième qui doit être employée à accroître le capital du majorat. Les personnes en possession des titres de duc, de comte et de baron pourront rendre ces titres transmissibles au moyen de majorats, avec l'autorisation de l'Empereur, sur l'avis favorable exprimé, touchant la valeur des biens affectés à ces majorats, par l'archi chancelier assisté du conseil du Sceau des titres. L'Empereur peut également, par lettres patentes, instituer des majorats en faveur de personnes non titrées qui en feront la demande. Les titulaires de majorats, en en prenant possession, prêtent serment d'être fidèles à l'Empereur, d'élever leurs enfants dans les mêmes sentiments, et de voler à la défense de la patrie chaque fois que le territoire sera menacé ou que l'Empereur ira à l'armée. Les biens affectés aux majorats ne peuvent être ni aliénés, ni saisis, ni grevés d'hypothèques.

Le décret du 17 mai 1809 autorise une femme mariée à constituer un majorat en faveur de son mari et de leur descendance commune, avec ses biens propres, sans qu'il soit besoin d'une autre autorisation que celle requise par l'article 217 du Code civil.

Le décret du 3 mars 1810 fixe dans des habitations urbaines le siége des majorats. Les princes du sang, les grands dignitaires, les princes et les ducs doivent nécessairement résider à Paris ; les comtes et les barons, à Paris ou dans les chefs-lieux de département ou d'arrondissement. Cependant un décret du 11 juin 1811, rendu sur les observations du conseil du Sceau constatant les inconvénients de ces prescriptions, permet aux comtes et aux barons de prendre pour siége de leurs majorats des habitations jointes à des terres réunies en corps de domaines.

VII. L'ordonnance du 19 août 1815 porte que la dignité de pair de France est et demeurera héréditaire avec les titres correspondants, de mâle en mâle, par ordre de primogéniture, dans la famille des membres actuels de la Chambre des pairs. Des lettres patentes règleront les nominations déjà faites ou à faire, et porteront collation du titre joint à chaque pairie.

Selon l'ordonnance du 25 août 1817, nul à l'avenir ne doit être appelé à la Chambre des pairs, s'il n'a préalablement constitué un majorat avec l'autorisation du roi. Ces majorats sont formés d'immeubles ou de rentes immobilisées ; nécessairement liés au titre de la pairie, ils sont perpétuellement transmissibles à la descendance légitime et naturelle, de mâle en mâle, par ordre de primogéniture.

L'ordonnance du 31 août 1817 présente l'énumération des titres attribués aux pairs de France désignés nominativement. Deux ordonnances postérieures, des 5 mars et 21 novembre 1819, nomment de nouveaux pairs de France, et portent que la pairie ne sera transmissible qu'à la descendance de ceux qui auront institué des majorats.

Selon l'ordonnance du 24 février 1824, les titres accordés à des personnes autres que les pairs de France seront, à l'avenir, personnels ; et ils ne pourront être transmis qu'à la descendance de ceux qui auront institué des majorats. Les revenus de ces derniers ne pourront excéder le tiers des biens possédés par le fondateur. Les revenus transmissibles seront respectivement : pour les titres de comte et de marquis, 10,000 francs ; pour les titres de vicomte et de baron, 5,000 francs.

La loi du 17 mai 1826 étend le droit de substitution conféré par les articles 1048 à 1050 du Code civil ; les biens dont il est permis de disposer, aux termes des articles 913, 915 et 916, pourront être donnés, par actes entre-vifs ou testamentaires, à un ou plusieurs enfants du donataire, nés ou à naître, jusqu'au deuxième degré inclusivement[11].

11 La Chambre des pairs distingua alors avec un tact sûr, dans le projet de loi qui lui était soumis, la disposition utile de la disposition injuste. Parmi les défenseurs de la loi salutaire qui étendit *à toutes les classes de la société* le bienfait des substitutions à deux degrés, je crois devoir particulièrement citer M. le baron

En adoptant cette disposition, la Chambre des pairs repoussa un article du même projet de loi qui, dans toute succession en ligne directe, attribuait la quotité disponible, à titre de préciput légal, à l'aîné des enfants mâles. Cette attribution avait lieu seulement quand la succession payait 300 francs d'impôts et quand le propriétaire n'avait point exprimé une autre volonté.

VIII. La loi du 29 décembre 1831, supprimant les institutions fondées par le gouvernement de la Restauration, énonce que la dignité de pair de France, conférée à vie, n'est point transmissible par droit d'hérédité, et qu'à l'avenir aucune dotation ne pourra lui être attribuée.

La loi du 12 mai 1835 annule en grande partie les dispositions établies au sujet des majorats par les gouvernements de l'Empire et de la Restauration. Elle porte que toute institution de majorats est à l'avenir interdite; que les majorats constitués jusqu'à ce jour avec des biens particuliers ne pourront s'étendre dans la descendance au

---

de Montalembert. Plusieurs des principes qui, je l'espère, serviront de base à une réforme prochaine de notre régime de succession, sont exposés en termes excellents dans le discours qu'il prononça le 8 avril 1826. Trente ans plus tard, son illustre fils, M. le comte de Montalembert, signalait l'heureuse influence que la liberté de tester exerce sur les libertés publiques de l'Angleterre. (Voir l'ouvrage intitulé : *De l'Avenir politique de l'Angleterre*; Paris, 1855.)

delà de deux degrés ; que le fondateur d'un majorat pourra le révoquer, sauf dans le cas où il y
aurait un appelé qui aurait contracté mariage ou
dont il serait resté des enfants ; que toutefois,
les majorats fondés avec dotation de l'État conti-
nueront à être possédés et transmis conformément aux actes d'investiture, afin de conserver à
l'État le droit de retour qui y est stipulé.

La loi des 17 janvier, 30 avril et 7 mai 1849 confirme l'abolition des majorats de biens particuliers déjà prescrite en 1835 ; elle déclare que les
biens resteront libres, après transmission à deux
degrés, entre les mains de ceux qui en sont investis. Pour l'avenir, la transmission limitée à deux
degrés aura lieu seulement en faveur des appelés déjà nés ou conçus lors de la promulgation
de la présente loi. Elle abolit en outre la loi du
17 mai 1826 : elle dit que les substitutions établies en vertu de cette dernière loi ne seront
maintenues qu'au profit des appelés actuels ou
des enfants conçus lors de la promulgation de la
présente loi.

IX. Enfin le gouvernement du second Empire,
commençant une réaction nouvelle contre l'impulsion donnée par les gouvernements des deux
Républiques et de la branche cadette des Bourbons, a été conduit, dans une circonstance mémorable, à rentrer dans la voie ouverte en 1806 :

il a créé, par la loi du 18 mars 1857[12], un majorat en faveur du général illustre qui a terminé glorieusement la guerre de Crimée.

X. L'histoire de ces innombrables régimes de succession met donc en relief les particularités suivantes :

Depuis l'origine de l'ère chrétienne jusqu'au milieu du XVIIᵉ siècle, nos ancêtres acclimatèrent de plus en plus dans notre pays les habitudes de transmission intégrale. Ils se plaisaient à perpétuer dans les mêmes familles, avec les bonnes mœurs et certaines fonctions sociales, les foyers domestiques et les propriétés rurales. Pour atteindre ce but, ils eurent d'abord recours au droit d'aînesse ; puis, à mesure que les mœurs se perfectionnèrent, ils firent surtout usage des testaments. Malgré les révolutions dont je viens de tracer le tableau, nous possédons encore dans le sud-ouest de l'empire une race admirable de

---

[12] Cette loi est conçue dans les termes suivants : — « ART. 1er.Une « dotation annuelle de cent mille francs est accordée au maréchal « Pélissier, duc de Malakoff, en récompense des services éminents qu'il a rendus à la France, comme commandant en chef « de l'armée d'Orient, pendant la glorieuse et mémorable campagne de Crimée. Elle sera transmissible à ses descendants, de « mâle en mâle, par ordre de primogéniture, et fera retour à « l'État en cas d'extinction. Elle sera inaliénable et insaisissable. « — ART. 2. Cette dotation sera inscrite au grand-livre de la dette « publique, à une section spéciale, avec jouissance à partir du « 8 septembre 1855. »

paysans qui, depuis vingt-cinq siècles[13], se transmettent dans ces conditions les biens de famille.
Là, comme dans beaucoup d'autres parties du
territoire, les avantages résultant de la transmission intégrale des biens ne constituaient pas un
privilége pour la noblesse : ils étaient acquis à
toutes les classes de la société.

Ce mouvement spontané se produisit en Angleterre aux mêmes époques ; et il s'y est conti-
nué jusqu'à ce jour. Il s'arrêta en France, sous
Louis XIV et ses successeurs, à cette époque funeste de notre histoire où les classes supérieures,
envahies par le scepticisme, adonnées au luxe et
aux mauvaises mœurs, abandonnèrent, pour la
vie de cour, la vie rurale qui jusque-là avait été
la source légitime de leur influence. La stabilité
des biens commença dès lors à se perdre dans les
familles ; et ce qui en resta dans les habitudes de
la grande noblesse devint souvent une cause de
scandale.

Le gouvernement qui mit en pratique, pendant
deux années à peine, les idées de 1789, céda à
l'opinion publique, égarée par l'esprit de révolution qu'engendrèrent peu à peu les sophismes de
J.-J. Rousseau. Il porta atteinte à la stabilité dans
l'héritage autant qu'il put le faire en respectant
la Liberté testamentaire. Le gouvernement révo-

---

[13] *L'Organisation de la famille*, §§ 9 et 16. (Note de 1872.)

lutionnaire, à son tour, détruisit cette liberté avec beaucoup d'autres, et imposa le Partage forcé le plus absolu en faveur de la descendance directe, sans même excepter les enfants naturels. Il n'hésita pas à placer ainsi la France en dehors de sa tradition et de celle des peuples civilisés.

Le premier Empire eut recours aux lois de succession pour établir les deux systèmes de destruction et de privilége qui avaient été appliqués, un siècle plus tôt, aux catholiques et aux protestants d'Irlande par le gouvernement anglais. Il conserva, pour la masse de la population française, le Partage forcé que la révolution avait inauguré ; il restaura le droit d'aînesse en faveur des familles qui lui parurent particulièrement dévouées au nouvel ordre de choses.

La Restauration ne toucha point à ce régime. Comme l'Empire, elle en tira parti pour accorder le privilége du droit d'aînesse aux familles de son choix. A la vérité, ce gouvernement tenta de développer par des procédés moins exclusifs, parmi les classes riches, les habitudes de transmission intégrale ; mais l'opinion publique, fidèlement interprétée par la Chambre des pairs, refusa de s'associer à une mesure qui négligeait les intérêts de la petite propriété.

Le gouvernement de 1830 réagit avec raison contre un mode de transmission fondé sur le pri-

vilége; et il détruisit en principe les majorats.
Exagérant à son tour cette réaction, le gouvernement de 1848 crut devoir interdire la substitution à deux degrés de la quotité disponible, qui
n'était cependant que l'usage de la Liberté testamentaire, sous un régime de droit commun. C'est
ainsi que, ballottée entre diverses tendances et
privée pour le moment des moyens de conservation établis par le fondateur du Code civil, la
France se trouve soumise de nouveau au Partage
forcé de la révolution tempéré par les palliatifs du
Consulat.

En résumé, depuis 1789, la transmission intégrale des biens est tantôt proscrite par des passions qui ne tiennent pas compte des éternelles
nécessités de l'ordre social; tantôt elle est imposée par une intervention gouvernementale
contraire aux idées qu'adoptent de plus en plus
les peuples libres et prospères. La France cependant ne peut constamment osciller entre ces
deux mouvements opposés. Le moment semble
donc venu de mettre notre régime de succession
en harmonie avec notre tradition, et avec la pratique spontanée des populations les plus morales
et les plus laborieuses du continent européen.
Ce but serait atteint par la liberté testamentaire
complétée par la coutume *ab intestat*, dont le
principe est exposé au Chapitre précédent.

J'ai exprimé en 1855 cette opinion dans *les*

Ouvriers européens. Je l'ai fait malgré le conseil des amis qui comprenaient la nécessité de la réforme, mais qui se persuadaient que toute allusion à cette vérité empêcherait le succès de l'ouvrage. Ces craintes ne se sont point confirmées. La Liberté testamentaire a tout d'abord suscité beaucoup de sympathies. C'est surtout le besoin de cette liberté qui a groupé les premiers éléments de ce grand parti de la réforme sociale, dans lequel se fondront un jour tous les partis que nous ont légués tant de luttes stériles [14]. Le succès sera prompt si le maintien de la paix, au dedans comme au dehors, permet enfin aux bons citoyens de travailler sans arrière-pensée au problème posé, mais non résolu, depuis un siècle [15]. Débarrassée

[14] Cette prévision s'est promptement réalisée : dès le 3 avril 1865, quarante et un députés, appartenant aux quatre partis qui nous divisent, ont voté pour une proposition tendant à restaurer en France la Liberté testamentaire. Ce premier noyau de la réforme sociale sera placé par l'histoire en tête des restaurateurs de nos libertés civiles ; et je le signalerai dans tous mes écrits. Il comprend MM. Ancel, le comte d'Arjuzon, le comte d'Ayguesvives, Bartholoni, le prince de Beauvau (Marc), Bethmont, le comte de Boignes, Bourlon, Bucher de Chauvigné, le comte Cafarelli, le comte de Champagny (Jérôme), le comte de Champagny (Napoléon), de Chiseuil, le vicomte Clary, le baron de Cœhorn, Coulaux, de Dalmas, Dolfus (Camille), Duplan, Dupont (Paul), Etcheverry, Geoffroy de Villeneuve, Gellibert des Seguins, Granier de Cassagnac, le vicomte de Grouchy, le marquis d'Havrincourt, Hénon, Kolb-Bernard, Lambrecht, le comte de Latour, Lubonis, le duc Marmier, Martel, Palluel, Pissart, le vicomte de Plancy, le baron de Reinach, Palabot, Terme, le baron de Veauce, de Wendel. (Note de 1866.) ═ [15] Ce vœu n'a pas été exaucé. Des guerres heureuses (en apparence), suivies de guerres désastreuses, ont cons-

des préoccupations qui l'ont égarée longtemps,
la nation ne tardera pas à reconnaître que la réforme doit sortir, non des révolutions violentes et
des débats irritants de la vie publique, mais de
la lente réorganisation des trois éléments principaux de la vie privée, la religion, la propriété
et la famille.

tamment occupé les pensées et absorbé les ressources de la nation.
Cependant la cause du testament n'a pas été oubliée. La race
française comprend de plus en plus que le Partage forcé est pour
elle un redoutable ennemi. Comme exemples de ce progrès des
esprits, je puis indiquer quatre faits choisis entre beaucoup d'autres.
— En 1865, sur l'initiative de M. Larsonnier, fabricant de tissus, 130
négociants ou fabricants de Paris ou des provinces ont réclamé la
liberté testamentaire par une pétition soumise au Sénat. — En 1866,
sur l'initiative de M. Salandrouze-Lemoulec, fabricant à Aubus-
son, 400 paysans et ouvriers de la Creuse ont également réclamé
par pétition la Liberté testamentaire. — En 1865, les colons français de l'ancienne île de France, soumis depuis 1815 à l'Angleterre,
ont réclamé la même réforme auprès de leur législature locale. —
Enfin le 25 juin 1871, MM. Baragnon, Lucien Brun et Mortimer
Ternaux, soutenus par M. Paul Bethmont, ont repris dans l'Assemblée nationale de Versailles la proposition de leurs 41 devanciers
de 1865. (Note de 1872.)

LIVRE TROISIÈME

LA FAMILLE

> La femme sage et pudique a une grâce qui surpasse toute grâce.
>
> (*Ecclésiastique*, **xxvi**, 19.)

SOMMAIRE

DE L'INTRODUCTION

LA FAMILLE

CHAPITRE 24

LA FAMILLE, VRAIE UNITÉ SOCIALE, OFFRE TROIS TYPES PRINCI-
PAUX; CES TYPES CORRESPONDENT A TROIS ORGANISATIONS DIS-
TINCTES DE LA SOCIÉTÉ.

I. La famille, comme toutes les institutions sociales, a donné lieu, de nos jours, à de vives controverses. Les erreurs propagées à ce sujet troublent singulièrement nos idées; aussi m'attacherai-je, dans ce Livre, à réfuter celles qui ont le caractère le plus dangereux. Mais, d'un autre côté, c'est peut-être la seule institution qui, considérée dans ses éléments essentiels, n'ait pas été formellement attaquée au nom de la science, de la justice et du droit naturel. La famille s'impose, dans toute organisation régulière, d'une manière encore plus impérieuse que la propriété. Je puis donc, dans ce Livre comme dans le précédent, omettre la défense préalable du principe. Je me dispense de présenter ici des développements analogues à ceux que j'ai dû opposer, pour la religion, aux attaques des sceptiques. Je regarde comme établi que ceux mêmes qui refusent d'envisager la famille comme une création directe de ieu, y voient tout au moins une conséquence nécessaire des lois naturelles qu'il a instituées.

Il existe encore aujourd'hui des contrées où l'individu ne pourrait subsister s'il restait isolé; et l'on peut citer comme exemple les steppes habitées par les pasteurs nomades de l'Orient. Il en est d'autres où la loi interdit aux individus de se séparer de la famille; tel était, jusqu'aux dernières réformes, le cas des paysans russes. Les peuples sédentaires de l'Occident ont successivement écarté ces obstacles. Il est même vrai de dire qu'une de leurs innovations caractéristiques consiste à plier la législation aux convenances de l'individu plus habituellement qu'à celles de la famille.

Cependant les avantages que quelques-uns prétendent tirer de l'extension indéfinie du domaine individuel ont plus d'apparence que de réalité. Partout où l'individualisme devient prépondérant dans les rapports sociaux, les hommes se plongent dans les luttes de la barbarie. Partout, au contraire, où la société vit en paix, les individus se plaisent à rester sous l'autorité des parents, et renoncent sans hésitation à l'indépendance qu'autorise la loi et que permet la nature des choses. Les nations que les Européens prennent volontiers pour guides laissent toute latitude aux dispositions exceptionnelles de quelques individus pour l'isolement; mais en même temps elles continuent à pourvoir aux besoins permanents des populations qui restent groupées en familles. Cette tendance est d'ailleurs en harmonie avec les intérêts généraux qui commandent d'augmenter l'autorité des pères, à mesure que se restreint celle des fonctionnaires publics [1]. Ainsi, en se reportant aux principes exposés dans le Livre précédent, touchant la possession et la transmission de la propriété, on peut déjà entrevoir que le meilleur moyen de protéger la famille est de conférer de grands pouvoirs à son chef. La Liberté testamentaire donne en apparence à l'individualisme une satisfaction absolue; mais, en réalité, elle assure le bonheur de la communauté tout entière.

Les sociétés anciennes ont souvent constitué des groupes sociaux plus étendus que la famille, et elles leur en ont délégué les pouvoirs. C'est notamment ce qu'a fait la constitution russe, en soumettant les familles de paysans à la commune et au seigneur propriétaire du sol. Les sociétés modernes, qui restent prospères en devenant plus libres, encouragent encore certaines associations

[1] *L'Organisation du travail*, § 8 avec la note 11. (Note de 1872.)

nombreuses d'individus (Livre V, 41). Mais, soit
qu'elles réglementent ces associations, soit qu'elles
statuent pour les individus isolés, elles ont toujours en vue ce groupe spécial de la famille qui,
par une insigne faveur de la Providence, possède
à la fois toutes les bonnes qualités de l'individualisme et de la communauté. Quand on examine
de près les réformes introduites journellement,
dans les institutions religieuses et dans le régime
de la propriété, par les peuples les mieux avisés,
on s'aperçoit bientôt qu'elles ont surtout pour but
de fortifier la famille. Celle-ci reste donc plus que
jamais, chez les modernes, l'unité sociale par
excellence[2].

II. La famille, considérée dans son principe,
est, comme la religion et la propriété, une institution immuable; mais, comme elles aussi, elle
subit dans la forme des modifications considérables. En se combinant avec ces deux institutions, elle imprime à chaque organisation sociale
son caractère essentiel. On y peut distinguer, au

[2] Les fanatiques élèves de J.-J. Rousseau offrirent dans leurs
théories sur la famille une exception rare, même dans l'histoire
de l'erreur. Ils conçurent le dessein de constituer une nouvelle
France où les rapports de famille ne seraient que de courts inci-
dents de la vie privée. L'application de cette idée, faite par la
Terreur, de juin 1791 à juillet 1794, n'a point encore triomphé
complétement des résistances opposées par les mœurs. Elle a
néanmoins réduit notre race à l'état de stérilité et d'impuissance
où nous la voyons aujourd'hui. (Note de 1873.)

point de vue le plus général, deux types extrêmes, la famille patriarcale et la famille instable, puis un type intermédiaire, la famille-souche.

III. Le premier type de famille est commun chez les peuples pasteurs de l'Orient, chez les paysans russes et chez les Slaves de l'Europe centrale. Le père y conserve près de lui tous ses fils mariés, et il exerce sur eux, comme sur leurs enfants, une autorité fort étendue. Sauf quelques objets mobiliers, les propriétés restent indivises entre les membres ainsi réunis. Le père dirige les travaux et accumule, sous forme d'épargne, les produits non réclamés par les besoins journaliers de la famille. Chez les pasteurs nomades, cette communauté persiste pendant la vie du père. Chez les agriculteurs sédentaires, elle se divise quand la capacité du foyer domestique n'est plus en rapport avec la fécondité des ménages. Selon que le sol disponible abonde ou fait défaut, l'essaim sortant de la maison paternelle s'établit dans la localité ou émigre dans une autre contrée. C'est alors le père qui, avec le secours de l'épargne et du travail commun, préside à la création du nouvel établissement ou à la dotation des émigrants. C'est également lui qui désigne, parmi eux, le membre investi de la nouvelle autorité.

Un penchant inné porte tous les jeunes ménages à désirer l'indépendance. Cependant, parmi les races patriarcales, ce désir est atténué par divers obstacles, savoir: chez les nomades, par les inconvénients ou même les dangers de l'isolement; chez les agriculteurs sédentaires, par l'organisation féodale de la propriété; chez tous, par l'amour de la tradition et par les sentiments qui se transmettent avec la possession du bien-être. Cette disposition des esprits a sa source dans de fermes croyances religieuses et surtout dans le respect du IVe commandement de Dieu (10, II). Elle maintient, dans le régime du travail et dans l'ensemble des rapports sociaux, l'attachement au passé plus que la préoccupation de l'avenir, l'obéissance plus que l'initiative.

En imposant aux esprits cet état de contrainte morale et matérielle, la communauté patriarcale arrête l'essor qu'auraient pu prendre, dans une situation indépendante, les individualités éminentes de la famille. Elle offre toutefois une large compensation : elle fait participer au bien-être commun les individus les moins moraux, les moins habiles et les moins laborieux. (45, V).

IV. Le second type, celui de la famille instable, domine maintenant parmi les populations ouvrières soumises au nouveau régime manufacturier de l'Occident (37, VI). Ce type se multiplie en outre parmi les classes riches de la France, sous un ensemble d'influences, au premier rang

desquelles figure le Partage forcé. La famille,
constituée par l'union de deux époux, s'accroît
d'abord par la naissance des enfants. Elle s'a-
moindrit ensuite, à mesure que ces enfants, se
dégageant de toute obligation envers leurs parents
et leurs proches, s'établissent au dehors en gardant le célibat ou en fondant une famille nouvelle.
Elle se dissout enfin par la mort des vieux parents,
ou, en cas de mort prématurée, par la dispersion des orphelins mineurs. Chaque enfant dispose librement de la dot qu'il a reçue en quittant
la maison paternelle; dans tous les cas, il jouit
exclusivement des produits de son travail. L'usage
précoce de la raison, propagé par l'enseignement
des écoles, par les conseils des parents ou par
l'exemple des classes supérieures, porte inégale-
ment les individus au bien ou au mal, selon l'empire que prend sur eux la loi morale. Souvent il
fait prévaloir plus qu'il ne convient le goût de la
nouveauté sur l'esprit de tradition. L'individu,
surtout s'il reste célibataire, n'a plus à pourvoir
aux besoins de ses proches moins habiles ou moins
prévoyants : il arrive donc rapidement à une situation élevée, s'il est lui-même doué d'aptitudes
éminentes. D'un autre côté, il ne peut prétendre
à aucun secours, si le vice ou l'incapacité l'empêchent de subvenir à ses propres besoins : lors donc
qu'il a dissipé les ressources créées par ses parents,
il se trouve fatalement condamné à la misère.

Malheureusement cette triste situation, dès qu'elle s'est produite, tend à se perpétuer, soit parce que les parents ne peuvent plus, comme sous le premier régime, contribuer par l'épargne à l'établissement de leurs enfants, soit parce que ceux-ci restent abandonnés sans contrôle à leurs penchants déréglés, soit surtout parce qu'ils sont de bonne heure pervertis par le mauvais exemple.

La famille instable, quand elle se multiplie sur un sol complétement défriché, livre ainsi les populations déchues à un état perpétuel de souffrance. Elle engendre ces agglomérations redoutables que l'histoire ne nous a offertes à aucune autre époque. Ces foyers de misère contrastent par des traits essentiels avec les anciennes formes de la pauvreté. Jusqu'à ces derniers temps, ils ne pouvaient être nommés dans aucune langue. C'est pour eux qu'il a fallu inventer, de nos jours, le mot de paupérisme (49, III).

V. Le troisième type, la famille-souche[3], se .

[3] Ce mot peint le troisième type avec toute la précision désirable, et il a été immédiatement adopté par beaucoup d'écrivains qui m'ont fait l'honneur de juger cet ouvrage. J'apprends par un article bienveillant de M. le docteur Schaeffle, professeur à l'Université de Tübingen, qu'en Allemagne, les expressions famille-souche (*Stammfamilie*) et maison-souche (*Stammhaus*) appartiennent encore au langage usuel. (*Zeitschrift für die gesammte Staatswissenschaft:* XXIᵉ année, p. 303.) Ces mots sont fréquemment répétés dans un ouvrage remarquable (*Das gesellschaftliche System der menschlichen Wirthschaft*) qui vient d'être publié par

développe de lui-même chez tous les peuples qui, après s'être approprié les bienfaits du travail agricole et de la vie sédentaire, ont le bon sens de défendre leur vie privée contre la domination des légistes (52, III), les envahissements de la bureaucratie (63, XIX) et les exagérations du régime manufacturier (37, VI). Cette organisation associe aux parents un seul enfant marié. Elle établit tous les autres avec une dot, dans un état d'indépendance que leur refuse la famille patriarcale. Elle garde, dans leur intégrité, au foyer paternel les habitudes de travail, les moyens de prospérité et le trésor d'enseignements utiles légué par les

le même auteur, et qui montre que la science sociale, à peu près inconnue dans notre déplorable système d'enseignement, devient élémentaire dans les universités allemandes.

Le mot *Souche*, mieux encore que le mot *Stamm* (tronc, tige), exprime la qualité distinctive d'une famille unie et féconde en rejetons : il est donc utile de rétablir dans notre littérature l'usage de ce mot, pour hâter dans notre société le rétablissement de l'institution.

Les nations stables, surtout en Orient, ne distinguent dans la population que deux groupes : 1° les souches, comprenant tous les individus issus d'un même ancêtre; 2° les maisons-souches, ou familles-souches, comprenant les proches parents qui vivent en communauté, sous l'autorité d'un chef. Telle était l'organisation du petit peuple juif, qui, au temps de Moïse, se composait environ de 120 mille maisons-souches issues de 12 souches. Telle est encore l'organisation du peuple chinois, qui se compose au moins de 15 millions de maisons-souches issues d'environ 90 souches. Dans les traductions françaises de la Bible (les Nombres I, 4), ces deux groupes sont généralement nommés *maisons* et *tribus*. (De Carrières, Toulouse, 1802.) Les traductions allemandes emploient plus justement les mots *Stammhäuser* et *Stämme*. (Allioli, Munich, 1843). (Note de 1873.)

aïeux. Elle devient un centre permanent de protection auquel tous les membres de la famille peuvent recourir dans les épreuves de la vie. Grâce à cet ensemble de traditions, le troisième type donne aux individus une sécurité inconnue dans le second et une indépendance incompatible avec le premier.

La famille-souche surgit parfois des influences traditionnelles de la vie patriarcale ; mais elle ne se constitue définitivement que sous le bienfaisant régime de la propriété individuelle. Elle convient également à ceux qui se complaisent dans la situation où ils sont nés, et à ceux qui veulent s'élever dans la hiérarchie sociale par des entreprises aventureuses. Elle concilie, dans une juste mesure, l'autorité du père et la liberté des enfants, la stabilité et le perfectionnement des conditions. Au surplus, pour démontrer la supériorité de ce troisième type, il suffit de constater qu'il naît partout où la famille est libre, et qu'il se maintient malgré les événements de force majeure qui troublent l'ordre établi. Ainsi, quand une mort prématurée vient frapper l'héritier-associé, chaque rejeton de la souche renonce, s'il en est besoin, aux perspectives brillantes qu'il s'est ouvertes. En pareil cas, celui que désigne la coutume considère le service du foyer paternel comme le premier de ses devoirs. Il tient à honneur de revenir au sein de la famille combler le vide qui s'y est fait.

VI. En résumé, les peuples européens, en devenant plus libres et plus prospères, renoncent à la famille patriarcale trop adonnée au culte de la tradition, et repoussent la famille instable que mine l'esprit de nouveauté. Les vrais modèles s'éloignent progressivement de ces deux types, en organisent de plus en plus la famille-souche. Ce dernier type échappe donc aux inconvénients des deux autres : à la propriété collective du premier, comme à l'instabilité du second. Il conserve ce qu'il y a de légitime dans le penchant de chacun d'eux : le respect des bonnes traditions et la recherche des utiles nouveautés.

Dans les Chapitres suivants, où je décris les cinq éléments de la famille, j'ai habituellement en vue ce troisième type, quand je ne fais pas mention expresse des deux premiers.

CHAPITRE 25

LE FOYER DOMESTIQUE EST LA PROPRIÉTÉ PAR EXCELLENCE ET LE CENTRE PERMANENT DES AFFECTIONS DE LA FAMILLE

I. Une des plus fécondes traditions du continent européen est celle qui assure, en beaucoup de contrées, à chaque famille, riche ou pauvre, la propriété de son habitation.

Les institutions qui conservent cette pratique

salutaire sont au premier rang parmi celles qui
concourent à la prospérité d'une nation. Même
dans une société fort imparfaite à d'autres égards,
elles donnent aux familles une dignité et une indépendance dont celles-ci ne jouissent pas toujours chez les peuples qui, plus avancés sous
d'autres rapports, ont adopté la fâcheuse habitude
de prendre les habitations à loyer. La propriété
du foyer domestique a été un des traits généraux
du moyen âge. Sauf de rares exceptions, il en est
encore ainsi chez les Russes[1], chez la plupart des
Slaves de l'Europe centrale[2] et chez les Hongrois[3].

Comme je l'expliquerai plus loin (37, X), l'invasion trop subite du régime manufacturier a détruit dans plusieurs contrées de l'Occident cette
organisation tutélaire. Cependant le principe de
la possession du foyer reste en vigueur dans beaucoup de districts ruraux. On y persiste à s'interdire les facilités d'établissement que pourrait offrir la location des maisons. Tout chef de famille
qui se respecte refuse de donner sa fille en mariage au prétendant qui ne possède point en propre une habitation. Sur ce point, les populations
encore imbues de l'ancien esprit européen ont
un sentiment plus juste de leur dignité que celles
qui, dans nos agglomérations urbaines, tendent
à se grandir, non en conquérant la propriété par

---

1 *Les Ouvriers européens*, p. 49 à 91. ═ 2 *Ibid.*, p. 104. ═
3 *Ibid.*, p. 110 à 120.

l'épargne, mais en recherchant les loisirs et les jouissances matérielles des classes oisives. Je suis ainsi conduit à penser que l'esprit d'innovation qui agite aujourd'hui l'Europe sera parfois moins utile à la réforme sociale que ne le serait le retour pur et simple à la tradition [4].

II. De redoutables symptômes ont révélé le danger du régime des locations qui envahit l'Occident depuis le dernier siècle, et surtout depuis la fin des grandes guerres de la révolution et de l'Empire. En Angleterre, où l'on n'a jamais craint de sonder les plaies sociales, beaucoup d'hommes éminents ont déjà réagi contre une tendance irréfléchie. Ils se sont donné la mission d'aider les ouvriers à acquérir la propriété de leur habitation. En faisant appel à l'initiative individuelle des patrons, et en créant les corporations libres dites *Land societies* [5], ils ont déjà obtenu des résultats qu'on ne saurait trop admirer.

Ces sociétés stimulent l'esprit d'épargne chez les ouvriers en les mettant en mesure d'acheter le terrain nécessaire pour construire une habitation. Elles se composent de patrons dont le concours est gratuit, et de souscripteurs en nombre égal à celui des lots à attribuer. L'annuité est assez faible pour que l'opération soit accessible

---

[4] *La Paix sociale*, Introd., §§ v et vi. (Note de 1872.) === [5] *Les Ouvriers européens*, p.205. Sur l'organisation des *Land societies*.

aux ouvriers. Ceux-ci sont mis en possession du terrain quand ils ont fourni une partie de leur souscription, et ils sont, en général, libérés après un délai de 10 à 15 ans.

Sur le Continent, plusieurs corporations vouées depuis des siècles à l'exploitation des mines trouvent, dans l'acheminement vers la propriété de l'habitation, un moyen d'améliorer la condition intellectuelle et morale des ouvriers. Dans les montagnes du Hartz[6], la Coutume reste fidèle à la tradition féodale. Elle confère aux ouvriers un privilège, en ce qui touche la propriété des habitations. Quand on met en vente, après décès, la maison et le jardin d'un mineur ou d'un fondeur, tous ses confrères ont, pour l'acquisition à l'enchère, la préférence sur les capitalistes, les marchands et les chefs d'état de la localité. L'acquéreur emprunte, au besoin, la valeur totale du prix d'achat à l'administration des mines, qui prend hypothèque pour une somme égale. Il paye, par une retenue sur son salaire et au taux de 4 pour 100, l'intérêt de sa dette, et il peut d'ailleurs, s'il a assez de prévoyance, amortir cette dette à l'aide d'une retenue supplémentaire. Mais, quand même il ne parvient pas à se libérer, le mineur du Hartz est classé, grâce à cette combinaison, dans une condition meilleure. Dès lors, il comprend mieux son devoir; il possède à un plus haut degré le res-

[6] *Les Ouvriers européens*, pages 36 et 110.

pect de soi-même; enfin il est plus enclin à contracter les habitudes de travail et de sobriété.

III. En France, la possession de l'habitation est restée jusqu'à ce jour un des traits frappants de l'existence des familles rurales. Au contraire, le régime des locations s'est introduit, comme en Angleterre, dans les villes et les centres manufacturiers; mais, au même désordre social, on commence à appliquer le même remède. Plusieurs sociétés de patronage, parmi lesquelles on distingue celle de Mulhouse, ont imprimé aux idées et aux mœurs une meilleure direction. C'est en 1853 que fut fondée à Mulhouse, sous l'inspiration de M. Jean Dolfus, la Société des cités ouvrières. En 1864, celle-ci a déjà bâti 630 maisons, dont 560 sont vendues et 50 entièrement payées. Chaque maison vaut de 2,650 à 3,300 francs. Elle est livrée à l'acquéreur contre un premier versement de 300 à 400 francs, auquel s'ajoutent des versements réguliers de 18 à 25 francs par mois, pendant une période de 13 à 14 ans. Au milieu d'une population imprévoyante, la tendance naturelle qui attire l'homme vers la propriété a créé une puissante excitation à l'épargne. Les ouvriers devenus propriétaires sentent le danger des agitations politiques, et ils ne songent plus qu'à s'élever, par l'ordre et la frugalité, dans la hiérarchie sociale.

Malheureusement le Partage forcé donne ici

des résultats diamétralement opposés à ceux de la coutume du Hartz. Dans les villes manufacturières, plus encore que dans les campagnes, il désorganise rapidement la petite propriété (34, IV)[7]. Les petits foyers de Mulhouse, constitués au prix de tant d'efforts, sont détruits par la loi et ses agents, après qu'ils ont prospéré par le travail et la vertu. Plusieurs maisons ont été déjà vendues par licitation lors du décès de l'ouvrier-propriétaire; et les capitalistes qui les ont achetées les donnent maintenant à loyer. Quelques hommes dévoués au bien-être des classes inférieures[8] se sont employés à réagir en Alsace contre ce déplorable résultat. Tous ces efforts ont échoué devant les prescriptions tyranniques du Code civil. Ils ont du moins abouti à une conclusion désormais évidente : c'est que le régime imposé par la révolution est absolument incompatible avec l'amélioration du sort des classes souffrantes[9].

IV. Les observations de la Société d'économie sociale donnent lieu d'espérer que beaucoup de patrons seront prêts à entrer dans la voie ouverte à Mulhouse, dès que la réforme des lois de succession permettra d'entreprendre des œuvres durables. Celles-ci forment certainement la plus

---

[7] *L'Organisation de la famille*, § 13; 1er, 2e et 3e Appendices. (Note de 1872.) ═ [8] *L'Organisation du travail*, § 59, note 12. (Note de 1872.) ═ [9] *Ibid.*, § 24, note 2. (Note de 1872.)

urgente des améliorations que réclame la situation actuelle des populations ouvrières. A la vue de ces dévouements, on prend plus de confiance en l'avenir. On se persuade que les classes dirigeantes, lorsqu'elles comprendront mieux l'intérêt général qu'offre cette réforme, triompheront aisément des obstacles qui semblent fixer une limite fatale à notre prospérité. Le but que je signale ferait naître beaucoup d'habitudes utiles et d'aspirations généreuses, même chez les individus les moins disposés à conquérir par le travail et l'épargne les autres genres de propriété. Le souverain qui pourrait, à l'aide de la paix, engager les patrons et les ouvriers dans cette voie aurait un succès inespéré. Il fonderait sa dynastie plus fermement que ne le fit, il y a près de trois siècles, le bon roi qui voulait assurer à chaque famille *la poule au pot* [10]. Ce succès serait d'au-

---

[10] Écrit inutilement en 1864. (Note de 1872.) — Sur les territoires, non séparés, du Haut-Rhin, des patrons perspicaces imitent les bons exemples de Mulhouse. Ils commencent, en outre, à se préoccuper des questions de réforme, plus générales, plus décisives, que nos gouvernants ont négligées avant nos désastres. MM. Japy frères, de Beaucourt, près Belfort, avaient déjà bâti il y a neuf ans, 125 maisons isolées que les ouvriers de leurs fabriques ont achetées avec empressement au prix de 2,000 fr , avec leurs épargnes. Depuis 1871, M. A. Japy a bâti 42 maisons plus grandes et plus commodes qui sont fort recherchées, au prix de 2,500 fr., par les ouvriers de la fabrique d'horlogerie. Les dernières maisons de Beaucourt ont atteint la perfection sous le rapport matériel; mais, sous le rapport moral, les résultats sont encore plus satisfaisants. Tous ceux qui visiteront Beaucourt comprendront que de tels résultats sont le commencement de la réforme

tant plus solide que le progrès moral qui en est le moyen, est encore plus fécond que le progrès matériel qui en est le but le plus apparent.

V. En Angleterre, le régime des locations faites aux classes moyennes et inférieures paraît remonter à une époque assez ancienne. Il a pour origine le système des emphytéoses, qui est fort habituel en ce pays. Les personnes qui veulent se construire une habitation obtiennent à bas prix, du propriétaire foncier, la cession du terrain, en stipulant que l'immeuble entier fera retour aux héritiers du détenteur actuel, après un délai de quatre-vingt-dix-neuf ans. Les habitations urbaines et rurales possédées par les grands propriétaires du sol tendent donc, par ce motif, à se multiplier; et ceux-ci, pour en tirer parti, les donnent à loyer. Mais la dépendance imposée par ce régime à une classe nombreuse de locataires est souvent allégée dans la pratique par d'excellentes traditions. Beaucoup de propriétaires se font scrupule de modifier sans ménagement les conditions des anciens baux. Ils ne se croient pas davantage autorisés à exposer leurs locataires, sans égard pour de vieilles relations, à la concur-

sociale. Les hommes de bien qui acheminent ainsi les ouvriers vers la propriété de l'habitation deviennent naturellement les auxiliaires d'une réforme plus importante : ils réclament la liberté testamentaire qui seule peut assurer la perpétuité de ce bienfait aux familles des acquéreurs. (Note de 1873.)

rence de nouveaux enchérisseurs. Il n'est même
pas rare de constater que des générations de propriétaires ont tenu à honneur de maintenir, sans
être liées par un bail, le prix modique accordé
depuis un siècle à des générations de tenanciers[11].

Ces traditions, si favorables à l'harmonie sociale, s'étaient également développées dans la
vieille France. On en retrouve souvent les vestiges
dans nos provinces. A Paris même, on voit encore, au moment où j'écris (1864), quelques propriétaires de maisons qui, conservant la tradition
paternelle, se feraient conscience d'augmenter,
au détriment d'anciens locataires, les prix fixés
il y a trente ans. Dans l'opinion qu'on se faisait
autrefois de la sainteté du foyer domestique, on
aurait considéré comme une mesure d'extrême
rigueur l'expulsion d'une famille incapable de
supporter un accroissement de loyer.

A Paris, je ne rencontre plus ces idées que chez
les vieillards; et il reste peu de propriétaires de

---

11 Dans un ouvrage où je veux surtout indiquer à mes concitoyens les éléments de la réforme sociale, je dois insister sur ces
traits estimables de la constitution anglaise, et laisser de côte
ceux qui feraient ombre au tableau. Si j'avais à faire une comparaison méthodique entre les deux pays, je prouverais aisément
que ce système d'emphytéose qui multiplie les locations est moins
recommandable que le système de propriété personnelle qu'avait
développé l'ancien régime français. J'aurais à montrer en outre
que plusieurs patrons intelligents, en aidant leurs ouvriers à acquérir la propriété du foyer domestique, s'inspirent d'une pensée
plus bienfaisante, plus sociale, que ne l'est la préoccupation politique des *Land societies* de l'Angleterre.

maisons qui ne croient pouvoir, avec toute convenance, subordonner leur administration à la
hausse ou à la baisse des loyers. Aujourd'hui un
capitaliste renouvelle, avec le même esprit de spé·
culation, ses locataires et ses valeurs de bourse.
L'application rigoureuse du principe économique
des engagements momentanés[12], ou de l'offre et
de la demande, désorganise les rapports sociaux
en matière de *locations* comme en matière de
salaires. Cet abus est à la fois condamné par nos
vieilles mœurs urbaines, et par la pratique actuelle de plusieurs possesseurs d'immeubles qui
aperçoivent les dangers du régime nouveau.

VI. L'isolement complet de l'habitation occupée
par chaque famille est une des convenances fondamentales de toute société prospère. Les populations rurales, qu'on peut à juste titre citer
comme des modèles, satisfont à la fois à cette
convenance et aux besoins de la meilleure agriculture, en plaçant l'habitation au centre de chaque
domaine (34, VI). La condition d'isolement est
même remplie dans beaucoup de villes européennes, où le prix du terrain adjacent aux voies publiques commande impérieusement la contiguïté des
maisons. Les Anglais, en particulier, respectent ce
principe; et à Londres, où le sol acquiert un prix

---

[12] *Les Ouvriers européens*, p. 16-17. Tableau des organisations
sociales de l'Europe : IV; Système des engagements momentanés.

considérable, les moindres bourgeois et souvent
de simples ouvriers[13] habitent chacun une maison séparée. Sous ce régime, une habitation urbaine présente la disposition qu'on rencontre
encore à Paris, dans le faubourg Saint-Marceau,
dans la Cité et dans plusieurs autres quartiers
anciens. Elle forme un massif exigu, subdivisé
en étages desservis par un petit escalier; chaque
étage offre habituellement une chambre avec un
cabinet, rarement plus de trois pièces.

Assurément ces petites façades, où il n'existe
souvent qu'une fenêtre par étage, ne se prêtent
pas au tracé des rues monumentales que nous
nous plaisons, depuis quelque temps, à multiplier dans nos villes; mais nos voisins ne sont
point touchés de cette prétendue infériorité signalée par des touristes peu réfléchis. Ils aiment
l'aspect de leurs villes, où se perpétue le respect
des lois de la famille. Ils se persuadent d'ailleurs
que les habitations privées n'ont pas pour fin
principale de charmer l'œil des promeneurs et des
curieux. Ils veulent que leurs foyers abritent des
femmes chastes, des enfants soumis, des serviteurs
laborieux et, ce qui résume tout, des citoyens
jouissant de leurs foyers en toute souveraineté.

13 *Les Ouvriers européens*, p. 189 à 211. Les quatre familles anglaises décrites dans l'ouvrage, bien que placées toutes dans une
condition modeste, à Londres, à Sheffield, dans la banlieue de
cette ville et dans un district rural du Derbyshire, occupent chacune une maison entière.

Partout où règnent la fécondité et les autres
lois essentielles à la famille, les habitations les
plus modestes contiennent au moins quatre pièces. Ces pièces, affectées aux divers travaux, sont
occupées spécialement : la première par le chef
de la famille et sa femme; la seconde par l'héritier-associé, sa femme et leur plus jeune enfant;
les deux autres par les enfants du chef de famille
et de l'héritier, par les parents célibataires et par
les serviteurs séparés selon le sexe. Le foyer où se
préparent les aliments, près duquel se prennent
les repas et se tiennent les réunions ou les veil-
lées, est presque toujours établi dans la chambre
du chef de famille.

VII. Même dans certaines villes où l'espace
est le plus exigu, on joint toujours à cette partie
principale quelques dépendances destinées à la
conservation des provisions du ménage, au blan-
chissage du linge [14] et aux autres travaux domestiques. Dans les régions de l'Europe où les céréales
se consomment sous forme de pain, on compre-
nait autrefois parmi ces dépendances un petit
atelier de mouture, de blutage et de boulangerie [15].
Le meunier et le boulanger ont généralement,
en Occident, enlevé cette spécialité au foyer do-

---

[14] Voir, par exemple, l'heureuse disposition qu'offrent, sous ce
rapport, les maisons de la ville de Genève (*Les Ouvriers européens*,
p. 16%.) == [15] *Les Ouvriers européens*, p. 77.

mestique; cependant la simplification extrême apportée par l'usage de la houille à la construction des fours à pain, commence à réagir en sens opposé et à rendre aux familles, en Belgique et en Angleterre[16], une de leurs plus utiles fonctions.

A la campagne et dans les banlieues, les habitations ont en outre, pour dépendances naturelles, un jardin produisant les légumes et les fruits, et quelques bâtiments consacrés à l'élevage ou à l'exploitation des animaux domestiques. Parmi ces derniers, on voit apparaître successivement, selon le degré d'aisance des familles, alors même que celles-ci ne sont point adonnées à la culture du sol, les volailles, les porcs, les chèvres et les vaches laitières, les ânes et les chevaux. Quand un métier simple, tel que le filage, le tissage, le tricotage ou la couture est exercé dans le ménage, chaque membre travaille dans sa chambre. Quand, au contraire, le métier, le forgeage par exemple, exige l'emploi d'un matériel important, le foyer domestique est complété par l'annexion d'un atelier de travail. Malgré la concentration qui s'opère incessamment dans les grandes manufactures, cette disposition se voit encore chez beaucoup d'artisans ruraux[17]. Elle

16 Sur la fabrication domestique du pain à Londres, à Bruxelles et à Paris. (Rapport au Conseil d'État sur le commerce du blé, de la farine et du pain, par M. F. Le Play, conseiller d'État; 1 vol. in-4º, p. 253. Impr. impériale, Paris, 1860.) ═══
17 Chargé, en qualité de commissaire général, de diriger la

reste habituelle chez certains ouvriers qui se
vouent, dans les villes comme dans les campagnes,
au travail des matières textiles et aux élaborations du cuir, du bois et des métaux.

VIII. Cette constitution du foyer domestique
acquise dans la majeure partie de l'Europe, et
surtout dans la région orientale, aux ouvriers des
travaux usuels, se désorganise trop souvent dans
les régions manufacturières. Pour certaines agglomérations urbaines d'Angleterre, de France
et de Belgique, le foyer domestique se réduit
parfois à une pièce unique, à une cave humide,
à un grenier glacial ou brûlant, dans lesquels tous
les membres de la famille sont confondus, sans
distinction d'âge ou de sexe. Je ne crois point
devoir insister ici sur ces misères lamentables
qui ont été mises en lumière dans les enquêtes

section française de l'Exposition universelle de 1862, j'ai mentionné spécialement, dans le Catalogue officiel des exposants, les
ateliers domestiques qui ont concouru à la fabrication des produits
destinés à cette solennité. Ce document met en relief l'importance
considérable que conservent encore en France les petites industries domestiques. Celles-ci semblent devoir se développer encore
à l'avenir; et ce mouvement serait singulièrement aidé par la
réforme sociale qui, stimulant les ouvriers au travail et à l'épargne, les rendrait propriétaires de leurs habitations. Plus j'étudie
l'organisation actuelle de l'Europe occidentale, plus je me persuade que les causes multiples qui poussent à l'agglomération
des forces manufacturières, pourraient être contre-balancées en
partie. Les patrons atteindraient ce but, s'ils s'attachaient avec
plus de sollicitude à maintenir le travail, et par suite l'indépendance et la dignité, dans le foyer domestique de l'ouvrier.

officielles de l'Angleterre, et qui ont été signalées
pour ce pays et pour la France par des écrivains
renommés. Mais j'aurai à expliquer plus loin (49,
V) comment les deux peuples placés au premier
rang par leurs mœurs et leurs institutions offrent, sous ce rapport, des souffrances inconnues
chez les races sauvages, ou sous les plus durs
climats. Ces maux sont au nombre de ceux qu'il
faut promptement guérir. En traitant la question
du paupérisme, je reviendrai sur ce genre de
désordre : je prouverai qu'il n'est qu'un mal accidentel; et j'indiquerai les réformes que réclame
cette triste condition de la famille.

IX. D'un autre côté, le progrès de la richesse,
lorsqu'il se concilie avec l'intelligence des lois sociales, porte le foyer domestique au-dessus du
niveau que je viens de décrire, et le met en harmonie avec des convenances d'un ordre plus
élevé. On multiplie les chambres consacrées au
logement des divers membres de la famille; on
affecte des pièces spéciales à la préparation des
aliments, aux repas et aux réunions habituelles.

Les familles riches destinent, en outre, des
emplacements distincts au culte domestique, aux
exercices intellectuels, et aux objets qui rappellent la mémoire des aïeux ou l'illustration de
la famille. Dans tous les cas, ces dépendances
reçoivent un développement proportionné à celui

de l'habitation principale. Enfin, à proximité de
ces divers établissements, se conserve le tombeau de famille, pieux usage [18] de toutes les sociétés stables qui honorent les grands souvenirs
du passé et aspirent au bonheur de la vie future.

X. Chez les peuples bien constitués, chaque foyer
domestique abrite les générations successives
d'une même famille : la profession paternelle s'y
perpétue; et chaque citoyen éprouve d'indicibles
satisfactions à vivre sous le toit de ses ancêtres.
Dans le système des familles instables domine
l'ordre de choses opposé. Les personnes qui
vivent dans un milieu stable auraient peine à
concevoir les soucis et les charges qu'impose
à ceux qui s'élèvent sous ce régime, la nécessité
d'établir sans cesse l'harmonie entre l'état du
foyer et la condition de la famille. Paris est certainement le lieu où les désordres sociaux naissant de la location et de l'instabilité des habita-

[18] Cet usage, qui contraste heureusement avec la déplorable
organisation de nos cimetières, n'est pas complétement abrogé
en France. Sous ce rapport, on peut citer avec éloge plusieurs
communes de la partie protestante du Poitou. Ainsi à Saint-Sau-
vant (Vienne), il n'existe pas de cimetière pour une agglomération de 1,500 protestants. Tous les défunts de ce culte sont inhumés
dans un coin de terre réservé sur le domaine de la famille, d'un
parent ou d'un ami. Il est triste de constater que ces coutumes
prennent de plus en plus un caractère exceptionnel. En ce qui
concerne l'habitation des morts, la plupart des chrétiens modernes
s'inspirent de sentiments moins délicats que les grandes nations
païennes de l'antiquité.

tions ont été poussés, de nos jours, jusqu'à leurs plus extrêmes limites. Il serait facile de mettre en évidence, par voie d'enquête [19] les maux que cette situation inflige à la vie privée.

XI. Le mobilier, comprenant les meubles proprement dits, les ustensiles et le linge de ménage, est un des éléments caractéristiques du foyer domestique. Il est naturellement en rapport avec les habitudes de la famille, et il pourvoit à des besoins encore plus variables que ceux de l'habitation proprement dite. Il atteint une valeur excessive chez les familles livrées à un luxe raffiné ; il se réduit à rien chez certaines familles de l'Occident envahies par le paupérisme. L'absence totale de meubles est ordinairement, parmi ces malheureuses familles, le signe le plus manifeste du dénûment.

Chez tous les peuples qui restent fidèles à leurs vieilles mœurs, il existe à cet égard un minimum de comfort et de bien-être au-dessous duquel les familles ne consentent point à descendre. Obéissant à certaines exigences traditionnelles qui ne sont que l'expression d'une expérience séculaire, les jeunes filles refusent d'entrer en

---

[19] Une enquête faite à Paris, en 1863, sur les maux provenant de la cherté du pain, a donné un résultat inattendu. Beaucoup d'ouvriers ont déclaré que les charges imposées par les mauvaises récoltes sont moins lourdes aujourd'hui que celles qui naissent de la cherté artificielle et de l'instabilité des habitations.

ménage, tant qu'elles n'ont point réussi, avec le concours du futur époux et des parents, à réunir le mobilier normal [20], sans lequel la nouvelle famille ne saurait prétendre à la considération publique. La même remarque s'applique à l'acquisition préalable du trousseau et des vêtements. Plus l'opinion est exigeante, plus la jeunesse est portée au travail et à l'épargne par l'attrait du mariage. J'aurai occasion de généraliser cette remarque (26, XVII). Je me référerai aux mœurs des peuples modèles qui imposent les plus sévères conditions à la conclusion des mariages. Je prouverai que cette sévérité, complétée par la restauration des habitudes de chasteté, fournira le moyen d'améliorer la condition de toutes les classes, et particulièrement de soustraire les ouvriers de l'Occident aux atteintes du paupérisme.

XII. Les traits les plus recommandables que je viens d'exposer, touchant l'organisation du foyer domestique, se rencontraient autrefois en France, dans les villes comme dans les campagnes. Toutes les familles, même les plus modestes,

[20] Les soixante-treize monographies publiées jusqu'à ce jour dans *les Ouvriers européens* et dans les quatre premiers volumes des *Ouvriers des deux mondes,* présentent, à ce sujet, des faits précis. Elles contiennent toutes (§ 10) un inventaire détaillé du mobilier et des vêtements, ainsi qu'une description sommaire de l'habitation des familles.

habitaient seules leur propre maison. Malheureusement, depuis la fin du dix-septième siècle, le relâchement des mœurs, et, depuis 1793, le Partage forcé ont profondément altéré cette tradition. Le mal produit est déjà grand et s'aggrave tous les jours.

Aujourd'hui, comme à toute autre époque, la tendance de l'homme qui a franchi plusieurs échelons de la hiérarchie sociale par l'intelligence et le travail, est de se bâtir une habitation en rapport avec sa fortune. Mais ses enfants, pour peu qu'ils soient au nombre de deux ou trois, n'aimeront pas à y demeurer en commun du vivant de leur père, encore moins après sa mort. D'ailleurs, aucun d'eux ne sera généralement en situation d'y vivre seul avec sa propre famille. La solution ordinaire consistera donc à vendre la maison paternelle à un capitaliste qui en tirera parti en la donnant à loyer. C'est ainsi que beaucoup de populations rurales et urbaines occupent, en qualité de locataires, les habitations que possédaient leurs aïeux, et sont tombées dans la dépendance de quelques enrichis.

XIII. En outre, le Partage forcé tend, par une cause toute matérielle, à rapetisser les habitations et les ménages. Il rapetisse, en effet, les familles, soit parce que les enfants sortent tous successivement de la maison paternelle pour

contracter mariage, soit parce que le nombre de
ceux qu'élève chaque ménage se réduit de plus
en plus. L'emplacement nécessaire à ces familles
stériles devenant ainsi plus exigu, les propriétaires d'anciennes maisons ont intérêt à les sub-
diviser pour y réunir plusieurs locataires. Ce pla-
cement de capitaux sur des habitations collectives
exige une véritable administration; aussi a-t-il
entraîné une autre déviation des principes. On a
compris qu'on diminuerait les frais généraux de ce
genre d'entreprises en multipliant les locataires
de chaque établissement. De là ces immenses
habitations privées qui se bâtissent chaque jour
sous nos yeux, et dans lesquelles on semble avoir
pris à tâche de violer toutes les convenances que
respectent les autres peuples.

Une maison moderne de Paris, destinée à des
familles de condition moyenne, est ordinairement
construite avec le luxe monumental qui ne s'ap-
pliquait autrefois qu'à des palais. Elle se compose
de six étages que des escaliers splendides mettent
en communication avec une cour intérieure, diverses dépendances et la voie publique. Elle s'étend
sur une surface considérable; en sorte que chaque
étage contient plusieurs appartements prenant
jour sur la cour ou sur la rue, et habités par autant de ménages distincts. Ceux-ci se trouvent
enchevêtrés, non-seulement par cette contiguïté
et par l'usage commun des escaliers, mais encore

par le fractionnement même de chaque habitation en deux ou trois parties. En général, le principal appartement est occupé, à un étage intermédiaire, par le chef de famille, la femme et les jeunes enfants. Souvent, une partie du service, la préparation des aliments par exemple, est établie au rez-de-chaussée. Dans tous les cas, les serviteurs, quelquefois les jeunes garçons de la famille, sont relégués dans des chambres disséminées à l'étage supérieur.

Le propriétaire réside rarement dans sa maison. Il ne veille point lui-même à l'exécution des mesures d'ordre et de propreté imposées aux divers locataires en ce qui concerne l'usage des dépendances communes. Il délègue son autorité à un agent spécial, nommé *concierge,* dont la fonction est à peu près inconnue dans le reste du monde. Les mauvais types de cette classe d'agents sont incommodes pour les familles qu'ils doivent contrôler et servir. Ils donnent carrière à deux défauts qui ne sont point ailleurs réunis. Ils joignent les habitudes tracassières du surveillant aux allures sournoises du domestique mécontent.

On ne saurait trop déplorer l'atteinte profonde que cette sorte de promiscuité porte aux mœurs de la famille et à l'autorité de ses chefs. Les serviteurs des deux sexes ainsi mêlés, loin de toute surveillance, se corrompent mutuellement. Ils forment, en s'aidant de l'alliance du concierge, une sorte de clan où fermente l'esprit d'insubordination, où se développe l'art de tromper les maîtres. Ces sentiments se communiquent aux enfants placés en contact avec les serviteurs. Ils sont pour la famille une source continuelle de malaise et d'affaiblissement.

XIV. Les Anglais, et en général les peuples que soutient l'esprit de tradition, s'inspirent donc d'un sentiment vrai dans l'établissement de leurs demeures. Ils s'attachent aux dispositions matérielles commandées par la loi morale et fondées en quelque sorte sur la nature même de l'homme. Ils ne cèdent point, en présence d'intérêts aussi permanents, à l'esprit de spéculation, aux caprices de la mode et aux engouements de l'architecture. Cet attachement aux meilleures traditions est partout chez eux un élément essentiel au bonheur des individus.

Pour simplifier, autant que possible, mon exposé, j'ai d'abord groupé dans ce Chapitre les réformes matérielles qui se rattachent à l'organisation du foyer domestique. J'ai maintenant à insister sur les réformes morales qui doivent améliorer les autres éléments de la famille, en ce qui touche le mariage, l'autorité paternelle, l'éducation des enfants, le célibat et la domesticité.

CHAPITRE 26

LA FEMME SAGE ET PUDIQUE EST LA PROVIDENCE DU FOYER; ELLE
CRÉE LES MŒURS ET EST, A CE TITRE, UN AGENT ESSENTIEL
DE PROSPÉRITÉ.

I. La situation faite à la femme dans la famille
et dans la société est une des principales causes
de la prospérité ou de la souffrance d'une nation.
Au milieu des ébranlements imprimés aux esprits
par nos révolutions successives, les réformateurs
ont souvent traité ce point délicat; mais, en poursuivant le mieux en dehors de la tradition, ils
sont généralement tombés dans l'utopie. En cette
matière, comme en tout ce qui concerne les bases
de l'ordre social, l'esprit humain a expérimenté
toutes les combinaisons utiles ; il doit perfectionner la tradition, et non s'épuiser dans une recherche stérile de procédés nouveaux. Plusieurs
peuples anciens avaient conçu une haute idée du
rôle de la femme. La Bible, qui m'a fourni l'épigraphe de ce Livre, offre presque tous les traits
du meilleur modèle[1]. Au moyen âge, les Européens de l'Occident ont élevé le respect dû aux
femmes à la hauteur d'un dogme social. Pour
assurer à celles-ci la situation la plus heureuse
et la plus digne, il s'agit donc moins d'inventer

[1] Proverbes, ch. XXXI, v. 11 à 31. — Voir aussi l'Épigraphe du
Livre.

que de se rendre compte des succès qu'ont obtenus certaines nations en restant fidèles à ces pratiques séculaires.

II. Les erreurs commises sur ce sujet difficile dérivent, pour la plupart, des opinions qui tendent à placer les deux sexes dans des conditions d'égalité. Très-simple en apparence et intimement liée, à ce qu'il semble, à la commune notion de la justice, l'idée de l'égalité s'empare aisément des esprits. Elle est cependant très-complexe ; aussi les classes populaires, peu familiarisées avec les distinctions, ne tardent-elles pas à déduire de ces prémisses des conclusions fort dangereuses pour les sociétés livrées à l'antagonisme[2].

Ces aberrations ont singulièrement contribué, depuis 1789, à désorganiser les vrais rapports sociaux dans la vie publique. Étendues, comme elles le sont journellement, à la situation relative des deux sexes, elles commencent à produire, dans la vie privée, des conséquences encore plus funestes. A vrai dire, il n'y a point ici de prétexte plausible d'erreur, pour ceux du moins qui tiennent compte des indications de l'expérience. On a souvent amélioré la condition des peuples, en diminuant l'inégalité jusque-là

---

[2] *L'Organisation du travail*, § 59. L'abus du mot *égalité*. (Note de 1872.)

maintenue entre les familles; mais on a toujours
échoué quand on a prétendu abolir toute distinction entre les membres de chacune d'elles. Ces tentatives n'ont fait que mettre en relief la différence
radicale qui existe entre les aptitudes des âges et
des sexes. Elles ont, en outre, démontré les inconvénients qui naîtraient d'un système de nivellement contraire à la nature même des personnes.

III. Les Anglais et les Américains du Nord
donnent aujourd'hui contre cet écueil, au sujet
des classes qui vivent d'un salaire quotidien; car
ils mettent de plus en plus l'homme et la femme
en concurrence pour l'exercice des professions.
En revanche, ce sont eux qui se font encore l'idée
la plus juste du véritable rôle de la femme parmi
les classes supérieures. Selon l'opinion généralement reçue en Angleterre, les deux sexes ont,
dans l'ordre social, des fonctions non moins différentes que celles de l'ordre physique. Les législateurs qui voudraient, en s'inspirant d'une
idée théorique de justice, établir entre eux une
égalité absolue, leur feraient à l'un et à l'autre
une situation intolérable. Cette sollicitude déplacée tournerait surtout au détriment des femmes, qui possèderaient des droits peu utiles, et
resteraient privées des avantages qu'elles doivent
le plus désirer. Le contraste que présentent à cet
égard les idées des Anglais et les nôtres, se révèle

surtout dans les institutions et les mœurs qui se
rattachent au droit de propriété, à l'organisation
du mariage et aux faits de séduction.

Les règles adoptées en Angleterre touchant le
droit de propriété des femmes, ont surgi des habitudes mêmes de la vie domestique. Les Anglais
veulent qu'il y ait dans la famille une complète
unité d'action, en même temps qu'un judicieux
partage d'attributions. Ils pensent que la véritable
fonction de la femme est le gouvernement du
foyer. Chez eux, dans ce domaine si nettement
circonscrit, le père délègue sans réserve son autorité à la mère de famille. Cette délégation est
indiquée par la force des choses ; car, lorsque les
mariages sont féconds, la femme est retenue
dans l'habitation par les devoirs de la maternité.
C'est donc l'homme qui en doit sortir pour sur-
veiller la propriété extérieure et la défendre contre
tout empiétement, pour remplir les devoirs de la
profession et pour débattre les intérêts qui s'y
rapportent, enfin pour soutenir le droit de la famille devant la commune, la province et l'État.
Même dans les plus modestes ménages, les travaux du foyer domestique acquièrent une importance considérable. Souvent, ils contribuent à la
prospérité commune [3], autant que ceux de la pro-

---

[3] Les Ouvriers européens et les Ouvriers des deux mondes, avec
leurs budgets détaillés de soixante-treize familles, prises dans les
situations les plus variées, ont donné à ce principe d'économie

fession spéciale du mari. Toujours enfin ils ont une action décisive sur le bonheur de tous les membres de la famille.

La direction affectueuse imprimée par la mère aux habitudes, à l'intelligence et aux sentiments de la première enfance exerce également une influence souveraine sur l'avenir de la race. Elle constitue une haute fonction de la vie privée dans toute société qui se préoccupe de faire régner l'ordre moral.

Au surplus, la Providence a tracé la voie que suivent plus ou moins toutes les sociétés humaines. Dans ce but spécial, elle a donné à la femme d'admirables aptitudes qui ne se développent que par l'apprentissage combiné avec une bonne organisation de la famille. La jeune fille doit se préparer de bonne heure à sa mission en secondant sa mère; devenue femme, elle y doit consacrer toute sa sollicitude et toute son activité. C'est désorganiser le foyer domestique que d'enlever la femme à ce domaine pour la charger des intérêts du dehors. On la pousse fatalement dans cette voie en l'obligeant à partager les travaux de l'homme, ou en lui conférant un droit personnel sur les biens et sur les industries. Mais le plus grand mal de cette assimilation des deux sexes est d'abaisser la dignité sociale de la femme et de dénaturer le

sociale une évidence qui a été constatée, en 1856, par l'Académie des sciences de Paris. (Voir le Document A.)

caractère auguste de la mère en en faisant un manufacturier, un marchand ou un propriétaire. Tels
sont les écueils que la loi et les mœurs de l'Angleterre[4] ont voulu éviter en dispensant la femme
des soins de la vie extérieure, et en imposant autant que possible à l'homme les droits et les devoirs de la propriété.

IV. La loi anglaise cependant ne va pas jusqu'à l'exclusion formelle. Elle laisse toute liberté
de donner l'héritage aux filles, même au détriment des garçons; car nos voisins pensent qu'aucune loi ne saurait satisfaire les innombrables
convenances que le père de famille apprécie avec
autant d'intelligence que de dévouement. Mais la
Coutume conseille de léguer au fils héritier l'habitation et l'industrie patrimoniale avec les immeubles, et de partager seulement entre tous les
enfants les biens mobiliers (54, V). Les testaments vont même habituellement plus loin que
la Coutume; et ils ne laissent guère aux filles que
le trousseau et le pécule nécessaire pour entrer
en ménage, selon les exigences de leur condition.

[4] Cependant on peut reprocher à l'Angleterre de n'avoir pas
maintenu cette salutaire distinction chez l'ouvrier, et d'avoir abaissé
sa femme à la condition de salarié (49, V). M. J. Simon, en
préparant comme auteur sa carrière politique, a signalé cette
plaie sociale : parvenu à son but, il n'a point montré qu'il songeât à la guérir. Ce contraste des actes avec les écrits ou les paroles
a été habituel depuis 1789. Voir *l'Union de la paix sociale*, nº 4,
§ 20. (Note de 1873.)

Cette pratique était celle de notre ancienne coutume normande : elle subsiste encore dans le midi de la France, et elle domine également chez les paysans, comme chez les nobles, de plusieurs contrées du centre et du nord de l'Europe. Ailleurs, la Coutume, sans instituer un principal héritier mâle, limite plus ou moins la part des filles. Ainsi la coutume de Savoie [5], qui fut remplacée de 1793 à 1815 par le Partage forcé, puis rétablie, selon le vœu général, jusqu'à la récente annexion, attribuait aux garçons une part double de celle des filles ; quant aux testaments, ils fortifiaient, pour la plupart, l'impulsion donnée par la Coutume.

V. Le régime dotal, dans les lieux où il est en usage, tend, plus encore que le Partage forcé, à fausser la condition des femmes. Il consiste essentiellement à constituer la dot des filles avec des biens dont la nue propriété, interdite aux deux époux, est réservée aux héritiers que désigne la loi ou le contrat de mariage. Il soumet par conséquent à des contrôles gênants et dispendieux les ventes, les expropriations, les échanges et une multitude d'opérations qu'entraîne la jouissance de la propriété. Ce régime n'est pas seulement nuisible à la famille qu'il livre à la

[5] Voir la description détaillée que j'ai donnée du régime de succession qui était pratiqué en Savoie avant l'annexion de ce pays à la France. (*Les Ouvriers des deux mondes*, t. II, p. 52.)

domination des officiers publics et des gens d'affaires ; il amoindrit le sens moral parmi les populations qui le pratiquent. Un père ayant le sentiment de sa responsabilité ne devrait jamais confier la personne de sa fille à l'homme qui lui semble indigne de gouverner sa dot. Sans doute, en vertu du principe de libre possession, il doit, en la mariant, user sans aucune entrave du droit de donation ; mais le même principe exigerait que les deux époux et leurs héritiers majeurs pussent, d'un commun accord, disposer de la nue propriété. Cette réforme du régime dotal serait analogue à celle qui, en Angleterre, autorise les intéressés à rompre la substitution « to cut off the entail » (54, VII).

VI. Le caractère bienfaisant des coutumes et des lois qui restreignent, pour les femmes, le droit de propriété, se manifeste surtout chez les Anglais par les sentiments qui président à la conclusion des mariages. Pourvus de la majeure partie des biens affectés aux travaux de l'agriculture et de l'industrie manufacturière, les hommes n'ont guère occasion de chercher dans le mariage un moyen d'augmenter leur fortune et de compléter leur établissement : ils n'apportent donc aucune arrière-pensée dans le choix d'une compagne. Ils croiraient faire acte d'indélicatesse en subordonnant à des calculs d'intérêt un engage-

ment qui doit surtout être conseillé par l'affection, par le rapprochement des goûts et par l'harmonie des caractères. Sans doute, il arrive parfois
qu'un homme s'inspire de ces calculs; mais alors,
il doit dissimuler sa pensée, pour ne point s'exposer aux rigueurs de l'opinion.

Un tel régime donne évidemment aux femmes
de solides garanties de bonheur domestique. Lorsqu'ils sont indépendants des questions de fortune, les mariages se contractent moins entre des
personnes de même famille ou de même condition. Par là s'établit entre les diverses classes de
la société une fusion féconde en heureux résultats. Cette constitution de la propriété diminue le
nombre des mariages consanguins, qui, sous le
régime du Partage forcé, sont conclus trop souvent dans le but d'éviter la division de certains
immeubles; elle classe aux rangs supérieurs de
la société les femmes douées des plus éminentes
qualités de leur sexe. Il se produit ainsi, de haut
en bas et de proche en proche, une sélection
dont les conséquences se révèlent par la beauté
de la race, en Angleterre et dans notre ancienne
province de Normandie. L'heureux accord qui
existe entre les parents, et les bons exemples qui
en découlent, ne sont pas moins utiles au développement moral des enfants. Enfin le mari occupe sa place au foyer domestique, avec une dignité
qui lui manque nécessairement quand l'aisance

du ménage est due à la fortune personnelle de la femme. Cet ordre de choses est donc évidemment le plus favorable au classement social des femmes, à la dignité des maris, à l'amélioration physique et morale de la race.

VII. L'Anglais ou l'Américain du Nord qui réussit dans ses entreprises, veut d'abord créer une habitation qui lui soit propre, y introduire les satisfactions du comfort et en rendre le séjour agréable aux siens. Dès qu'il a conquis une situation supérieure à celle du salarié, il dispense sa femme de tout travail extérieur et lui épargne les soucis qu'entraîne l'exercice de la profession. Il pense que la femme accomplit toute sa tâche, lorsqu'elle fait régner le bon ordre au logis, et lorsqu'elle assure l'avenir du foyer, en y élevant beaucoup d'enfants gracieux, robustes et soumis. Une nombreuse famille est partout regardée par les deux époux comme un témoignage de la faveur divine. Elle leur donne des droits à la considération publique et elle accroît les chances de perpétuité pour l'atelier paternel. Cette fécondité est bienfaisante au physique comme au moral; et elle semble avoir la plus heureuse action sur la santé et la longévité des femmes. Retenu chez lui par les affections les plus vives et par les liens les plus chers, le père n'est point enclin à dépenser au dehors le temps que les devoirs de la profession laissent disponible. Les lieux de réunion et de plaisir, où certains peuples du Continent passent une si grande partie de leur vie, sont en Angleterre étrangers aux habitudes de la classe moyenne. La fréquentation du temple est la seule diversion régulière qui soit donnée à cette vie intérieure des familles. Ces mœurs sévères ont souvent été critiquées, comme antisociales, par des lettrés qui prétendent diriger chez nous l'opinion publique. Cependant elles contribuent au bonheur individuel mieux que ces plaisirs bruyants et cette agitation extérieure qui amènent, en d'autres pays, l'abandon de la femme et des enfants.

VIII. Toutes les nations qui ont eu de l'ascendant et de la durée ont donné à la femme le pouvoir d'exercer ces bienfaisantes influences, en ennoblissant autant que possible le rôle qui lui est assigné au foyer domestique. Elles condamnent les utopies qui portent quelques novateurs modernes à prêcher l'admission des femmes aux fonctions de la vie civile. En cela elles se sont justement inspirées de deux principes féconds, la division du travail et l'association.

Le foyer domestique est un petit monde complet dont le gouvernement réclame toute la sollicitude de la mère de famille, tandis que le père porte au dehors son activité. Néanmoins, cette activité ne saurait remplir toute l'existence du

père. Le charme d'une vie bien réglée réside
pour lui dans l'alternance des joies de la famille
et des travaux de la profession. Les citoyens ac-
complissent d'autant mieux leurs devoirs publics
et privés qu'ils sont plus certains de trouver au
logis la distraction et le bien-être. C'est par là
que l'affection, la vertu et l'intelligence de la
femme réagissent de la manière la plus directe
sur la prospérité et la grandeur de l'État. Quelques peuples, fortement imbus de ces vérités, ont
même pris soin de proclamer par des institutions
spéciales que la femme, en se renfermant au
foyer, concourt aux succès extérieurs de la famille d'une manière plus efficace qu'en intervenant personnellement au dehors.

En Chine, par exemple, lorsqu'un fonction-
naire a donné des preuves extraordinaires de zèle
et d'habileté, le souverain ne se borne pas à le
récompenser : il décerne en même temps à sa
femme des honneurs spéciaux [6]. Le brevet conférant ce témoignage de la satisfaction impériale
expose, dans ses considérants, que la femme ainsi
distinguée a rendu à l'État un service éminent,
en ménageant à son mari une vie heureuse, et
en doublant par là les forces que celui-ci a pu
consacrer à l'exercice de ses fonctions. Le rôle
politique et social du foyer est parfaitement mis

---

[6] Voir, à la fin de l'ouvrage, le Document D, ayant pour titre :
Sur l'opinion que se font les Chinois du rôle social de la femme.

en relief par ces pratiques traditionnelles. Celles-ci, jointes aux sentiments de respect pour les vieux parents, sont bien propres à diriger nos réflexions sur la vitalité inouïe d'un pays qui nous semble si imparfait. Ce peuple, remarquable entre tous, devrait être pour nous un modèle; c'est le seul où l'autorité du père, le ministère de la femme et le culte des ancêtres aient toujours été les appuis du Décalogue[7]. C'est le seul aussi qui, sans perdre sa nationalité, ait traversé tous les âges de l'histoire.

IX. Le témoignage de beaucoup de documents écrits[8], et l'exemple de nombreuses familles fidèles à la tradition nationale, prouvent que certains traits de ces excellentes mœurs s'étaient conservés en France pendant la première moitié du XVIIe siècle. La fécondité des mariages et la sévérité des habitudes domestiques étaient communes aux catholiques et aux protestants, aux nobles et aux classes populaires. On les rencon-

---

[7] Sur la constitution sociale des Chinois. Voir *l'Union de la paix sociale*, n° 4, Document B. (Note de 1873.) == [8] Parmi les documents les plus précieux de la science sociale, je cite de nouveau les *Livres de raison* qui, dans l'ancien régime de la Provence, formaient les archives des familles. On y voit à chaque page les traits que je recommande dans ce chapitre. Nos romanciers, lorsqu'ils pratiqueront un des meilleurs principes de leur art et demanderont leurs moyens de succès à de saines peintures de la vie domestique, trouveront dans ces souvenirs du passé une matière inépuisable. (Note de 1867.)

trait encore, à la fin du siècle dernier, chez les
paysans et les bourgeois, comme dans la noblesse
provinciale, lorsque depuis longtemps déjà elles
étaient perdues chez la noblesse de cour. C'est
ainsi qu'on peut s'expliquer la réussite partielle
et momentanée d'une révolution qui, à l'origine,
semblait avoir pour but de substituer, à l'influence
des courtisans, celle des classes plus dignes de
gouverner. Malheureusement, la corruption du
xviiie siècle, continuant à se propager, a envahi
les populations jusqu'alors intactes; et la désorganisation du mariage s'est, en outre, aggravée
par l'introduction du Partage forcé.

Le mariage ne présente plus chez nous les désordres qui régnaient au xviiie siècle à la cour
de France, et, il y a peu de temps encore, dans
plusieurs parties de l'Italie. Il est cependant loin
d'y offrir la pureté et la dignité qui sont l'une des
conditions d'existence d'un peuple libre. Une des
principales causes du mal est l'égalité absolue
établie si mal à propos entre les deux sexes, touchant la répartition des biens. Chaque homme,
en effet, doit remédier par son mariage au morcellement opéré dans sa propre famille par le
régime des successions; sa future épouse doit
compléter son établissement, et lui rendre ce que
sa sœur lui a enlevé. Ce calcul paraît se fonder
sur des motifs tellement impérieux que l'opinion
y voit un acte de sagesse; en sorte que ceux qui

épousent des filles excellemment douées, mais
dénuées de fortune, semblent faire preuve d'imprévoyance, ou témoigner eux-mêmes de leur
infériorité.

En même temps, on fait valoir avec orgueil,
comme un titre à la considération publique, la fortune apportée par la femme, et les « espérances »
attachées à la mort des parents. On insiste particulièrement sur les circonstances qui peuvent
faire présumer que cette mort sera prochaine.
Chaque jour, des familles recommandables concluent en quelques instants un mariage, comme
elles feraient un marché, en saisissant l'occasion ;
et cette assimilation n'a rien d'exagéré, car on
considère uniquement la convenance réciproque
des biens, sans chercher aucun moyen d'apprécier celle des goûts et des caractères. Depuis que
ces mœurs sont devenues générales parmi les
classes riches, celles-ci n'ont plus conscience de
l'abaissement infligé aux familles et à la nation
entière ; mais il est évident que les mariages subordonnés aux questions d'intérêt ne sauraient constituer un ordre social régulier. Il suffit d'ouvrir
les yeux pour apercevoir chez nous leurs conséquences habituelles : la mésintelligence des époux,
les mauvais exemples donnés aux enfants, la souil-
lure et l'abandon du foyer domestique.

X. Une autre conséquence directe de notre

régime de Partage forcé est la stérilité systématique des mariages. Après avoir conjuré par l'acquisition d'une dot le morcellement de la maison
paternelle, le nouveau chef de famille désire naturellement soustraire son fils aux embarras de
la même épreuve. Mais, en présence des prescriptions de la loi, il n'a d'autre moyen d'atteindre ce but indiqué par la prévoyance, que de
restreindre sa postérité. Des recherches persévérantes, poursuivies, avec le concours de mes
amis, auprès d'une multitude de médecins et de
ministres du culte, m'ont fait connaître le progrès des maux que ce désordre entraîne pour
toutes les classes de la société française. Une enquête ouverte à ce sujet condamnerait avec évidence les idées systématiques qui président chez
nous à la transmission des biens. Elle révèlerait
surtout les causes d'affaiblissement social que
j'aurai l'occasion d'indiquer plus loin, en ce qui
concerne le régime du travail, l'aptitude à colo-
niser et la défense du pays. Ceux mêmes que touchent peu ces grands intérêts publics, ne peuvent
désormais méconnaître la réaction funeste que la
stérilité exerce sur le bonheur individuel.

La violation des lois essentielles qui commandent la fécondité pèse particulièrement sur la
femme. Dans l'ordre physique, la stérilité semble
affecter profondément l'organisme des femmes
françaises de la dernière génération; et des mé-

decins observateurs y voient là cause d'un état
maladif qui ne se manifeste point dans les contrées
où les mariages féconds sont en honneur. Dans
l'ordre moral, les conséquences de la stérilité
sont plus regrettables encore. Privées pendant la
plus belle partie de leur existence des fonctions
que leur assigne la nature, les femmes qui ne
sont point soumises à un labeur forcé tombent
dans un désœuvrement que leur imagination active ne saurait supporter. Elles s'ingénient donc,
pour la plupart, à se créer hors du foyer des occupations futiles et des devoirs factices.

XI. Ces conséquences de la stérilité sont particulièrement funestes aux classes riches. Même
dans les conditions moyennes, on voit les femmes
s'abandonner chaque jour davantage aux écarts
qui, jusqu'au siècle dernier, ne se remarquaient
que chez les dames de la cour. Elles se livrent
à tous les entrainements d'un luxe insensé; elles
s'entourent de mobiliers ruineux où brille moins
le goût que la richesse de la matière; elles se dé-
figurent pour accumuler dans un seul vêtement
ce qui suffisait autrefois à l'habillement d'une famille; elles se font les soutiens du futile empire
de la mode qui fournit à des spéculateurs peu
recommandables le moyen de prélever sur les
familles un lourd impôt; elles prennent des allures en harmonie avec les extravagances du cos-

tume ; elles semblent, en un mot, s'appliquer à effacer la ligne de démarcation qui jusqu'à ce jour avait séparé, même dans les apparences, le vice de la vertu. Leur occupation favorite est d'établir entre elles des rapports réguliers, bien au delà du cercle de la famille et de l'amitié ; elles s'y entretiennent du théâtre, de la littérature légère, des événements du jour, et surtout de ceux qui offrent matière à la médisance ou au scandale. Elles contractent ainsi les habitudes de camaraderie qui, signalées aux mauvaises époques de l'empire romain, n'avaient existé jusqu'à présent, en dehors de la cour de Louis XIV et de ses successeurs, que chez les hommes oisifs, éloignés des joies du foyer domestique par le célibat ou par des goûts déréglés.

Ces nouvelles mœurs dénaturent le caractère de la femme riche : elles tarissent dans sa source même l'autorité des classes dirigeantes ; et elles inspirent de sérieuses inquiétudes sur l'avenir de notre société. Les femmes, en effet, ne peuvent impunément se soustraire aux bienfaisantes influences du foyer. Dès qu'elles ont dévié du droit chemin, elles ne tardent pas à dépasser les hommes en perversité, et elles deviennent les auxiliaires les plus actifs de l'esprit du mal. A moins de recueillir, comme je le fais depuis dix ans, les doléances des familles frappées dans leurs plus chers intérêts, on ne saurait soupçonner les

désordres sociaux provoqués à Paris par quelques
milliers de femmes qui s'y tiennent en rébellion
ouverte contre les devoirs de leur sexe. Au milieu de nos habitudes frivoles, le bon sens public
semble avoir conscience de ce danger : les chan-
sons et les caricatures populaires prennent aujourd'hui à partie les ridicules et les déréglements
de la femme[9], comme elles critiquaient, après la
révolution de 1830, chez les hommes, l'invasion
des mœurs cyniques et des sentiments grossiers.

On remédiera à ces désordres en replaçant la
femme dans les conditions qui lui sont naturelles,
c'est-à-dire en modifiant les lois de succession d'où
sortent en France les principaux vices du mariage.
Des unions fécondes, fondées sur l'amour des
époux, peuvent seules préserver la femme de ces
travers. Elles font son bonheur à tous les âges :
dans la jeunesse, en lui donnant, selon le vœu
de la nature, un aliment pour ses facultés et ses
affections; dans la vieillesse, en l'entourant du
dévouement et du respect d'une nombreuse postérité.

[9] Le sentiment de ce danger se répand de plus en plus : depuis
l'époque où la première édition de *la Réforme sociale* a été publiée, il a inspiré plusieurs ouvrages que le public a reçus avec
faveur. Je citerai entre autres : *Opinion de M. le procureur général Dupin sur le luxe effréné des femmes;* — *la Famille Benoiton*,
comédie, par M. V. Sardou; — *l'Organisation du travail*, § 49,
note 4. Ce dernier ouvrage signalait, au commencement de 1870,
l'imminence des catastrophes qui ont éclaté en mars 1871, à Paris,
avec les caractères les plus terribles. (Note de 1872.)

XII. Cette désorganisation sociale, qui gagne peu à peu les classes livrées au loisir, est moins commune parmi les classes adonnées au travail, alors même qu'elles sont en contact avec la corruption des villes. Dans les habitudes d'une partie de notre bourgeoisie, les femmes, peu absorbées par les soins de la maternité, prennent une part importante à la gestion du commerce ou de l'industrie, objet principal de l'activité de la famille. On les voit intervenir avec succès dans les intérêts du dehors, conclure des achats ou des ventes, engager des ouvriers, conduire des travaux, soutenir des discussions d'affaires et des procès. Cette intervention, qui met souvent en lumière la finesse et l'habileté des femmes, devient, dans certains cas, une source de prospérité matérielle pour la famille. Les Anglais, cependant, pour peu qu'ils s'élèvent dans la hiérarchie sociale, refusent de suivre cet exemple et de profiter de ces avantages : ils aiment à recevoir, dans l'intimité, les conseils d'une femme active et intelligente ; mais ils verraient avec répugnance qu'elle se chargeât elle-même de l'exécution. Ils aperçoivent, dans cette activité extérieure, le triple inconvénient d'amoindrir la dignité du mari, de troubler le foyer domestique et d'imposer à la femme un labeur et des soucis qui doivent lui être épargnés. Ils ne veulent pas sacrifier, à un profit matériel, une des lois essentielles de l'ordre moral.

XIII. L'heureuse situation faite à la femme, en Angleterre, provient précisément des coutumes qui, d'après notre fausse théorie sur les successions, sembleraient lui être défavorables. La jeune fille prématurément privée de ses parents trouve auprès de son frère accueil et protection ; souvent même elle garde dans l'habitation de famille la place qu'elle occupait depuis sa naissance. L'épouse jouit en communauté de la fortune de son mari : elle en dispose même plus que lui ; car l'usage lui accorde le gouvernement absolu du foyer domestique. La veuve n'a point habituellement la situation digne qui lui est faite dans les familles-souches du Continent (30, V) ; cependant son sort est souvent assuré par le douaire stipulé dans le contrat de mariage. Le cas de veuvage excepté, la femme participe donc à l'aisance de sa première ou de sa seconde famille, sans subir jamais les embarras de la propriété ou les fatigues de la profession.

XIV. Le contraste entre les Anglo-Saxons et les Français est encore plus marqué au sujet des faits de séduction. Ici la différence fermement maintenue entre les deux sexes ne se présente plus, même en apparence, comme une faveur attribuée au sexe le plus fort : c'est directement sur l'homme que retombe à bon droit le poids de l'inégalité.

Les Américains du Nord, en particulier, s'inspirent en cette matière difficile d'un profond sentiment d'équité et d'une délicate appréciation des intérêts de la femme. Suivant leur opinion, la femme ne saurait, à l'imitation de l'homme, tirer sa force du droit de propriété et des influences qui se rattachent à l'exercice de la profession ou à l'administration de la cité. Elle la puise dans le dévouement qui l'anime, dans cette grâce incomparable que signale l'épigraphe du présent Livre, et dans l'ensemble des qualités morales qui soumettent à son empire le frère, le mari et le fils. La femme sage et pudique, que glorifie le Livre saint, exerce sur son entourage un ascendant qui s'impose irrésistiblement, et qui ne pourrait qu'être affaibli par des prescriptions légales. Cependant la femme ne possède cette autorité, elle ne développe complétement ces aptitudes, elle ne jouit enfin du bonheur de la vie domestique que si elle trouve certaines garanties dans le caractère, dans les goûts et dans l'affection de son mari. Sous ce rapport, la femme est encore plus intéressée que l'homme à obtenir avant le mariage la connaissance intime des sentiments du fiancé. Il importe donc que les mœurs donnent à la jeune fille la liberté nécessaire pour choisir celui qui répond le mieux à ses propres sentiments.

Mais cette liberté, laissée aux jeunes filles, de

prendre soin elles-mêmes de leur principal intérêt serait funeste aux mœurs si, dans le cours
de cette recherche, elles étaient exposées, sans
défense, à la séduction. Et c'est ici qu'apparaît
une juste compensation de la supériorité apparente conférée à l'homme dans le régime de la
propriété. Si la loi considère la femme comme
trop faible, ou trop confiante pour mettre le bien
de famille à l'abri de la violence ou de la fraude,
elle la juge également incapable de défendre son
honneur contre les artifices du libertinage ou les
entraînements de la passion. Et puisque, en principe, l'influence des femmes dérive précisément
de la chasteté, il est équitable de défendre contre
le rapt ou la ruse ce qui est pour elles le premier
des biens. L'honneur des filles est donc placé, au
même titre que la faiblesse de l'enfance, sous la
tutelle des lois et la garde des honnêtes gens.
Dans l'opinion de tous, c'est commettre une action, non pas seulement coupable, mais désho-
norante, que d'y porter atteinte. Les réclamations des filles séduites sont toujours accueillies
par les magistrats avec sympathie et sollicitude;
et, lorsqu'elles sont reconnues légitimes, les coupables sont frappés avec une inexorable sévérité.
Le trait le plus recommandable des mœurs anglo-
saxonnes, celui qui tranche honorablement avec
les déplorables habitudes des peuples latins, est
assurément cet appui accordé par la loi aux

femmes éloignées accidentellement du foyer domestique, et privées par quelque événement imprévu de la protection de leur famille.

Les hommes, à la vérité, doivent apporter une prudence extrême dans les relations qui pourraient servir de prétexte à des manœuvres coupables et à des poursuites injustes. Cette réserve est surtout commandée aux hommes placés dans les situations élevées, et elle peut offrir quelques inconvénients pour ces derniers. Mais elle assure aux filles pauvres une sécurité, et donne aux bonnes mœurs des garanties qui rehaussent singulièrement le caractère moral de la nation.

Les lois qui protégent les femmes sont moins formelles et moins efficaces en Angleterre qu'aux États-Unis; mais les associations privées qui travaillent incessamment au progrès moral du pays ont déjà pris l'initiative d'une réforme. Les magistrats locaux (57, VII) y tiennent à honneur de tirer de la loi tout le bien que le texte peut comporter. La législation et les mœurs qui défendent ainsi la fille du pauvre contre les passions du riche sont, je le répète, le trait le plus respectable d'une organisation civile où la prépondérance des classes supérieures est, à quelques égards, plus marquée qu'elle ne l'est dans la constitution française.

XV. Le principe de l'égalité des sexes, introduit si mal à propos dans la plupart de nos lois modernes, nous a naturellement conduits à envisager les faits de séduction sous un jour tout différent. Contrairement à l'ancienne tradition [10], les relations qui blessent les mœurs ne sont plus regardées comme un délit dont la responsabilité pèse exclusivement sur l'homme. Lorsqu'elles ne se compliquent point de rapt ou de violence, elles semblent être, pour les deux sexes, un droit naturel dont l'usage ne pourrait être puni, chez l'homme seul, sans injustice. Cette théorie a été émise pour la première fois, en France, en 1791. Elle a été reproduite en 1810; mais ce qui est plus affligeant encore que le fond même de la doctrine, c'est le langage étrange [11] à l'aide duquel les légistes de cette époque prétendaient la justifier.

Ces dispositions de notre code ont porté leurs

[10] *Les Ouvriers des deux mondes*, t. III, p. 276. M. Albert Gigot a fait un excellent rapport à la Société d'économie sociale, sur la réforme urgente que réclame la législation actuelle. Voir, en outre, *l'Organisation du travail*, §§ 48 et 49, Document F. (Note de 1872.)
━━ [11] « L'Assemblée constituante avait effacé de la liste des « crimes l'enlèvement, effet de la séduction... Les rédacteurs du « Code ont pensé que lorsqu'il s'agit d'une fille de seize ans, la « séduction que la nature n'avait pas mise au rang des crimes, ne « pouvait y être placée par la société. Il est si difficile à cette épo- « que de la vie, où la précocité du sexe ajoute à une excessive « sensibilité, de démêler l'effet de la séduction de l'abandon vo- « lontaire. Quand les atteintes portées au cœur peuvent être ré- « ciproques, comment distinguer le trait qui l'a blessé? Com- « ment reconnaître l'agresseur dans un combat où le vainqueur « et le vaincu sont moins ennemis que complices? » Monseignat, *rapport au Corps Législatif; Moniteur* du 27 février 1810.

fruits : la séduction qui, pendant le dernier
siècle, n'appartenait guère qu'aux mœurs de la
cour, s'est propagée, depuis lors, dans la masse
même de la nation[12]; et aujourd'hui elle est devenue un trait habituel de nos mœurs privées.
Aucun père, à moins d'y être contraint par une
dure nécessité, n'ose confier sa fille à la foi publique. Les familles aisées gardent, pour ainsi
dire, leurs filles cloîtrées au foyer domestique;
en sorte que celles-ci n'auraient aucun moyen de
choisir un mari, alors même que ce choix ne devrait pas être entièrement subordonné à la question d'argent. Les familles pauvres, obligées de
tirer parti du travail de tous leurs bras, doivent
exposer leurs filles à cette corruption qui envahit
peu à peu les divers points du territoire. La séduction exercée sur les jeunes ouvrières est commune dans nos villes comme dans nos campagnes :
c'est notamment dans les fabriques urbaines de
Lille, Amiens, Saint-Quentin, Reims, Sedan,
Mulhouse, Lyon, Saint-Étienne et Limoges,
qu'elle s'étale avec les circonstances les plus
déplorables[13]. Beaucoup de propriétaires et de
fabricants voient avec indifférence une dégradation dont la pensée ne s'offrirait pas à l'esprit
des peuples que, dans nos fausses idées de pro-

---

[12] *Les Ouvriers des deux mondes*, t. II, p. 148. === [13] Villermé,
Tableau de l'état physique et moral des ouvriers, t. Ier, p. 56, 226,
272, 292; t. II, p. 49, 51, 54, etc. — Voir surtout : t. Ier, p. 258.

grès fatal, nous nommons « arriérés ». Cette
coupable tolérance existe même dans plusieurs
villes de fabrique, où les chefs d'industrie montrent d'ailleurs une véritable sollicitude pour le
bien-être matériel de la population. L'opinion
publique, manquant sur ce point à la mission
qui lui incombe chez les peuples libres, n'a ni
la délicatesse ni l'énergie nécessaires pour préserver de pauvres jeunes filles contre certaines
tortures morales ayant le caractère le plus odieux.
Dans quelques districts manufacturiers, ce désordre atteint ses plus extrêmes limites : les cor-
rupteurs n'appartiennent pas seulement à la classe
ouvrière ; ce sont aussi les employés de fabrique,
les gens de la classe aisée, parfois enfin les chefs
d'industrie eux-mêmes, c'est-à-dire ceux qui,
selon les lois divines et humaines, ont charge de
l'ordre social. Cette dépravation offre encore ce
caractère affligeant qu'elle est décelée par la va-
niteuse indiscrétion des coupables, plutôt que
par la réprobation des gens de bien. Enfin, dans
quelques localités, le mal est arrivé à ce point
que les personnes ayant conscience de la honte
imprimée par de telles mœurs à notre état social
ne pourraient protester sans encourir le ridicule.

XVI. Toutes les personnes qui se dévouent à
faire le bien et à réprimer le mal, devraient se
concerter en vue d'une prompte réforme. Pour

ramener les esprits au sentiment du juste, la loi
devrait restaurer le principe de nos anciennes
coutumes. Comme en Prusse, elle rangerait la
séduction parmi les délits que poursuivent les
magistrats. A défaut de cette réforme complète,
il faudrait, tout au moins, considérer la séduction
comme un dommage que le séducteur serait tenu
de réparer, sur la réclamation de la victime,
selon l'appréciation faite par le juge. Il y aurait,
dans ce cas, à fixer les bases de la réparation due
par le séducteur, à supprimer l'article 340 [14] du
Code civil, et à rendre par là aux filles séduites
le bénéfice de l'article 1382 [15]. D'un autre côté,
les chefs d'industrie ont à prendre sans délai
une grande part à la réforme. Ils devraient, au
moyen de certaines mesures d'ordre, protéger les
ouvrières qu'ils emploient. Dans cette voie, ils
pourraient imiter avec fruit les institutions adoptées par les filateurs de Lawrence et de Lowell
(Massachusets); ils n'auraient même qu'à suivre
l'exemple donné en France et dans les États allemands, par d'honorables patrons [16].

[14] ART. 340. La recherche de la paternité est interdite. Dans
le cas d'enlèvement, lorsque l'époque de cet enlèvement se rap-
portera à celle de la conception, le ravisseur pourra être, sur la
demande des parties intéressées, déclaré père de l'enfant. =
[15] ART. 1382. Tout fait quelconque de l'homme qui cause à autrui
un dommage oblige celui par la faute duquel il est arrivé à le réparer. = [16] Les Ouvriers des deux mondes, t. IV, p. 392. — Les
Ouvriers européens, p. 253.— Rapport sur le nouvel ordre de récompenses, institué à l'Exposition universelle de 1867. (Note de 1872.)

Je ne me dissimule pas que cette réforme sera difficile dans un pays où l'opinion, égarée par une littérature malsaine, glorifie les séducteurs, persécute les filles séduites, et tourne en ridicule les maris trompés. Je sais aussi que nos magistrats, usant, dans l'appréciation des faits, du pouvoir discrétionnaire qui leur est nécessairement dévolu en pareille matière, jugeraient pendant longtemps tout autrement que les magistats allemands, anglais ou américains. Mais ces considérations elles-mêmes viennent confirmer l'opportunité d'une réforme, qui ne serait d'abord que trop tempérée par la jurisprudence, mais qui s'accomplirait peu à peu, à mesure que le sens moral se rétablirait dans la nation.

XVII. La répression des faits de séduction, et en général les institutions qui rehaussent le caractère moral de la femme, sont plus nécessaires sous les régimes de liberté que sous les régimes de contrainte. Les peuples qui aspirent à la liberté civile et politique, ne peuvent trouver que dans de bonnes mœurs les garanties de la paix sociale. Ils sont donc plus intéressés que les autres à prévenir les maux du concubinage et des naissances illégitimes, non par voie de répression formelle, mais par tous les moyens indirects qui peuvent accroître le respect dû au caractère de la femme.

Dans toute société stable la chasteté des femmes

a été classée parmi les vertus essentielles au bonheur individuel et à la prospérité publique[17]. La plus simple analyse des faits sociaux explique, au surplus, ce grand enseignement de l'histoire. Partout où règne cette vertu, les jeunes hommes sont particulièrement enclins au mariage. Quant aux filles, en vertu de la loi des naissances, elles sont généralement moins nombreuses que les garçons ; elles sont moins portées que ceux-ci à demander l'indépendance au mariage.; elles écoutent plus docilement les objections de leurs parents. Elles sont donc en situation de choisir, et elles accordent naturellement la préférence à ceux qui se distinguent par la vertu, le talent et la richesse. Sous les régimes sociaux où se conserve la chasteté, où l'on n'attribue aux filles que de simples trousseaux, le plus vif attrait de l'humanité devient donc, pour la jeunesse, un puissant moyen d'émulation. En accueillant d'abord les plus dignes, et en condamnant les indignes au célibat, les femmes exercent une action bienfaisante sur les mœurs de la nation, et président, en quelque sorte, à un classement social. Cette

17 « Il y a tant d'imperfections attachées à la perte de la vertu « chez les femmes, toute leur âme en est si fort dégradée, ce « point principal ôté en fait tomber tant d'autres, que l'on peut « regarder, dans un État populaire, l'incontinence publique « comme le dernier des malheurs et la certitude d'un change- « ment dans la constitution. » (Montesquieu, *Esprit des loix*, livre VII, chap. VIII.)

influence est manifeste chez les populations dont les mœurs sont fortifiées par un travail assidu. Je l'ai souvent signalée[18], dans toutes les régions de l'Europe, chez ces races laborieuses qui se procurent par l'émigration périodique leurs principaux moyens de subsistance. Les mœurs locales imposent aux jeunes émigrants le devoir de rapporter annuellement à la famille un pécule qui fournit la meilleure mesure de leur tempérance et de leur énergie. Le mariage est donc, en fait, refusé à celui qui, pendant cette sorte de noviciat, n'a pas donné des preuves suffisantes d'application et de vertu[19].

XVIII. Les coutumes et les lois qui rehaussent la majesté du mariage, comme celles qui prononcent l'interdiction du divorce, offrent également aux bonnes mœurs des garanties sûres et

[18] *Les Ouvriers européens*, p. 37, 40, 71, 109, 123, 183, 187, 235, — *Les Ouvriers des deux mondes*, t. II, p. 353. === [19] La réforme des institutions et des mœurs, en matière de séduction, est l'une de celles qui a provoqué le plus d'adhésions de la part de mes correspondants. Les uns adhèrent à la solution nette proposée ci-dessus, d'après la pratique efficace de la Prusse. Les autres se contenteraient de simples palliatifs. Parmi ces derniers, je suis heureux de signaler M. Carissan, doyen des juges de paix de la ville de Nantes. Ce magistrat conclut de sa longue pratique que l'on préviendrait une grande partie des scandales du régime actuel en modifiant, comme suit, l'article 355 du Code pénal sur l'enlèvement des filles mineures : « Si la personne ainsi « enlevée ou détournée est une fille au-dessous de *vingt-un ans* « accomplis, la peine sera celle des travaux forcés à temps. » (Note de 1872.)

des appuis solides. Fort heureusement cette partie de la réforme sociale, accomplie depuis longtemps chez nous, après de déplorables tentatives, a conjuré jusqu'à un certain point l'effet des vices que je viens d'indiquer. Les bienfaits de l'indissolubilité du mariage se révèlent partout par des traits excellents. Le lien conjugal s'offre aux populations avec un caractère plus auguste ; les conjoints ne contractent pas sans réflexion un engagement qui lie la vie entière ; ils sont plus enclins à atténuer, par de mutuelles concessions, les inconvénients du contraste des caractères ; les personnes, dépourvues des qualités qui rendent les mariages. heureux, ne peuvent pas commettre de nouveaux scandales en concluant de nouvelles unions ; enfin les enfants peuvent compter plus sûrement sur les soins et l'affection de leurs parents.

Au surplus, l'approbation qui est donnée aux lois interdisant le divorce, par les femmes les plus respectées, m'a toujours paru être, en cette matière délicate, le fait le plus propre à asseoir les convictions du législateur. C'est dans cette même autorité que j'ai toujours vu la meilleure justification des principes exposés dans ce Chapitre. Cependant, en donnant cette approbation, les femmes qui inspirent l'estime et le dévouement à ceux qui les entourent, font habituellement une réserve dont il importe de tenir compte. Elles reconnaissent que leur do-

maine a pour limite le foyer domestique ; mais
elles entendent joindre aux affections et aux soins
matériels qui en absorbent la plus grande part,
l'intelligence des intérêts du dehors et la connaissance des grands résultats de l'activité sociale. Il
faut satisfaire cette légitime prétention, non-seulement pour relever autant que possible la dignité des femmes, mais encore pour exciter les
hommes à donner à leurs propres facultés le développement le plus complet.

XIX. Les hommes qui se distinguent par leurs
talents et leurs vertus doivent, pour la plupart,
leur supériorité aux premières leçons de leur
mère ou aux conseils de leur femme ; ils trouvent
d'ailleurs, dans l'approbation des femmes éminentes, la plus haute récompense de leurs succès.
La culture des aptitudes intellectuelles de la femme
est donc un besoin social aussi impérieux que
celle de ses aptitudes domestiques. Les familles
les plus estimées pourvoient à ce double intérêt
en se conformant à trois règles importantes : en
conservant les filles au foyer paternel jusqu'à l'é-
poque de leur mariage ; en reculant cet engagement au moins jusqu'à vingt et un ans ; enfin en
occupant les loisirs nombreux que laissent les
travaux du ménage par l'enseignement le plus
élevé que puissent donner les parents secondés
par des maîtres spéciaux. Elles complètent cette

double éducation, chez la femme mariée, par le
haut ministère du foyer domestique, par la communauté de pensée existant entre les deux époux,
enfin par les rapports établis avec les hommes
distingués de même condition, rapports dont
l'attrait principal est l'instinct de sociabilité et la
grâce incomparable de la femme [20].

XX. En résumé, le classement des hommes par
le mariage, et, comme je l'indiquerai ultérieurement avec plus de détail, l'action de la mère sur
le développement intellectuel et moral des enfants, se placent au premier rang des forces sociales. Les femmes voient croître ces influences
bienfaisantes lorsque, exemptes des devoirs de la
propriété ou de la profession, elles peuvent se
livrer, sans autre préoccupation, au gouverne-

---

[20] Notre brillante société du XVIIᵉ siècle, qui mérita l'admiration du monde, tant qu'elle ne fut point corrompue par Louis XIV,
dut en partie sa renommée aux salons gouvernés par des femmes.
Cette domination intellectuelle et morale était acceptée par les
laïques comme par les clercs; par Descartes, la Fontaine et Cor-
neille, comme par Arnauld, François de Sales et Vincent de Paul.
Elle a été recherchée et célébrée de nos jours par des esprits
éminents, par MM. de Chateaubriand, Matthieu de Montmorency,
Ballanche, Legouvé, Ampère, de Tocqueville, Cousin, Guizot, de
Falloux et Lacordaire. Cette souveraineté s'amoindrit, comme
toutes les autres, par la décadence de l'autorité, plutôt que par le
manque de sujets portés à la soumission. C'est l'une des circonstances qui démontrent le mieux l'urgence de la réforme sociale. Molière seconda les tendances tyranniques de Louis XIV,
en ridiculisant les salons qui brillaient en 1661. Il contribua ainsi
à la décadence intellectuelle qui apparut dès le milieu du règne.

ment du foyer. Elles étendent même leur souveraineté au delà de ce domaine. C'est ainsi que la femme chaste dont l'intelligence est cultivée, crée les bonnes mœurs et l'émulation intellectuelle dans le groupe dont elle est le centre. Elle fait naître la coutume en rendant inutile l'usage de la loi; et elle est souvent, à ce titre, une cause puissante des progrès de la race.

———

CHAPITRE 27

L'AUTORITÉ PATERNELLE ET LA VIEILLESSE ONT LA MISSION DE TRANSMETTRE LA TRADITION NATIONALE AUX GÉNÉRATIONS NOUVELLES, EN LES DRESSANT AU RESPECT, AU TRAVAIL ET A LA PRÉVOYANCE.

I. Je n'ai pu pousser jusqu'au point où je suis parvenu l'analyse méthodique des phénomènes sociaux, sans envisager sous divers aspects l'autorité paternelle; je n'ai donc ici qu'à donner le complément du sujet.

Je rappellerai d'abord en peu de mots le rôle dévolu à cette autorité dans la vie privée et dans la vie publique. Je comparerai ensuite la situation faite au père de famille chez les Français et chez les peuples rivaux, auxquels l'opinion assigne un rang élevé.

II. Secondée par le ministère affectueux de

la mère, l'autorité paternelle est le plus nécessaire, le plus légitime des pouvoirs sociaux. Elle n'est point, à vrai dire, instituée par les lois; comme la famille, dont elle est le fondement et le principe, elle surgit de la nature même de l'homme, de la femme et de l'enfant. En l'absence d'une société plus nombreuse, la famille soumise à l'autorité paternelle forme un ensemble complet. Aucune société, au contraire, à moins de violer les lois les plus manifestes de la nature physique et de l'ordre moral, ne saurait se passer de ce premier degré d'association et de pouvoir. Les lois civiles, en imposant aux enfants le respect et l'obéissance envers les parents, s'honorent elles-mêmes encore plus qu'elles ne fortifient l'autorité paternelle. Pour que celle-ci ait toute sa puissance, lorsque les lois morales sont d'ailleurs respectées, il suffit que les institutions civiles ne la combattent pas formellement.

Le père a pour mission de continuer l'œuvre principale de la création, en reproduisant le seul être qui ait le sentiment de l'ordre moral et qui s'élève à la connaissance de Dieu : il est par cela même investi de la plus haute fonction sociale. A ce sujet, on a justement remarqué que, dans l'ordre purement humain, le père se classe au-dessus du Souverain[1], dont le rôle se borne à

1 Cinquième conférence de Notre-Dame de Paris, pendant le carême de 1860, par le R. P. Félix, de la Compagnie de Jésus.

diriger une société qu'il n'a pas créée. L'autorité attribuée au père de famille est la conséquence légitime de cette dignité naturelle. Elle dérive plus nécessairement de son devoir principal, qui consiste à assurer l'existence de la femme et des enfants. La femme, en effet, en raison de la faiblesse de ses organes, ne pourrait se procurer seule sa subsistance, sous la plupart des climats. Cette impossibilité devient absolue en tous lieux, durant les fatigues de l'enfantement et de l'allaitement. L'impuissance de l'enfant à se conserver lui-même pendant les premières années de sa vie est encore plus évidente.

L'autorité du père ne se fonde pas seulement sur la dignité créatrice et sur la protection accordée aux autres membres de la famille; elle repose plus encore sur l'amour paternel, la plus durable et la moins égoïste des affections humaines. Aucun autre pouvoir social n'est aussi enclin à se dévouer sans arrière-pensée au bonheur de ceux qu'il gouverne. Cette propension innée s'ennoblit quand les sociétés prospèrent; tandis qu'elle persiste encore quand survient la décadence. C'est une force bienfaisante, à laquelle on peut toujours faire appel avec confiance pour

— Je suis heureux de signaler les travaux de cet éminent philosophe, comme un signe éclatant de l'influence que reprennent certains orateurs chrétiens. Le succès soutenu des conférences de notre cathédrale fait entrevoir l'action prochaine du christianisme sur la réforme de notre société. (Note de 1867.)

guider les peuples dans la bonne voie, et pour les y ramener lorsqu'ils s'en écartent.

III. A tous ces titres, l'autorité paternelle a été partout l'une des bases de l'ordre social. Selon toutes les religions, elle est constituée par la loi divine; mais elle est à son tour le principal auxiliaire du culte, de même que, dans l'ordre civil, elle est le plus ferme appui du pouvoir. Les peuples les plus stables et les plus prospères confient à des clergés régulièrement organisés la haute direction de leurs intérêts religieux. Mais l'intervention du père et de la mère a été de tout temps le plus sûr moyen de communiquer de bonne heure aux enfants la crainte de Dieu, l'amour du prochain et la foi en la vie future. Là se trouve la véritable source des croyances. Le dévouement du clergé le plus respectable ne saurait tenir lieu des influences qui agissent ainsi sur le jeune âge, au foyer paternel. Même chez certains croyants peu adonnés aux pratiques religieuses, le culte domestique est au moins représenté par la prière faite en commun pour les vivants et pour les morts; et cette élévation journalière des âmes vers Dieu porte l'enfance à la religion plus encore que ne le fait la célébration du culte public.

Dans les sociétés perfectionnées, la famille donne au clergé un concours très-efficace. Dans les sociétés naissantes, elle doit souvent remplir elle-même les prescriptions du culte. Ainsi les colonies qui se créent sur tant de points du globe, sont à leurs débuts privées de l'assistance des clergés : le père est donc alors chargé formellement du service religieux. Même en Europe, le culte est exercé avec succès par les pères de famille, lorsque le pouvoir civil, voulant favoriser à tout prix l'orthodoxie, proscrit les prêtres dissidents. Dans ce cas, il arrive parfois que la ferveur religieuse se maintient mieux chez ces dissidents que chez les orthodoxes soumis à l'influence du clergé. C'est ce que j'ai remarqué, par exemple, dans la Russie orientale, chez certaines sectes de vieux croyants dits *Starowertzi*[2]. En France, où le pouvoir civil continue à s'immiscer dans la direction des affaires religieuses, et où les clergés qu'il autorise se distinguent par des qualités éminentes, plusieurs populations rurales, en Bourgogne par exemple, gardent leurs traditions sans le concours de ces clergés. Il est vrai qu'en Poitou, les paysans qui repoussent ainsi les cultes établis, perdent peu à peu l'esprit chrétien; mais la cause de cette décadence doit être attribuée moins à l'insuffisance de la famille rurale qu'à l'impulsion antireligieuse imprimée par les familles urbaines, que le Code civil et les révolutions ont désorganisées.

---

[2] *Les Ouvriers européens*, p. 86. — Monographie du Charpentier, marchand de grains, des laveries d'or de l'Oural, § 3.

La société exige que le père pourvoie à l'existence de la femme et des enfants, qu'il prévienne
chez eux les écarts contraires au bon ordre, qu'il
les tienne, en un mot, dans un état permanent
de bien-être et de vertu. Il est donc indispensable que, sous ces divers rapports, les mœurs ou
la loi mettent son pouvoir au niveau de sa responsabilité. Il faut, en premier lieu, que, de son
vivant, il dispose librement de la propriété, qui
fournit le principal moyen de subvenir, par le
travail, aux besoins de la famille. Il importe, en
second lieu, que le droit à l'héritage ne confère
pas la jouissance des avantages sociaux aux enfants qui auraient mal rempli leurs devoirs. A
ce double point de vue, la propriété libre et individuelle, et la liberté testamentaire sont les com-
pléments nécessaires de l'autorité paternelle.

IV. L'enfant apporte en naissant un penchant
décidé vers le mal (28, III). Il n'est initié à la
connaissance et à la pratique du bien que par la
grâce divine et par les enseignements qu'a légués
la sagesse des générations antérieures. Ce trésor
de vérités morales, accumulé ainsi depuis la création de l'homme, se transmet par l'éducation aux
âmes d'élite qui le conservent; en y ajoutant le
fruit de leurs propres efforts; et c'est le père qui est
particulièrement chargé de ce précieux dépôt et de
cette merveilleuse transmission. Il en est de même

pour les autres trésors de raison et d'expérience qui composent le patrimoine commun des nations prospères. Sans doute le prêtre et l'instituteur prennent partout une part importante à la propagation des idées générales dont s'inspirent tous les peuples civilisés; mais ils réussissent moins que le père et la mère à inculquer aux enfants les sentiments spéciaux à la nation et à la race. Et l'on s'explique ainsi que les peuples qui accordent le plus d'empire à l'autorité paternelle, soient également ceux qui ont les plus vifs sentiments de patriotisme.

V. Les peuples, en devenant plus libres et plus prospères, substituent l'initiative des citoyens à l'intervention des fonctionnaires publics. Ils ne détruisent pas le principe de l'autorité collective ; car ils ne sauraient mettre l'individu en mesure de se suffire à lui-même. Ils n'écartent pas non plus l'esprit du mal ; car celui-ci se reproduit sans relâche avec les propensions innées des nouvelles générations. Mais ils accroissent incessamment les forces individuelles, et ils répriment le vice par des moyens qui deviennent chaque jour plus doux, sans être moins efficaces. Leur principal secret se trouve dans la double action exercée, au foyer domestique, sur l'enfance et la jeunesse : d'abord dans l'excitation bienfaisante qui émane de la mère de famille, et qui inculque aux jeunes cœurs l'amour et le dévouement ; puis dans la contrainte salutaire, à l'aide de laquelle le père imprime à ceux qui n'y sont pas suffisamment enclins, les habitudes de respect, de travail et de prévoyance. La force des sociétés prospères réside également dans l'influence que le père de famille acquiert sur ses enfants, en présidant seul, sans le concours de l'État, à l'œuvre longue et difficile de l'éducation. C'est en cela que le progrès de l'autorité paternelle implique celui de la liberté civile et politique.

VI. L'autorité paternelle n'est pas seulement pour les sociétés un moyen de perfectionnement : elle est encore un soutien aux époques de décadence. En effet, si quelques peuples, tels que les Chinois, ont heureusement défendu leur nationalité contre les influences perturbatrices, c'est parce que l'autorité paternelle, poussée jusqu'à ses extrêmes limites, supplée à toutes les autres institutions sociales. Ces principes sont même consacrés en Chine par un vieil usage qui fait remonter aux ascendants les vertus et la gloire de leur postérité. Contrairement à ce qui a lieu en Europe, un père est anobli en raison des services de ses descendants[3]. Une telle pratique se justifie

---

3 *Les Ouvriers des deux mondes*, t. IV, p. 121. — Les familles juives étaient portées à la vertu et à la fécondité par l'espoir de voir le Messie sortir de leur sein ; elles attendaient l'illustration

par cette considération que le père, en domptant péniblement, à l'aide de l'éducation, le vice originel et l'ignorance d'un fils, en l'élevant ainsi à la vie intellectuelle et morale, conquiert, à vrai dire, devant la société l'honneur d'une seconde création. L'esprit de la coutume chinoise se retrouve parfois en Europe, dans les distinctions décernées à des citoyens honorables dont les fils ont péri en accomplissant quelque grand acte de courage et de dévouement. Ce système de récompenses, approprié à la nature même de l'homme, sera toujours employé avec succès par les peuples qui se préoccuperont de cultiver la vertu.

VII. J'ai maintenant à montrer la situation faite à l'autorité paternelle en France, et chez les divers peuples que j'ai déjà pris pour termes de comparaison.

En Russie, parmi les classes supérieures, l'autorité paternelle est depuis longtemps attaquée par le régime du Partage forcé. Elle a été amoindrie, vers la fin du XVIIIᵉ siècle, par le scepticisme qui, propagé dans l'empire par la cour de Catherine II, y fait encore de grands ravages. Ces deux causes ont singulièrement réduit la part d'influence qui revient à la noblesse, dans la consti-

---

de leur postérité, et ne se contentaient point de celle des ancêtres. Cette propension manquait à la noblesse française. Elle explique la grandeur et la stabilité inouïe de la race juive.

tution actuelle de la Russie. Chez les paysans, au contraire, cette autorité a été maintenue jusqu'à ce jour par la vie patriarcale[1], par un régime de transmission intégrale fondé sur la volonté du chef de maison, et surtout par le sentiment religieux, cultivé au foyer domestique encore plus que dans l'église. Cette alliance de la religion et de l'autorité paternelle confère aux paysans russes le caractère de dignité qui les distingue. Elle explique, en outre, les libertés communales dont ils jouissent depuis longtemps et la liberté individuelle qui leur a été accordée en 1861 (10, n. 4). Cependant une cause tend à affaiblir la famille, en Russie, comme dans toutes les régions contiguës à de vastes territoires inoccupés : c'est la propension qu'ont les jeunes ménages à quitter le foyer natal pour peupler de nouvelles colonies.

VIII. Cette même tendance a dû agir aux États-Unis d'Amérique comme dissolvant de la famille, dès l'origine de la colonisation. Cependant tous ceux qui ont fait des recherches sur les anciennes mœurs de ces États, savent que l'autorité paternelle s'y est longtemps maintenue avec l'esprit religieux et l'ensemble des usages qui subsistent encore en Angleterre.

Au contraire, on voit surgir peu à peu un ordre

---

[1] *Les Ouvriers européens,* p. 58 et 69.

de choses tout différent depuis que les contemporains de Washington ont disparu. La ferveur de la foi s'est considérablement refroidie sous l'influence de l'émigration européenne qui n'amène plus des familles d'élite, comme au temps de Penn et de Morton. Ce mouvement est peut-être précipité par la règle trop absolue qui sépare l'autorité publique et la religion (15, V); mais il provient surtout du partage égal que conseille la loi *ab intestat*. Cette loi, en effet, détruit l'ancien régime de succession sous lequel grandissait la Nouvelle-Angleterre, et elle commence à produire les inconvénients que j'ai signalés (22, V).

Ces maux sont aggravés plutôt que combattus par les mœurs publiques et privées. L'envie interdit aux hommes éminents[5] l'accès du gouvernement local : elle entrave par conséquent un des principaux mobiles qui portaient précédemment les familles riches à perpétuer chez leurs descendants l'alliance du nom et de la profession. Les jeunes gens affichent une préférence systématique pour les riches héritières. Favorisée par l'extrême liberté des mœurs, la stérilité calculée des mariages se manifeste çà et là avec un cynisme[6]

---

[5] Cette disposition est de plus en plus marquée dans la constitution politique des États-Unis : elle était déjà indiquée, il y a trente ans, par M. de Tocqueville et par les écrivains nationaux. (A. de Tocqueville, *De la Démocratie en Amérique*, t. Ier, ch. XIII.)
== [6] *L'Organisation du travail*, § 60, et spécialement note 23. (Note de 1872.)

qu'on n'oserait afficher en France, où cependant
ce désordre date de plus loin. Le foyer domestique, souvent établi dans les auberges, offre une
mobilité inconnue aux autres peuples civilisés.
A peine sortis de l'enfance, les jeunes gens des
deux sexes abandonnent leurs parents pour se
créer une position indépendante. Je vois, dans ces
défaillances morales, la cause première de la
crise que subit maintenant la constitution sociale
des États-Unis (12, IV). Le mal éclate malgré
l'exemple de certaines familles éminentes, qui sont
exclues de la vie publique par les votes du peuple,
mais qui gardent, dans leurs résidences rurales,
les anciennes mœurs coloniales fondées sur les
coutumes de la mère-patrie.

IX. C'est en Angleterre, en effet, que l'autorité
paternelle et la famille semblent présenter, malgré quelques imperfections, les traits les plus
recommandables. Cette supériorité ne se maintient pas seulement, comme en Russie, par de
bonnes traditions que chacun est tenu de respecter; elle repose aussi sur une appréciation intelligente des besoins d'une société libre.

Dans l'opinion des classes dirigeantes de l'Angleterre, la famille, soutenue par la morale chrétienne, est la véritable unité sociale, et forme la
base de toute nationalité. Une bonne organisation
de la famille entraîne une bonne organisation de

l'État. Au contraire, la meilleure constitution écrite reste impuissante en présence de familles imbues de scepticisme et livrées aux mauvaises mœurs. Un peuple envahi par ces deux fléaux aspire en vain à la liberté : il ne saurait la concilier avec la paix publique.

Selon la même opinion, la meilleure organisation de la famille chrétienne est celle où l'autorité du père est positivement sanctionnée par le droit de tester. Il est aussi chimérique de refuser cette sanction à l'autorité paternelle que de constituer l'État sans donner au souverain la disposition de la force publique. Les Anglais se persuadent d'ailleurs que la liberté civile se développe avec l'autorité paternelle; et, pour défendre ces grands intérêts sociaux, ils font appel à la fois à la religion et à la Coutume (21, II à IV).

Les habitudes de la vie privée sont, de tous points, conformes à ces opinions. N'ayant eu, dans la recherche de sa femme, d'autre préoccupation que celle d'associer les goûts et les sentiments, le père trouve le bonheur au foyer domestique. C'est là qu'aboutissent pour lui toutes les pensées, tous les intérêts; aussi le même mot *home*, d'une suavité extrême pour tout cœur anglais, exprime-t-il à la fois le foyer et la patrie. Les parents tiennent à honneur la fécondité du mariage, et ils ne restreignent point les limites assignées par la nature. Ils trouvent d'ailleurs dans

cette fécondité le moyen de pourvoir à leur principal intérêt, c'est-à-dire de choisir un successeur
doué des qualités nécessaires pour continuer dignement l'œuvre de la famille. Grâce au concours
de l'héritier, le père peut exercer, jusqu'au terme
de la plus longue vie, toute profession qui se
prête à une transmission régulière (40, XV).
C'est ainsi que s'allient, au profit de tous, l'activité
de la jeunesse et l'expérience de l'âge mûr. Les
conseils du père donnent au fils une direction
utile; et ils lui transmettent les bienfaits d'une
saine tradition. La collaboration du fils garantit
au vieillard la dose de travail qui prolonge la
durée de ses facultés, et la dose de repos que
l'âge rend nécessaire. Elle conjure, pour le père,
la déchéance de la retraite, et elle lui conserve
l'ascendant de la vie active. Même en l'absence
des motifs présentés dans les autres parties de cet
ouvrage, cette digne situation des vieillards démontre la supériorité du régime fondé sur la
liberté du testament et la fécondité du mariage.
Aussi les Anglais de tout âge voient-ils un intérêt
public dans ces deux éléments de la vie domestique et dans les habitudes qui assurent une
légitime prépondérance à la vieillesse (28, VI).

X. En France, l'autorité paternelle n'est appuyée ni par la religion que de hautes intelligences combattent depuis la fin du XVIIe siècle, ni

par la loi civile que les niveleurs de 1793 édictè-
rent en méfiance du père de famille[7]. Elle ne peut
compter davantage sur le concours de l'opinion
publique. Elle a chez nous ses ennemis systématiques qui restent soumis à l'impulsion que la
Terreur a donnée aux esprits ; et si leurs attaques
contre cette autorité sont moins formelles que
celles qu'ils dirigent contre la religion, elles ne
sont pas au fond moins efficaces. Dans leurs
rangs, je trouve habituellement les sophistes qui,
repoussant la tradition nationale incarnée dans
les pères de famille, veulent transformer la société par des moyens violents et lui imposer un
progrès chimérique, en dehors de l'ordre moral
et de l'expérience. J'y rencontre également une
multitude d'écrivains qui, n'apercevant pas la
distinction des lois physiques et des lois morales
(3, II à V), se persuadent[8] que la connaissance de

---

[7] Il suffit de citer le texte suivant pour prouver que les législateurs de 1793 avaient absolument perdu la notion de l'autorité
paternelle :

« Il nous restait à considérer le mariage comme la tige des
« liens qui doivent unir les enfants et les auteurs de leur exis-
« tence. La voix impérieuse de la raison s'est fait entendre. Elle
« a dit : Il n'y a plus de puissance paternelle ; c'est tromper la
« nature que d'établir ses droits par la contrainte. Surveillance et
« protection, voilà les droits des parents ; nourrir, élever, établir
« leurs enfants, voilà leurs devoirs. » (Cambacérès, Rapport à la
Convention sur le projet de Code civil. *Moniteur* du 23 août 1793.)
 ⸺ [8] J'ai pu constater cette direction de l'opinion publique, en
suivant, pendant trois années, avec la déférence qui convient à
tout auteur, les critiques adressées aux *Ouvriers européens*. Après
les considérations relatives au rôle de la religion, la conclusion

l'ordre matériel, communiquée de bonne heure
à la jeunesse dans les écoles, lui confère nécessairement la suprématie dans la famille et l'aptitude
que réclame le gouvernement des choses humaines.

Notre société est profondément désorganisée
par cette théorie et par les déplorables pratiques
émanant du Partage forcé. L'une des grandes
causes de nos désastres est la triste condition du
mariage (26, IX à XI). Ayant été contraint de
subordonner le choix d'une femme à la recherche
d'une dot, le mari ne peut goûter que par exception le bonheur qui naît de l'harmonie des caractères. La stérilité imposée par le Partage forcé
exclut du foyer domestique la vie et la gaieté,
en supprimant le principal attrait qui pourrait y
attacher les parents. Alors même que le droit à
l'héritage ne détruirait pas chez les enfants l'es-

qui a soulevé le plus de critiques est celle qui signale l'autorité
paternelle comme une des bases de l'organisation des sociétés.
Ceux qui prétendent représenter « l'esprit moderne » se sont particulièrement fondés sur ce grief pour m'accuser de « tendances rétrogrades ». L'un de ces critiques a parfaitement mis en évidence,
par l'appréciation suivante qui lui est propre, le dissentiment
profond qui existe entre nous, touchant le rôle réservé à l'âge
mûr et à la vieillesse : « Telle est la rapidité du progrès des con-
« naissances, qu'aux deux tiers de sa carrière, le père de famille
« n'est plus au niveau de ce qu'il faut savoir; ce n'est pas lui qui
« enseigne ses enfants, ce sont ses enfants qui refont son édu-
« cation; il représente pour eux la routine ancienne, la pratique
« usée, la résistance qu'il faut vaincre. » (R. de Fontenay, *Journal*
« *des économistes*, juin 1856, p. 401.) — Notre temps d'erreur a
fourni peu d'assertions aussi fausses et aussi dangereuses.

prit de travail et d'initiative, la stérilité laisserait
aux parents peu de chances de trouver parmi eux
un successeur apte à continuer l'œuvre de la famille. Parvenu au milieu de sa carrière, le père
s'aperçoit qu'il sera bientôt impuissant à lutter
seul contre la concurrence de rivaux plus jeunes
et plus actifs : il doit donc, s'il est prudent, se
retirer prématurément des affaires, et se résigner
à l'amoindrissement de situation qui est la conséquence inévitable de la retraite.

XI. Cette déchéance de l'âge mûr et de la vieillesse est un des traits les plus apparents des
mœurs modernes de la France; elle entraine, à
divers points de vue, les conséquences les plus
fâcheuses. Les chefs de maison qui s'adonnent aux professions commerciales, toujours soumises à l'aiguillon de la concurrence, abandonnent habituellement leur commerce, dès que le
corps commence à perdre de sa force, tandis que
l'esprit continue à acquérir une connaissance plus
complète des hommes et des choses. C'est précisément l'époque où l'expérience du père de
famille, secondée par l'activité et le dévouement
de son fils associé, assurerait les plus grands
succès. C'est alors également que la meilleure
hygiène du corps et de l'esprit consisterait pour
le père à conserver les habitudes établies. L'in-
terruption brusque de cette activité frappe, au

physique comme au moral, l'âge mûr et la vieillesse : elle tarit, en France, les sources de la
fortune domestique au moment où, en Angleterre, celles-ci atteignent toute leur puissance;
elle rend stériles chez nous l'expérience et les relations que nos voisins placent avec raison au
premier rang de leurs forces productives. La retraite prématurée des chefs de famille compromet donc à la fois la prospérité publique et le
bonheur individuel. Elle est en quelque sorte une
mort anticipée et réagit d'une manière fâcheuse
sur la situation faite à la vieillesse dans la famille
et dans la société. Cette funeste influence s'exerce
sur toutes les branches de l'activité sociale; et
je démontrerai souvent, dans le Livre IV, qu'elle
affecte l'ordre économique autant que l'ordre
moral.

Sans doute, chez les natures d'élite et chez la
faible minorité qui s'inspire du sentiment religieux, le respect envers les vieux parents reste
encore la règle commune. Chez d'autres, à défaut
de mobiles plus puissants, la crainte de l'opinion
contribue jusqu'à un certain point à sauver les
apparences. Mais, en l'absence d'une sanction
religieuse ou légale, l'oubli des égards dus à la
vieillesse tend à devenir une habitude. C'est ainsi
que certaines populations rurales, chez lesquelles
le respect des bienséances ne masque pas l'é-
goïsme des sentiments, présentent dans leurs

rapports de parenté les traits les plus odieux[9].

On pourrait croire, au premier abord, que cette triste condition des vieillards a pour compensation le bonheur des jeunes gens. Je vais montrer qu'il n'en est rien, et que, par la nature même des choses, tous les membres de la famille souffrent du tort fait à son chef.

CHAPITRE 28

LA JEUNESSE, POUR ACQUÉRIR LES VERTUS ET LES TALENTS DE L'AGE MUR, DOIT ACCEPTER DOCILEMENT L'ÉDUCATION QUI DOMPTE LE VICE ORIGINEL ET L'IGNORANCE.

I. Il existe entre les Français et les autres peuples que l'opinion se plaît à prendre pour

---

[9] *Les Ouvriers des deux mondes*, t. II, p. 476. — Ces tristes vérités commencent à se faire jour dans le monde officiel : « Quand « les pères et mères ne peuvent plus ou ne veulent plus se li- « vrer aux pénibles travaux des champs, ils distribuent leurs « biens entre leurs enfants, en se réservant une rente viagère. « ou même souvent sous la condition d'être nourris, logés et en- « tretenus par leurs enfants. Qu'arrive-t-il souvent ? J'ai honte de « le dire..., il arrive trop souvent ceci : dans les premiers temps, « tout va à merveille; la rente est servie exactement; le dona- « teur est entouré de soins; mais peu à peu le souvenir du bien- « fait s'affaiblit : les charges seules apparaissent, les rentes ou « prestations en nature ne sont plus acquittées que de mauvaise « grâce; trop souvent on cherche des prétextes pour s'en dis- « penser, et trop souvent aussi les malheureux ascendants se « trouvent délaissés dans leurs vieux jours par d'indignes enfants

modèles, une complète opposition de vues sur
le rôle que la jeunesse et l'éducation doivent
jouer dans une bonne organisation sociale. Ce
dissentiment a pour origine une erreur que j'ai
déjà signalée en réfutant l'une de ses conséquences (4, I). J'ai maintenant à réfuter l'erreur
elle-même; et, à cet effet, je vais mettre en présence les deux opinions contraires.

II. Suivant la première opinion, que je tiens
pour erronée, tous les hommes naissent avec le
besoin de l'ordre moral comme avec l'instinct de
la conservation physique; et la Providence, en
leur donnant ce double besoin, leur a fourni les
moyens d'y satisfaire (2, n. 2). Les éléments du
bien-être matériel ont toujours été répandus dans
la nature avec profusion; mais aujourd'hui plus
que jamais nous savons mieux les soumettre à
notre volonté. Quant à l'ordre moral, il s'affermit,
à mesure que nous découvrons les lois naturelles
qui régissent l'univers. L'homme, par cela seul
qu'il est enclin à s'instruire, porte en lui-même
le germe de toute vertu. Les sociétés, en triom-
phant de l'ignorance, développent, avec le con-

« qui ne voient plus en eux qu'une charge inutile. N'est-il pas
« vrai qu'il en est souvent ainsi? — *Plusieurs voix* : Oui, ce n'est
« que trop vrai. » (Discours de M. Bonjean au Sénat, séance du
23 mars 1861.) — Voir, pour plus amples détails, *l'Organisation
du travail* : le § 31, ainsi que les Documents A et B. (Note de
1872.)

cours de la science[1], le bien-être physique et moral des hommes, de même que le soleil, en animant les plantes engourdies par les frimas, fait naître des moissons de fleurs et de fruits. La source du mal n'est pas dans la nature même de l'homme, mais dans l'ignorance qui neutralise l'usage de sa raison. Les principaux auxiliaires du mal, dans le passé, ont été les gouvernements égoïstes et les castes oppressives qui ont systématiquement refusé l'instruction aux peuples, afin de les asservir plus sûrement. Le véritable secret de l'amélioration des sociétés consiste donc à enseigner les hommes, puis à les abandonner à leur libre impulsion vers le bien et l'utile. De notre temps plus qu'à toute autre époque, la science fournit à l'humanité le moyen d'accroître ses jouissances matérielles et de perfectionner ses mœurs; mais ce progrès ne saurait être accompli, ni par les vieillards, ni même par les hommes d'un âge mûr, imbus des préjugés de l'ancien régime ou des notions d'une science surannée. D'après cette première opinion, les hommes parvenus aux deux tiers de leur carrière font

---

[1] Une foi aveugle dans le pouvoir de la science a remplacé, chez les sceptiques qui ne sont point savants, l'ancienne croyance en la toute-puissance de Dieu. Chaque jour on entend professer à ce sujet de singulières naïvetés par les niveleurs qui prétendent substituer, aux fécondes traditions du genre humain, des nouveautés stériles ou dangereuses. Voir *la Paix sociale*, Introduction, § II, 5. (Note de 1872.)

obstacle au perfectionnement matériel et moral
de l'humanité : ils sont « la routine ancienne, la
« pratique usée, la résistance qu'il faut vaincre »
(27, n. 8).

Seuls les jeunes gens peuvent s'assimiler les
plus récentes conquêtes de la science et de la
raison ; et c'est au moment où ils ont acquis tout
le savoir de l'instituteur, qu'ils sont le plus aptes
à diriger le monde physique et à établir le meilleur ordre moral. C'est donc à eux qu'il convient d'attribuer, autant que possible, l'initiative
et l'influence. En conséquence, un gouvernement habile a pour premier devoir d'organiser,
avec le concours de nombreux instituteurs, un
vaste système d'instruction publique imprimant,
dès la plus tendre enfance, aux jeunes générations l'impulsion morale et intellectuelle qu'elles
ne sauraient trouver au foyer domestique. Il doit
employer, en outre, trois moyens d'action : assurer la prépondérance des jeunes gens en amoin-
drissant le rôle social et l'autorité des vieillards ;
avancer, pour toutes les branches d'activité con-
verties en fonctions bureaucratiques (63, XVI),
l'âge de l'admission et l'âge de la retraite ; conférer aux enfants le droit à l'héritage, et les
rendre par là indépendants des pères de famille
réduits à la condition d'usufruitiers.

III. Suivant la seconde opinion, que je tiens

seule pour exacte, l'esprit du mal, chez les enfants, se lie invariablement à l'amour du bien. L'enquête que j'ai ouverte m'a toujours révélé, sur ce point, l'accord unanime des hommes vraiment compétents. J'appelle ainsi les pères de famille et les Autorités sociales[2] qui, secondés par des maîtres de leur choix, enseignent à la jeunesse la vraie science de la vie, celle que féconde le respect de Dieu, du père et de la femme[3]. Selon ces légitimes instituteurs des nations, la propension constante vers le bien ne se rencontre que chez quelques natures privilégiées; la propension vers le mal est prépondérante chez beaucoup d'autres; le mélange des deux tendances est toujours le trait distinctif de la majorité. L'inclination exceptionnelle de l'enfance vers le bien se révèle çà et là, malgré la contagion du mauvais exemple et les excitations les plus perverses; l'inclination persistante vers le mal est habituelle chez beaucoup d'enfants issus des parents les plus vertueux. Cette diversité des caractères et ce mélange du bien et du mal se reproduisent chez toutes les races, sous tous les climats, dans toutes les classes de chaque nation. Ils sont manifestes chez la plupart des enfants de chaque famille; ils résistent assez longtemps à la discipline uniforme de l'école ou du foyer do-

2 Voir ci-dessus : *Préface de la 4ᵉ édition.* Voir aussi *l'Organisation du travail*, § 5. ━━ 3 *Ibid.*, §§ 30 à 37. (Notes de 1872.)

mestique, et même parfois aux durs enseignements de la vie.

IV. Les doctrines qui ont le mieux réussi à
constituer les peuples libres et prospères ont
toutes proclamé que le penchant vers le mal domine en somme chez les enfants[4]. Les pères de
famille trouvent dans l'expérience journalière du
foyer domestique la confirmation de cette vérité.
L'égoïsme, la cruauté et les autres vices de la
barbarie apparaissent toujours, chez les nouveau-
nés, avec les premières lueurs de l'intelligence.
Les barbares les plus féroces que l'on puisse
observer de nos jours, ne sont, à vrai dire, que
de grands enfants chez lesquels le vice originel
n'a point été détruit, sous l'influence d'une loi
morale, par un judicieux mélange de force et de
persuasion[5].

---

[4] Cette vérité est l'une de celles que l'Ancien Testament enseigne
avec persistance. Elle est reproduite dans les *Proverbes* avec une
grande diversité. « Écoutez, mon fils, les instructions de votre
« père, et n'abandonnez point la loi de votre mère. » (I, 8.) —
« Celui qui épargne la verge hait son fils : mais celui qui l'aime
« s'applique à le corriger. » (XIII, 24.) — « Châtiez votre fils tant
« qu'il y a espérance. » (XIX, 18.) — « La folie est liée au cœur
« de l'enfant, et la verge de la discipline l'en chassera. » (XXII, 15.)
— « N'épargnez point la correction à l'enfant; car si vous le frap-
« pez avec la verge, il ne mourra point. » (XXIII, 13.) — « La
« verge et la correction donnent la sagesse : mais l'enfant qui
« est abandonné à sa volonté couvre sa mère de confusion. »
(XXIX, 15.) — « Élevez bien votre fils, et il vous consolera; et il
« deviendra les délices de votre âme. » (XXIX, 17.) — [5] La
sévère doctrine de l'Ancien Testament (note 4) n'est nullement

V. Le premier but de l'éducation est de dompter ces vicieuses inclinations de l'enfance ; mais tous ceux qui ont eu charge de ce devoir savent que, sous ce rapport, la science de l'instituteur ne saurait suppléer à l'autorité et à la sollicitude des parents (47, III et IV).

L'impuissance de l'instituteur à accomplir seul l'œuvre difficile qui consiste à former le cœur et l'esprit des enfants, serait encore évidente, alors même qu'il serait possible de réaliser pratiquement le rêve de quelques novateurs, et de mettre les parties les plus ardues de la science à

démentie par les tendres paroles que Jésus-Christ a prononcées au sujet des petits enfants. J'ai été heureux de constater récemment que les faits révélés par l'observation et l'opinion des Autorités sociales sont confirmés, dans les termes suivants, par saint Augustin : « La faiblesse des organes est innocente chez les « enfants, mais non pas leur âme. J'ai vu, j'ai vu moi-même un « petit enfant dévoré par la jalousie ; il ne parlait pas encore ; « mais, tout pâle, il regardait d'un œil haineux son frère de « lait... Est-ce innocence, chez un enfant, que de ne vouloir pas « partager une source de lait si abondante, et même trop abon- « dante, avec un enfant aussi faible que lui?... Est-ce là donc, « mon Dieu, cette innocence des enfants ! Non, cette innocence « n'existe pas. Ce qu'ils sont alors avec leurs maitres et leurs « pédagogues pour les noix, les balles, les oiseaux, ils le sont « plus tard avec les rois et les magistrats pour de l'or, des « terres, des esclaves ; les objets de la passion changent avec les « années, comme de plus grands supplices succèdent aux châ- « timents de l'enfance ; mais, au fond, c'est toujours la même « chose. Vous n'avez eu d'autre pensée que de nous donner une « leçon d'humilité dans la petite stature des enfants, lorsque « vous avez dit (S. Matth. xix, 14) : Le royaume des cieux est à « ceux qui leur ressemblent. » (Saint Augustin, *Confessions*, I, vii, 19.)

la portée de toutes les jeunes générations. La
nature même de l'humanité résiste à cette extension universelle des sciences. La majorité des
hommes est dépourvue des aptitudes qui permettent de pénétrer au delà des notions élémentaires ; et les esprits resteraient faussés par toute
contrainte qui viserait à les faire sortir de cette
limite. Une faible minorité peut seule apercevoir
l'ensemble des connaissances humaines, et il n'y
a que de rares esprits qui puissent s'élever à
l'intelligence complète de l'une des spécialités
de la science. La rareté extrême de ces esprits
supérieurs constitue une loi naturelle ; et c'est là
une des conditions manifestes de l'harmonie sociale.

Le perfectionnement des sociétés ne saurait
abolir une inégalité essentiellement organique :
il l'accroît même journellement en agrandissant
le domaine scientifique, et en rehaussant ainsi
le niveau que doivent atteindre les fortes intelligences. Il est chimérique de supposer que la
prospérité d'une nation puisse jamais avoir pour
base un système d'instruction publique qui serait
à l'activité sociale ce que l'atmosphère est à la
vie physique des êtres organisés. Les nombreux
instituteurs que reclame l'enseignement des
classes populaires sont incapables de leur inculquer des principes assez nobles, assez féconds,
pour que les jeunes générations en déduisent

aussitôt comme corollaires les lois de la morale, la pratique de la profession et un juste sentiment des rapports sociaux.

Il faut savoir, en outre, que les meilleures organisations sociales ne réussissent même pas à tirer de l'enseignement tout le bien qu'il peut produire. Dans la pratique usuelle, l'instituteur exerce une industrie plutôt qu'un sacerdoce ; et, d'un autre côté, les pères de famille ne peuvent à chaque instant apprécier la valeur de ses services, comme ils le feraient s'il s'agissait de l'achat d'une marchandise. En présence de cette nature des choses, le maître faiblit souvent dans l'accomplissement de son devoir; et ce relâchement entraine pour les élèves les plus fâcheuses conséquences. Il s'en faut donc de beaucoup que les meilleurs systèmes pédagogiques puissent remplacer la sollicitude innée des parents et les bienfaisantes influences du foyer.

L'impuissance des écoles, considérées comme principe de l'organisation sociale, ne résulte pas seulement de l'inaptitude des enfants et de l'insuffisance des maîtres; elle tient aussi à ce que les sciences ne sauraient régler le mouvement moral et matériel des sociétés. Comme je l'ai fait remarquer dès le début de cet ouvrage (3, III), les persévérantes conquêtes de l'humanité n'ont rien ajouté dans l'ordre moral, depuis dix-huit siècles, aux principes du christianisme. D'un autre côté,

tous les arts usuels (32, II), même l'agriculture
et la métallurgie, dont les opérations techniques
ne sont en quelque sorte que la mise en œuvre
des forces de la physique et de la chimie, ne
pourront jamais prendre l'allure des méthodes
scientifiques. Ces arts exigent d'ailleurs la collaboration de beaucoup d'hommes. Dans l'avenir,
comme par le passé, ils trouveront leurs principaux moyens de succès, d'abord dans la tradition
des praticiens, puis dans la connaissance des rapports sociaux. Or cette tradition et cette connaissance ne s'acquièrent que par une longue expérience de la vie; et aucun instituteur ne saurait
prétendre à les enseigner. Ces vérités seront con-
testées par les niveleurs ignorants qui, pour dé-
molir l'édifice lentement élevé par les sociétés
humaines, affirment que la science fournira tous
les moyens de reconstruction. Mais, à la vue des
catastrophes amenées par les premiers efforts
des démolisseurs, le public constatera bientôt la
fausseté de leurs promesses; et il sera, au besoin,
éclairé par les vrais savants.

VI. Le père de famille, secondé par le prêtre,
restera donc dans l'avenir, quel que soit le progrès des sciences physiques, le véritable guide de
ceux qui se nourrissent de l'enseignement des
écoles, et à plus forte raison de ceux qui n'en ont
reçu que les éléments. J'aperçois ainsi, par une

nouvelle démonstration, la légitimité de la Liberté testamentaire qui laisse au père de famille l'influence dérivant de la nature des choses, et le caractère antisocial du Partage forcé qui la lui enlève systématiquement.

On expose les sociétés à de redoutables épreuves lorsqu'on excite, par la fausse doctrine que j'ai d'abord signalée, les instincts d'indépendance naturels à la jeunesse; lorsqu'on lui persuade qu'elle peut diriger, dès son entrée dans la vie, les personnes et les intérêts qui l'entourent. Ce danger est surtout à craindre dans notre pays, où l'esprit de tradition a été discrédité par les abus de l'ancien régime, et où les hommes se montrent parfois enclins à tout oser. Les arbitres de l'opinion publique, invoquant l'expérience et la raison, doivent donc enseigner aux jeunes gens que, pour devenir apte à remplir les fonctions sociales, il faut d'abord recevoir docilement l'éducation donnée par les parents et les maîtres. Éclairée enfin sur la fausseté des dogmes révolutionnaires, la jeunesse luttera contre le vice originel et l'ignorance; elle dressera, à son tour, de nouvelles générations à la pratique des devoirs sociaux.

On commet, au surplus, une grave erreur lorsqu'on croit découvrir un antagonisme entre les deux époques extrêmes de la vie, et lorsque, suivant l'exemple de la Convention, on croit favori-

ser les jeunes gens aux dépens des vieillards, à
l'aide de lois coercitives. Il existe entre tous les
âges, comme entre les deux sexes, une merveilleuse harmonie que le législateur ne doit point
troubler par une intervention inopportune. Il
suffit d'ailleurs de considérer les avantages accumulés sur la jeunesse par la Providence pour
être convaincu que les lois agissent à l'encontre
du bonheur individuel, lorsqu'elles privent la vieillesse des trop rares compensations que lui offre le
jeu régulier des institutions et des mœurs. Les
jeunes gens qu'on soustrait mal à propos à l'autorité des vieillards subissent, par cela même,
un double dommage : au début de leur vie, ils
manquent de la direction qui leur est nécessaire ;
vers la fin, ils subissent à leur tour l'oppression
organisée par la loi contre les pères. Nos sociétés
livrées aux maux de la famille instable s'épuisent
à chercher le remède dans une multitude d'associations (41, I à III). Les novateurs demandent en
vain, aux institutions surannées du communisme,
ce que les peuples prospères continuent à recevoir de la famille-souche. Jamais une organisation factice ne remplacera l'association naturelle
du père et du fils.

D'un autre côté, il serait injuste et antisocial
de comprimer le légitime essor de l'activité, de
l'esprit d'innovation, et, en général, des penchants qui donnent tant de charme à la jeunesse.

Mais la bienveillance naturelle des parents fournit
à cet égard toute garantie, et ne laisse à redouter
que de rares exceptions. Les nations libres satisfont d'ailleurs à cette règle par des moyens efficaces : elles fortifient les jeunes générations par
un enseignement judicieux et par la pratique de
la loi morale; elles facilitent l'émigration ; elles
substituent la famille-souche à la famille patriarcale, et elles favorisent ainsi l'établissement séparé de la plupart des jeunes ménages.

VII. Il s'en faut de beaucoup que cette organisation normale de la famille soit oppressive pour
la jeunesse. Celle-ci, comme les autres âges,
trouve le bien-être sous un régime qui concilie
dans une juste mesure le goût de la nouveauté
avec le respect de la tradition.

Dans les familles-souches, chaque génération
obéit, pendant un quart de siècle, à la fécondité,
principale loi du mariage (30, V). Les enfants peuvent donc goûter, au foyer même, toutes les joies
qui ont leur source soit dans leurs tendances
innées à la sociabilité, soit dans l'accord ou le
contraste de leurs âges et de leurs caractères.
L'affection fraternelle naît de la vie en commun
et du sentiment d'amour, ce parfum du foyer
domestique, qui émane de la mère de famille.
L'esprit d'antagonisme, particulièrement marqué
dans les rapports mutuels des garçons, a, dans

une famille nombreuse, un ample aliment : il ne s'emploie donc guère contre les jeunes sœurs. Ainsi naissent, chez les hommes, ces habitudes de protection affectueuse qui sont l'un des charmes de la vie domestique et l'une des forces de la société. Chaque enfant grandit en exerçant à la fois les trois aptitudes élémentaires des rapports sociaux, celles qui portent au commandement, à l'association et à l'obéissance.

L'inégalité des âges établit entre les frères une hiérarchie qui s'impose avec la puissance propre aux lois naturelles. Les derniers venus d'une génération ne conçoivent même pas la pensée de l'égalité en présence de leur aîné et surtout de l'héritier-associé qui, parvenu à la dignité de chef de maison, les soigne et les protége comme ses propres enfants. Ce classement hiérarchique des enfants offre de grands avantages à tous les membres de la communauté. Partiellement investis du pouvoir des parents, les aînés calment la turbulence et répriment les écarts des cadets, en dirigeant leurs travaux et leurs jeux. Quant aux cadets, ils obéissent sans résistance à une autorité qu'ils auront eux-mêmes à exercer sur leurs jeunes frères ou leurs jeunes neveux. Tous s'habituent ainsi, par l'apprentissage même de la vie, à développer les trois facultés qui viennent d'être signalées et qui sont mises en action dans toute entreprise collective. Grâce à cet apprentissage naturel du devoir, les hommes apprécient de bonne heure l'influence bienfaisante des pouvoirs publics, et ils accordent volontiers aux autorités constituées le respect qui leur est dû. Sous un pareil régime, le gouvernement se fonde sur les vrais principes (52, VII); et le bonheur de la société naît spontanément d'une bonne organisation de la famille.

Les parents se conforment à l'une des lois fondamentales de la nature humaine, lorsqu'ils délèguent une partie de leur autorité au plus digne de leurs aînés. Ils assurent l'ordre social par cette délégation, et ils y trouvent pour eux-mêmes des satisfactions infinies. Cet ensemble d'influences salutaires amène partout les plus heureuses conséquences : la fécondité n'est pas moins bienfaisante pour la famille que pour l'État; la quiétude des parents et le bien-être de tous augmentent partout en raison du nombre des enfants.

L'excellence de ces habitudes se manifeste encore en ce qui concerne l'instruction des enfants, même lorsque ceux-ci fréquentent l'école publique pendant une partie du jour. Une famille nombreuse constitue, en effet, un atelier d'enseignement mutuel, où les aînés stimulent les plus jeunes en leur redisant les leçons de l'instituteur. Les parents sont ainsi dispensés d'une surveillance pour laquelle ils ont peu d'aptitude, soit parce qu'ils n'y apportent pas la patience qui est la première vertu du maître, soit parce que leur temps est absorbé par le gouvernement de la famille, ou par les devoirs de la profession. Ce concours des aînés épargne à l'enfance, qui a tant besoin de liberté et d'affection, les chagrins que lui causeraient, loin du foyer, la claustration scolaire et l'indifférence du maître. Les souvenirs du premier âge restent exempts de toute pensée d'oppression et de délaissement. Au milieu des épreuves de la vie, ils rappellent à l'homme l'image pure du bonheur; ils persistent dans la plus extrême vieillesse, alors que toute autre impression s'est effacée. Le principe fécond du séjour au foyer domestique souffre assurément quelques exceptions pour les jeunes garçons destinés à certaines professions; il en est de même pour ceux qui doivent être initiés à des connaissances spéciales que la famille ne possède pas. Pour les filles, au contraire, ce principe doit être considéré comme absolu (47, XXIV).

VIII. Dans les plus simples situations de la vie, et surtout chez les familles vouées aux arts usuels, les garçons ne quittent point prématurément la maison paternelle : ils y trouvent, auprès du père et de l'héritier-associé, l'apprentissage de la profession. Ils ont, tout au plus, à s'assimiler par un voyage d'étude les perfectionnements qui ont pu se produire dans diverses contrées, pendant le

cours de la dernière génération ; et souvent cette
éducation complémentaire se lie à un système
régulier d'émigrations périodiques. Dans les familles-souches ainsi constituées se forment, par
exemple, ces vigoureux essaims d'ouvriers qui,
au retour du printemps, vont exécuter les travaux
de construction ou d'entretien dans les villes et
les grands ateliers. Tel est le cas notamment pour
les maçons, les charpentiers, les forgerons et les
terrassiers, qui émigrent périodiquement des forêts septentrionales de la Russie ou des montagnes de la Dalécarlie, des Carpathes, de la Bo-
hême et de la Westphalie, des Alpes, du Jura, de
l'Apennin, des Pyrénées, de l'Auvergne, du Li-
mousin, des Asturies et de la Galice.

Les jeunes gens appartenant aux classes dirigeantes ne se forment qu'après un stage prolongé
à l'université auprès des praticiens célèbres, ou
dans les grands foyers de travail usuel. Mais, dans
tous les cas, la jeunesse sortant des familles-souches se distingue par un ensemble de qualités qui
lui attire tout d'abord la sympathie des maîtres et
des patrons[6]. Elle se recommande par de fermes

[6] Les chefs des grandes maisons qui exploitent chez nous le
commerce international renoncent, pour la plupart, à recruter
leurs comptoirs avec la jeunesse française, élevée dans le système dissolvant de nos familles instables. Ils accordent la préférence aux jeunes commis, venant de certaines régions de la Suisse
et de l'Allemagne, où s'est conservé le régime des familles-souches.
Depuis les événements de 1870 et de 1871, les négociants français
ont d'abord exclu de leurs comptoirs les employés allemands. Mais

croyances religieuses, par la propension à l'obéissance et au dévouement, par une application soutenue au travail et à l'épargne.

IX. Les familles-souches cultivent spécialement ces vertus. Elles inculquent de bonne heure
dans les âmes la conviction que chaque homme
doit être l'artisan de sa fortune, et qu'il n'y a point
de situation à laquelle ne puisse prétendre celui
qui, dès son début dans la vie, se montre laborieux, tempérant et respectueux.

Les jeunes gens ne conçoivent jamais la pensée
immorale qu'ils pourraient prétendre un jour à
vivre dans l'oisiveté, en se partageant les lambeaux de l'héritage paternel. La multiplicité des
parts à faire, dans des familles aussi nombreuses,
suffirait même pour qu'un tel projet fût déclaré
par eux stérile et insensé. Ils comprennent, au
contraire, que le foyer paternel, attribué à l'héritier-associé, doit abriter une nouvelle génération qui recevra, à son tour, ce qui leur a été
donné, savoir : de tendres soins, l'instruction,

déjà ils ont dû revenir en partie sur cette décision. Ils devraient
y renoncer complétement, et recourir plus que jamais aux étrangers, si la réforme des successions ne venait pas bientôt régénérer
les mœurs de la jeunesse dans leurs propres familles. (*L'Organisation du travail*, Document C.) — Beaucoup de négociants français m'apprennent en outre qu'ils font admettre, chez leurs
correspondants à familles-souches, leurs jeunes fils en qualité
d'apprentis, pour les soustraire aux influences funestes qui règnent
aujourd'hui dans nos grandes villes. (Note de 1872.)

l'apprentissage, la science de la vie, les avantages d'une réputation sans tache et d'une vieille renommée. Ils s'aperçoivent que le partage, entraînant la destruction du foyer domestique, priverait cette génération des bienfaits que le principe de la transmission intégrale, respecté par les générations antérieures, a fait arriver jusqu'à eux. Cette destruction du foyer où ils sont nés, et où sont morts les vieux parents, se présente à leur esprit comme une action sacrilège; et ceux mêmes qui doivent chercher la fortune dans de lointaines entreprises, ne se résigneraient pas aisément à la pensée de ne jamais le revoir.

Un sentiment plus personnel conseillerait encore aux enfants de respecter le foyer paternel, alors même qu'ils pourraient le partager en vertu d'un droit formel. En effet, sous un régime de travail et d'épargne, chacun se propose de faire souche et de fonder une nouvelle maison. Or il est évident qu'un mince lambeau d'héritage contribuerait peu au succès; tandis que la revendication de ce droit par les enfants du fondateur enlèverait à sa création toute chance de durée. Les frères de l'héritier-associé réclameraient donc, dans leur propre intérêt, la transmission intégrale du foyer paternel, quand même leurs sympathies pour ce principe ne reposeraient pas avant tout sur une intelligente appréciation des intérêts de la famille. Ce sentiment

inspire les Anglo-Saxons comme les familles-
souches du Continent; il a été dès l'abord pour
moi une réfutation des fausses notions de justice
qu'on allègue en faveur du Partage forcé.

X. On se ferait d'ailleurs une idée inexacte du
régime des familles-souches, si l'on pensait qu'il
favorise habituellement l'héritier aux dépens de
ses frères. Dans les conditions moyennes qui sont
celles du plus grand nombre, la conservation du
foyer paternel est une charge plutôt qu'un avantage, l'accomplissement d'un devoir plutôt que la
jouissance d'un privilége. Si l'on ne voit guère,
dans ce milieu social, les héritiers se récuser,
c'est que la considération attachée au gouvernement des anciennes maisons compense les inconvénients de la situation[7]. C'est, en effet, une
tâche sévère que de passer la majeure partie de
la vie active sous la direction immédiate des parents, de leur fermer les yeux après avoir pris
soin de leur vieillesse, de conserver la mémoire
des ancêtres, d'élever et d'établir une suite nombreuse de frères et de sœurs, d'assister ou de
garder au foyer ceux qui ne peuvent se suffire à
eux-mêmes, enfin de recueillir plus tard ceux
qui n'ont pu réussir dans leurs entreprises. Cette
situation de l'héritier contraste souvent avec celle

7 *Les Ouvriers des deux mondes*, t. III, p. 127.

des frères qui, exempts de tout devoir collectif et n'ayant qu'à s'aider eux-mêmes, ont pu atteindre les degrés supérieurs de la hiérarchie sociale, par leurs succès dans le commerce, les arts libéraux et les services publics[8].

XI. On se tromperait également en pensant que le père de famille, débarrassé de sa principale préoccupation, certain de transmettre intégralement à la postérité le nom et l'industrie de la famille, avec le concours de l'héritier-associé, se souciera peu de faire à ses autres enfants la situation la plus heureuse. L'Angleterre, où ce régime est habituel chez les classes riches, où cependant la vivacité des sentiments intimes parait être moindre que sur le Continent, l'Angleterre, dis-je, est précisément le pays qui offre, à cet égard, les plus admirables exemples de sollicitude.

Le sort des cadets est garanti par une foule de combinaisons. Au premier rang de celles-ci, on doit citer les conditions stipulées au contrat de mariage; les rentes prélevées sur les profits que donne l'atelier de travail; enfin les capitaux pro-

[8] Ces principes fondamentaux de la famille tombent de plus en plus en oubli chez nous; mais ils continuent à être pratiqués par les peuples libres et prospères. On en retrouve journellement la trace dans la constitution sociale qui, au XVIIe siècle, porta la France au premier rang dans l'estime des autres nations. Voir Ch. 6, n. 11. (Note de 1873.)

venant des épargnes que le père accumule avec
l'aide de l'héritier.

Le père exploitant une industrie appelée à
devenir la propriété exclusive de l'un de ses
fils, se croit tenu de prévoir le cas où une mort
prématurée ne lui laisserait pas le temps de constituer aux autres, par l'épargne, une situation
convenable. Il a recours, à cet effet, à des institutions de prévoyance, parmi lesquelles les
familles distinguent surtout les assurances sur la
vie. Dès le début de sa carrière, il affecte une
partie considérable de son revenu au payement
d'une annuité qui doit être fidèlement servie jusqu'à l'époque de sa mort. Cette annuité est acquise par contrat à une compagnie d'assurances
qui s'engage à payer, lors de la mort du souscripteur, une somme convenue à la veuve et aux enfants. C'est ainsi qu'en s'obligeant à verser annuellement 2,490 francs, un père de famille âgé
de trente ans peut assurer à ceux qui lui sont
chers un capital de 100,000 francs qui leur est
dû, alors même que le souscripteur mourrait après
avoir payé une seule annuité. En 1862, 240,000
pères de famille léguaient en Angleterre, à leurs
survivants, par des contrats passés avec 200 com-
pagnies d'assurances, un capital de 4 milliards,
payable à l'époque de leur mort. Ces sacrifices
volontaires montrent combien les pères de famille
sont enclins à songer au bien-être des femmes et

des enfants; combien ils sont ingénieux et dévoués, lorsque la loi n'a pas détruit chez eux, par une intervention inopportune, le sentiment de la responsabilité. Les familles subviennent ainsi d'elles-mêmes, avec les produits annuels de l'atelier de travail des ancêtres, aux intérêts que le législateur croit mieux servir chez nous en prescrivant le partage de cet atelier. Sous le régime du Partage forcé, chaque génération, incomplétement pourvue, absorbe tous les produits de son travail, et elle fonde « ses espérances » sur le morcellement des ateliers de la génération précédente. Sous le régime du testament, au contraire, les ateliers sont transmis intégralement; et chaque génération est complétement dotée avec les produits du travail des précédentes générations. Il n'y a ni lacune ni révolution dans le travail : on s'explique donc aisément que, dans les mêmes conditions naturelles, les peuples les plus riches sont ceux qui disposent le plus librement de leurs biens.

XII. Dans nos familles instables, les enfants issus de chaque mariage sont peu nombreux. Ils ne connaissent pas ce classement hiérarchique, initiation à la pratique de la vie, qui fait le charme des familles fécondes et y crée l'ordre et l'harmonie. Ils sont incessamment ramenés par la parité des âges aux sentiments d'égalité et d'antagonisme qui prennent si facilement racine dans

le cœur de l'homme. De là ces discussions qui
nuisent au complet essor de l'amour fraternel;
de là ces répressions fréquentes qui compromettent l'autorité des parents et les intérêts généraux du foyer domestique. Dans un tel milieu se
développe moins l'habitude de commander et
d'obéir que la tendance à résister aux supérieurs
et à lutter contre les égaux. L'esprit de sociabilité n'y reçoit pas une satisfaction suffisante; et
il se produit en conséquence, entre les enfants
de plusieurs familles, un mélange qui abaisse le
niveau moyen de la moralité. Le foyer domestique
n'est plus cet horizon complet, au delà duquel ne
s'étendent pas les désirs. Les enfants vont chercher au dehors leurs plaisirs comme leurs travaux; la mère a moins d'action sur les cœurs, et
le père moins d'empire sur les esprits. Les impressions du premier âge, qui devraient exercer
une influence heureuse sur le reste de la vie, se
trouvent toutes amoindries.

L'instruction proprement dite, encore plus que
l'éducation de la première enfance, est dénaturée
parmi les familles instables. Les parents ne pouvant point organiser chez eux l'enseignement,
doivent abandonner à l'instituteur la haute direction des études. La plupart se déchargent même
totalement de leur devoir sur ce dernier : ils peu-
plent ainsi de nombreux pensionnats, et ils achè-
vent, par cet exil, le dépeuplement du foyer. Ces

agglomérations d'enfants et de jeunes gens forment d'ailleurs le milieu le plus propre à substituer de dangereuses nouveautés aux bonnes traditions domestiques.

L'usage du tabac qui, chez les nations riches
de l'Asie, est bientôt complété par celui de
l'opium, a été introduit chez nous, depuis 1830,
malgré la résistance des chefs de famille. L'emploi, chaque jour plus habituel, du grossier jargon
des classes dégradées, est un second symptôme,
non moins redoutable, de la corruption émanant
de la jeunesse, aux temps de décadence. Les
Européens marchent ainsi vers l'abâtardissement
dans lequel les narcotiques ont déjà plongé les
Orientaux, et vers la décadence intellectuelle
que provoque toujours la corruption du langage.

XIII. Cependant les parents ne sauraient trouver le bonheur dans ce foyer dépourvu de vie et
de mouvement. La femme surtout y est placée en
quelque sorte hors de l'atmosphère qui lui est
naturelle; et c'est alors qu'elle se livre aux écarts
que j'ai précédemment décrits (26, XI).

Les enfants, de leur côté, souffrent dans ces
pensionnats, où ils sont privés de l'affection des
parents et des autres aliments moraux qui sont
aussi nécessaires que la nourriture physique à
leur complet développement. Leurs caractères
prennent, dans ce milieu anormal, je ne sais

quoi de dépravé et de difforme. Sans doute l'a-
mitié y remplace parfois l'amour fraternel; mais
le dévouement tient peu de place dans la vie de
l'écolier. La lutte avec les camarades et l'opposition aux maîtres forment ses principales préoccupations. Ces habitudes, comme les impressions
de la première enfance, contribuent à propager
l'esprit d'antagonisme; et de là provient le caractère dominant de nos classes lettrées.

L'éducation donnée loin du foyer paternel est
particulièrement funeste aux filles. Elle n'abaisse
pas moins leur caractère et leurs sentiments; elle
leur donne le goût du luxe et l'habitude de l'oisiveté; souvent même elle imprime à leur intelligence une fausse direction. Dans tous les cas, elle
les rend impropres à leur essentielle destination,
au gouvernement du foyer domestique.

XIV. L'apprentissage de la profession n'est pas
moins désorganisé chez les familles instables; et
le vice essentiel du régime consiste surtout en ce
que le fils ne continue presque jamais la profession paternelle. Deux causes principales produisent ce résultat. Le fils est peu porté à s'associer
au père et à prolonger ainsi son état naturel de
dépendance; souvent même il se flatte de devenir
plus libre en renonçant à la profession de la famille. Le Partage forcé ne laisse point de sécurité
à une telle association. Il la détruit fatalement,

même après une existence prospère, due surtout
à l'intervention du fils associé; et il en attribue les
fruits aux frères et sœurs qui, mieux avisés, ont
travaillé à leur profit hors du foyer paternel. Le
père, de son côté, doit éviter par esprit de justice
de sacrifier ainsi l'un de ses enfants. Il ne veut
point, en général, se donner le souci de transmettre ses traditions à un étranger, en sorte qu'il
se résigne de bonne heure à la retraite. L'apprentissage tend ainsi à s'organiser sans le concours
des parents; il est de plus en plus confié à des
étrangers qui cherchent à tirer une utilité personnelle des apprentis plutôt qu'à les instruire.
On se trouve même conduit à demander à l'école
ce que l'atelier seul peut donner : de là les exagérations de l'enseignement, dit professionnel,
dont je démontre plus loin (47, XX et XXI) l'impuissance et le danger.

XV. Le Partage forcé ne favorise donc pas,
comme on pourrait le croire au premier aperçu,
les jeunes gens aux dépens des vieillards; il pèse
d'une manière funeste, depuis la naissance jusqu'à la mort, sur toutes les existences. Il frappe
même spécialement les femmes et les mineurs,
qu'il semble favoriser. J'ai dit précédemment que
la loi nuit au bonheur des femmes en leur conférant le droit à l'héritage des foyers domestiques et des ateliers de travail; j'ajoute qu'elle

fait aux mineurs une situation plus triste encore. Sous le régime des familles-souches, en effet, les enfants en bas âge, lorsqu'ils perdent leur père et leur mère, ne restent pas abandonnés : les autres parents qui vivent en communauté avec eux, ne cessent pas de les aimer; ils les défendent contre les difficultés de la vie, et ils pourvoient à leurs besoins en continuant l'exploitation de l'atelier paternel. Suivant l'heureuse expression conservée en Auvergne avec les vieilles mœurs nationales, « le foyer ne cesse pas de fumer[9] ». Il en est autrement parmi nos familles instables composées seulement du père, de la mère et des jeunes enfants : la mort prématurée des parents entraîne l'abandon et la ruine des orphelins; l'atelier paternel tombe en chômage, et le foyer s'éteint.

A la suite des deux épidémies qui, en 1832 et en 1849, ont sévi si cruellement parmi nous, il s'est formé une catégorie spéciale d'enfants abandonnés. La charité privée, en réclamant pour eux des secours, les a désignés sous ce nom sinistre : « les Orphelins du choléra[10] ». On ne saurait trouver

---

[9] Sur les mœurs, l'organisation agricole et le régime d'émigration des montagnes de l'Auvergne, par M. Delhet, père. (*Les Ouvriers des deux mondes*, p. 351.) === [10] Le même désordre social vient de se reproduire à Paris, pendant l'épidémie de 1865; il donne même lieu cette fois à une institution publique et à des manifestations officielles, dont j'extrais le passage suivant : « A la suite de l'épidémie cholérique qui a frappé quel-

ce genre de misère dans les contrées où le fléau s'est montré plus terrible, mais où les enfants ont été naturellement protégés par le régime des familles-souches.

Ce dénûment des orphelins se produit, en France, non-seulement parmi les familles qui vivent du labeur quotidien, mais encore parmi celles qui avaient réussi à gravir les premiers échelons de la propriété. Ce sont précisément les formalités établies en méfiance des parents pour protéger les mineurs qui amènent la ruine de ces malheureux enfants. Cette triste conséquence de notre loi d'héritage se présente chaque jour avec des circonstances lamentables qui sont l'une des hontes de notre société. J'ai donc cru utile de mettre en lumière par un exemple, dans les documents annexés[11], la nature et l'étendue de ce mal. Le système d'enquête que je recommande

« ques-uns des quartiers de Paris, de pauvres enfants, su-
« bitement privés de tout soutien, ont invoqué la protection de
« l'Orphelinat du Prince impérial. Devant ces infortunes im-
« prévues, la Commission... a prononcé leur admission immé-
« diate, et son intention est d'accueillir avec empressement tous
« ceux des *orphelins du choléra* qui, remplissant les conditions
« de ses statuts,...» (Rapport à l'Empereur, *Moniteur* du 15 novembre 1865.) — C'est ainsi que nos classes dirigeantes, n'osant point
affronter le préjugé du Partage forcé et guérir le mal à sa source,
adoptent des palliatifs qui font en quelque sorte, de la désorganisation de la famille, une institution régulière. (Note de 1866.)
=== 11 Sur la destruction des petites propriétés d'orphelins-mi-
neurs, opérée en France par le Partage forcé. Voir le Document C.

(64, VII et VIII), alors même qu'il ne s'appliquerait qu'à ce seul désordre social, justifierait la condamnation du Partage forcé.

CHAPITRE 29

LE CÉLIBAT ET LA DOMESTICITÉ, ÉLÉMENTS NATURELS DE TOUTE SOCIÉTÉ, APPORTENT A LA FAMILLE UN COMPLÉMENT NÉCESSAIRE.

I. Outre les trois éléments étudiés dans les chapitres précédents, les familles stables comprennent habituellement des parents célibataires. Elles s'adjoignent, en outre, diverses catégories de coopérateurs étrangers. Ceux-ci sont à la fois, pour le foyer domestique, un complément précieux et des auxiliaires permanents.

II. Au milieu des populations le mieux douées, il existe toujours des individus qui, à raison de leurs défaillances morales, des lacunes de leur intelligence ou des vices de leur organisation physique, ne peuvent être utilement admis au mariage. Quand on confère seulement cette dignité civile aux plus prévoyants, aux plus habiles et aux plus robustes, on rehausse beaucoup les qualités essentielles aux succès d'une race.

Les constitutions de tous les peuples se sont inspirées de ce principe, plus qu'on ne pourrait le croire au premier abord; et l'analyse des

moyens employés met en relief le contraste
offert par les deux procédés de gouvernement
(8, X). Sous les régimes de contrainte, l'autorité
publique ne craignait pas d'intervenir en cette
matière délicate. Beaucoup de règlements tendant à imposer le célibat avaient été institués par
diverses corporations urbaines ou manufacturières. De nos jours encore, plusieurs corporations
de mines de l'Europe centrale [1] et la plupart des
communes urbaines de l'Allemagne méridionale [2]
interdisent le mariage aux individus sans fortune
qui n'ont pas acquis un certain grade ou atteint
un certain âge. Ces restrictions ont peut-être
donné, en d'autres temps, les résultats qu'en
attendait l'autorité; mais j'ai toujours constaté que
celles qui subsistent de nos jours blessent inutilement la dignité humaine et les légitimes exigences
des régimes de liberté.

III. Beaucoup de peuples qui se distinguent par
le mérite de leur constitution sociale, n'ont pas
renoncé cependant à conjurer les unions imprudentes ou dangereuses. Ils demandent aux mœurs
la force répressive que la loi ne peut désormais

---

[1] Sur l'insuffisance et l'immoralité des restrictions apportées
par plusieurs administrations allemandes à la conclusion des mariages. (*Les Ouvriers européens*, p. 138; XIII, § 12, p. 135; XIV,
§ 12, p. 141.) ═ [2] Sur les règlements établis dans la ville de
Vienne, en ce qui concerne le mariage des ouvriers. (*Les Ouvriers
européens*, p. 127.)

donner sous un régime de liberté. Ils confient à
l'opinion publique, guidée elle-même par la prévoyance et par une sage entente des intérêts sociaux, le soin d'empêcher la multiplication des
familles chétives et misérables.

Les parents obtiennent ce résultat à l'aide de
bonnes coutumes fondées sur la Liberté testamentaire (26, VI et XVII). Les filles impropres
au mariage se trouvent écartées, lorsqu'on recherche dans la femme les qualités personnelles
et non la fortune. L'opinion publique réclame
aussi, des hommes qui aspirent à la dignité de
chefs de maison, certaines aptitudes morales,
l'exercice d'une profession utile et l'acquisition
d'un mobilier dont la composition est formellement déterminée. Parfois même elle exige la possession du foyer, des outils, des dépendances
agricoles et des animaux domestiques jugés nécessaires à l'existence normale d'une famille.
Plus l'opinion est exigeante à cet égard, pourvu
que les mœurs condamnent le concubinage, plus
les jeunes gens heureusement doués sont excités
à bien faire par l'attrait qui les porte au mariage.
Cette salutaire épreuve fortifie les caractères,
comme le font les climats rudes et les sols in-
grats[3]; mais elle est plus bienfaisante, en ce que

---

[3] Sur les conditions naturelles qui rendent faciles aux peuples
le respect de Dieu et le règne de la paix publique. Voir *l'Organisation du travail*, § 64. (Note de 1872.)

le travail qu'elle nécessite est indispensable au succès, sous tous les régimes et dans toutes les contrées du globe.

IV. Plusieurs peuples européens résolvent la délicate question du célibat, tout en prenant un accroissement rapide, sans imposer aucune contrainte et en maintenant les mœurs dans leur pureté. Ils s'assurent tous ces avantages en érigeant en coutume la transmission intégrale des biens, sous le régime des familles-souches. Beaucoup de membres de ces familles sont heureux d'échapper à la responsabilité qui pèse sur l'héritier-associé, et surtout aux difficultés qu'entraîne la fondation d'une maison nouvelle. Moins enclins à se frayer une voie qu'à suivre l'impulsion d'autrui, ils trouvent leur place au foyer paternel, où tous les intérêts concourent à les fixer. Ils conservent auprès de l'héritier la situation qu'ils avaient auprès du père, et ils jouissent des satisfactions que procure aux personnes de ce caractère la conservation de leurs habitudes.

Un traitement bienveillant est garanti aux parents célibataires par des affections et des souvenirs qui datent de la première enfance. On leur attribue ordinairement, outre les biens qu'ils possèdent en propre, un pécule prélevé sur les profits du travail commun, et on rehausse ainsi, par le prestige de la propriété personnelle, la

situation qu'ils occupent dans la communauté.
Les parents célibataires sont une seconde providence pour les familles qui les accueillent.
Ils s'associent à leurs travaux; ils assistent les
chefs de maison dans l'administration du foyer
et dans les soins que réclament les jeunes neveux; ils s'attachent à ces enfants qui naissent
et grandissent sous leurs yeux; souvent ils adoptent l'un d'eux en particulier, et se plaisent
à favoriser son établissement à l'aide de leur
épargne personnelle; souvent aussi ils lèguent
cette épargne au futur héritier pour accroître les
chances de stabilité de la maison. C'est encore
aux parents célibataires que revient le soin des
malades, l'une des fonctions domestiques les plus
nécessaires au bien-être et à la quiétude des familles. Chacun, au reste, s'adonne à une spécialité en rapport avec ses aptitudes, et s'identifie
avec les besoins ou les intérêts de tous. Dans ces
conditions le dévouement envers les proches est
habituel chez les célibataires; parfois même il
prend sur les cœurs un empire excessif. En certaines contrées, dans le duché de Nassau, par
exemple[4], on voit souvent une génération entière
rester dans le célibat auprès du frère choisi pour
être la souche de la génération suivante.

---

[4] Sur les habitudes d'émigration établies en Allemagne, et sur
la connexion de ce régime avec la transmission intégrale des
petites propriétés de paysans. (*Les Ouvriers européens*, p. 157.)

Les familles-souches se recrutent non-seulement parmi les membres qui s'attachent au foyer paternel, mais encore parmi ceux qui n'ont pu se créer au dehors une situation indépendante, ou qui ont été frappés soit par des revers, soit par la perte de leurs enfants. Ces membres déclassés reçoivent dans la maison paternelle un appui qu'ils peuvent accepter sans humiliation, mais qu'ils ne pourraient demander à des étrangers sans encourir une certaine déchéance morale. L'assistance ainsi donnée aux parents pauvres est une source de satisfaction pour les familles-souches; elle serait une charge intolérable pour les familles instables qui, après s'être partagé les débris du foyer paternel, peuvent à peine se suffire à elles-mêmes. C'est évidemment l'organisation qui, sous ce rapport, offre le plus de garanties à l'ordre public comme au bonheur individuel.

Les soldats et les marins vieux ou infirmes, pourvus d'une modique pension de l'État, jouissent au foyer paternel d'une retraite plus heureuse et plus digne que celle qui leur est donnée dans certains asiles publics élevés à grands frais. Au point de vue économique aussi bien qu'au point de vue moral, ce système des retraites domestiques a sur le système des asiles publics une supériorité qu'on ne peut méconnaître quand on compare les deux régimes dans les contrées où ils sont tous deux en vigueur.

V. Les familles-souches les mieux organisées
ne trouvent pas toujours parmi leurs membres le
personnel nécessaire à leurs travaux. Souvent,
les célibataires sont réclamés pour la guerre ou
attirés au loin par la colonisation; les jeunes
adultes, en particulier, ont pour ces entreprises
une inclination très-prononcée; enfin la stérilité
naturelle, les épidémies et une multitude d'acci-
dents viennent entraver le recrutement intérieur.
De là un déficit de main-d'œuvre auquel il faut
suppléer par l'adjonction de coopérateurs étrangers. Cette adjonction est habituelle dans les familles aisées, qui se déchargent ainsi des travaux
les plus pénibles. Il importe que ces étrangers
soient constamment à la disposition de la famille,
et qu'ils n'y troublent point l'ordre en établissant
avec le dehors un contact trop intime. On a toujours satisfait à cette double convenance, en les
gardant en permanence dans la maison et en les
élevant ainsi, selon l'acception que ce mot avait
au xviie siècle, à la dignité de « domestiques ». La
situation faite à ces derniers est l'une des circonstances qui révèlent le mieux la supériorité des
familles-souches sur les familles instables que
multiplie chaque jour en France le Partage forcé.
Pour juger du contraste, il n'est pas nécessaire
de recourir aux peuples étrangers. Il suffit de
comparer nos mœurs présentes à celles dont
le souvenir vit encore, en France, chez beaucoup

d'hommes qui, étant nés au commencement de ce siècle, ont vu un ordre de choses tout différent.

VI. Le domestique faisait autrefois partie intégrante de la famille : il prenait part au culte intérieur; il était en contact continuel avec les maîtres et s'asseyait à leur table[5]; il les secondait dans les travaux du foyer et de l'atelier. Il s'identifiait à tous les sentiments et à tous les intérêts de la communauté, au même titre que les parents célibataires. Comme ces derniers aussi, il restait, pendant toute la durée de sa vie, attaché à la maison. Sa situation n'était point changée par la mort du père : il se maintenait près de l'héritier, comme l'eût fait en pareil cas un véritable associé. De là naissaient naturellement, et s'ennoblissaient par une mutuelle affection, la bienveillance chez le maître, et le dévouement chez le serviteur. Les fonctions de la domesticité étaient parfois remplies par des jeunes gens qui, aspi-

[5] Une famille de Normandie avec laquelle j'entretiens depuis longtemps des relations d'amitié conserve cette habitude, même dans sa résidence d'hiver à Paris. Elle admet à sa table une vieille domestique qui lui reste fidèle depuis l'année 1801 et qui a élevé trois générations d'enfants. Cette auxiliaire utile n'a jamais conçu la pensée de trouver un établissement en dehors de la famille : elle a même refusé une demande en mariage qui lui a été adressée par un commerçant établi près de la résidence d'été de la famille, et disposant d'une fortune de 300,000 francs. Elle aurait cru déchoir en quittant ainsi la maison de ses maîtres. Le même sentiment est général chez les Orientaux. (Note de 1872.)

rant à créer un établissement, venaient chercher, auprès du maître de leur choix, l'apprentissage d'une profession. Ces apprentis-domestiques étaient assimilés en tout aux enfants de la maison, et ils nouaient avec eux des liens d'affection qui survivaient habituellement à cette cohabitation temporaire[6]. Les diverses familles d'une même contrée faisaient ainsi de fréquents échanges d'apprentis-domestiques. En répartissant leurs enfants entre des maisons vouées à des professions différentes, elles écartaient l'éventualité d'une concurrence entre ceux qui devaient fonder de nouvelles maisons au pays natal. Ces familles

[6] Les esprits observateurs qui voudront bien prendre la peine d'étudier à Paris l'état actuel du commerce de la boulangerie, constateront avec effroi la désorganisation qui s'y est produite depuis soixante ans. Cet exemple est d'autant plus instructif qu'un régime réglementaire spécial, violant les règles suivies par tous les autres peuples européens, est venu compléter l'action destructive du Partage forcé. Dans toutes les capitales de l'Europe, il existe une classe de petits boulangers qui fabriquent, de leurs propres mains, un pain économique, nutritif et savoureux. Cette classe se recrute à la fois parmi les fils de maîtres de ces boulangeries à bon marché, et parmi les jeunes ouvriers admis momentanément dans les familles exploitant les boulangeries de luxe. A Paris, le producteur et le produit manquent également. Il n'y existe plus que des boulangeries de luxe; et les ouvriers, devenus étrangers à la famille du maître, ne peuvent plus y recevoir l'éducation indispensable aux chefs de métier. Le personnel nécessaire à l'utile réforme commencée par le décret du 22 juin 1863, fait donc complétement défaut. Sur ce point, comme sur tant d'autres, nos institutions révolutionnaires ne sont pas, comme le déclarent journellement certains candidats politiques, organisées au profit des classes peu aisées : loin de là, elles leur sont hostiles et blessent directement leurs plus légitimes intérêts.

voyaient aussi, dans ces échanges d'apprentis,
l'occasion de contracter des alliances et d'établir
de solides amitiés.

J'ai appris dans ma jeunesse, de plusieurs vieillards qui avaient conservé un souvenir très-net
de l'ancien régime, une multitude de traits dé-
montrant l'intime solidarité qui unissait alors les
maîtres et les serviteurs. Il n'était pas rare, par
exemple, de voir un domestique léguer son épargne à l'un des jeunes maîtres dont il avait soigné
l'enfance. En France, le domestique décédé était
parfois admis au tombeau des maîtres. En Angleterre, les grandes familles rurales font encore
annoncer dans les journaux, dans le comté de
leur résidence, le décès d'un vieux serviteur qui
s'est distingué par de loyaux services.

Les auteurs comiques des deux derniers siècles
qui ont pris plaisir à mettre en scène les détails
scandaleux de la vie de famille, laissent cependant apercevoir chez les domestiques la familia-
rité affectueuse et le dévouement. Les auteurs du
temps présent ne signalent plus chez eux que
l'esprit de lutte et d'envie.

VII. Ces rapports ont été brisés en France par
notre nouveau régime de familles instables. Le
changement est si profond que le mot « domestique », auquel s'attachait autrefois un sentiment
d'estime et d'affection, ne rappelle guère aujour-

d'hui qu'une pensée de bassesse ou d'antagonisme. Comment se croiraient-ils liés envers les
vieux serviteurs de la famille, ces héritiers qui
cèdent à des étrangers le foyer paternel, qui en
dispersent le mobilier par une vente à l'encan, et
qui abandonnent même la cendre et les images
des ancêtres? Quant aux rares héritiers qui gar-
deraient la conscience de leurs obligations, ils ne
sauraient y faire honneur dans la situation gênée
qui leur est faite par le partage. Les domestiques
de notre temps sentent donc que le foyer du
maître n'est point pour eux un asile assuré : ils
n'y rattachent ni leurs affections, ni leurs vues
d'avenir. Et, comme les rapports intimes des
maîtres et des domestiques ne comportent pas
l'indifférence, ceux-ci sont conduits à haïr, tout
au moins à envier, ceux qu'ils ne savent plus ni
respecter ni chérir. Les domestiques ne se résignent point à vivre en étrangers dans le ménage : ils se considèrent comme des ennemis.
Ils sont moins les agents de la famille que les
auxiliaires cachés de ceux qui ont à débattre avec
elle des questions d'intérêt. Les moins dangereux se contentent de nuire au maître seulement
dans ce qui peut devenir pour eux une source de
profit; les autres trouvent une satisfaction dans
tous les dommages qu'ils peuvent lui infliger.

Ce rapprochement intime et forcé de deux
classes ennemies trouble profondément le bon-

heur individuel et l'harmonie du foyer domestique. L'incessante répétition du mal supplée ici
à son intensité : elle constitue une des plus lamentables circonstances de notre régime moderne; elle donne chaque jour aux esprits pré-
venus et passionnés, qui nous retiennent dans la
voie fausse suivie depuis 1793, une démonstration pratique du vice de nos familles instables. Il
est donc permis d'espérer que cet enseignement
ne restera pas toujours stérile.

CHAPITRE 30

LA FAMILLE-SOUCHE ASSURE LE BONHEUR DES INDIVIDUS, ET
ACCROIT, PAR SES REJETONS, LA PUISSANCE DE L'ÉTAT.

I. En étudiant les divers éléments de la famille-
souche, j'ai déjà signalé les conditions de bien-
être acquises à chacun d'eux. Je compléterai ici
cette recherche en examinant ces éléments dans
leur ensemble. Je montrerai comment ces familles se fondent et se conservent, comment elles
contribuent, par leurs nombreux rejetons, à la
puissance de l'État et à l'expansion de la race.

II. Lorsqu'ils voient à proximité du lieu natal
des territoires incultes et inoccupés, les jeunes
gens cèdent facilement à l'attrait qui les porte à

créer de nouvelles maisons : ils s'empressent de quitter le foyer paternel, dès qu'ils ont pu, avec le concours des parents et de l'héritier-associé, réunir le capital nécessaire à leur établissement. A défaut de professions plus lucratives, le défrichement du sol offre toujours à ces nouvelles familles des moyens de succès et de durée. Dans ces conditions, par exemple, les États-Unis de l'Amérique du Nord se développent rapidement depuis deux siècles. C'est pourquoi beaucoup d'écrivains sont conduits à voir, dans la proximité d'un territoire inculte, le principal moyen d'amélioration morale pour une race d'hommes. A ce point de vue, on indique souvent, comme modèles de la régénération des sociétés, les peuples voués au défrichement d'un vaste territoire. On oppose « la jeunesse » de ces États naissants à « la décrépitude » des vieilles métropoles européennes. Ces doctrines s'appuient sur une appréciation superficielle des causes qui amènent la prospérité ou la souffrance des sociétés. Elles ne résistent pas à un examen attentif (4, II).

La prospérité de la Nouvelle-Angleterre fut assurée au XVIIe siècle par d'illustres proscrits qui, à raison de leurs croyances religieuses, de leurs lumières et de leurs vertus, formaient réellement l'élite de l'Europe. On retrouve donc ici la prédominance ordinaire des causes morales sur les forces matérielles. D'ailleurs pour réduire à sa juste valeur l'influence très-réelle du défrichement, il suffit de remarquer qu'au centre et au midi du même continent, d'autres peuples privés de ces vertus se montrent stationnaires ou même rétrogrades, en présence de déserts aussi vastes et de friches plus fertiles. Il est facile de voir que les peuples anciens, fidèles à leurs croyances et à leurs traditions, sont en toutes choses supérieurs aux peuples nouveaux[1], même en ce qui se rattache à la force d'expansion de la famille.

III. Sur les territoires complétement défrichés, l'agriculture locale présente, il est vrai, moins de ressources pour l'établissement séparé des jeunes ménages. Toutefois il n'en faut pas conclure, avec quelques économistes, que l'accroissement de la population, l'un des symptômes de la prospérité des nations, y doive être conjuré par la stérilité systématique des mariages. L'observation des peuples les plus prospères démontre, au contraire, que la fécondité n'est pas moins nécessaire pour perfectionner les sociétés puissantes que pour les fonder, et qu'elle reste toujours,

[1] La proximité de vastes territoires non défrichés n'a nullement pour effet de développer les qualités intellectuelles et morales de la famille; et souvent même le résultat inverse se produit. Mais chez les peuples qui s'abandonnent aux exagérations du régime dit démocratique, la proximité des friches atténue les vices de ce régime. Voir *la Paix sociale*, Introduction, § X. (Note de 1872.)

dans les meilleures organisations sociales, une loi essentielle de la famille.

Chaque année, en effet, ces peuples améliorent leurs domaines et multiplient leurs manufactures; de là un surcroît de travail auquel on doit pourvoir par la création de nouvelles maisons. Le reste de la population est employé dans l'armée, dans les diverses fonctions ayant pour objet le perfectionnement intellectuel et moral de la société, enfin dans les colonies, élément nécessaire de toute nationalité prospère (39, I et VI). Et il ne faudrait pas considérer cette émigration régulière comme un indice de gêne ou comme une nécessité pénible imposée aux populations. Cette opinion, comme beaucoup d'autres erreurs, ne règne que parmi mes concitoyens. Partout ailleurs, et surtout dans les campagnes où s'est maintenue l'ancienne fécondité européenne, les familles apprécient les bienfaits de l'émigration. Elles s'y portent avec entraînement; et, loin d'avoir à exciter cette propension, les gouvernements sont en général obligés de la modérer. Au surplus, les obstacles que la nature opposait autrefois à l'émigration ont disparu. La navigation établit maintenant des communications faciles entre les régions défrichées et les territoires qui restent envahis par la steppe et la forêt. Il n'y a, pour ainsi dire, plus de distances sur notre globe: à présent, les colons de l'Angleterre se rendent en Australie aussi aisément que les russes aux steppes de la Sibérie, et les américains aux prairies du Mississipi ou aux forêts de la Californie.

Dans l'état de nature où reste encore la majeure partie des deux mondes, les Européens sont donc, au point de vue géographique et économique, aussi bien placés que les autres peuples pour conserver la fécondité et pour assurer l'établissement séparé des jeunes ménages. L'expérience prouve même qu'ils sont plus aptes à la colonisation que beaucoup de jeunes races. Cette supériorité se perpétue sur notre continent chez les bons types de familles stables. Les meilleurs colons de l'Europe sont ceux qui stimulent le mieux par l'éducation les bonnes tendances de la jeunesse, qui en même temps maintiennent fermement dans tous les cœurs le respect de la religion et de l'autorité paternelle.

IV. Ces influences se manifestent au plus haut degré dans les familles-souches; elles donnent aux caractères une noblesse qui distingue également tous leurs rejetons. Les familles-souches de l'Europe centrale sont en général plus fécondes et plus stables que celles de la Nouvelle-Angleterre ou de l'Australie. Elles se montrent plus contentes de leur sort et retiennent mieux au foyer, dans l'état de célibat, les jeunes gens ayant peu d'aptitude pour le mariage. Elles obtiennent ainsi, de chefs de ménage moins nombreux mais mieux choisis, une nouvelle génération supérieure en nombre et en énergie. On aperçoit ce contraste, même en Europe, quand on compare les populations agglomérées sur le rivage de l'Océan avec les populations clair-semées sur les steppes de la Caspienne. Ainsi, les familles-souches des États scandinaves, du nord-est et du midi de l'Allemagne, des Alpes, de l'Apennin, des Pyrénées[2] et de la France centrale, présentent souvent dix à quinze enfants par ménage, tandis qu'il est rare d'en rencontrer plus de quatre en Russie, dans le pays d'Orenbourg[3] et en Sibérie, parmi les races patriarcales, où règne la coutume des mariages précoces. Ces contrées du Nord et de l'Occident me paraissent être celles où les jeunes ménages s'organisent le mieux en familles-souches, et où celles-ci, une fois constituées, résistent le mieux aux influences qui tendent à les détruire ou à en disperser les membres.

V. La coutume que suivent les générations successives d'une famille modèle, a trois traits principaux : l'habitation du foyer[4] bâti par le fon-

[2] Description de la famille-modèle du Lavedan. Voir *l'Organisation de la famille,* livre II. (Note de 1872.) ══ [3] *Les Ouvriers européens,* p. 58 et 59. ══ [4] L'attachement au foyer paternel était, jusqu'à la fin du siècle dernier, une des grandes forces morales de la France et la principale cause de stabilité de notre ancienne constitution. Les archéologues retrouvent chaque jour des exem-

dateur de la race ; la conservation d'une communaut qui remplit ce foyer, et qui comprend d'ordinaire plus de quinze membres ; enfin l'exercice de la même profession et la transmission intégrale du même atelier de travail.

Considérée au moment où l'héritier-associé, choisi par le père, vient de contracter le mariage qui doit perpétuer la race, la famille-souche réunit habituellement dix-huit personnes, sa-

ples de ce sentiment, et constatent qu'en présence de la corruption du XVIIIᵉ siècle, il s'était conservé chez les bourgeois mieux que chez les nobles. On peut lire à ce sujet d'intéressants détails dans l'*Histoire d'une ancienne famille de Provence,* par M. O. Teissier (br., Toulon, 1862). — Antoine Pellicot, d'une famille de robe d'Aix, avait fait bâtir, au commencement du XVIᵉ siècle, une maison près le palais, et avait imposé à son fils Jean Pellicot le devoir d'en assurer la transmission intégrale dans sa postérité. Ce dernier, se conformant à la volonté paternelle, prescrivit par son testament que cette maison resterait dans la famille et ne pourrait être vendue qu'à des descendants du fondateur. Il permit « à son aisné de la retenir en entier, en remboursant à ses « cohéritiers leurs portions en argent ou en autres biens ». Jusqu'à la révolution de 1789, cette maison se transmit dans la famille avec les mêmes sentiments : en 1818, elle était encore habitée par Esprit Pellicot, docteur en droit, issu directement d'Antoine Pellicot, avec vingt-deux frères ou sœurs. Depuis lors, sous le régime du Code civil, la maison a été aliénée, et la famille a même quitté sa ville natale. Des informations récentes paraissent établir qu'en 1869 tous ses descendants avaient perdu la fécondité de leurs ancêtres. — Sous l'inspiration des sentiments que je viens de rappeler, nos aïeux auraient été froissés par la tendance qui nous porte à reconstruire tant de villes de toutes pièces, et qui remplace, par des maisons à loyer communes à plusieurs familles, les habitations qui s'étaient conservées, malgré le Partage forcé, dans la postérité du fondateur. (Note de 1872.)

voir[5] : l'héritier et sa femme, âgés de 25 et de
20 ans; le père et la mère, chefs de maison, mariés depuis 27 ans et alors âgés de 52 et de 47 ans;
1 aïeul âgé de 80 ans; 2 parents célibataires, frères ou sœurs du père de famille; 9 enfants, dont
les aînés se rapprochent par leur âge du frère
héritier, et dont le dernier est en bas âge, souvent même à la mamelle; enfin 2 domestiques
vivant dans les conditions d'une complète égalité
avec les autres membres de la famille. Les mères, pendant une période de 25 ans, mettent au
monde de 15 à 24 enfants[6]; mais, en temps de
paix sociale, dans les conditions moyennes de
santé et de salubrité, le nombre des enfants de

---

[5] Ces chiffres varient évidemment d'une famille à l'autre. Je
donne ici, pour fixer les idées du lecteur, les moyennes déduites
de la comparaison des familles de ce genre que j'ai observées. ==
[6] Cette fécondité était commune, au XVIIe siècle, dans toutes
les régions de la France, chez les bourgeois comme chez les
paysans; et il serait facile d'en citer beaucoup d'exemples, dans
les familles dont le souvenir a été conservé par des monuments
écrits; elle a résisté jusqu'à ce jour à notre régime du Partage
forcé dans la Lorraine allemande, en Alsace, dans le Lavedan et
dans le Béarn; et elle a été souvent signalée dans les travaux de
la Société d'économie sociale. Une famille d'Alsace (*Ouvriers des
deux mondes*, t. III, p. 372) a eu 20 enfants; dans la famille-
modèle citée ci-dessus (note 2), la mère ayant 10 enfants vivants,
était encore enceinte à l'âge de quarante-cinq ans accomplis;
M. Dall'Armi, juge provincial en Bavière, qui a soumis à la Société d'économie sociale (Document B) une monographie des
Luthiers du comté de Werdenfels (contigu au Tyrol), signale dans
le village qu'il décrit une mère ayant eu 24 enfants. La dernière
génération de la famille-souche des Pellicot, citée ci-dessus
(note 4), a eu 23 enfants.

chaque mère est généralement réduit à 10, au moment où cesse la fécondité.

A dater de ce moment, la famille continue à s'accroître par les enfants issus du mariage de l'héritier. Les naissances de ces derniers suivent de près celles des plus jeunes oncles; et, après une nouvelle période de 25 ans, 10 nouveaux enfants restent acquis à la famille. Mais, d'un autre côté, la mort, l'émigration, au besoin une modification dans le nombre des apprentis domestiques, rétablissent l'équilibre et tiennent ainsi le nombre des membres en rapport avec la capacité de la maison et les travaux de l'atelier. Sur les 9 enfants non mariés de la génération précédente, 4 remplissent les vides faits par la mort; les autres vont chercher une situation dans l'armée, la flotte, l'industrie manufacturière, le commerce, le clergé et l'administration publique. Toujours, dans les familles les mieux organisées, un de ces derniers au moins va fonder une nouvelle maison dans les défrichements de la métropole ou dans les colonies.

Si l'héritier meurt avant l'âge, la veuve conserve sa place au foyer domestique. Si la veuve n'a pas d'enfants, l'un des frères cadets, au lieu d'émigrer, se marie aussitôt et prend le gouvernement de la famille. La maison trouve dans ses membres émigrants une réserve qui peut combler facilement les vides produits par les guerres

prolongées, les épidémies et les autres calamités
publiques. C'est ainsi que ce régime assure dans
tous les cas à la famille un chef, aux orphelins
un appui[7].

Les familles-souches augmentent leurs chances
de bien-être et de durée en confiant à une fille
aînée la mission de perpétuer la famille. Lorsqu'il
y a sucession continue d'héritières mariées à l'âge
de 20 ans, les époques de fécondité de la mère et
de la bru coïncident pendant 5 années environ;
et la famille s'accroît alors en 40 ans autant qu'elle
le ferait en 50 avec les héritiers mâles. Elle peut
alors disposer en 25 ans d'une réserve moyenne
de 6 émigrants.

VI. Ces traits généraux de la famille-souche
suffiront, je l'espère, pour montrer le caractère
bienfaisant de cette institution spontanée des
races les plus libres et les plus prospères[8]. Les
novateurs qui, de notre temps, prétendent trouver hors de la famille, dans les communautés
par exemple, l'organisation de la société, s'é-
cartent des voies suivies par les peuples modèles.
La famille-souche, en effet, répond à tous les intérêts légitimes; et c'est pourquoi l'ordre public

---

7 Voir ce qui a été dit ci-dessus (28, XV) des *Orphelins du Choléra.* ══ 8 *L'Organisation de la famille,* selon le vrai modèle signalé
par l'histoire de toutes les races et de tous les temps. — Voir
le chapitre II. (Note de 1872.)

règne partout où la Coutume l'a fondée, où la
corruption des gouvernants et la tyrannie de la loi
ne l'ont pas détruite (20, V). Elle satisfait aux
aspirations diverses qui sont, à titre trop exclusif, la raison d'être de nos quatre partis politiques : ainsi, elle fait une juste part à la tradition
comme à la nouveauté, à la liberté comme à la
contrainte, à la quiétude de l'association (41,II)
comme aux agitations de l'individualisme. Mais la
famille-souche procure, en outre, aux individus ce
que les partis politiques et les réformateurs contemporains ne recherchent guère, le bonheur
dans la vie privée. Chaque membre de la communauté jouit, au milieu des plus douces affections,
du bien-être conquis par le travail des aïeux.
Quant à ceux que la perspective d'un bonheur sûr
mais borné ne saurait satisfaire, ils gardent leur
liberté d'action. Ils trouvent même l'appui nécessaire pour acquérir plus loin, et souvent plus
haut, une situation mieux en harmonie avec leurs
goûts et leurs talents.

Les familles instables se dissolvent quand le
père meurt en laissant des enfants en bas âge, ou
quand, parmi les enfants devenus adultes, aucun
n'est capable de continuer la tradition paternelle.
Les familles-souches, au contraire, résistent à
ces épreuves. En effet, le père qui ne peut, aux
approches de la mort, compter sur l'avénement
immédiat d'un héritier digne de ses aïeux,

lègue[9] la direction du foyer domestique à l'un de
ces parents célibataires, dont j'ai mentionné le
rôle bienfaisant (29, IV).

VII. Ce régime ne garantit pas moins l'intérêt
public que le bonheur individuel. Il dispense
l'État et les communes de toute charge d'assistance, et leur donne au besoin, après avoir pourvu
au service des familles, le concours d'un immense personnel. Dans une population organisée
sur les bases indiquées ci-dessus, 100 familles
tiennent chaque année à la disposition de la
patrie 20 jeunes gens de l'un et de l'autre sexe.
Grâce au triage opéré par la famille, selon le vœu
des individus et les besoins du foyer, cette jeunesse est débarrassée des faibles de corps et d'esprit ; elle est douée de l'énergie physique, des aptitudes morales, de l'éducation professionnelle, et
même du capital nécessaire aux entreprises qu'une
grande nation doit tenter. Avec les 38 millions
d'habitants qu'elle possède aujourd'hui, la France

---

[9] On lit dans un testament provençal du XVIIᵉ siècle (1622) le
passage suivant : « Et d'autant que le rang que mon dit frère
« Hierosme a toujours tenu dans ma maison pendant ma vie,
« m'oblige d'en avoir perpétuelle souvenance après ma mort, je
« veux qu'il soit toujours honoré par mes enfants comme le père
« et le chef d'iceux... Je délaisse à mon dit frère toute la même
« autorité et prérogative sur mes enfants, que je puis avoir, en
« telle sorte qu'ils n'osent faire aucune chose d'importance,
« même de mariage, sans son avis et conseil. » Voir : *Les Familles et la Société en France,* par de Ribbe, p. 542.(Note de 1873.)

reposerait sur 2,100,000 familles solidement établies, capables de soutenir leurs jeunes enfants,
leurs malades, leurs infirmes et leurs vieillards,
livrant annuellement aux services publics et aux
nouvelles œuvres de l'activité privée 420,000
jeunes gens de l'un et de l'autre sexe, dressés
au travail et à la vertu.

VIII. Les familles-souches, développées au
moyen âge[10] dans l'occident de l'Europe, n'avaient
pas reçu dans toutes nos provinces l'organisation
complète que ces chiffres supposent. D'ailleurs,
vers la fin du XVIII° siècle, elles étaient gravement
affectées, chez les classes supérieures par le scepticisme et les mauvaises mœurs, chez les classes
moyennes et inférieures par les exemples venus
d'en haut et par les abus du régime financier. Il
restait cependant, sur toutes les parties du terri
toire, des familles-souches qui résistaient à ces
influences, conservaient fidèlement l'ancienne
tradition, et offraient au pays presque tous les éléments de la régénération sociale. J'ajoute que ces
familles avaient été si solidement constituées,
qu'elles ont résisté jusqu'à ce jour à l'action destructive exercée, depuis 1793, par le Code civil et
ses agents[11].

Sous ce rapport, comme sous beaucoup d'au-

[10] *L'Organisation de la famille,* §§ 10 à 12. ⚌ [11] *Ibidem*, § 13,
et livre II, avec les trois Appendices. (Notes de 1872.)

tres, la France avait gardé sur l'Angleterre une supériorité réelle. Toutes les recherches que j'ai faites sur ce point s'accordent à prouver que, dès cette époque, les Anglais, en donnant un établissement séparé à l'héritier au moment de son mariage, avaient enlevé à la famille-souche son caractère le plus recommandable. Adonnés à l'oisiveté ou exclusivement occupés de fonctions publiques, les grands propriétaires fonciers affermaient à des tenanciers la totalité de leurs domaines. Ils ne sentaient donc pas le besoin d'avoir la collaboration de leur héritier et de réagir contre le caractère peu sociable de la race, en vue de rendre la cohabitation également agréable aux jeunes époux et aux vieux parents. La force de l'exemple avait même propagé l'habitude des ménages séparés, chez la plupart des manufacturiers et des commerçants. Alors, comme aujourd'hui, l'héritier en se mariant quittait le foyer domestique, et n'y rentrait qu'après la mort du père de famille et l'expulsion de la mère devenue veuve.

Tout indique que les anciennes mœurs avaient reçu de cette innovation une fâcheuse atteinte. Arthur Young, qui visita la France quelques années avant la révolution de 1789, fut souvent amené, par ses préoccupations nationales et utilitaires, à méconnaître les meilleurs traits de notre ancienne constitution. Cependant il fut frappé [12] de la supériorité morale qui était démontrée par la cohabitation du père de famille et de son héritier, et par les rapports affectueux établis au foyer domestique.

La France de 1789 offrait donc, dans la vie privée, sinon dans les institutions publiques, des éléments meilleurs que ne le pensent les détracteurs systématiques de la tradition nationale. A quelques égards, la réforme était plus facile alors qu'aujourd'hui. Le plan en avait été tracé un siècle auparavant par la révolution anglaise de 1688 et justifié par le succès. Il fallait abolir les mauvaises institutions qui faussaient les idées et pervertissaient les mœurs, puis donner aux citoyens le pouvoir de réorganiser leurs familles, sous la triple influence de la religion, de l'autorité paternelle et de la liberté civile.

---

[12] « Quelques-uns des hôtels de Paris sont immenses, par l'habitude des familles de vivre ensemble, trait caractéristique qui, à défaut des autres, m'aurait fait aimer la nation. Quand le fils aîné se marie, il amène sa femme dans la maison de son père; il y a un appartement tout prêt pour eux; si une fille n'épouse pas un aîné, son mari est reçu de même dans la famille, ce qui rend leur table très-animée. On ne peut, comme en d'autres circonstances, attribuer ceci à l'économie, parce qu'on le voit chez les plus grandes et les plus riches familles du royaume. Cela s'accorde avec les manières françaises; en Angleterre, l'échec serait certain, et dans toutes les classes de la société. Ne peut-on conjecturer avec de grandes chances de certitude que la nation chez laquelle cela réussit, est celle qui a le meilleur caractère ? » (A. Young, *Voyages en France*, Paris, 2 vol. in-12, 1860, t. Ier, p. 363.)

IX. Malheureusement les niveleurs de 1791 et
de 1793 nous jetèrent dans la voie opposée, en
suivant l'impulsion imprimée aux mœurs par les
sceptiques du XVIIIᵉ siècle, et surtout en détruisant, par le Partage forcé et par l'omnipo-
tence de l'État, tout espoir prochain de liberté.
Poursuivant, avec l'autorité de la loi, l'œuvre
commencée en 1661 par une cour tyrannique
et corrompue, ils s'appliquèrent à ruiner, dans
toutes les classes de la société, les familles-
souches qui gardaient les meilleures traditions
du pays.

Les légistes et les gens d'affaires, exécuteurs
intéressés de la pensée de 1793, n'ont que trop
poursuivi depuis lors l'œuvre de destruction. Le
système des familles instables a maintenant envahi toutes les contrées où les erreurs révolutionnaires ont pénétré. Si donc nos robustes
paysans des Pyrénées, des Cévennes, des Alpes
et de l'Auvergne n'avaient pas conservé jusqu'à
ce jour, au milieu de leurs montagnes, les bonnes
traditions de leurs races, mes concitoyens ne
trouveraient plus sur notre territoire les modèles qu'ils doivent imiter. Ils en seraient réduits à quitter la France pour voir pratiquer le
régime que je signale comme un des premiers
besoins de toute société stable et prospère.

Dieu merci, les institutions de cette France
modèle que l'Europe admira et imita pendant

un siècle[13], ne sont point encore à l'état de ruine complète. Au milieu des débris que les révolutions ont accumulés sur notre sol, nous retrouvons çà et là des restes intacts de notre ancienne grandeur. Presque partout aussi, nous voyons affleurer les vieux fondements sur lesquels l'édifice social doit être reconstruit. Ceux de mes concitoyens qui ne discernent pas encore clairement le caractère pernicieux de nos dix révolutions, ont un moyen infaillible de lever leurs doutes. Ils peuvent, avec les lumières de leur propre raison, reconnaître la fausseté des enseignements propagés, de 1825 à 1870, par les lettrés qui ont bâti leur triste renommée sur l'apologie des erreurs écloses au temps de Rousseau, de Voltaire, de Turgot et de La Fayette. Pour revenir au vrai, ils n'ont qu'à comparer la prospérité et la force des familles-souches de l'ancien régime avec la souffrance et la faiblesse des familles instables de la révolution.

X. Le temps est venu de réagir contre les mauvaises mœurs, les préjugés et les passions qui ont égaré nos pères. Repoussons définitivement les tendances funestes des derniers Valois, de Louis XIV et de la Convention. Revenons à

---

[13] *L'Organisation du travail,* § 16; et spécialement, note 14. (Note de 1872).

l'œuvre de liberté et d'initiative abandonnée au XVIᵉ siècle, reprise par Henri IV, presque anéantie par Louis XIV, vaguement entrevue en 1789. Montrons aux citoyens intelligents et dévoués le but qu'il faut atteindre. Cessons de recourir à la contrainte, même pour imposer le bien; mais confions le soin de la réforme à ceux qui ont reçu de la Providence la mission d'assurer le bonheur de leurs subordonnés. Donnons par conséquent aux pères de famille le pouvoir de garantir le bien-être de leurs descendants, par la Liberté testamentaire et l'autorité de la Coutume.

Une bonne organisation du foyer domestique ne satisfait pas seulement aux premiers besoins de l'individu et aux sentiments de la parenté : comme je vais l'indiquer aux Livres suivants, elle établit sur ses véritables bases le régime du travail. Elle fait naître les plus fécondes associations, les rapports privés les plus recommandables et les meilleures formes de gouvernement. L'ignorance des vraies pratiques sociales provoque, plus encore que la haine et l'envie, nos révolutions périodiques. Quand les gens de bien de tous les partis seront revenus à la notion du vrai en ce qui touche la constitution de la famille, ils seront bien près de s'entendre sur la constitution de la souveraineté.

FIN DU TOME PREMIER

SOMMAIRE

DU TOME PREMIER

— ‑ —

Voir, en tête de ce Tome : l'Avertissement de la
1ʳᵉ Édition (1864); la Préface de la 4ᵉ Édition (1872);
l'avertissement des Éditeurs (1872); la Table des
matières contenues dans les trois Tomes et l'Observation préliminaire sur les renvois intercalés dans le
texte.

Voir, en tête de l'Introduction et de chaque Livre,
le sommaire des chapitres et la mention des paragraphes qui y sont contenus.

. .

3351. — TOURS, IMPR. MAME